Gloria Videla de Rivero

Direcciones del vanguardismo hispanoamericano

Estudios sobre poesía de vanguardia
en la década del veinte

Documentos

Biblioteca de América
INSTITUTO INTERNACIONAL DE
LITERATURA IBEROAMERICANA
Pittsburgh - Pennsylvania - 1994

Primera edición 1990
© Universidad Nacional de Cuyo
Facultad de Filosofía y Letras
Mendoza - República Argentina

© Gloria Videla de Rivero e
INSTITUTO INTERNACIONAL DE LITERATURA IBEROAMERICANA, 1994
Universidad de Pittsburgh
1312 Cathedral of Learning
Pittsburgh, PA 15260

Colaboraron en la preparación de este libro:

Composición: Erika Braga
Diseño de tapa: Lillian Seddon Lozano

A Isaac
A María Gloria

ÍNDICE

ESTUDIOS SOBRE POESÍA DE VANGUARDIA EN LA DÉCADA DEL VEINTE

INTRODUCCIÓN 11
Biografía de un libro 11
Propósitos, límites, hipótesis 13

CAPÍTULO I

EL VANGUARDISMO HISPANOAMERICANO. ALGUNOS PROBLEMAS TERMINOLÓGICOS Y CONCEPTUALES

- El vanguardismo como fenómeno internacional 17
- La teoría de "las dos vanguardias" 21
- El concepto de "vanguardia" literaria en Hispanoamérica en la década del '20 22
- La relación del vanguardismo hispanoamericano con el europeo 24
- El marco crítico de estas definiciones 25
- Nuestra hipótesis 28

CAPÍTULO II

DOS DIRECCIÓNES DE LA VANGUARDIA: POESÍA AUTÓNOMA Y COSMOPOLITISMO

Introducción 31
- Creacionismo y cubismo: algunos aspectos convergentes 32
- La poesía autónoma y el simultaneísmo literario 34
- Simultaneísmo y visión demiúrgica del poeta en el cubismo-creacionismo ... 40
- Los poderes del poeta en Vicente Huidobro 41
- Simultaneísmo y cosmopolitismo 43
- Ricardo Güiraldes: un precursor del cosmopolitismo vanguardista 45
- La idea creacionista del poeta, la poesía autónoma y su integración en el sistema literario de Leopoldo Marechal 49
- Aspectos contextuales: *Días como flechas* y el "martinfierrismo" 54
- El poeta y la poesía en *Días como flechas* 56

CAPÍTULO III

LA INDAGACIÓN SURREALISTA Y EL VIAJE TOTALIZADOR

- Notas sobre el surrealismo 63

- Manifestaciones hispanoamericanas del surrealismo en la década del '20:
- *Tentativa del hombre infinito* (1925) de Pablo Neruda 66
- Claves intertextuales para su interpretación: *El hondero entusiasta* 70
- *Veinte poemas de amor y una canción desesperada* 74
- Claves semánticas de *Tentativa ...* en *Estravagario* 76
- La constitución progresiva del símbolo del viaje y sus caminos 78
- El viaje totalizador y el surrealismo 85
- Otros intertextos 86

CAPÍTULO IV

LAS SECRETAS AVENTURAS DEL ORDEN: POESÍA PURA Y POESÍA DE VANGUARDIA

Vanguardia y poesía pura en el proceso de la lírica moderna 89
- En torno al concepto de poesía pura 90
- Los medios expresivos de la poesía pura 93
- La poesía pura en Hispanoamérica: Mariano Brull 97
- Tendencias poéticas existentes en *Poemas en menguante* 98
  - a. Vanguardismo 98
  - b. y c. Poesía pura y poesía popular 99
  - d. "Donde el sentido tiene poco precio" 103
- Poemas sobre el poema 104

CAPÍTULO V

LA DIRECCIÓN CRIOLLISTA DE LA VANGUARDIA

- Convergencias o fluctuaciones en los comienzos poéticos de Jorge Luis Borges 107
- Tradición y vanguardia: la ambivalente relación de Borges con el ultraísmo 108
- Criollismo, cosmopolitismo, universalismo 113
- Vanguardismo y criollismo 115

CAPÍTULO VI

POESÍA NEGRISTA Y VANGUARDIA LITERARIA

- Manifestaciones vanguardistas en Puerto Rico en la década del '20 123
  1. Relación con el pasado literario 125
  2. La reflexión sobre el hecho estético 126
  3. La recepción americana de la influencia europea 126

ÍNDICE 7

La superposición de estilos 126
Las dos vanguardias 127
La renovación del lenguaje poético 128
• Poesía negrista y vanguardismo 132
La poesía negrista 132
El descubrimiento vanguardista del arte negro 134
• La convergencia negrista-vanguardista en la poesía de Luis Palés Matos 136
Evolución poética 137
• El tema negro y la vanguardia en Palés 138

CAPÍTULO VII

LA CONVERGENCIA DE INDIGENISMO Y VANGUARDIA POÉTICA

Introducción 145
• Vanguardismo e indigenismo en el Perú en la década del '20. Aspectos conceptuales, terminológicos y contextuales 145
• José Carlos Mariátegui 148
• La revista *Amauta*, el indigenismo y la vanguardia 149
• *Cantos del arado y de las hélices*, de César Alfredo Miró Quesada 151
• El entretejido indigenista-vanguardista en dos textos 152
Vectores semánticos e ideología en "poema kewwa para la fiesta del Inti" ... 153
El lector implícito 155
Notas vanguardistas 156
"Kipucamayo" 157

CAPÍTULO VIII

LA POESÍA DE VANGUARDIA Y LA POESÍA SOCIAL EN HISPANOAMÉRICA

• La teoría de las dos vanguardias 161
• La vanguardia social y la vanguardia literaria en la Unión Soviética 162
• La recepción y el desenvolvimiento de estas teorías en Hispanoamérica 168
• José Carlos Mariátegui o la conciliación de las dos vanguardias 169
• El testimonio contradictorio del *Repertorio Americano*, de San José de Costa Rica 172
• Concepto y función del vanguardismo poético según el *Repertorio Americano* 174
• Boedo y Florida : ¿dos trincheras? 179
• Aportes para el diseño de la poética de Raúl González Tuñón, a la luz de la teoría de "las dos vanguardias" 183

CAPÍTULO IX

El "hombre entero" hispanoamericano en el friso de los vanguardismos literarios

Introducción 191
• Rasgos diferenciales del vanguardismo hispanoamericano 191
   1. El mestizaje cultural 191
• El cosmopolitismo: diversos sentidos y niveles del viaje en las obras vanguardistas 194
      Vanguardismo y criollismo 197
      Vanguardismo e indigenismo 198
      Vanguardismo y poesía negrista 198
      Vanguardismo y poesía social 199
   2. La coexistencia de estilos. Inserción del vanguardismo en el proceso literario hispanoamericano 200

DOCUMENTOS

CAPÍTULO X

El vanguardismo hispanoamericano. Definiciones, manifiestos, textos programáticos

Federico Bolaños: "La nueva literatura peruana" 205
Jorge Luis Borges, Jacobo Sureda, Fortunio Bonanova, Juan Alomar: "Manifiesto del Ultra" 207
Jorge Luis Borges, Eduardo González Lanuza, Guillermo Juan, Guillermo de Torre: "Proclama" 208
Jorge Luis Borges: "Prólogo" 210
Jorge Luis Borges: "Ultraísmo" 212
Francisco Contreras: "Características de la nueva literatura" 217
Oliverio Girondo "Manifiesto de *Martín Fierro*" 218
Jorge Manach: "Vanguardismo" 219
Juan Marinello: "El momento" 226
Guillermo de Torre: "Ultraísmo" 227
Ricardo Tudela: "Andamios de la nueva estética" 228
César Vallejo: "Contra el secreto profesional" 228
César Vallejo: "Poesía nueva" 230

CAPÍTULO XI

Poesía autónoma, concepción del poeta, cosmopolitismo

Jacques Edwards: "Aquel maldito tango"	235
Vicente Huidobro: "Arte poética"	241
Vicente Huidobro: "La creación pura; ensayo de estética"	241
Vicente Huidobro: "El creacionismo"	246
Vicente Huidobro: "Non serviam"	249
Vicente Huidobro: "La poesía"	250
Vicente Huidobro: "Prólogo"	252

CAPÍTULO XII

La experimentación surrealista

José Carlos Mariátegui: "Balance del suprarrealismo"	257
Pablo Neruda: "No sé hacer el canto de los días"	260
Aldo Peregrini: "Pequeño esfuerzo de justificación colectiva"	260
César Vallejo: "Autopsia del superrealismo"	261

CAPÍTULO XIII

Poesía pura y poesía de vanguardia

Mariano Brull: "Poema 38: Esta palabra no del todo dicha"	267
"La poesía intransferible"	268
Ricardo Tudela: "Algunas sugerencias sobre la nueva poesía"	271
Ricardo Tudela: "La poesía pura"	273

CAPÍTULO XIV

Vanguardismo y criollismo

"Asteriscos"	277
Jorge Luis Borges: "La pampa y el suburbio son dioses"	278
Jorge Luis Borges: "El tamaño de mi esperanza"	280
José Carlos Mariátegui: "Nacionalismo y vanguardismo en la literatura y en el arte"	282
Ernesto Morales: "Buenos Aires como tema poético"	284
Fernán Silva Valdés: "Nativismo"	286

CAPÍTULO XV

Vanguardia literaria y poesía negrista

Tomás Batista, Vicente Palés Matos: "Manifiesto euforista"	291
Vicente Huidobro: "El arte negro"	292
Graciany Miranda Archilla: "Decálogo atalayista"	294
Vicente Palés Matos, Tomás Batista: "Segundo manifiesto euforista"	295
Samuel Quiñones y otros: "Del noísmo-gesto"	296
E. Ribera Chevremont: "El hondero lanzó la piedra"	299
C. Soto Vélez: "Acracia atalayista"	301
C. Soto Vélez: "Manifiesto atalayista"	302

CAPÍTULO XVI

Indigenismo y vanguardia poética

José Carlos Mariátegui: "Nativismo e indigenismo en la literatura americana"	305
José Carlos Mariátegui: "Presentación de *Amauta*"	308
"Nuestro programa/Revista *Nguillatun*"	309
César Vallejo: "Los escollos de siempre"	311

CAPÍTULO XVII

Vanguardismo y poesía social

Serafín Delmar: "Interpretación social del arte en América"	313
Roberto Mariani: "La extrema izquierda"	315
Roberto Mariani: "*Martín Fierro* y yo"	316
José Carlos Mariátegui: "Arte, revoulución y decadencia"	319
José Carlos Mariátegui: "Defensa del disparate puro"	321
Mariblanca Sabas Alomá: "Vanguardismo"	321
Luis Emilio Soto: "Izquierda y vanguardia literaria"	323
"Suplemento explicativo de nuestro 'Manifiesto'"	326
César Vallejo: "Los artistas ante la política"	329
César Vallejo: "Literatura proletaria"	330

INTRODUCCIÓN

Biografía de un libro

Este conjunto de ensayos sobre la poesía de vanguardia hispanoamericana en la década del 20 es el resultado de muchos años de recopilación de materiales dispersos en varios países y de reflexiones y redacciones en diversas etapas de maduración del tema.

El libro tiene sus más lejanas raíces en la redacción de *El ultraísmo. Estudios sobre movimientos poéticos de vanguardia en España* (Gredos, 1963, 2ª edición 1970). Recibió un nuevo impulso con la elaboración del capítulo "L'ultraïsme en Spagne et L'Amerique Latine", incluido en los volúmenes *Les avant-gardes littéraires au XXème siècle*, obra colectiva de perspectiva eurocéntrica, que estudia el fenómeno internacional de las vanguardias con métodos e intención comparatista y que se gestó en la década del 70, aunque fue publicado por el "Centro de Estudios de Vanguardias Literarias" de la Universidad de Bruselas en 1984.[1] El capítulo a mi cargo presentó una visión de conjunto de las manifestaciones vanguardistas en España y en los diferentes países hispanoamericanos, con intención más descriptiva que interpretativa, aunque ya se evidenciaron en ese primer contacto panorámico muchas de las diferentes notas americanas del fenómeno. Desde 1976, a partir de esa base, continué profundizando en el tema por medio de calas monográficas en las revistas de la década del 20 y en obras poéticas representativas, aparecidas en ese período, considerándolas en el marco del proceso literario del postmodernismo hispanoamericano, a partir del cual surgen estas manifestaciones vanguardistas.

Dada mi intención de contribuir a la interpretación global del vanguardismo hispanoamericano, me parecieron de particular interés algunas publicaciones periódicas que tenían la peculiaridad de nuclear colaboraciones procedentes de distintos países del continente, dejando así al descubierto una curiosa red de vinculaciones entre escritores de diversos países. Revistas o periódicos como *La Pluma* (1926-30) de Montevideo o el *Repertorio Americano* de San José de Costa Rica o la antología *Indice de la nueva poesía americana* (1926) se caracterizan por ser punto de encuentro de autores y textos vinculados con la vanguardia literaria. También *La Gaceta Literaria* (1927-1931) de Madrid tiene esta

---

[1] Jean Weisgerber (Director), *Les avant-gardes littéraires au XXème siècle* 2 (Budapest: Akadémiai Kiadó, 1984): 1216.

útil función de "concentrar" textos y de guiar en el laberinto del vanguardismo de la década, en este caso por la presencia de Guillermo de Torre como secretario de la publicación. El entonces joven crítico español tuvo un certero instinto para vincularse con los jóvenes poetas de la vanguardia hispanoamericana y un particular don para sistematizar e historiar el fenómeno vanguardista. Sus "folletones", cuadros, interpretaciones y antologías de los diversos grupos de avanzada en Hispanoamérica, publicados en *LGL*, constituyen sin duda el fundamento de la primera visión de conjunto de este fenómeno literario: la que él mismo nos brinda en su *Historia de las literaturas de vanguardia*.[2]

De este contacto con las revistas y textos poéticos de la época fueron surgiendo estudios, algunos inéditos, otros publicados en revistas especializadas, no incluidos o sólo parcialmente incluidos en este libro, pero que subyacen en él. Otros han sido recogidos con pequeñas variantes.[3]

---

[2] (Madrid: Guadarrama, 1965).
[3] Los estudios por mi publicados, que de alguna manera están presentes en este libro, además de los dos mencionados *supra* son los siguientes:
"Presencia americana en el ultraísmo español" en *Revista de Literatura Argentina e Iberoamericana* 3 (Mendoza: Facultad de Filosofía y Letras, Universidad Nacional de Cuyo, 1961): 7-25.
"Poemas y prosas olvidadas de Borges" *Ibid.*, 101-105.
"Anticipos del mundo literario de Borges en su prehistoria ultraísta" en *Número de Homenaje a Jorge Luis Borges, Iberoromania* (Madrid: Alcalá, 1975): 173-195.
"Huidobro en España", en número especial: *Vicente Huidobro y la vanguardia, Revista Iberoamericana* 106-107 (Pittsburgh, enero-junio 1979): 37-48.
"El runrunismo chileno (1927-1934)" en *Revista Chilena de Literatura* 18 (En adelante *RCHL*). (Santiago de Chile: Universidad de Chile, noviembre, 1981): 73-87.
"Poesía de vanguardia en Iberoamérica a través de la revista *La Pluma* de Montevideo (1927-1931)" en *Revista Iberoamericana* 118-119 (Pittsburgh, enero-junio 1982): 331-349. Número especial sobre: *Movimientos literarios del siglo XX en Iberoamérica: teoría y práctica*, dirigido por Alberto Blasi.
"Poesía de vanguardia en Hispanoamérica a través del *Repertorio Americano* de San José de Costa Rica (1924-1930)" en *Revista de Literaturas Modernas* 16. (En adelante *RLM*) (Mendoza: Facultad de filosofía y Letras, Universidad Nacional de Cuyo, 1983): 97-122.
"El sentido de las variantes textuales en dos ediciones de *Fervor de Buenos Aires* de Jorge Luis Borges" en *RCHL* 23 (abril 1984): 67-78.
"Notas sobre la literatura de vanguardia en Mendoza. El grupo Megáfono" en *RLM* 18 (1985): 189-210.
"Las direcciones hispanoamericanas del ultraísmo" en *Las relaciones literarias entre España e Iberoamérica; Actas del XXIII Congreso del Instituto Internacional de Literatura Iberoamericana* (Madrid: ICI, Facultad de Filología, Universidad Complutense, 1987): 473-481 y en *RCHL*, 27-28 (abril-noviembre 1986): 190-196.
"La poesía pura en Hispanoamérica. *Poemas en menguante* de Mariano Brull" en *RLM* 19 (1986): 63-81.
"Poesía de vanguardia en Hispanoamérica a través de *La Gaceta Literaria* de Madrid (1927-1931) en *Estudios en Homenaje a Claudio Sánchez Albornoz*, Anejo de los *Cuadernos de Historia de España* (Avila-Buenos Aires: Fundación C. Sánchez Albornoz-Instituto de Historia de España, 1990): VI, 389-413.

Reúno aquí algunos ensayos que —a modo de calas en textos representativos, situados en su contexto— pretenden contribuir a una interpretación global del vanguardismo hispanoamericano. En ciertos casos se analiza el texto en relación con algún o algunos de los movimientos literarios que en él se manifiestan (cubismo-creacionismo, surrealismo, poesía pura ...) pero considerando al texto a partir de su significado en la obra del autor y en su contexto americano inmediato. Se observa entonces como el movimiento o estilo correspondiente se particulariza y a la vez se constituye y enriquece por medio de una creación personal y circunstanciada. En estos casos, con método de vaivén o lanzadera, se ha ido el contexto al texto, desde los códigos generales de los vanguardistas a la expresión individual y a la unicidad del texto y desde ésta, nuevamente, a su inserción en un proceso literario, con óptica comparatista y en estrecha relación con algunos aportes críticos (Jauss, Mukarovsky) según los cuales estructura y proceso histórico no son conceptos que se excluyen mutuamente sino que se complementan. La estructura de la obra es parte constituyente de la estructura superior de la historia literaria y ésta es un proceso que se origina de la tensión dinámica entre obra y norma.[4]

En otros capítulos, la óptica enfoca predominantemente el mestizaje del vanguardismo con fenómenos, caracterizadores de la cultura americana (cosmopolitismo, telurismo, criollismo, indigenismo, negrismo, tendencia a la poesía socio-política, en esta década muy influida por el marxismo).

Las fronteras entre uno y otro enfoque son tenues, en ambos casos se impone la observación la unicidad y la americanidad de los textos, ligados al mismo tiempo con un

---

"La concepción del poeta en el cubismo-creacionismo y su recepción en *Días como flechas* de Leopoldo Marechal" en *Actas del IV Congreso Nacional de Literatura Argentina* III (Mendoza: Instituto de Literaturas Modernas, Facultad de Filosofía y Letras Universidad Nacional de Cuyo, 1989): 213-226.

"En torno al concepto de *vanguardia literaria* y sus manifestaciones en Hispanoamérica", en *RLM* 21, (1988): 57-61.

"Aportes para el diseño de la poética de Raúl González Tuñón a la luz de la teoría de las dos vanguardias" en *Actas del II Congreso Nacional de Hispanistas* (Mendoza: Facultad de Filosofía y Letras, Universidad Nacional de Cuyo, 1989): III, 249-259.

"Poesía negrista y vanguardia literaria: Luis Palés Matos", en *RLM* 22 (1989): 23-55.

"La convergencia de indigenismo y vanguardia en dos poemas de César Miró Quesada, en *RCHL* 34 (1989): 43-53.

"El simultaneísmo cubista-creacionista entre cosmopolitismo, autorreferencialidad y trascendencia, *La Torre*, Nueva época, Año III, 12 (Puerto Rico, octubre-diciembre 1989): 565-586.

"Claves intertextuales para una interpretación de *Tentativa del hombre infinito* de Pablo Neruda", *Homenaje a Alfredo Roggiano. En este aire de América* (Pittsburgh: Instituto Internacional de Literatura Iberoamericana, 1990): 227-296.

"Convergencias y fluctuaciones en los comienzos poéticos de Jorge Borges. (Tradición y vanguardia; universalismo y criollismo"), en Sonia Mattalía (coord.) *Borges entre la tradición y la vanguardia. Actas de las "Jornadas Borgianas"* (Valencia: Generalitat Valenciana, 1990): 45-59.

[4] Hans Jauss, "Literatura como provocación" en H.V. Gumbrecht y otros. *La actual ciencia literaria alemana* (Salamanca: Anaya, 1971).

movimiento literario internacional; en ambos enfoques se ve la tendencia al mestizaje cultural y se pretende ir captando la suma de manifestaciones que en su conjunto expresan la compleja identidad cultural americana.

Como norma general, he evitado los excesos de metalenguaje y no he temido, en cambio, que mi lectura, sistematización e interpretación de los vanguardismos traduzca mi preferencia por un humanismo amplio, no exento de fervor. Esta actitud crítica es compatible con el intento de fundamentar mis reflexiones sobre bases documentales sólidas, en la medida de mis posibilidades.

Con respecto a mi interpretación de algunos textos, es casi superfluo aclarar que se trata sólo de una de las lecturas posibles. La ambigüedad y plurivalencia semántica del mensaje literario se complejiza e intensifica en el caso de los poemas vanguardistas, abiertos a múltiples sugerencias y resonancias.

La reflexión sobre las manifestaciones hispanoamericanas de un fenómeno cultural internacional, como el vanguardismo, no puede eludir una perspectiva comparatista y —tácita o explícitamente— cierta hipótesis sobre la identidad cultural hispanoamericana, particularmente en lo que se refiere a las relaciones culturales entre nuestro subcontinente y Europa o Estados Unidos (pienso en este último caso en la recepción hispanoamericana del imaginismo anglo-sajón).

Mi hipótesis se arraiga en el pensamiento de americanistas de distinto signo ideológico, quienes señalan la "otredad" de la cultura hispanoamericana —sin negar su conexión con Europa, particularmente con España, ni su vocación universalista—, apuntando sobre todo a destacar su característica tendencia integradora de elementos heterogéneos. La hipótesis cultural que subyace en los distintos capítulos es recogida en el último: "El hombre *entero* hispanoamericano en el friso de los vanguardismos literarios".

El libro no pretende hacer un registro exhaustivo de las "direcciones" del vanguardismo hispanoamericano, desde la doble óptica mencionada (la de los movimientos de vanguardia y la de su americanidad). Se ha establecido, en primer lugar, un límite cronológico: la década del 20. La elección del período se justifica por ser la época de mayor eclosión, en el subcontinente, de los "ismos" que corresponden a la llamada "vanguardia histórica", si bien —con ese particular ritmo histórico de nuestras literaturas— hay anticipos en años anteriores y muchas manifestaciones posteriores, particularmente del surrealismo.

Se han seleccionado, en segundo lugar, algunos autores y textos. Muchos e importantes movimientos, grupos y obras quedan sin analizar: obras "estridentistas" o "runrunistas" o con influencias imaginistas, o futuristas o tantas otras. Las inclusiones fueron determinadas siempre por su representatividad, pero también por mis posibilidades de acceso a los documentos o textos originales. Las exclusiones, por la necesidad de delimitar un *corpus* que hiciera abarcable y factible un proyecto de investigación individual. Esta fue también la razón por la que se restringió el *corpus* a las manifestaciones poéticas hispanoamericanas, excluyendo la prosa vanguardista, sobre la que ya se están realizando interesantes estudios[5] y los movimientos brasileños, tan ligados a los del resto del subcontinente. En otros casos, la decisión de excluir el estudio de determinadas manifestaciones vanguardistas fue

---

[5] Fernando Burgos (editor), *La prosa hispánica de vanguardia* (Madrid: Orígenes, 1986).

motivada por el propósito de dar cierta coherencia al libro: esta es la razón por lo que no he incluido mis ya mencionados estudios sobre revistas y otros —realizados y publicados— sobre grupos vanguardistas menores, tales como el runrunismo chileno o el grupo Megáfono de Mendoza (Argentina).

Con respecto a la procedencia de los autores y textos seleccionados, tienen una mayor proporción los argentinos. Ello se debe no sólo a mi mayor especialización en esta literatura, sino también a mi mayor posibilidad de acceso a las primeras ediciones y a los documentos de la época. Al estudiarlos, he tenido en cuenta su interrelación con la literatura europea, pero los he visto unidos con el devenir común de la literatura hispanoamericana, en la cual se insertan y de cuyas características generales participan aunque, obviamente, con sus matices peculiares.

Para completar el enfoque por tendencias o direcciones vanguardistas de la primera parte de este libro, se agrega, en una segunda parte, un apéndice de documentos en el que se recopilan manifiestos, programas y otros documentos procedentes de revistas y textos de la década estudiada, que fueron base importante para nuestro estudio. Los agrupamos como ilustración antológica de las direcciones estudiadas y como servicio documental para el trabajo de futuros investigadores.

* * * * *

AGRADECIMIENTOS

Este libro no habría sido escrito sin el apoyo de mi marido Isaac y el de mi hija María Gloria, a quienes agradezco entrañablemente su sostén, su paciencia, su compañía, sus consejos, su generoso amor.

Agradezco asimismo a las dos Instituciones adonde he desarrollado mi trabajo y que lo subsidiaron parcialmente: la Universidad Nacional de Cuyo y el CONICET.

Expreso además mi reconocimiento a otras personas e instituciones que me prestaron su apoyo, especialmente a Hilda Fretes y a Washington Pereyra.

* * * * *

NOTA SOBRE ESTA EDICIÓN

Este libro fue editado por primera vez con el mismo título, en Mendoza, Argentina, Universidad Nacional de Cuyo, Facultad de Filosofía y Letras, 1990. Apareció en dos tomos, el primero con el subtítulo *"Estudios sobre poesía de vanguardia en la década del veinte"* (321 p.); el segundo, con el subtítulo *"Documentos"* (260 p.).

La presente edición reproduce la primera, salvo una pequeña modificación en el capítulo III de la primera parte, referente a Neruda, y la reunión de los dos tomos en uno, que implica cambios en la numeración de los últimos capítulos. Si bien la bibliografía sobre el vanguardismo poético y sus autores ha crecido notablemente en los tres años transcurridos desde 1990, he preferido no incorporarla ni en la redacción de mi estudio ni en las notas bibliográficas, con el objeto de no postergar la reedición del libro y de no desvirtuar su concepción original, que sigo considerando válida.

I

EL VANGUARDISMO HISPANOAMERICANO. ALGUNOS PROBLEMAS
TERMINOLÓGICOS Y CONCEPTUALES

• *El vanguardismo como fenómeno internacional*

La plurivalencia de los términos: "vanguardia literaria" ha motivado ya estudios importantes en lo que respecta a su alcance y utilización en las literaturas europeas[1] pero, por la complejidad del fenómeno en Hispanoamérica, el concepto es aún susceptible de mayor clarificación y sistematización, si bien existen ya importantes avances en este camino.[2]

---

[1] Guillermo de Torre, *Historia de las literaturas de vanguardia* (Madrid: Guaderrama, 1965, 3ª edición 1974). (En adelante citaré por esta edición). Es importante además su respuesta a la encuesta sobre vanguardia aparecida en *La Gaceta Literaria* (Madrid, 1 junio 1930) e incluida en Ramón Buckley y John Crispin, *Los vanguardistas españoles (1925-1935)* (Madrid: Alianza, 1973): 391-413. Sobre el tema Cfr. además Renato Poggioli, *Teoría dell'arte de vanguardia* (Bolonia: Il Mulino, 1962). Traducción Española: Madrid, *Revista de Occidente*, 1964. Robert Estivals y otros. "Le mot et le concept d'avant-garde" en Jean Weisgerber, *Les avant-gardes littéraires au XXe siècle* (Budapest: Akademiai Kiadó, 1984): 17-72. (En adelante: *Les avant-gardes*...). El estudio referente al ámbito hispánico —sobre todo España— está realizado por Gustav Siebenmann: "Espagnol", *Ibid.*, 60-65. El mismo ha sido también publicado en español: "El concepto de *Vanguardia* en las literaturas hispánicas" en *Estudios ofrecidos a Emilio Alarcos Llorach* (Oviedo: Universidad de Oviedo, 1984): 345-358.
Entre otra importante bibliografía sobre el tema, Cfr. Peter Burger, *Theory of the Avant-garde* (Minneapolis: University of Minnesota Press, 1984) (1ª edición en alemán, 1974); Adrian Marino, "Essai d'une définition de l'avant-garde" en *Revue de l'Université de Bruxelles; Exploration des avant-gardes*, 1 (Bruxelles: Université de Bruxelles, 1975): 64-120.
[2] Merlin Forster, "Latin American *Vanguardismo*: Chronology and terminology" en *Tradition and renewal. Essays on Twentieth-century Latin American Literature and Culture* (Urbana-Chicago-London: University of Illinois Press, 1975): 12-50; Nelson Osorio Tejada, "Para una caracterización histórica del vanguardismo literario hispanoamericano" en *Revista Iberoamericana*, 114-115 (Pittsburgh, enero-junio 1981): 227-275; "Contribución a una bibliografía sobre el vanguardismo hispanoamericano" en *Revista de Crítica Literaria Latinoamericana*, 15 (1982): 141-150; *Manifiestos, proclamas y polémica de la vanguardia literaria*. Edición, selección, prólogo y notas de Nelson Osorio T (Caracas: Biblioteca Ayacucho, 1988): 417; Klaus Müller-Bergh, *Poesía de vanguardia y contemporánea* (Madrid: La Muralla, 1983): 88; Hugo J. Verani, *Las vanguardias literarias en Hispanoamérica (Manifiestos, proclamas y otros escritos)* (Roma: Bulzoni Editore, 1986): 306. Cfr.

Aunque no es mi principal propósito tratar de sistematizar y evaluar los aportes bibliográficos en torno al concepto de vanguardia en Europa y Estados Unidos, haré una breve referencia a ellos, como base para distinguir las matizaciones o diferencias que asume el concepto en Hispanoamérica.

Los historiadores o analistas literarios que han intentado definir la vanguardia, parten implícita o explícitamente de las definiciones de los diccionarios de la lengua. Recordemos la que nos proporciona el *Diccionario de la Lengua Española*:[3] "Parte de una fuerza armada que va delante del cuerpo principal"; "avanzada de un grupo o movimiento ideológico, político, literario, etc.". Del *vanguardismo* se dice: "Nombre genérico con que se designan ciertas escuelas o tendencias artísticas, nacidas en el siglo XX, tales como el cubismo, el ultraísmo, etc. con intención renovadora, de avance y exploración".

Ya en el campo de la historia y de la crítica específica sobre el tema, es insoslayable la consulta a Guillermo de Torre, quien considera este término en relación con una serie de movimientos enmarcados en la historia literaria y según el temple espiritual de sus creadores:

> Fue forjado en los días de la primera guerra europea o, al menos durante aquellos adquirió carta de naturaleza en las letras francesas —littérature d'avant-garde— extendiéndose luego a otros países. Pero descontada esta reminiscencia bélica (...) el apelativo "literaturas de vanguardia" resume con innegable plasticismo la situación avanzada de pionners" ardidos que adoptaron, a lo largo de las trincheras artísticas, sus primeros cultivadores y apologistas. Traduce el estado de espíritu combativo y polémico con que afrontaban la aventura literaria.[4]

Esta definición, muy general, se va particularizando a través de la descripción de los movimientos vanguardistas específicos y del comentario de otras obras críticas, entre las cuales creo importante destacar la *Teoría del arte de vanguardia*, de Renato Poggioli.[5] Guillermo de Torre insiste, sobre todo, en el carácter de "experimental", propio de esta literatura; en la exaltación de la novedad, como valor perseguido; en el carácter combativo de sus cultivadores.

Larga sería la mención bibliográfica de otros autores que reflexionan sobre el tema. Sólo Guillermo de Torre, en el último capítulo de su *Historia de las literaturas de vanguardia*, menciona alrededor de cien títulos. Con posterioridad a la fecha en que fue

---

particularmente el capítulo introductorio, 9-67); Oscar Collazos, *Los vanguardismos en la América Latina* (Barcelona: Península, 1977); Magdalena García-Pinto, "La identidad cultural de la vanguardia en Latinoamérica" en Saúl Yurkievich, *Identidad cultural de Iberoamérica en su literatura* (Madrid: Alhambra, 1986): 102-110; Gloria Videla de Rivero, "En torno al concepto de vanguardia literaria y sus matices en Hispanoamérica" en *Revista de Literaturas Modernas*, 21 (Mendoza: Facultad de Filosofía y Letras, UNC, 1988); Saúl Yurkievich, "Los avatares de la vanguardia" en *Revista Iberoamericana*, 118-119 (Pittsburgh, enero-junio 1982): 351-366; entre otros títulos. Si bien algunos de estos enfoques sobrepasan el conceptual y terminológico, lo incluyen.
[3] (Madrid: Real Academia, 1984).
[4] Guillermo de Torre, *Historia de las literaturas de vanguardia* I, edición citada, 23.
[5] *Ibid.*, Tomo 3, 273-278.

publicada esta nómina, la bibliografía ha crecido con aportes fundamentales, entre los cuales creo indispensable mencionar las investigaciones realizadas por un grupo de comparatistas, quienes reflexionan sobre el término y el concepto de *vanguardia* en el capítulo inicial de *Les Avant-gardes littéraires au XXe siècle*,[6] investigando el tema en siete áreas lingüísticas e histórico-literarias. Allí se documenta el uso del término en Francia, en sentido figurado, a partir del uso militar, desde el siglo XVI. En el siglo XIX y —sobre todo— en el XX, este uso se multiplica con referencia a objetos, a grupos y a personas, incluyendo la denominación de fenómenos literarios.

Desde nuestra óptica, nos interesan particularmente las reflexiones sobre "el concepto de vanguardia en las literaturas hispánicas", realizadas por Gustav Siebenmann, quien, centrando su investigación en España, la coloca en dos perspectivas, la semasiológica y la onomasiológica, buscando respuesta sucesiva a dos preguntas:

a- ¿Cuál es el empleo de "vanguardia" en el sentido artístico y literario y desde cuando se conoce?;

b- ¿Cómo fueron designados, en español, los movimientos que presentan las características estéticas de vanguardia?

a. Con respecto a la primera pregunta, Siebenmann encuentra que el término se generaliza tardíamente en España. Lo encuentra por primera vez en el poema "Scherzo ultraísta. Op. II", de Miguel Romero y Martínez: "Quiero con vosotros los Fuertes/que formáis la vanguardia del Arte"... (en *Grecia*, 13, 15 abril 1919, 1). Es Guillermo de Torre quien lo impone, primero en su "Manifiesto vertical", luego en su *Literaturas europeas de vanguardia* (1925), con la acepción de síntesis de los movimientos de vanguardia europeos.

b. Con respecto a la segunda pregunta, los movimientos que presentan las características de la vanguardia reciben en España nombres diversos: se habla de "ultrarromanticismo" (Cansinos-Asséns), de "ultraísmo", de "vanguardias", de "literaturas experimentales", de "los nuevos", de "ultramodernismo", de "moderna lírica", de "poetas modernos", de "arte deshumanizado" (Ortega y Gasset), juntamente con los términos que se refieren especificamente a "ismos" determinados (futurismo, expresionismo, etc.).[7]

Antes de centrar nuestra mirada en Hispanoamérica, me interesa intentar algunas precisiones:

1. Con respecto a su índole: ¿es un estilo? ¿es un movimiento? ¿es un período literario? ¿Con qué características esenciales?:

a. En un sentido muy amplio —no el que perseguimos en esta búsqueda— toda manifestación artística de calidad sería de vanguardia, ya que todo logro estético implica una renovación, sea cual fuere la época en que aparece (medioevo o siglo XX):

> En el tiempo nada está a la zaga y en el arte menos. No hay sino bueno y malo, grande y pequeño. Cosas que acaban y cosas que principian. Una cadena interminable y espiráfica en la cual el último eslabón que se adhiere no puede jactarse de ser el último porque detrás viene el que lo desmentirá.[8]

---

[6] Edición citada, 17-72.
[7] Gustav Siebenmann, "Le mot et le concept d'avant-garde. Espagnol", *Ibid.*, 60-65.
[8] Enrique López Albujar, *La Sierra*, 1930, 47, citado por Merlin Forster en "Latin American *Vanguardismo*: Chronology and terminology", en *Tradition and Renewal*..., edición citada, 44-45.

b. En un sentido particular, se entiende por "vanguardias" una serie de movimientos, de acciones, a menudo colectivas (a veces individuales), que agrupando a escritores o artistas se expresan por manifiestos, programas y revistas y se destacan por un antagonismo radical frente al orden establecido en el dominio literario (formas, temas, lenguaje, etc.) y —a veces— en el plano político y social. Esta revolución trasciende con frecuencia lo estético y mira también a las costumbres y a la ética. El fenómeno vanguardista tiene múltiples expresiones que, —aunque con ejes comunes—, se diferencian en el plano expresivo. Por esta multiplicidad de manifestaciones, el vanguardismo es algo más que un estilo en sentido estricto. No se puede —sin embargo— hablar de un período o de una época de este signo porque a pesar de su importancia, las expresiones vanguardistas coexisten con otras tendencias literarias en obras y en autores de esa época.[9] Los movimientos vanguardistas tiñen una época pero no la monopolizan.

La intención vanguardista tiene dos caras, una que mira hacia el pasado inmediato —y a través de él a la tradición para romper con ella—, en actitud de rebeldía con frecuencia chillona, agresiva, iconoclasta, destructiva. Ya no es la "normatividad" la peor enemiga —como lo fue para los románticos— sino más bien ciertos ideales de la tradición literaria: la mímesis, el simbolismo, el modernismo en el caso de Hispanoamérica (aristocratismo, musicalidad, voluntad de forma, lirismo, exotismo y —en general—, temas y formas con prestigio poético).

La otra cara de la vanguardia mira al futuro. Se ha bien observado que el término "vanguardia" tiene connotación dinámica. Los vanguardistas quieren gestar el porvenir, inaugurar una nueva era, cambiar rumbos, contribuir al "progreso" (búsquedas formales, experimentación, incorporación de nuevos temas y tonos anticonvencionales).

Las vanguardias están pues constituidas por diversos "movimientos" literarios, con matices que los diferencian entre sí pero con notas y actitudes comunes que las relacionan. Podemos decir que los diferentes "ismos" constituyen facetas de un gran *movimiento artístico*, inserto en un fenómeno cultural más amplio, indicativo de una crisis profunda de los valores que animaban y organizaban la cultura europea y americana. El proceso que conduce a la aparición de los diferentes "ismos" literarios y que condiciona la estructura común de estos movimientos ya fue lúcidamente clarificado por Friedrich, en su *Estructura de la lírica moderna*. Esta evolución ha merecido análisis desde otras ópticas no estrictamente literarias: algunos la relacionan con el fin de una cosmovisión religiosa, para la cual el arte era un medio que trasuntaba la contemplación de las huellas de Dios en la creación (André Frossard), otros la observan desde un ángulo epistemológico y sociológico (Donald Lowe),[10] por mencionar sólo algunos de los posibles puntos de mira.

2. Con respecto al ámbito de expansión de las vanguardias: se trata de un fenómeno literario internacional, que se difunde en la Europa occidental y oriental, en los Estados

---

[9] Jean Weisgerber, "Le mot et le concept d'avant-garde", *op. cit.*, 72.
[10] Donald Lowe, *Historia de la percepción burguesa* (México: Fondo de Cultura Económica, 1988): 321.

Unidos y en Latinoamérica. La fuerza expansiva mayor corresponde al surrealismo, que se manifiesta también en Africa, Egipto, e incluso en el Japón.[11]

3. ¿Cuáles son sus límites cronológicos? Se puede definir un primer núcleo que coincide aproximadamente con las tres primeras décadas de este siglo, con hitos importantes marcados por la aparición del primer manifiesto futurista (1909) y del primer manifiesto surrealista (1924), núcleo precedido por un período de gestación en el seno de los movimientos literarios posrománticos y de derivaciones varias, surrealistas, postsurrealistas o de otra índole. Algunos críticos han nominado al conjunto de manifestaciones que constituyen este núcleo vanguardista: "vanguardia clásica", "vanguardia histórica", "vieja vanguardia".

Como el término "vanguardia" se impusiera también para denominar todo movimiento literario —y, en general, artístico— que persiguiera programáticamente una renovación, se han deslindado las manifestaciones posteriores a la "vanguardia histórica" con las denominaciones "neovanguardia", "nueva vanguardia", "posvanguardia".

Para decirlo con palabras de un comparatista: "La grande époque de la première avant-garde —l'avant-garde 'classique'— s'étend du début du siècle a la fin des années 20. Vers 1930, déjà, elle perd de son élan, et l'on commence à penser qu'elle a fait son temps; (...) Il n'y a guère qu'un mouvement qui continue sur sa lancée, du moins en partie: le surréalisme."[12]

En este mismo autor podemos documentar la utilización de los términos "la vanguardia de la vanguardia", refiriéndose al "letrismo" (después de 1945)[13] y del término las "neovanguardias" que denomina las manifestaciones posteriores a 1960.[14]

- *La teoría de "las dos vanguardias"*

Creo indispensable aludir brevemente a las valoraciones que hacen del vanguardismo artístico las teorías estéticas soviéticas, criterios que influyen más allá de las fronteras de la URSS.

La palabra "vanguardia" se asocia en Rusia más con lo político que con lo literario.[15] A partir de 1894 Lenin elabora su teoría del partido bolchevique, encargado de la toma

---

[11] Jean-Jacques Luthi, "Le surréalisme français en Afrique du Nord et au Proche-Orient", en J. Weisgerber, *Les Avant-gardes littéraires*,,,, I, 472-477. Testimoniando la presencia del surrealismo en Japón se realizó una exposición en el Centro Cultural "Georges Pompidou" de París, en enero de 1987.
[12] Miklós Szabolcsi, "Le reflux: 1930-1960", *Ibid.*, I, 562-563.
[13] *Ibid.*, 570.
[14] *Ibid.*, 571 y ss. Podríamos abundar en otras citas sobre el uso de estos términos, por ejemplo, encontramos las expresiones "vanguardia clásica", y "nueva vanguardia" en la cuestionario preparado por Heloisa Buarque de Hollanda y Luiz Costa Lima: "Vanguarda em questão": "A função da vanguarda clássica, a dos 30 primeiros anos do século foi provocar uma continua experiência de choque, ferindo o *establishment* ..." "... O que substituiria o choque numa nova vanguarda? ..." en *Vanguarda e modernidade, Tempo Brasileiro*, 26-27 (Río de Janeiro, enero-marzo 1971): 40.
[15] Se documenta el empleo de la palabra con esta acepción en el estudio, de óptica marxista, de Robert Estivals, "Schémas pour l'avant-garde" en *Les Avant-gardes littéraires* ..., Tomo II, 1085 y ss.

revolucionaria del poder. El partido comunista será la vanguardia de la clase obrera, un grupo consciente, expresión de esa clase, encargado de llevarla a la victoria.[16] Varios periódicos comunistas llevan por ello este nombre: *La vanguardia*. Paralelamente, se va conformando una teoría estética que asigna objetivos sociales a la literatura: Belinskij (1811-1848). Chernichevski (1828-1889), Tolstoi (1882-1945) y Plejanov (1857-1918), constituyen algunos de sus eslabones, complejizados por los aportes de varios grupos o asociaciones de escritores proletarios que se constituyen, por los años de la Revolución, en defensa de los objetivos propagandísticos, socializantes y revolucionarios del arte.[17]

Este corpus doctrinal —no exento de polémicas internas— desembocará en el "realismo socialista", método literario oficial desde 1934. Dentro de estas teorías, la valoración del vanguardismo literario, aunque predominantemente negativa, no es unívoca. Por una parte, la adhesión ferviente a la Revolución de algunos vanguardistas, como Esenin, Maiakovski y los integrantes del grupo LEF, liderado por este último, plantea dificultades y contradicciones en el interior de una reflexión estética que exalta el realismo como método idóneo para la propaganda literaria. No es improbable que los suicidios de Esenin y Maiakovski, en 1925 y 1930 respectivamente, estuvieran al menos parcialmente condicionados por las críticas a su adhesión al vanguardismo literario, realizadas por grupos, funcionarios y líderes culturales y políticos, con anterioridad a la decisión de Stalin de reivindicar póstumamente a Maiakovski, en 1935.

Estas polémicas en torno a la funcionalidad o no funcionalidad revolucionaria y política del vanguardismo literario se proyectan también en Europa Occidental (Breton, por ejemplo, adhiere al marxismo pero tiene dificultades con la política cultural soviética) e influirán —como veremos— en Hispanoamérica.

- *El concepto de "vanguardia" literaria en Hispanoamérica en la década del 20*

Si tratamos de sistematizar en forma análoga el empleo del término vanguardia y su contenido conceptual a partir de nuestro contacto con el vanguardismo en Hispanoamérica, vemos que en esta área el mismo se impuso:

1. Como nombre genérico abarcador de todos los "ismos" de procedencia europea o anglo-norteamericana[18] (futurismo, expresionismo, cubismo, dadaísmo, imaginismo, surrealismo ...) o surgidos de la convergencia latinoamericana-europea (creacionismo). Estos "ismos" se conocen tempranamente pero sólo por excepción influyen en las creaciones literarias de los años diez. Alcanzan su máxima vigencia en la década del veinte, salvo el surrealismo que —si bien se anticipa en algunos escritores de esta década, como Neruda— alcanzará su mayor difusión en años posteriores. Con respecto al fin de este período en el

---

[16] V. I. Lenin, *Sur la Littérature el l'art* (París: Éditions Sociales, 1957): 87.
[17] Cfr. bibliografía y ampliación de este tema en capítulo sobre "La poesía de vanguardia y la poesía social en Hispanoamérica".
[18] Algunos críticos separan la vanguardia influida por los "ismos" europeos de la que ingresa a Hispanoamérica desde Estados Unidos (imaginismo). Véase José Emilio Pacheco, "La otra vanguardia" en *Vicente Huidobro y la vanguardia, Revista Iberoamericana*, 106-107 (Pittsburgh, enero-junio 1979): 327-334.

que abundan las manifestaciones vanguardistas, podríamos dar como fecha aproximada 1935, pero no podemos olvidar la diversidad de ritmos históricos entre los países hispanoamericanos y, en algunos casos, entre capitales y ciudades de provincia. Tampoco podemos olvidar que los escritores de estos países tienden a superponer estilos que pertenecen a distintos momentos evolutivos de la historia literaria y europea.

2. Como término genérico abarcador de los diversos "ismos" hispanoamericanos: martinfierrismo o "neosensibles", términos este último de raíz orteguiana (Argentina); atalayismo, diepalismo, euforismo, girandulismo, integralismo, noísmo (Puerto Rico); avancismo (Cuba), estridentismo, contemporáneos (México); auguralismo, "poesía sorprendida", postumismo (Santo Domingo); creacionismo, runrunismo (Chile); simplismo (Alberto Hidalgo, Perú y Buenos Aires); grupo "Válvula" (Venezuela), entre otros.[19]

3. Ya en la década del veinte pueden registrarse ensayos polémicos sobre la relación entre la vanguardia estética y la socio-política, que postula la necesidad del compromiso de la literatura con la liberación socio-política y económica del continente, compromiso casi siempre de matiz marxista.

La contraposición irreconciliable entre ambas vanguardias es sustentada, por ejemplo, por los boedistas argentinos y su saga, quienes critican en la vanguardia estética su "frivolidad", "elitismo" y "gratuidad". Sin embargo, son varios y muy destacados los escritores marxistas que reconocen en la vanguardia artística un instrumento para la negación revolucionaria de la cultura burguesa, entre ellos el peruano José Carlos Mariátegui, el argentino Raúl González Tuñón y —por lo general— escritores marxistas que simpatizan con el futurismo ruso o con el surrealismo. Desarrollaré este tema en el capítulo VII.

4. En relación con la dicotomía anterior, pero con otros matices, Ángel Rama distingue dos vanguardias, cuyas diferencias surgirían de un debate instalado dentro del mismo vanguardismo. Este debate opone dos modos de creación estética en su relación con la sociedad latinoamericana: por una parte, un sector del vanguardismo, más allá del rechazo a la tradición realista en su aspecto formal, reconoce en ella su vocación de adentramiento en una comunidad social, con lo cual se religa a las postulaciones regionalistas. Por otra parte, otro sector, para mantener pura su vinculación vanguardista, que implica ruptura abrupta con el pasado, abjura del regionalismo e intensifica su vinculación con la estructura del vanguardismo europeo, que lo forzará a crear un posible ámbito común para las creaciones artísticas de uno y otro lado del Atlántico, lo que conduce a la postulación de un universalismo.[20]

Creemos, sin embargo, que la dicotomía raras veces es frontal en la realidad de los autores y de los textos americanos. Con mucha frecuencia, regionalismo y universalismo convergen en un mismo autor vanguardista, voluntaria o involuntariamente, a modo de estratos compatibles, más que de enfrentamientos mutuamente excluyentes.

---

[19] No sólo en las capitales, también en provincias existieron grupos de vanguardia en la década del 20: por ejemplo el grupo "La Brasa" (Canal-Feijóo, Santiago del Estero) y "Megáfono" (Ricardo Tudela, Mendoza) ambos en provincias argentinas.
Cfr. mayores datos sobre el problema terminológico en Hispanoamérica en Merlin Forster, *Op. cit.*.
[20] Ángel Rama, "Las dos vanguardias latinoamericanas" en *Maldoror*, 9 (Montevideo, noviembre 1973): 53-64, particularmente, 62.

Un ejemplo evidente es el de Borges en *Fervor de Buenos Aires* (1923) cuya temática regional es la base de símbolos que connotan una temática universal (el tiempo, la realidad, la muerte, la identidad, los límites ...).

En síntesis, podemos inferir que, en Hispanoamérica, el término tiene multiplicidad semasiológica y es inclusivo de una serie de movimientos literarios que, al modo de un prisma —usando una comparación cara a los vanguardistas— refractan en forma múltiple, a través de numerosos autores y varios países, ciertas actitudes y programas artísticos. Todas ellas se insertan en un proceso post-simbolista que —a través del modernismo hispanoamericano— avanza hacia nuevas formas de expresión. Vanguardia regionalista, internacionalista y universalista, estética y político-social, se funden con frecuencia o —al menos— coexisten en los grupos de avanzada.

• *La relación del vanguardismo hispanoamericano con el europeo*

Las definiciones que se han hecho del vanguardismo hispanoamericano han tenido siempre como punto de referencia el vanguardismo europeo, con una gama de matices que va desde la afirmación de una mera ancilaridad del fenómeno americano con respecto al europeo, hasta una afirmación de independencia casi total. Según esta última óptica, el reconocer en los movimientos de vanguardia europea (futurismo, cubismo, dadaísmo, expresionismo, ultraísmo, surrealismo ...) un valor canónico con respecto a los movimientos hispanoamericanos implicaría "una perspectiva ideológica no explicitada que considera el Vanguardismo hispanoamericano como un injerto artificial, como un simple epifenómeno de la cultura europea".[21] Por este camino se llega a afirmar la existencia de una maduración casi independiente del vanguardismo hispanoamericano, en el marco de un proceso socio-político y cultural que lo condiciona.

Entre los que definen al vanguardismo americano en relación de dependencia con respecto al europeo, es muy representativa la opinión de Enrique Anderson Imbert: "Los *ismos* que aparecieron fueron sucursales de la gran planta industrial que estaba en Europa".[22] También es verdad que la cita aislada endurece la posición del crítico, quien a través del estudio e interpretación de los autores hispanoamericanos vanguardistas señala su personalidad poética y —por ende— su americanidad (nadie puede ser sino lo que es, aun en casos de voluntario o involuntario enmascaramiento).

Entre los que buscan subrayar la independencia o la entidad específica del vanguardismo americano, es destacable la hipótesis de Nelson Osorio, tanto por su solvencia en el tema vanguardista como por la repercusión de esta opinión en otros críticos. Observando la condición de fenómeno internacional de la vanguardia artística y literaria de los comienzos de siglo y relacionando las manifestaciones hispanoamericanas con los condicionamientos históricos y socio-políticos (especialmente los avances de los Estados Unidos en la nueva organización de la hegemonía mundial y la aparición del movimiento revolucionario soviético a partir de 1917) Osorio postula "la pertinencia y legalidad histórica de un

---

[21] Nelson Osorio, "Para una caracterización ...", edición citada, 228.
[22] *Historia de la literatura hispanoamericana*, II (México-Buenos Aires: Fondo de Cultura Económica, 1961). "Época contemporánea", 72.

Vanguardismo hispanoamericano, que puede ponerse en correspondencia, como una variable específica, con un fenómeno internacional más amplio".[23] Este vanguardismo se inserta en un proceso literario, en el que pueden descubrirse las huellas de las transformaciones sociales. No es "un hecho postizo", sino que está arraigado en Latinoamérica.[24]

Tenemos así diseñadas dos posturas con respecto al vanguardismo hispanoamericano en su relación con el europeo: una lo considera como proyección, la otra, como variable específica.

- *El marco crítico de estas definiciones*

La consideración del vanguardismo hispanoamericano como variable específica del vanguardismo internacional se inserta en un marco crítico más amplio, compartido, con matices, por estudiosos de diversas posturas ideológicas y metodológicas y que podríamos sistematizar del siguiente modo:

a. Especial desarrollo ha tenido la reflexión sobre el fenómeno vanguardista hispanoamericano entre los representantes de las tendencias críticas que ven en la literatura los efectos y cambios del proceso social y "que toman como base la postulación marxista de que la literatura (y más generalmente todo el campo de la cultura) es un producto estrechamente relacionado con los proyectos sociales en Iberoamérica; es decir, se empeñan en estudiar la literatura como una práctica ideológica".[25] Alfredo Roggiano y John Beverley editaron un volumen de la *Revista Iberoamericana* que reúne estudios de críticos de esta tendencia, bajo el título *Ideología y crítica literaria en la América de habla española*. Allí precisamente se inserta el artículo de Nelson Osorio al que hemos aludido, que intenta —entre otros objetivos— marcar y contribuir a intensificar un proceso de descolonización cultural, acorde con un proceso socio-político.

La reflexión descolonizadora con respecto al fenómeno vanguardista guarda coherencia conceptual con la exhortación de Roberto Fernández Retamar para que en América se ejerza una crítica literaria autónoma:

> En los últimos años, a medida que la literatura hispanoamericana encontraba acogida y reconocimiento internacionales, se ha hecho cada vez más evidente la incongruencia de seguir abordándola con un aparato conceptual forjado a partir de otras literaturas. Mientras a un complejo proceso de liberación —cuyo punto más alto es por ahora la Revolución cubana— lo acompaña una compleja literatura que en sus mejores creaciones tiende a

---

[23] Nelson Osorio, artículo citado, 232.
[24] *Ibid.*, 243.
[25] Alfredo Roggiano, "Introducción" a *Ideología y práctica literaria en la América de habla española*, *Revista Iberoamericana*, XLVII(114-115) (Pittsburgh, enero-junio 1981): 3. Incluye estudios de Hugo Achugar, John Beverley, Sara Castro-Klaren, Jaime Concha, Antonio Cornejo Polar, Ariel Dorfman, Jean Franco, Noé Jitrik, Alejandro Losada, Domingo Miliani, Nelson Osorio, Françoise Perus, Ileana Rodríguez, Saúl Sosnowski, Bernardo Subercaseaux, Hernán Vidal. Roggiano señala la ausencia de Carlos Rincón, Rafael Gutiérrez Girardot y Ángel Rama, entre otros críticos afines a esta tendencia, que ha sido también examinada por Emilia de Zuleta, "Direcciones actuales de la crítica en Hispanoamérica" en *Cuadernos del Sur*, 16 (Bahía Blanca, enero-diciembre 1983): 51-68.

expresar nuestros problemas y a afirmar nuestros valores propios, sin dejar de asimilar críticamente variadas herencias, y contribuye así, de alguna manera, a nuestra descolonización, en cambio esa misma literatura está todavía considerablemente requerida de ser estudiada con óptica descolonizada; o se la propone como algo distinto de lo que en realidad es —de nuevo como una mera proyección metropolitana—...[26]

b. Sin embargo, esta propuesta descolonizadora, tanto en el plano de la creación como en el de la crítica e historiografía, no es patrimonio exclusivo del pensamiento marxista (con sus variantes neomarxistas o posmarxistas), sino que se arraiga o coincide parcialmente con el pensamiento de muchos ilustres americanistas de variado signo. No es este el lugar para historiar la larga tradición ensayística sobre "el ser de lo americano", en relación con la "identidad cultural hispanoamericana", que tiene hitos sobresalientes en el pensamiento de José Martí, Andrés Bello, Eugenio María Hostos, José Enrique Rodó, Pedro Henríquez Ureña, Antonio Caso, José Vasconcelos, Alfonso Reyes, Rómulo Betancourt, Bernardo Canal-Feijóo, Arturo Uslar-Pietri, Leopoldo Zea, entre otros pensadores americanos.[27]

En esta corriente ensayística, que considera que el hombre español que hace la conquista y colonización americana cambia su axiología y su cosmovisión con respecto al español de España, en esta corriente ensayística, pues, que —aunque con amplios matices al considerar el modo de relación de América con Europa—, sostiene la otredad de América, se insertan también críticos e historiadores con premisas y objetivos diferentes de los que sustentan los diversos representantes de la tendencia socio-crítica antes mencionada. No es mi propósito enumerarlos o analizar sus diferentes posturas, en muchos casos sostenidas en forma individual, en otros casos grupalmente. Mencionaré sólo, por su gravitación, el caso del Centro de Estudios Latinoamericanos de Buenos Aires, que postulando una visión espiritualista de la historia en general, y de la historia literaria en particular, sostiene la necesidad de una historiografía y de una crítica literaria latinoamericana.[28]

Otro testimonio interesante fue el brindado en el "IV Congreso Nacional de Literatura Argentina", reunido en Mendoza en 1987, sobre el tema de la periodización de nuestras literaturas. Investigadores de distintas posturas críticas e ideológicas coincidieron en la necesidad de adecuar los criterios historiográficos a nuestras realidades literarias.[29]

---

[26] Roberto Fernández Retamar, "Un reclamo" en *Algunos problemas teóricos en la literatura hispanoamericana* (Cuenca, Ecuador: Casa de la Cultura Ecuatoriana, 1981): 11.
[27] Este corpus ensayístico (aquí apenas aludido) y el de sus exégetas y sistematizadores, se ha incrementado notablemente en la década del 80, probablemente por la conmoción en las conciencias americanas que causó la guerra de las Malvinas.
[28] Véase Graciela Maturo (editora), *Hacia una crítica literaria latinoamericana* (Buenos Aires: García Cambeiro, 1976).
[29] *La periodización de la literatura argentina; Actas del IV Congreso Nacional de Literatura Argentina* (Mendoza: UNC, Facultad de Filosofía y Letras, 1989): 3 vol. Sobre el mismo tema, con un predominio de la socio-crítica o crítica ideológica, Cfr. Ana Pizarro (Coordinadora), *La literatura latinoamericana como proceso* (Buenos Aires: CEAL, 1983): 147; *La(s) historia(s) de la literatura*, número especial de *Filología*, 2 (Buenos Aires: UBA, Instituto de Filología, Año XXII, 1987): 235.

En sintesis: —dentro de un amplio espectro de posturas ideológicas y metodológicas con respecto al abordaje crítico de nuestras expresiones literarias— existe una zona de coincidencias, que podríamos esquematizar así:

a. La identidad cultural —y por ende literaria— de Hispanoamérica difiere de la europea.

b. Los criterios historiográficos útiles para organizar y periodizar la historia literaria europea no pueden trasladarse sin modificaciones para historiar la literatura hispanoamericana, cuya compleja realidad no es encasillable en la malla historiográfica europea.

c. A la especificidad cultural de las manifestaciones literarias hispanoamericanas corresponde la utilización de herramientas críticas pensadas desde Iberoamérica o una selección y adaptación de los criterios europeos y norteamericanos, uso que debería excluir el snobismo y la mera imitación.

d. La dependencia o independencia de la cultura y —más específicamente— de la creación y la crítica literarias, se relacionan consciente o inconscientemente, voluntaria o involuntariamente, con la dependencia o independencia política y económica. La maduración de una independencia global, propuesta como objetivo, no implica la negación de elementos constituyentes de la identidad histórica hispanoamericana, como las raíces europeas, particularmente ibéricas, ni tampoco la postulación de un aislamiento que también negaría el ingrediente cosmopolita y dialógico de la cultura americana.

La negación de estos elementos esenciales de nuestra identidad quedan fuera de la mencionada zona de coincidencias, a cargo de una crítica que en su intento descolonizador llega a la negación de la historia.

Dicho de otro modo: no se pretende el aislamiento político-económico de Hispanoamérica sino que, por el contrario, se toma conciencia de que "la formación de las grandes asociaciones extra-nacionales plantea muchos problemas y vastas posibilidades para la familia de naciones que ha surgido de la colonización a la española de América".[30] Para poder participar con derechos propios en este mundo que se globaliza, es necesario que Hispanoamérica se fortifique para ser y actuar como un socio que intercambia. La opción es: o "girar pasiva y estérilmente en alguna órbita de poder ajeno" o "reunir sus recursos y sus fuerzas en una suma eficaz para entrar a dialogar a parte entera en el drama de la creación del futuro de la humanidad".[31]

El correlato cultural de esta opción política-económica es la asunción de una identidad cultural auténtica, a partir de la cual todo diálogo es mutuamente enriquecedor. No se trata de postular una insularización de la cultura americana, ni una negación de su historia. Se trata de alentar un "universalismo arraigado", de ser "donde se está", —de cambiar el acento a la proposición de Santayana: "Los pies de un hombre deben estar plantados en su país, pero sus ojos deben vigilar el mundo", subrayando que, si bien los ojos de un hombre deben

---

Hay críticos europeos que se plantean también este problema. Véase Paul Verdevoye, "Validez o/e insuficiencia de los conceptos europeos para el estudio de la literatura hispanoamericana", en Saúl Yurkievich, *Identidad cultural de Iberoamérica en su literatura*, edición citada, 256-261.

[30] Arturo Uslar Pietri, *La otra América* (Madrid: Alianza, 1974): 8.

[31] *Ibid.*, 19.

vigilar el mundo, sus pies deben estar plantados en su país y en su continente, afianzados en sus raíces.

La misión del artista, del intelectual, del crítico, tiene pues en Hispanoamérica una función ético-política y esta conciencia, que hoy resurge desde las más diversas tendencias, se sustenta en una tradición histórica que —como observa Emilia de Zuleta— "en nuestras sociedades y desde los tiempos fundacionales, le impone al intelectual una participación protagónica en la vida pública".[32]

• *Nuestra hipótesis*

En esta zona de coincidencias crítico-historiográficas se enmarca nuestra hipótesis con respecto a la relación entre el vanguardismo americano y el europeo. Tenemos la convicción, ya enunciada en el prólogo, de la otredad de la creación literaria hispanoamericana con respecto a los movimientos literarios de vanguardia europea. Consideramos que siempre que hay logro artístico (y no mero remedo) las expresiones americanas adquieren caracteres diferenciales y conquistan su propio espacio en la historia de la literatura. La expresión surgida en América es —como dice Borges— fatalmente americana. Nadie ni nada puede ser sino lo que es —salvo suicidio metafísico. Pero esta verdad de Perogrullo no puede llevarnos a hipótesis aislacionistas ni simplificadoras.

Tenemos en cuenta la complejidad de las relaciones entre América y Europa: descubrimiento y encuentro de culturas, mestizaje cultural en el más amplio sentido del término (convergencia y mezcla de vertientes distintas, diálogo de nuestras literaturas con todas las literaturas, vaivén, intercambio). La vocación y el destino de convergencias culturales de Hispanoamérica, la aptitud para la mezcla creadora, presente en las más grandes obras de su arte, está también singularmente presente en las manifestaciones del vanguardismo.

No falta en este momento la condición expansiva y proyectiva de la cultura del Norte, ni la actitud receptiva de los americanos.[33] Negar estas tendencias implicaría retrasar el proceso de descolonización que se propone. Pero este modelo de relación va, sin embargo, modificándose poco a poco. En el plano literario baste señalar el influjo de Rubén Darío sobre el modernismo español, la gravitación fundamental del joven Borges y de Huidobro en el ultraísmo peninsular, así como la vinculación que con las revistas de este movimiento tuvieron otros hispanoamericanos: el ecuatoriano César Arroyo con *Cervantes*; el uruguayo Julio C. Casal, director de *Alfar*, que publicaba poemas vanguardistas de César Vallejo, de Girondo, de Bernárdez ... Este reflujo se ha acentuado en la actualidad: mencionemos sólo la influencia de Borges en creadores europeos y norteamericanos.[34]

---

[32] Emilia de Zuleta, *Op. cit.*, 51.
[33] Es por ello que aún consideramos didácticamente útil la presentación de los movimientos de vanguardia europeos para marcar las peculiaridades americanas.
[34] El estudio de la presencia de autores hispanoamericanos en la vida literaria española y el de la "recepción" de autores hispanoamericanos (como Borges, Huidobro, Vallejo, Mariátegui, R. González Tuñón, Neruda y otros) por escritores peninsulares de este siglo es aún un campo abierto a la investigación. mencionaré entre los estudios realizados, los incluidos con esta orientación en el volumen colectivo: *Las relaciones literarias entre España e Iberoamérica* (Madrid: ICI-Facultad de

El problema de la relación del vanguardismo americano con el europeo se inserta pues en una complejísima red de relaciones culturales que admite diversas actitudes y grados y que podríamos esquematizar así:

a. Apertura acrítica a las influencias vanguardistas europeas y norteamericanas, meramente imitativa, con la actitud que —usando palabras de Canal-Feijóo— podríamos calificar como de "inhibición [o imitación] reverencial". En estos casos no se llega a la creación artística.[35]

b. Recepción transformadora de las proyecciones europeas: ya en este caso el traspaso comporta inexorablemente notables mudanzas determinadas, ya por los nuevos hombres que asumen las influencias, ya por las nuevas proposiciones geográficas, históricas, socio-políticas, culturales, que contextualizan la recepción. En ella se produce un complejo mestizaje de influjos procedentes de diversos movimientos europeos (futurismo, cubismo, dadaísmo, etc.) y de éstos con caracteres locales.

c. Maduración de un vanguardismo americano dentro de un proceso interno literario posmodernista, por las vías desretorizantes que se inician ya en la segunda etapa de la poesía rubendariana: prosaísmo, humorismo, sencillismo (con la adopción literaria de lo ínfimo, lo urbano, lo suburbano, lo cotidiano, lo familiar ...); temática social; temática americana (con sus matices: denigración o reivindicación de España, indoamericanismo o eurindismo, nacionalismo, telurismo, ruralismo, reivindicación del gaucho, regionalismo, adentrismo o provincialismo); espiritualismo ... y —en este marco— la ruptura vanguardista que busca salir del modernismo —como metaforiza Anderson Imbert— "con un portazo", si bien —visto el proceso con amplitud y perspectiva— se trata más de una intensificación que de una ruptura. Los factores socio-políticos que condicionan el *novomundismo* posmodernista se intensifican en el período vanguardista.[36] Lo mismo sucede con la crisis de valores que condiciona las nuevas formas de expresión posmodernistas y las búsquedas estéticas del vanguardismo.

No hay muros infranqueables entre la hipótesis de un vanguardismo americanizado o americano, resultado de una "recepción transformadora o recreadora" y la de un vanguardismo americano "variante específica" del internacional, resultante de un proceso interno socio-político-literario. El cosmopolitismo que signa el arte americano como una característica fundamental, es un puente entre las dos hipótesis.[37]

Filología, Universidad Complutense, 1987): 961; Carlos Meneses, *Escritores latinoamericanos en Mallorca* (Palma de Mallorca: Cort, 1974): 94; Gloria Videla de Rivero, "Huidobro en España" (Edición citada en "Introducción", nota 3), etc.

[35] Véase nuestro "Los problemas de la cultura argentina según Bernardo Canal-Feijóo" en *Revista de Literaturas Modernas*, 16 (Mendoza, 1983): 161-167.

[36] Véase Capítulos II y V. Adherimos, con respecto al problema de los límites del modernismo, al concepto "epocal" de Onís, J. R. Jiménez y Gullón, si bien con considerables matices. Cfr. nuestro: "En torno al concepto y límites del modernismo y generación del 98", en *Revista de Literaturas Modernas*, 13 (Mendoza, 1978): 71-78.

[37] Aún cuando señalemos precursores americanos de nuestro vanguardismo: Herrera y Reissig, el Lugones del *Lunario sentimental* (1909), el Güiraldes de *El cencerro de cristal* (1915); estos precursores son a la vez americanos y cosmopolitas universales; cantores de la Pampa y de los Andes, pero también lectores de Banville, de Lafforgue, de Valéry Larbaud.

Por la originalidad del vanguardismo hispanoamericano, fruto con frecuencia de un complejo y rico mestizaje cultural, podemos considerarlo "recepción recreadora" o, más aún, "variable específica" del vanguardismo internacional. Pero sin negar por ello su realidad dialógica, sin atribuirle un adanismo inexistentes. "Nuestra tradición —afirma Borges— es toda la cultura universal".[38] El fenómeno vanguardista hispanoamericano participó con notable fluidez del poder de desplazamiento inherente a la cultura y en un diálogo creador enriqueció notablemente el acervo común de las vanguardias.

---

[38] En "El escritor argentino y la tradición", *Obras completas 1923-1972* (Buenos Aires: Emecé, 1974): 272 dice: "nuestra tradición es toda la cultura occidental". El ensayo pertenece a *Discusión*, de 1932. En opiniones posteriores, insertas en varias entrevistas, reemplazará "occidental" por "universal", y esta expresión es más exacta, dado el influjo de las culturas orientales durante el presente siglo.

II

DOS DIRECCIONES DE LA VANGUARDIA:
POESÍA AUTÓNOMA Y COSMOPOLITISMO

Me propongo en las siguientes páginas analizar aspectos de dos direcciones de la vanguardia hispanoamericana: en primer lugar, de la que propicia la autonomía del signo estético con respecto a todo referente exterior e intenta remitirse al campo de su propia pertinencia, tratando de liberar al poema de las restricciones de lo real empírico.[1] La segunda dirección que deseo considerar es la que vincula el vanguardismo con una constante del hombre hispanoamericano: la vocación cosmopolita que lo abre a todos los estímulos de la cultura universal y que, además, lo impulsa a viajar, a conocer nuevos paisajes, ciudades y modos de vivir. Aunque a primera vista estas direcciones, la de la poesía autónoma o autorreferente y la del cosmopilitismo, parecen no guardar entre sí ninguna relación, el contacto con los textos nos muestra que ambas se superponen y hasta se confunden con frecuencia: el poeta demiurgo, que intenta crear mundos autónomos, a menudo introduce en los espacios poéticos creados analogías de sus vivencias cosmopolitas. Por otra parte, el viaje poético vanguardista adquiere muchas veces ímpetus cosmogónicos que trascienden un itinerario internacional y simbolizan el viaje mítico y el afán totalizador. Al incorporar esta dimensión paradójicamente trascendente (la pretendida inmanencia salta a su pesar los límites autoimpuestos) la doble vectorialidad señalada adquiere una tercera significación (o profundiza las significaciones anteriores).

Otro nexo que relaciona estos vectores vanguardistas, aparentemente heterogéneos, está en el plano de las técnicas literarias. Nuestra mirada analítica se circunscribirá a las estrategias simultaneístas, frecuentes en la poesía de filiación cubista-creacionista y —en otros casos— surrealista. Estas estrategias cumplen en la poesía de vanguardia hispanoamericana varias funciones, de las cuales nos interesa destacar tres —que se interrelacionan estrechamente a un punto tal que es difícil deslindarlas. Las técnicas simultaneístas sirven al poeta demiurgo: a. para la configuración del poema autónomo; b. para la configuración textual del viaje cosmopolita vanguardista y c. para intentar, por la palabra, el viaje trascendente o totalizador.

Haremos el análisis de algunos textos que se vinculan con los vectores vanguardistas delimitados, desde un doble ángulo: el de los significados y el de las estrategias literarias

---

[1] Saúl Yurkievich, "Los avatares de la vanguardia" en *Revista Iberoamericana*, 118-119 (1982): 359.

utilizadas, particularmente las simultaneístas. Enmarcaremos los análisis en diversos niveles contextuales: en el de los movimientos literarios pertinentes (cubismo-creacionismo y martinfierrismo) y en el de algunos aspectos relevantes de la obra de sus autores (Huidobro, Girondo, Güiraldes y Marechal).

• *Creacionismo y cubismo: algunos aspectos convergentes*

Ya ha sido señalada la dificultad para establecer nítidas delimitaciones entre las diversas tendencias o "direcciones" del vanguardismo literario que se desarrolla en las tres primeras décadas del siglo.

Todas ellas poseen un acervo común, una común estructura, e incluso se confunden en sus orígenes históricos.[2] Sin embargo por la gran influencia de Vicente Huidobro en las letras hispánicas de este siglo, su "creacionismo" merece una atención especial.

Su visita a Madrid en 1918 fue la chispa que encendió en España la voluntad de un "ultraísmo literario". El hecho de que este ultraísmo, tan penetrado por el creacionismo, haya influido grandemente en la mayor parte de las manifestaciones vanguardistas hispanoamericanas de la década que estudiamos, nos decide a recordar algunos aspectos contextuales, particularmente en lo que respecta a la convergencia de creacionismo y cubismo.

Vicente Huidobro había publicado varios libros en prosa y en verso antes de pasar por Madrid. Sus primeras obras están aún dentro del marco modernista o posmodernista, aunque hay intentos anticipatorios de la renovación vanguardista por ejemplo en los caligramas de "Japonerías de estío" (en *Canciones en la noche*, 1913). Pero es sobre todo desde fines de 1916, en París, cuando Huidobro se incorpora plenamente al vanguardismo. Allí conoció y trato a los poetas y pintores que cultivaban la nueva lírica, particularmente a los representantes del cubismo. Cuando llegó a París a fines de 1916, se conectó con los

---

[2] Gloria Videla, *El ultraísmo* (Madrid: Gredos, 1963): 92-97. Varios críticos han estudiado las relaciones del creacionismo de Huidobro con otros movimientos, particularmente con el cubismo de Reverdy. E. Caracciolo Trejo, *La poesía de Vicente Huidobro y la vanguardia* (Madrid: Gredos, 1974): 137. Estrella Busto Ogden, *El creacionismo de Vicente Huidobro en sus relaciones con la estétita cubista* (Madrid: Playor, 1985). Mireya Camurati, *Poesía y poética de Vicente Huidobro* (Buenos Aires: F. García Cambeiro, 1980): 210. René de Costa (Editor): *Vicente Huidobro y el creacionismo* (Madrid: Taurus, 1975): 389; *En pos de Huidobro, siete ensayos de aproximación* (Santiago de Chile: Editorial Universitaria, 1978): 107; *Vicente Huidobro y la vanguardia*, Número especial de la *Revista Iberoamericana*, 106-107, dirigido por René de Costa (Pittsburgh, 1979): (Incluye "Addenda a la bibliografía de y sobre Vicente Huidobro", de Nicholas Hey. La bibliografía inicial está incluida en las *Obras completas de Vicente Huidobro* 2 (Santiago de Chile: Andrés Bello, 1976). René de Costa, *Huidobro: los oficios de un poeta* (México: Fondo de Cultura Económica, 1984). Jaime Concha, *Vicente Huidobro* (Madrid: Jucar, 1980): 244. Luis Navarrete Orta, *Poesía y poética en Vicente Huidobro*; 1912-1931 (Caracas: Universidad Central de Venezuela, 1988): 216. Ana Pizarro, *Vicente Huidobro, un poeta ambivalente*, (Concepción, Chile: Universidad de Concepción, 1971): 116. Cedomil Goic, *La poesía de Vicente Huidobro*, segunda edición (Santiago: Nueva Universidad, Universidad Católica de Chile, 1974): 283 entre otra amplia bibliografía que citaremos parcialmente en notas subsiguientes.

redactores de la revista *Sic*, dirigida por Pierre Albert-Birot, que contaba entre sus colaboradores a Apollinaire y Reverdy.

Desde marzo de 1917 hasta 1918, apareció la revista *Nord-Sud* que, bajo la dirección de Reverdy, publicó colaboraciones de Apollinaire, Tzara, Paul Dermée, Cocteau, Breton, Aragon, Max Jacob y del mismo Huidobro, quien afirma haber sido uno de los fundadores de la revista.[3] El poeta se vinculó además con otros escritores y artistas plásticos: Juan Gris, Picasso, Jacques Lipchitz, Francis Picabia, Joan Miró, Max Ernst, Paul Éluard, Blaise Cendrars, entre otros. El mismo Huidobro reconoce su vinculación con el grupo cubista, durante el período de la primera guerra mundial y de la revolución rusa:

> Yo vivía entonces en Francia. Era la época heroica, en que se luchaba por un arte nuevo y un mundo nuevo ... Yo formaba parte del grupo cubista, el único que ha tenido importancia vital en la historia del arte contemporáneo.[4]

El creacionismo huidobriano está, pues, estrechamente vinculado con el cubismo. No es mi propósito entrar en eruditas consideraciones ordenadas a establecer prioridades cronológicas entre Huidobro y Reverdy: existe ya amplia bibliografía al respecto.[5]

La polémica entre los dos poetas acerca de quién fue el iniciador de esta tendencia literaria se enlaza estrechamente, además, con la que sostuvieron Huidobro y Guillermo de Torre acerca de la existencia o no de una primera edición de *El espejo de agua* en 1916. De ser auténtica esta edición, se probaría la prioridad del chileno. Creemos que esta cuestión, que dio lugar a posturas apasionadas, ya ha quedado aclarada.[6]

En el marco de estos dos movimientos tan influyentes en las letras hispánicas nos interesa observar la presencia de las estrategias poéticas propias del simultaneísmo literario, en su relación con la poesía autónoma, con la concepción del poeta demiurgo y con el cosmopolitismo.

---

[3] Vicente Huidobro, "El creacionismo" en *Manifiestos, Obras completas, I* (Santiago de Chile: Andrés Bello, 1976): 738. La primera colaboración del poeta chileno aparece en el segundo número de la revista.
[4] Carlos Vattier, "Con Vicente Huidobro (1941)" en *Vicente Huidobro y el creacionismo*. Edición de René de Costa, edición citada, 91.
[5] Véase nota 1. Hasta mediados de la década del 70 predominaron los enfoques polémicos del tema, por ejemplo Guillermo de Torre, *Literaturas europeas de vanguardia* (Madrid: Caro Ragio, 1925): 87. Juan Jacobo Bajarilia, *La polémica Reverdy-Huidobro; origen del ultraísmo* (Buenos Aires: Devenir, 1964): 59. Antonio de Undurraga, *Teoría del creacionismo* en Vicente Huidobro, *Poesía y prosa* (Madrid: Aguilar, 1957): 19-186.
[6] Guillermo de Torre en la polémica sobre la prioridad vanguardista de Huidobro, puso en duda la existencia de la supuesta la edición en 1916 (edición "que nadie ha visto", dice en su *Historia de las literaturas de vanguardia*, I, 3ª edición (Madrid: Guadarrama, 1974): 204. La segunda (¿o la primera?) fue publicada en Madrid. René de Costa creyó poner fin a la polémica reproduciendo un facsimil de la edición de Buenos Aires. Cfr. *Peña Labra. Pliegos de Poesía* 12 (Torrelavega, España, 1974). La controversia fue replanteada por Juan Larrea en su artículo "Vicente Huidobro en vanguardia", *Revista Iberoamericana* 106-107 (Pittsburgh, enero-junio 1979): 229-230.

• *La poesía autónoma y el simultaneísmo literario*

Las técnicas simultaneístas en literatura se vinculan estrechamente con la búsqueda experimental del cubismo pictórico. El cubismo plástico propone una liberación del artista con respecto al "prejuicio representativo" que busca imitar en el objeto artístico la visión directa y empírica de la realidad. El cubismo, dice Apollinaire, no busca "un arte de imitación sino un arte de concepción que tiende a elevarse hasta la creación".[7] Los cubistas marcan la diferencia entre "la realidad de visión" y la "realidad de conocimiento", por ello Picasso pudo afirmar: "Pinto los objetos como los pienso, no como los veo".

Con apoyo en el pensamiento filosófico y científico de la época,[8] los cubistas cambian las técnicas para plasmar el espacio. Eludiendo el artificio de la perspectiva, experimentan diversas formas de simultaneísmo, sobre todo en el período del cubismo analítico (1909-1912). Pueden establecerse tres modalidades básicas de simultaneidad:

1. En la representación de un hecho o persona desde distintos puntos de observación.
2. En la representación de situaciones que ocurren en lugares distintos.
3. En la representación simultánea de situaciones y sucesos o estados de ánimo separados en el tiempo.[9]

En el primer caso, el artista presenta, simultáneamente, perfiles que se establecen desde puntos de observación móviles y llega, a veces, a la superposición de planos. Los dos casos restantes suponen una elevación (y a veces un descenso) en el punto de vista del artista. Desde arriba, la mirada artística puede abarcar situaciones que ocurren en lugares distintos. Para el que observa desde lo alto desaparece la sucesión y pueden conocerse simultáneamente el pasado, el presente y el futuro.

El artista dispone, además, de otro recurso para abarcar realidades vivencialmente lejanas: la memoria, que logra aproximar lugares y situaciones alejadas en el tiempo y en

---

[7] G. Apollinaire, *Les Peintres cubistes; Méditations esthétiques* (París: Figuier, 1913): citado por Mireya Camurati, *op. cit.*, 89. Los puntos de contacto con las teorías poéticas "creacionistas" de Huidobro son evidentes. Las recordaremos sucintamente: en la primera página de *Horizon carré* propuso: "Crear un poema tomando a la vida sus motivos y transformándolos para darles una vida nueva e independiente. Nada anecdótico ni descriptivo. La emoción ha de nacer de la única virtud creadora. Hacer un poema como la naturaleza hace un árbol". En su "Arte poético" dice: "Por qué cantáis la rosa, oh, poetas?/¡Hacedla florecer en el poema!/... El poeta es un pequeño Dios" (*El espejo de agua*). Y en su manifiesto "Non serviam" (1914?) el poeta grita a la naturaleza "Yo tendré mis árboles que no serán como los tuyos, tendré mis montañas, tendré mis ríos y mis mares, tendré mi cielo y mis estrellas". La historia del arte, sintetiza Huidobro, es la historia de la evolución del Hombre-Espejo hacia el Hombre-Dios. ("La création pure", *L'Esprit nouveau*, 1921).
[8] Es particularmente importante el pensamiento de Bergson. Véase Guillermo de Torre, *Literaturas europeas de vanguardia*, 109-110 ("Intuiciones bergsonianas del creacionismo"); Mireya Camurati, *op. cit.*, 82 y ss.
[9] Nos basamos en el intento de clasificación realizado por Pär Bergman, *"Modernolatría" et "Simultaneitá"; Recherches sur deux tendances dans l'avant-garde littéraire en Italie et en France à la veille de la première guerre mondiale*, Studia Litterarium Upsaliensis (Svenska: Bokförlaget/Bonniers, 1962): VII y ss.

el espacio (la memoria consciente y lúcida, pero también la memoria subconsciente: en este caso el artista no asciende, sino que desciende y el objeto artístico deja de ser futurista o cubista para adquirir connotaciones surrealistas).

El arte cubista implica una descomposición y recomposición de los elementos del objeto con miras a lograr un hecho artístico autónomo, creado por el espíritu. Como sintetiza Mireya Camurati, "el pintor ofrecerá en forma simultánea, y desde múltiples puntos de vista, experiencias que se dan en sucesión y en una perspectiva única".[10]

En la segunda etapa cubista (1912-1916) se intensifica la tendencia a independizar la obra artística del prejuicio representativo y se introduce la técnica del "collage".

Los poetas cubistas buscan, como los plásticos, la autonomía de la obra de arte. Este es uno de los aspectos coincidentes con el creacionismo. Como es bien sabido, es esencial a la poética de Huidobro su concepción sobre la poesía autónoma o autorreferente, que puede sintetizarse en la propuesta que hace en la primera página de *Horizon carré:* "Crear un poema tomando a la vida sus motivos y transformándolos para darles una vida nueva e independiente. Nada anecdótico ni descriptivo. La emoción ha de nacer de la única virtud creadora. Hacer un poema como la naturaleza hace un árbol". Huidobro amplía y matiza estos conceptos en los conocidos textos: "El creacionismo", "La creación pura", entre otros manifiestos, y en su poema "Arte poética", en cuyos versos finales expresa: "¿Por qué cantáis la rosa, oh, poetas?/¡Hacedla florecer en el poema! (...)/ El poeta es un pequeño Dios".

El poema "autónomo" en creacionistas y en cubistas, procura independizarse del referente extralingüístico y remitirse al campo de su propia pertinencia. Este es el ideal que propone Huidobro cuando afirma que la historia del arte no es sino la evolución del Hombre-Espejo al Hombre-Dios, señalando tres fases en esta evolución del artista y del arte:

1. Arte inferior al medio (Arte reproductivo).

2. Arte en armonía con el medio (Arte de adaptación).

3. Arte superior al medio (Arte creativo). ("La creación pura").

Pero el artista no puede crear de la nada, sino que desarticula y reorganiza en el poema las imágenes que proceden de su experiencia; por medio de la imagen creacionista une lo dispar, lo concreto y lo abstracto, persigue imágenes irreales, inventadas, concede al hombre proporciones cósmicas, humaniza el cosmos. El poeta creacionista —como el cubista— trata de plasmar la "simultaneidad", de eliminar la perspectiva, los relieves espaciales o temporales, presentando en un mismo plano recuerdos, percepciones, intuiciones, conversaciones fortuitas, en forma de "collage" literario o por medio de la técnica de las superposiciones espaciales o temporales o de la condensación temporal.[11] El tiempo y el espacio, sucesivos o alternativos en la experiencia vital, se presentan por medio de estos recursos, en forma simultánea.

---

[10] *Op. cit.*, 92.
[11] Sobre estos recursos, véase Carlos Bousoño, "Las superposiciones" en *Teoría de la expresión poética*, 4ª edición (Madrid: Gredos, 1966): 205-235.

- *Simultaneísmo y visión demiúrgica del poeta en el cubismo-creacionismo*

La concepción del poeta en el cubismo creacionismo es heredera de la que se forja en el romanticismo, en el posromanticismo, y en el simbolismo. Desde Baudelaire se acentúa el distanciamiento entre el "yo lírico" y la persona empírica del poeta. Se va afianzando la concepción del poeta vate y demiurgo. Hugo, Baudelaire, Rimbaud, Mallarmé, son algunos hitos en esta evolución. Las *Cartas del vidente* (1871) de Rimbaud giran en torno del "voyant". La idea que tiene su origen en los griegos, fue reactualizada por el neoplatonismo renacentista y —a través de Montaigne— llega a Rimbaud, quien acoge también ecos de Víctor Hugo. Según esta concepción, el poeta llega a lo desconocido, ve lo invisible, oye lo inaudible. La mirada poética penetra en el misterio. El sujeto de esta mirada es un "yo" transformado: no es el "yo empírico" sino que otras fuerzas operan en su lugar y acceden, a través del poeta, a lo desconocido.[12]

En la lírica hispanoamericana se da un proceso semejante. Recordemos que en el Lugones de "La voz contra la roca", —poema con influencias de Víctor Hugo, que inicia el libro *Las montañas del oro* (1896)—, el poeta conduce desde lo alto a la humanidad; es parte de esa humanidad, es fruto de los cósmicos lodos de la vida pero, a la vez, vuela sobre aquella, señorea sobre las cimas. Aunque comparte con los demás hombres la dualidad del mal y del bien, de las tinieblas y de la luz, es el guía de palabra orientadora y profética.[13]

También en el "Himno de las torres", del mismo libro, el poeta contempla desde lo alto los grandes hitos de la historia humana. Los cantos IV al XIII de este tercer ciclo de *Las montañas del oro* tienen idéntico comienzo: "Y mi alma —golondrina ideal— desde su torre sigue mirando". Seleccionamos casi al azar uno de ellos:

> Y mi alma —golondrina ideal— desde su torre sigue mirando; y mira en su antiguo mapamundi las aguas y las tierras; y en las brumas australes la ignorancia Anticthonia; y la cinta de fuego del Ecuador apretando el ombligo de la tierra; y el mar más extraño que una selva virgen; y Jerusalén en el centro del mundo; y al Norte las Tierras de Gog y Magog; y el Paraíso de donde manan cuatro ríos, arrastrando palos olorosos de canela, de ruibarbo, de aloé, de jenjibre; y las murallas de Jaspe que encierran el jardín; y la espada que parece una llama en el aire porque no se ve el ángel que la tiene; y alrededor del mundo los doce

---

[12] En este proceso, observa Friedrich, se vislumbra el esquema místico: el abandono del propio yo porque la inspiración divina lo subyuga o las capas profundas colectivas ("l'âme universelle") lo absorben. Véase Hugo Friedrich, *Estructura de la lírica moderna* (Barcelona: Seix Barral, 1959): 91-93. Este tema puede ser ampliado en el libro de Walter Muschg, *Historia trágica de la literatura*, que hace una tipología de lo poético y de los poetas: los magos, los videntes, los cantores, los prestidigitadores, los sacerdotes, los poetas cisnes, etc.

[13] "¡El sol es su vanguardia! / ... El poeta apostrofa con su clarín sonoro / A la columna en marcha; lo que dice, resuena ... / Tan fuertes son sus alas, que aquel ser de ancho aliento / Parece que en los hombros lleva amarrado el viento. / Es el gran luminoso y es el gran tenebroso / ... Él se acuesta con todas las flores de las cimas, / las flores le dan besos para que él les dé rimas./ El sol le dora el pecho. Dios le sonríe ... / ... El poeta es el astro de su propio destierro. / El tiene su cabeza junto a Dios, como todos / Pero su carne es fruto de los cósmicos lodos / de la vida. Su espíritu del mismo yugo es siervo / Pero en su frente brilla la integridad del Verbo ...".

vientres: Erus, Scolanns, Nochus, Anster, Africus, Euroanster, Zephirus, Stannus, Ireius, Bóreas, Aquilo y Vulturnus. (Canto V)

Nos encontramos ya con la visión aérea del poeta cimero o del poeta-pájaro; es decir, con una visión de conjunto abarcadora y simultaneísta de lugares y seres (en este caso predominantemente mitológicos y seleccionados en orden a una captación sapiencial y mítica del mundo). También Darío expresa esta visión enaltecida del poeta: "¡Torres de Dios! ¡Poetas!"[14]

En la poesía de vanguardia, el poeta se expande hasta un punto en que el "yo lírico" se volatiliza. "La figura del poeta traspasa los límites biológicos y cronológicos de la persona humana; escapa a los confines del cuerpo y del espacio que habita".[15] Frecuentemente, todas las informaciones que en el poema nos remiten al poeta —como observa Walter Mignolo— "evitan sistemáticamente y estratégicamente la posibilidad de otorgarle dimensiones humanas y, por lo tanto, correlacionarlo con la posición enunciativa autoral. Hay otro "personaje" que llena el espacio que normalmente ocupaba la figura del poeta: la voz ... Detrás del pronombre en primera persona y de los posesivos, la figura del poeta no se resume en una persona, sino en una voz"[16] y —podemos agregar— con frecuencia, en una mirada.

Los recursos literarios que permiten la expresión de este poeta expandido y ubicuo, de visión aérea que permite abolir las distancias y aunar tiempos distintos, son los propios del simultaneísmo: superposiciones y condensaciones espaciales y temporales, la "visión" (imagen que atribuye cualidades o funciones irreales a un ser, tales como la dimensión cósmica, la capacidad de vuelo),[17] las relaciones causa-efecto que se apartan de lo experiencial, la imagen creacionista, que aproxima en la comparación realidades distantes entre sí.

Otras estructuras que pueden coadyuvar en la expresión simultaneísta son las "espaciales".[18] Las palabras o los versos se ordenan de modo tal que las relaciones lógicas o temporales pasan a segundo plano o desaparecen y son las relaciones espaciales entre los

---

[14] Rubén Darío, "IX ¡Torres de Dios! ¡Poetas!", en *Cantos de vida y esperanza* (1905), *Poesías completas*, 9ª edición (Madrid: Aguilar, 1961): 721.
[15] Walter Mignolo, "La figura del poeta en la lírica de vanguardia" en *Revista Iberoamericana*, 118-119 (Pittsburgh, enero-junio 1985): 135.
[16] *Ibid*.
[17] Utilizo los conceptos de Carlos Bousoño definidos en su libro *Teoría de la expresión poética*, ed. cit. Considero que su descripción de las figuras frecuentes en la lírica contemporánea sigue siendo válida y útil. En el caso de "la visión", podríamos agregar que las cualidades o funciones "irreales", atribuidas a un ser son "irreales" sólo en un cierto sentido, en tanto no coinciden con los datos del referente, experienciales, captados por los sentidos, pero son "reales" en tanto expresan realidades inteligibles, espirituales, interiores, reveladoras de esencias.
[18] Utilizamos aquí el término "espacio" en un sentido particular, para designar una noción "inmanente" al texto. R. Jakobson, *Questions de poétique* (París: Seuil, 1973): 234 o Tzvetan Todorov, *Qué es el estructuralismo; Poética* (Buenos Aires: Losada, 1975): 87-90. El tema del espacio poético está muy bien tratado en el capítulo "Poésie et space", de Jean Pierre Balpe, *Lire la poésie* (París: Armand Colin-Bourrelier, 1980): 21-54.

elementos las que constituyen la organización, tal como lo observa Todorov.[19] Esta particular disposición tipográfica en el espacio del texto, que en otra parte hemos llamado "tipografía expresiva",[20] si bien puede servir a una amplia gama de intenciones, busca con frecuencia efectos de simultaneidad, al reemplazar el discurso lineal por la presentación de bloques paralelos de palabras o versos o por otras distribuciones aparentemente caprichosas. (Véase, por ejemplo, el poema "Exprés", de Huidobro, que comentaremos más adelante). El texto tiene cierta flexibilidad que conduce al lector a reinventar el orden de la lectura. El poeta ubicuo incita al lector a reorganizar el texto, utilizando para ello, simultánea y complementariamente, dos sistemas de codificación, el visual y el lingüístico, que se enriquecen mutuamente.[21] Los ideogramas o caligramas, figurativos o abstractos, con antecedentes próximos en Apollinaire, constituirán una de las características del cubismo literario, del creacionismo, del ultraísmo y de otras tendencias de vanguardia, con pervivencia y rebrotes posteriores, por ejemplo en el concretismo, en la poesía espacial.[22]

Podemos seguir mostrando la configuración progresiva de este "yo lírico" cósmico o ubicuo o sintetizador de confluencias, en varios poetas del siglo XX. Veámoslo, por ejemplo, en Apollinaire. Ya en su "Vendimiario", varias ciudades y ríos de Europa se unen en la garganta del poeta. No es el poeta de mirada áerea, pero si el sintetizador de confluencias:

> ... Tengo sed oh ciudades de Francia Europa el mundo
> Venid todas manad hasta mi honda garganta
>
> (En *Alcoholes*, 1913)[23]

En "Les fenêtres" y en otros poemas, como observa Yurkievich, "la composición está concebida como un despliegue de escenas múltiples, distintas y simultáneas, como si el poeta abarcase en un instante todo lo que sucede en derredor, en su proximidad y en lugares remotos".[24] El poeta, o el "yo lírico" —que no siempre se identifican—, posee el don de estar en todas partes:

> Oh París
> Del rojo al verde todo el amarillo se muere
> París Vancouver Hyères Maintenon Nueva York y las Antillas
>
> La ventana se abre como una naranja
> El hermoso fruto de la luz.
>
> (En *Caligramas*, 1918)

---

[19] T. Todorov, *Op. cit.*, 88.
[20] Gloria Videla, *El ultraísmo*, edición citada, 110-114.
[21] J. P. Balpe, *Op. cit.*, 32.
[22] Véase Armando Zárate, "Devenir y síntoma de la poesía concreta", en *Revista Iberoamericana*, 98-99 (Pittsburgh, enero-junio 1977): 117-148. Raúl Gustavo Aguirre, "La poesía visual", en *Las poéticas del siglo XX* (Buenos Aires: Ediciones Culturales Argentinas, 1983): 209-215. Armando Zárate, *Antes de la vanguardia* (Buenos Aires: Rodolfo Alonso, 1976).
[23] En *Poesía* (México: Joaquín Mortiz, 1967): 180-185. Versión de Agusti Bartra.
[24] Saúl Yurkievich, *Modernidad de Apollinaire* (Buenos Aires: Losada, 1968): 239.

Apollinaire reúne también en un mismo instante por medio de la "superposición temporal", hechos vividos en tiempos distintos, por ejemplo en *Zone*:

> Esta calle industrial tiene un encanto que me conmueve ...
> He aquí la joven calle y tú no eres más que un niño
> Sólo de blanco y de azul tu madre te viste ...
> Hoy andas por París solo entre la muchedumbre
> Cerca de tí ruedan mugientes rebaños de autobuses
>
> (En *Alcoholes*, 1913)

En los ejemplos comentados de Apollinaire, el "yo lírico" tiene una perspectiva terrestre: el muelle en Auteuil, la ventana, la calle. Su mirada o su voz son, sí, el punto de convergencia. En cambio, en el poema "Nietzsche", de Paul Dermée, el "yo lírico" es el "aeronauta" que danza en las nubes, que las aventaja en velocidad de desplazamiento, que boga en el cielo. Con doble perspectiva cubista hay una alternancia de personas gramaticales:

> Yo danzo sobre el cable tenso
>
> Que forma el grito del abismo ...
> La cima ondulante de los bosques
>
> Alta noche
> Avanzo bogando en un cielo de esperanzas ...

La primera persona de los versos citados se transforma en un "tú", como si el "yo lírico" se desdoblara para exhortarse desde fuera (recurso emparentado con una de las formas anotadas de simultaneidad: la observación de un mismo ser desde distintas perspectivas):

> **Danza**
> Sé más ligero que las nubes
> Adhiere a tus tarsos estrellas bermejas
> Y haz relinchar en las praderas serenas
> A las vírgenes y a los potros ...[25]

La concepción del poeta alado —o de visión áerea—, que explora el universo desde lo alto, pero que también puede bucear en las aguas de la vida subconsciente, como cálido pez, perdura en la poesía posterior. Recordemos, por ejemplo, "El poeta" de Vicente Aleixandre, que abre su libro *Sombra del paraíso* (1939-1943): "para ti, poeta, que sentiste en tu aliento/la embestida brutal de las aves celestes,/y en cuyas palabras tan pronto vuelan las poderosas alas de las águilas/como se ve brillar el lomo de los calientes peces sin sonido ...". Al final del poema, el "yo lírico" exhorta al poeta a alcanzar su verdadera dimensión,

---

[25] En *Grecia* 25, (Sevilla, 20 de agosto 1919): 10. Versión española de Guillerro de Torre. En relación con el poeta de visión aérea, cfr. Gaston Bachelard, *L'Air et les songes* (París: J. Corti, 1968). Puede rastrearse la conformación del poeta de visión aérea en otros autores, por ejemplo en Max Jacob (*Le Cornet à dés*, 1917).

la cósmica: "Sí, poeta; arroja este libro que pretende encerrar en sus páginas un destello del sol,/y mira a la luz cara a cara, apoyada la cabeza en la roca,/mientras tus pies remotísimos sienten el beso postrero del poniente/y tus manos alzadas tocan dulce la luna,/y tu cabellera colgante deja estela en los astros".

• *Los poderes del poeta en Vicente Huidobro*

La concepción del poeta en los ensayos y en la poesía de Vicente Huidobro se puede inscribir en esta línea que hemos descripto a grandes rasgos y por medio de algunos hitos o ejemplos ilustrativos. En los diversos textos de Huidobro, desfilan el poeta-rebelde, el poeta-profeta, el poeta-redentor, el poeta-mago, el poeta-super-hombre, el poeta-creador, el poeta-Dios.[26] En un texto de 1921,[27] al afirmar el poder sin límites de la poesía ("Toda poesía válida tiende al último límite de la imaginación"...) define los poderes ilimitados del poeta creacionista:

> El poeta os tiende la mano para conduciros más allá del último horizonte, más arriba de la punta de la pirámide, en ese campo que se extiende más allá de lo verdadero y lo falso, más allá de la vida y de la muerte, más allá del espacio y del tiempo, más allá de la razón y la fantasía, más allá del espíritu y la materia.
> Allí ha plantado el árbol de sus ojos y desde allí contempla el mundo, desde allí os habla y os descubre los secretos del mundo.
>
> Hay en su garganta un incendio inextinguible
> Hay además ese balanceo del mar entre dos estrellas.
> Y hay ese Fiat Lux que lleva clavado en su lengua.

En "Las siete palabras del poeta" —paráfrasis de las "Siete palabras" pronunciadas por Cristo en la Cruz—, transmite también la imagen del poeta situado en lo alto, como mediador entre el cielo y la tierra:

> Desde lo alto de mi cruz, plantada sobre las nubes y más esbelta que el avión lanzado a la fatiga de los astros dejaré caer sobre la tierra mis siete palabras, más cálidas que las plumas de un pájaro fulminado.[28]

En el creacionismo, no sólo la figura del poeta o de un "yo lírico" tiende a ir "más allá del último horizonte, más arriba de la punta de la pirámide, ... más allá del espacio y del tiempo", sino que —en general— Huidobro prefiere temas e imágenes desmesuradas, cosmogónicas. Como ya ha observado Hugo Montes,[29] los títulos de muchas de sus obras designan a personajes superiores, primigenios o con poderes diferentes: *Adán* (1916), *Mio Cid Campeador* (1929), *Altazor* (1931), *Cagliostro* (1934)... Otra serie tiene relación con

---

[26] Mireya Camurati, *Op. cit.*, 136-140.
[27] "La poesía" en *Manifiestos, Obras completas* I, edición citada, 717.
[28] Vicente Huidobro, "Las siete palabras del poeta" (1925), en *Manifiestos, Obras Completas* I, 753.
[29] Hugo Montes, "Vicente Huidobro", en *Ensayos estilísticos* (Madrid: Gredos, 1975): 95-96.

el universo: *Horizon carré* (1917), *Ecuatorial* (1918), *Poemas árticos* (1918), *Automne régulier* (1925), *Vientos contrarios* (1926), *Temblor del cielo* (1931), *En la luna* (1934). Es la suya una poesía de ímpetu épico y cosmogónico. El poeta mago, hace viajes siderales por el espacio y por el tiempo, hacia el infinito o hacia otras épocas; quiere cantar "sobre las lejanías desatadas".[30]

• *Simultaneísmo y cosmopolitismo*

El cosmopolitismo literario, el orgullo o el deseo de ser "ciudadano del mundo" confluye a menudo con la voluntad demiúrgica del poeta de vanguardia que venimos analizando, tal como se vio en algunos textos de Apollinaire.

Precursor de la temática cosmopolita es Whitman, cuyo poema "Salut au Monde" es un ejemplo del sentimiento planetario:

> I see the cities of the earth and make myself at random a part of them,
> I am a real Parisian,
> I am a habitant of Vienna, St. Petersburg, Berlín, Constantinople,
> I am of Adelaide, Sidney, Melbourne,
> I am of London, Manchester, Bristol, Edinburgh, Limerick,
> I am of Madrid, Cadiz, Barcelone, Oporto, Lyons, Brussels,Berne, Frankfort,
> Stuttgart, Turin, Florence,
> I belong in Moscow, Cracow, Warsaw, or northward in Christiana or Stockholm, or in Siberian Irkutsk, or in some street in Iceland,
> I descend upon all those cities, and rise from them again.
> (*Leaves of Grass*, 1885)

Esta enumeración de versos de metro creciente nombra, en orden voluntariamente azaroso, ciudades de los cuatro puntos cardinales, encabezadas por París, urbe que convierte a sus habitantes en ciudadanos del mundo. La falta de un orden en la mención de las ciudades que responda a un itinerario lógico, insinúa ese deseo abarcador, simultaneísta, que abraza a un tiempo a las ciudades más distantes y más distintas.

También Valéry Larbaud, con sus *Poesías de A. O. Barnabooth* (1913)[31] es precursor de esta temática viajera, frecuente en autores que consideran al mundo como su patria:

> Des villes, et encore des villes;
> J'ai
> des souvenirs de villes comme on a des souvenirs d'amours.

Apollinaire, Cendrars, Morand y Philippe Soupault llevan a la poesía de vanguardia este lirismo viajero que, por dar fundamentalmente pantallazos, instantáneas de las ciudades y otros sitios visitados, podemos llamar cosmopolita y —con frecuencia—, urbano.

---

[30] *Ecuatorial* (1918), *Obras Completas* I, 283.
[31] El libro apareció en 1908 con el nombre *Poèmes par un riche amateur*; en 1913 se publicó como parte de libro *A. O. Barnabooth, ses oeuvres complètes*.

El cosmopolitismo, sobre todo en su acepción de apertura cultural al mundo, había sido ya una característica notable del modernismo en su primera etapa. Este rasgo, señalado por los críticos, se fundamenta en declaraciones del mismo Rubén Darío: "tuvimos que ser políglotas y cosmopolitas y nos comenzó a venir un rayo de luz de todos los pueblos del mundo".[32]

El cosmopolitismo —que en el modernismo había designado sobre todo la apertura de las fronteras culturales y la versión de este fenómeno en el discurso literario—, tiene diferentes matices en las expresiones de vanguardia pero, en buena parte de ellas, se asocia con la voluntad de textualizar la concepción o la voluntad planetarista por medio de técnicas literarias simultaneístas.

Varios son los poetas vanguardistas hispanoamericanos que adoptan esta actitud vital y espiritual, estas técnicas y esta temática. Citemos como ejemplos representativos a Vicente Huidobro y a Oliverio Girondo.

El cosmopolitismo de Huidobro se reitera en varios poemas; entre ellos "Exprés", perteneciente a *Poemas árticos* (1918), es uno de los más representativos:

> Una corona yo me haría
> De todas las ciudades recorridas
>
>   Londres   Madrid   París
>   Roma   Nápoles   Zurich
>
> Silban en los llanos
>   locomotoras cubiertas de algas
>
> AQUÍ NADIE HE ENCONTRADO
>
> De todos los ríos navegados
> Yo me haría un collar
>
>   El Amazonas   El Sena
>   El Támesis   El Rin

En este poema creacionista, el texto construye su propio espacio. Los espacios que en el referente, en la realidad extralingüística, son ciudades, ríos y montes desperdigados en los cuatro puntos cardinales de la tierra, se relacionan, se equiparan, se interactúan y se reordenan en el espacio poético, de modo tal que el "yo lírico" los concentra, los domina y

---

[32] Citado por Allen W. Phillips, "Rubén Darío y sus juicios sobre el modernismo" en *Revista Iberoamericana*, (XXIX)53 (1959): 58. Sobre modernismo y cosmopolitismo, cfr. José Enrique Rodo, *Cinco ensayos* (Madrid: [s.f.]): 257-308; Luis Monguió, "De la problemática del modernismo: La crítica y el cosmopolitismo", en *Revista Iberoamericana*, (XXVIII)53 (Pittsburgh, enero-junio 1962): 79, también incluido en Homero Castillo, *Estudios críticos sobre el modernismo* (Madrid: Gredos, 1968): 254-266; Federico de Onís, "Sobre la caracterización del modernismo" (1949), en *España en América* (Río Piedras, Puerto Rico, 1955): 175-181.

los baraja a su gusto. La escritura ideográfica encolumna los signos con técnicas simultaneístas, que admiten varias opciones de lectura:

| Londres ↓ ↖ ↗ | Madrid | ↙ ↘ ↑ | París |
| Roma | Nápoles | | Zurich |

| Londres ↓ | → | ↑ | Madrid | ⇄ | ↓ | París |
| Roma | | | Nápoles | | | Zurich |

| Londres ↑ | → | ↓ | Madrid | ⇄ | ↑ | París |
| Roma | | | Nápoles | | | Zurich |

| Londres ↑ | ⇄ | | Madrid | ⇄ | ↓ | París |
| Roma | | | Nápoles | | | Zurich |

| Londres ↓ | ⇄ | | Madrid | ⇄ | ↑ | París |
| Roma | | | Nápoles | | | Zurich |

El texto adquiere, mediante una técnica simultaneísta tipográfica, notable dinamismo, es un texto "en movimiento".

El "yo lírico" tiene, en el espacio literario, una dimensión que le permite reducir y dominar las ciudades, que se pueden convertir en parte de su corona (imagen con connotaciones de realeza, de poder y dominio). Del mismo modo, los ríos son —potencialmente— cuentas de su collar. Grandeza y poderío del "yo lírico" (es lícito interpretar: del poeta creacionista) que le permiten:

> Aspirar el aroma del Monte Rosa
> Trenzar las canas errantes del Monte Blanco
> Y sobre el cenit del Monte Cenis
> Encender en el sol muriente
> El último cigarro

Hay aquí poesía autónoma que se ha independizado de la realidad extralingüística, cosmopolitismo, planetarismo, fascinación por los progresos técnicos del siglo XX, que ponen al mundo al alcance de la mano, pero —obviamente— mucho más: insatisfacción por los límites espaciales y temporales del mundo real, deseo de expansión cósmica y de eternidad.

En el poema se interactúan dos vectores temáticos y emocionales: el afirmativo y expansivo, que se vale del espacio textual para expresar la euforia del hombre del siglo XX, que cree dominar el espacio y el tiempo con sus veloces viajes; el del poeta creacionista, que transfiere la fuerza de la sacra divinidad al poeta demiurgo, también eufórico por su poder de crear espacios poéticos. Pero más allá de este espacio literario, sigue viva la realidad extralingüística, penetrada de límites y de caducidad. Y el "otro yo" del poeta demiurgo es permeable a los avisos del referente: de allí que —contrastando con la euforia que transmite una de las series de imágenes— hay otra que connota caducidad, soledad, alejamiento, finitud:

>   silban en los llanos
>   locomotoras cubiertas de algas
>   AQUÍ NADIE HE ENCONTRADO
>
>   ... Y mi canción de marinero huérfano
>   Diciendo adiós a las playas
>   ... Buen viaje
>
>   Un poco más lejos
>   termina la Tierra
>
>   Pasan los ríos bajo las barcas
>   La vida ha de pasar
>
> (OC, 293)

Es este "otro yo" profundo y verdadero el que aflora desolado en uno y otro y otro poema de Huidobro, el que acierta a decir su temporalidad, con admirable juego de tiempos verbales: "He tenido en mis manos/todo lo que se iba" o el que confiesa la derrota de la poesía como sucedánea de la infinitud:

>   La magia y el ensueño liman los barrotes
>   La poesía llora en la punta del alma
>   Y acrece la inquietud mirando nuevos muros
>   Alzados de misterio en misterio
>   Entre minas de mixtificación que abren sus heridas
>   Con el ceremonial inagotable del alba conocida
>   Todo en vano
>   Dadme la llave de los sueños cerrados
>   Dadme la llave del naufragio
>   Dadme la certeza de raíces en horizonte quieto
>   Un descubrimiento que no huya a cada paso
>   o dadme un bello naufragio verde
>
> (*Altazor*, 1931, OC, I, 391)

La versión vanguardista del cosmopolitismo está representada también por otros poetas hispanoamericanos. Creo que el más representativo es Oliverio Girondo que vuelca su experiencia biográfica de viajero incansable en el fragmentarismo cubista de *Veinte poemas para ser leídos en el tranvía* (1922) y en *Calcomanías* (1925).[33] Uno de los recursos más eficaces para lograr el multiperspectivismo es la ruptura de las normas establecidas por la sucesión cronológica del típico cuaderno de viajes. Girondo rompe la secuencia temporal y geográfica, para crear el efecto de discontinuidad y ubicuidad, con vaivenes espacio-temporales y efectos cubista-simultaneístas.[34]

---

[33] El cosmopolitismo de Girondo ha sido excelentemente analizado por Jorge Schwartz en *Vanguarda e cosmopolitismo* (São Paulo: Editora Perspectiva, 1983): 253.
[34] Jorge Schwartz, *Ibid.*, 117-151.

El procedimiento es muy evidente en *Veinte poemas*..., en donde el turista burlón salta de Bretaña a Brest, de Venecia a Buenos Aires o de Sevilla a Mar del Plata. Jorge Schwartz, mediante el simple procedimiento de comparar el montaje girondiano de los poemas viajeros con un listado de los mismos, reorganizado cronológicamente, pone en evidencia la técnica simultaneísta del poeta. Veamos la estructura de *Calcomanías*:

I. Montaje Girondiano:	*Organización Textual Simultánea*[35]
1. Toledo	Toledo, abril 1923
2. Calle de las Sierpes	Sevilla, abril 1923
3. El tren expreso	1870 (?),1923 (?)
4. Gibraltar	Algeciras, feb. 1923
5. Tánger	Tánger, mayo 1923
6. Siesta	Andalucía, 1923
7. Juerga (Baderna)	Madrid, 1923
8. Escorial	Escorial, abril 1923
9. Alhambra	Granada, marzo 1923
10. Semana Santa	Sevilla, mayo 1923

Si reorganizamos el orden de los poemas en una secuencia cronológica, esta sería: 1. Gibraltar; 2. Alhambra; 3. Calle de las Sierpes; 4. Toledo; 5. Escorial; 6. Tánger; 7. Semana Santa; 8. El tren expreso; 9. Siesta; 10. Juerga.

El cosmopolitismo girondiano canaliza una mirada poética demitificadora, corrosiva y burlona. Jorge Schwartz ha hablado con acierto, a partir de instrumentos críticos barktinianos, de una "visión carnavalizada" del mundo y de la literatura.[36] El simultaneísmo cosmopolita de este poeta procura ridiculizar, caricaturizar, desestructurar. Como observó Guillermo de Torre: "el cosmopolita impávido, el turista burlón no se deja seducir por los previstos contrastes brillantes, por lo solemne conmovedor, ni por la lagotería sentimental que almacenan tantos lugares del mundo".[37] Con este fin, las técnicas simultaneístas se asociarán con la imagen insólita, desjerarquizadora y humorística, con el fragmentarismo cubista, con personificaciones dinamizantes y lúdicas, con el "feísmo" artístico.

• *Ricardo Güiraldes: un precursor del cosmopolitismo vanguardista*

Recordemos que la versión cubista de la temática viajera, tan lograda en Girondo, esta ya prefigurada —aunque con distinto espíritu—, en un libro precursor del vanguardismo argentino: *El cencerro de cristal* (1915) de Ricardo Güiraldes; ello ocurre particularmente en los apartados "Viaje" y en "Ciudadanas".

---

[35] Jorge Schwartz, *Ibid.*, 120. En portugués en el original.
[36] Jorge Schwartz, *Ibid.*, 136-151.
[37] Guillermo de Torre, "Oliverio Girondo" en *Alfar* 50 (mayo 1925): 20-21. Reproducido en *Proa* 12 (Buenos Aires, 1925): 24.

Estas partes constan de los siguientes poemas, expresamente fechados y colocados por el poeta en un orden voluntariamente no cronológico, que anticipa la técnica simultaneísta de Girondo:

Viaje

1.	Viajar	"Regina Elena", 1914 (a bordo)
2.	Paseo	Río de Janeiro, 1914
3.	Simple	Beaulieu, 1912
4.	Proa	"Regina Elena", 1914 (a bordo)
5.	El nido	París, 1912 (evoca Los Andes)
6.	Aconcagua	Mendoza, 1913

Ciudadanas

1.	Verano	Buenos Aires, 1913
2.	Pierrot	París, 1911
3.	Última	París, 1912
4.	Inútil	París, 1911
5.	Póstuma	Buenos Aires, 1915
6.	Música nochera	Mar del Plata, 1915
7.	Alcohólica	Mar del Plata, 1915
8.	Tango	París, 1911
9.	Los tziganos	Buenos Aires, 1914
10.	Los filosofantes	Buenos Aires, 1914
11.	A la mujer que pasa	Buenos Aires, 1915

El cencerro de cristal, se inscribe en el posmodernismo argentino, tanto por su fecha de publicación como por la promoción literaria a la que pertenece Güiraldes (la "promoción de 1910"). Entre las "direcciones" de este riquísimo momento de las letras argentinas, el libro representa una marcada búsqueda de renovación del lenguaje poético, de caracteres acentuadamente pre-vanguardistas.

"Toda mi vida no ha sido más que un largo *Cencerro de cristal*", afirmó Güiraldes. En el libro está latente toda su obra: el arraigo en la tierra, el entusiasmo por los viajes, el afán de trascendencia metafísica, tres instancias sólo en apariencia contradictorias. La renovación expresiva se da en múltiples aspectos: búsqueda de libertad formal (versolibrismo, mezcla de verso y prosa ...); abundancia metafórica ("busco una metáfora pluriforme e inmensa"), imágenes insólitas y desjerarquizantes; técnicas literarias propias del simultaneísmo cubista; cosmopolitismo, prosaísmo, feísmo, humor; escaso uso de elementos coordinantes y subordinantes, fragmentarismo ...

La búsqueda de "la metáfora pluriforme e inmensa" ("Proa", en *El cencerro de cristal*) no es en Güiraldes nueva moda literaria o pasiva recepción de influencias a semejanza del sentido que tendrá en Marechal la aproximación por medio de la comparación explícita o implícita[38] de realidades muy alejadas entre sí, la metáfora es en Güiraldes un instrumento para abarcar el mundo, para salir de su soledad y de su silencio, para comulgar con el cosmos; el recurso cumple así funciones expresivas semejantes a las del montaje simultaneísta. Este sentido profundo de la creación de metáforas se explícita en *El sendero*:

> Por Ti, mi ingenio, he ganado una totalidad perdiendo sus partes.
> La metáfora ha unido tantas cosas que lo apartado no existe.
> Cada metáfora nueva me daba una parte de mundo.
> Poseo una sola palabra.
> Mi soledad y mi silencio se pierden en ella como dos frutas muertas en el sol.[39]

Entre los diversos signos vanguardistas presentes en *El cencerro de cristal*, hemos observado, en orden al ángulo elegido para este capítulo, el del peculiar "montaje" de sus visiones o evocaciones de paisajes y ciudades. Podríamos pensar que Güiraldes es deudor, en este aspecto, de Valéry Larbaud, con quien mantuvo —al decir de Alberto Blasi— "una amistad creadora".[40] Sin embargo, Ivonne Bordelois, en su fino estudio sobre Güiraldes, afirma que sólo en 1919 llega a manos del autor de *El cencerro de cristal* el *A. O. Barnabooth* de Larbaud. Es entonces cuando: "Güiraldes de inmediato, se reconoce con entusiasmo en ese afán cosmopolita, en ese optimismo de explorador infatigable que muestran las aventuras del millonario peruano, creado por Larbaud".[41] La cita nos permite ver cómo recepciona una lectura el poeta que estudiamos, desde su individualidad. Viajar es —para él—, más que turismo, goce y participación en todo lo creado. El viaje como símbolo del viaje interior es una constante temática güiraldiana, quien se exhorta y exhorta al lector a "tener alma de *proa*", *tener alma de resero, desandar horizontes...*[42] El deseo de encuentro y fusión con todo y con todos está implícito en el cosmopolitismo de *El cencerro de cristal* y se irá haciendo cada vez más consciente a partir del contacto de Güiraldes con las lecturas iniciáticas y orientalistas que frecuenta desde comienzos de la década del 20.[43]

---

[38] Dice Marechal, proyectado en su personaje Adán Buenosayres, al referirse a la función de las imágenes de su período martinfierrista: "... al edificar tu poema con imágenes que no guardan entre sí ninguna ilación, lo haces para vencer al Tiempo, manifestado en la triste sucesión de las cosas, y a fin de que las cosas vivan en tu canto un gozoso presente; ignoran ellos que, al reunir en una imagen dos formas demasiado lejanas entre sí, lo haces para derrotar el Espacio y la lejanía, de modo tal que lo distante se reúna en la unidad gozosa de tu poema" en *Adán Buenosayres*, 5ª edición (Buenos Aires: Ediciones Sudamericana, 1973): 376.
[39] Ricardo Güiraldes, *El sendero*, 2ª edición (Buenos Aires: Losada, 1967): 61.
[40] Alberto Blasi, *Güiraldes y Larbaud; una amistad creadora* (Buenos Aires: Nova, 1970): 119.
[41] Ivonne Bordelois, *Genio y Figura de Ricardo Güiraldes* (Buenos Aires: Eudeba, 1966): 86.
[42] El gaucho resero, cuyo oficio es el "andar y andar y andar"... es propuesto, en *Don Segundo Sombra*, como el arquetipo con el cual debe reencontrarse el hombre argentino en su crisis de identidad concientizada después de la celebración del Centenario. El "andar" sirve también como metáfora para expresar su poética: "Tengo un sentido religioso, metafísico de la poesía. La considero nuestro camino y como tal no miro por el lado de mis talones. Por algo ha puesto Dios mis pies en el sentido de mi mirada ¿No soy Pampa?". El "andar", finalmente, simboliza su actitud religiosa: define a Dios como "Aquello hacia lo cual tiendo" (*El sendero*, edición citada, 31).
[43] Adelina del Carril, Nota preliminar a la segunda edición de *El sendero*, de Ricardo Güiraldes, edición citada, 7-11.

En otro plano de la comprensión del fenómeno, el cosmopolitismo de Güiraldes no se opone, sino que —por el contrario— se complementa e interactúa con un profundo arraigo en su tierra: la pampa, la Argentina. Él mismo dice en el prólogo a *El libro bravo* (1936):

> Me fui por entre el mundo a ver el hombre.
> La tierra era para mí la madre, y el hombre su hijo vencedor.
> Conocí las razas, las naciones, los pueblos, y así de lejos
> pensé siempre en mi raza, mi nación, mi pueblo.

Hay en Güiraldes una necesidad de despliegue, pero también —como en otros argentinos de su generación—, una necesidad de repliegue, de retorno a las fuentes. Como su personaje, Raucho, el escritor necesita abrazarse a la pampa:

> Mirá, che, ha sido en París donde comprendí, una noche en que me vi solito mi alma, que uno debe ser un árbol de la tierra en que nació: espinillo arisco o tala pobre. Acababa de dar una vuelta completa al mundo, y esa noche de nieve me corrió por lo despiadada, y lo era más que la escarcha nuestra, porque era nieve extranjera. Me sentí huérfano, guacho y ajeno a mi voz, a mi sombra y a mi raza. Lié mis petates, y ¡hasta la vuelta!, le dije, che. Cuando bajé del barco, tomé un pingo y me entré como cuando era cachorro, hasta el corazón de la pampa.[44]

Y como testimonio de ese interactuar del cosmopolitismo y del apego a la tierra argentina y americana, volvemos a ejemplificar con el grupo de poemas que dio origen a esta digresión: en "Viajar", de *El cencerro de Cristal*, el poema "El nido" (fechado en París, en 1912) evoca los Andes. "Aconcagua", fechado en Mendoza, en 1913, es un canto al gigantesco monte, penetrado de sentimiento telúrico y de anhelo de fusión cósmica:

> CIMA. Altura. Cono tendencioso, que escapas de la tierra hacia la coronación rala de aires eternos.
>   Aspiración a lo perfecto.
>   Gran tranquilo. Eterno mojón de cataclismo, cernido de nubes que lloran en tus flancos pétreos, desflecando sobre tu dureza la impotencia blanduzca de sus velámenes, esclavos del viento.
>   Indiferente .
>   Caótica cristalización.
>   Rezo de piedra.
> Véngame tu firmeza inconmovible. Dios del silencio. Dios de aspiraciones hacia la perfección sideral.
>   ¡Oh! tú que escapas a la tierra.
>   Impulso en catalepsia.
>   Borbotón solidificado.
>   Serenidad, hecha materia, que duermes al través de los siglos, imperturbablemente.
>   Vuelo en letargo.

---

[44] Carta a un amigo, citada por Ivonne Bordelois, *Op. cit.*, 38.

> Véngame tu estabilidad perenne, oh pacificador inerte; dame tu sopor
> inmutable y la paz de tu quietismo de esfinge geológica.
> ¡Aconcagua!⁴⁵

El yo lírico se empeña en nombrar al gigante de piedra, lo apostrofa, dialoga con él. Cada apóstrofe es una imagen, un intento de definición sustantivada, un ir cercando al referente por medio del nombre para captar y descubrir su esencia profunda. El Aconcagua surge de lo más hondo de la tierra: "borbotón solidificado", pero "escapa de la tierra", es "rezo de piedra", es telurismo e infinitud. Las imágenes —prevanguardistas— tienen algo de Hugo, algo de Laforgue, algo de Lugones, asimilados en total coherencia por la cosmovisión güiraldiana.

En la expresión prevanguardista de Güiraldes, arraigo, cosmopolitismo y deseo de trascendencia metafísica son facetas complementarias, no contradictorias, como se desprende del análisis del poema. El Aconcagua, sumo arraigo, suma quietud, simboliza una sed de infinitud también manifestada por el entusiasmo viajero. El dinamismo simultaneísta del montaje general de los poemas del grupo, que "baraja" diversas experiencias viajeras, incluye, en el caso de "Aconcagua", la expresión de una vivencia casi extática. En el poema, las metáforas sustantivas expresan "estabilidad perenne", pero también —oximorónicamente—, movimiento ascensional: "vuelo en letargo". Güiraldes encuentra en el alto monte un símbolo que también persigue la aproximación simultaneísta de dos planos espacio-temporales: tierra y cielo, tiempo y eternidad.

- *La idea "creacionista" del poeta, la "poesía autónoma" y su integración en el sistema literario de Leopoldo Marechal*

El cubismo-creacionismo se proyecta en otros ámbitos hispanoamericanos, ya a través del ultraísmo español, ya por lecturas directas de las obras de Huidobro, Reverdy y de otros autores, realizadas por los curiosos jóvenes poetas hispanoamericanos. Una hojeada al *Indice de la nueva poesía americana* nos permite captar, antológica y panorámicamente, esa influencia.[46]

Seleccionaremos, para ampliar nuestro examen, un libro de Leopoldo Marechal: *Días como flechas* (1926)[47] que tiene puntos de contacto con dichos movimientos literarios. Esta vinculación fue captada tempranamente por Borges, en la reseña con la que saludó la aparición del libro:

> Este libro añade días y noches a la realidad. No se surte de ellos en el recuerdo, los inventa: es tan inventivo como los amaneceres y los ocasos. Es agrandador del mundo ...[48]

---

[45] Ricardo Güiraldes, *El cencerro de cristal* (Buenos Aires: Losada, 1952): 55-56.
[46] (Buenos Aires: El Inca, 1926): 288.
[47] (Buenos Aires: Gleizer, 1926): 103. Citaremos por la edición de Pedro Luis Barcia: Leopoldo Marechal, *Poesía (1924-1950)* (Buenos Aires: Ediciones del 80, 1980): 37-85.
[48] J. L. Borges, "Días como flechas" en *Martín Fierro* 36 (Buenos Aires, 12 diciembre 1926).

Aunque relacionado con las tendencias cubistas-creacionistas, la obra está nítidamente inserta en la cosmovisión y en el sistema literario marechaliano, aún en gestación, grávido de la personalidad poética de su autor, con preocupaciones, con símbolos incipientes, con rasgos estilísticos que pugnan por lograr su configuración madura.

Nos interesa señalar que los aspectos del cubismo-creacionismo que han ido guiando nuestra exposición son recepcionados por Marechal en la obra que comentamos, si bien coherentemente integrados en sus preocupaciones metafísicas, en su poética, en su búsqueda expresiva: la visión del poeta cósmico, vencedor del tiempo y del espacio; la poesía como producto independiente del referente objetivo y a la vez instrumento del poeta-creador (o creacionista) y, en el plano del significante, las "visiones", las técnicas simultaneístas, las "superposiciones" o "condensaciones" temporales y espaciales. Hay, además, otros puntos de contacto, como la índole de las imágenes, la presencia del humor o del espíritu lúdico, pero ellos escapan al ángulo del análisis que nos hemos propuesto.

Sin embargo, a pesar de las semejanzas enunciadas, que luego explicaremos y ejemplificaremos, hay aspectos que diferencian claramente a Marechal de Huidobro o Reverdy. Creo que uno de los más notables tiene que ver con el "espacio poético" en el sentido inmanente en el que hemos hablado "supra".[49] En efecto, si comparamos fragmentos de Huidobro y Marechal, desde el punto de vista de la distribución tipográfica en la página, resaltan algunas diferencias. Comparemos "Vates" de Huidobro[50] (en *Horizonte cuadrado*, 1918) con "Canción del ídolo" de Marechal (en *Días como flechas*[51]).

```
                    VATES
         El rosal que crece en mi mano
         Se ha deshojado
         Como un viejo libro
         Astros cayendo
                    sobre el charco de agua
                                        Pero tu
                                                  poeta
                         Tienes una estrella madura
                         Entre tus manos
                         Y tus labios
                         Aún están húmedos
                         De sus hilos de miel
   Una canción
   Electriza las aguas

   En el estanque roto
   Se ahogó el último pájaro
```

---

[49] Véase *supra*, nota 18.
[50] *Obras Completas* I, 265-266. Traducción de José Zañartu.
[51] *Op. cit.*, 49.

1. Tapa de la 1ª edición, París, 1992. **2**. Tapa de la 1ª edición, Madrid, 1925. **3**. **4**. **5**. Ilustraciones de *Veinte poemas para ser leídos en el tranvía*, realizadas por Girondo para los poemas "Milonga", "Croquis sevillano" y "Biarritz"

Pero cuando vuelva la primavera
El árbol del jardín
Florecerá con ojos
          como un bastón de ciego
          Y tú
            poeta
            Llevas en tu ojal
            LA ROSA DE LOS VIENTOS

CANCIÓN DEL ÍDOLO

Alfarero sobre el tapiz de los días,
¿con qué barro modelé tu garganta de ídolo
y tus piernas que se tuercen como arroyos?

Mi pulgar afinó tu vientre
más liso que la piel de los tambores nupciales.
He puesto cuerdas al arco nuevo de tu sonrisa
y engarcé dos noches en el sitio de tus ojos.

Ídolo de las alfareros,
yo sé que redondeas el cántaro de la mañana
y lo pintas de sol
y lo llenas con una luz rota de pájaros ...
¡Ídolo de los alfareros
que se sientan sobre el tapiz de los días!

Quemo a tus pies
la madera fragante de mi palabra.
El viento no deshojó todavía
un tulipán de música más bonito que tu nombre.

Has que maduren los frutos
y que la lluvia deje su país de llanto,
¡Ídolo de los alfareros
que se sientan sobre el tapiz de los días!

Si no mis odios bailarán
sobre la tierra de tu carne ...

    No intentaremos analizar los contenidos semánticos de los dos poemas, si bien señalamos brevemente que ambos se refieren al poeta y a la poesía. en su relación con el tiempo ("alfarero" es, en Marechal, símbolo del "hacedor", del poeta que crea por medio de la palabra).[52] Pero sí queremos destacar que, en Huidobro, el "espacio poético" es ligero,

---

[52] Ya en *Los aguiluchos* (1922) comienza a gestarse este símbolo, en relación con la concepción poética de Marechal (Cfr. el poema "Motivo del alfarero"). Todo creador, particularmente el poeta, ha de convertir el barro original e informe en armonía formal. "El arte del alfarero trasmuta la realidad; el creador imita al Creador en su animación adánica", observa Barcia (*Op. cit.*, 9).

aireado. El texto es puesto en el "espacio" por la utilización sistemática de blancos, de intervalos, de alineaciones, de espacios vacíos. Los blancos valen tanto como los signos escritos. Entre las palabras, entre los versos hay "aire", respiración; la disposición tipográfica pone en funcionamiento, como adelantamos más arriba, la confluencia de dos códigos: el lingüístico y el plástico (y —sospechamos— también el musical, ya que los blancos equivalen a "silencios").[53]

En Marechal, en cambio, la expresión es más rotunda, más llena, más abigarrada. Usa de los blancos inherentes a la poesía, aquellos que separan versos y estrofas. Nada más. Si bien en el poema transcripto hay versos breves, en otros predominan los versos de arte mayor, con lo cual crece la impresión de solidez. En Huidobro hay un despojamiento, un ascetismo, una desnudez verbal. El elemento narrativo, descriptivo o anecdótico apenas existe. Si bien en ambos poetas hay fragmentarismo, Marechal yuxtapone grupos de versos con continuidad semántica o cohesión sintáctica. Huidobro —con frecuencia— versos aislados (aunque unidos por un sutil hilo emocional).

• *Aspectos contextuales:* **Días como flechas** *y el "martinfierrismo"*

Días como flechas es un libro importante desde varias perspectivas: por una parte, la de su significación dentro del panorama vanguardista argentino e hispanoamericano, en la década del veinte. Por otra parte, es el libro que inicia la "historia literaria" del autor (Su anterior: *Los aguiluchos*, 1922, es considerado por el mismo poeta y por sus críticos, "prehistoria literaria"[54]). Es mi propósito analizarlo desde la conjunción de ambas perspectivas: cómo se relaciona con las tendencias poéticas de vanguardia y cómo a la vez, absorbe influjos de esa procedencia en una cosmovisión poética personal que —si bien está aún inmadura— contiene ya gérmenes de los temas, tonos, y lenguaje poético marechaliano que alcanzará madurez a partir de *Odas para el hombre y la mujer* (1929) y que se expresará a través de los distintos géneros (poesía, narrativa, ensayo, teatro...) con notable organicidad. Por ello coincidimos con la opinión de Gaspar Pío del Corro,[55] quien ve en los tres libros poéticos de esta década "un proceso hacia el símbolo", recurso que predominará en la obra madura del autor.[56]

---

[53] J. P. Balpe, *Op. cit.*, Capítulo 2, "Poésie et silence", 55-67.
[54] "Este libro eminentemente victorhuguesco suele figurar en mi bibliografía, pese a mi voluntad en contra", dice Marechal en "Entrevista a César Fernández Moreno a L. Marechal", revista *Mundo Nuevo* 18 (París, diciembre 1967): 59. La entrevista fue reeditada por Oscar Collazos en *Los vanguardismos en la América Latina* (Barcelona: Península, 1977): 41-48, con el título "Distinguir para entender (Entrevista a Leopoldo Marechal)".
[55] Gaspar Pío del Corro, "Los primeros libros de Marechal: un proceso hacia el símbolo", *Megafón* 2 (Buenos Aires, 1975): 121-134.
[56] L. Marechal, por su formación filosófica y teológica, con influencias platónico-agustinianas, descubre siempre en la realidad dos planos, el tangible y el inteligible. Este último nos revela la verdad más profunda a la cual se accede sólo con los ojos de la fe o de la intuición espiritual. Por ello sólo el símbolo, la alegoría o el mito acceden (y aún ellos dificultosamente) a la captación, a la aprehensión de lo inteligible.

Los aguiluchos fue, según su autor, el fruto de sus "relaciones con los poetas de barrio, los anarquistas líricos y los folklores de suburbio que tanto influirían después en mis novelas y en mis obras dramáticas".[57] Los críticos[58] han descubierto en este libro, casi inhallable, ecos románticos y modernistas: Víctor Hugo, Olegario V. Andrade, Leopoldo Lugones, Bécquer, Núñez de Arce, Arturo Capdevila, Ricardo Rojas. En él se anticipan el tono celebratorio y la actitud exhortativa que serán rasgos del poeta maduro; Barcia nos da datos y pistas que nos permiten seguir la evolución de Marechal desde este libro inicial hasta el vanguardista *Días como flechas*. El autor, en su contestación a una encuesta de 1923, nombra entre sus poetas preferidos a los vinculados con el modernismo y posmodernismo (Lugones, Capdevila, Banchs, Obligado, A. Storni, entre otros). Define al ultraísmo con una comparación despectiva: "un pavo real disecado que deja ver hasta el alambre que le sostiene la cola".[59]

Los textos dispersos recopilados por Barcia[60] constituyen un valioso auxiliar para comprender el tránsito entre ambos libros. Son poemas aparecidos en Buenos Aires, en *Plus Ultra*, *Caras y Caretas*, *Proa*, *La Nación*, y *Martín Fierro*, entre los años 1924 y 1926. Algunos se insertan o reelaboran parcialmente en *Días como flechas*.

Entre ellos, merece ser destacado "Ditirambo a la noche", primera composición vanguardista de Marechal:

> ¡Noche, yegua sombría, mi canción
> se ha prendido a tu crin abrojada de astros!
> En tus bigornias azules
> con un martillo exaltado,
> la forjé para ti.
>   Mi canción es un perro
> que se tira a tus pies y te besa las manos ...[61]

Posteriormente, ya con perspectiva histórica, Marechal da testimonio de lo que representó para él el "martinfierrismo".

---

[57] César Fernández Moreno, *Ibid.*, 41. Análogas referencias se encuentran en Alfredo Andrés, *Palabras con Leopoldo Marechal* (Buenos Aires: Carlos Pérez Editorial, 1968): 76.
[58] Juan Carlos Ghiano, "Itinerario poético de Marechal" en *Antología poética* de L. Marechal (Buenos Aires: Espasa-Calpe, 1950): 9 y Pedro Luis Barcia, "Leopoldo Marechal o la palabra trascendente", prólogo a su edición de *Poesía (1924-1950)*: 8-10.
[59] En *Nosotros* 170 (Buenos Aires, XVII, jul. 1923): 410-411. Véase "Poemas dispersos y poemas desconocidos" (1924-1950), *op. cit.*, 249 y ss.
[60] Prólogo, 13-14 y la mencionada recopilación, 253 y ss.
[61] *Ibid.*, 253. Apareció por primera vez en *Proa* 6 (Buenos Aires, Año II, 1925): 20-24. Destacamos en la estrofa la "no habitual" aproximación entre "noche" y "yegua" y la presencia de "imágenes visionarias continuadas", según terminología de Bousoño, frecuentes en el ultraísmo y en el creacionismo. Véase Carlos Bousoño, *La poesía de Vicente Aleixandre* (Madrid: Gredos, 1956): 121 y ss. Observamos que el término metafórico introduce en el poema connotaciones pampeanas; "yegua ... crin abrojada".

> El primer llamado me llegó de la revista *Proa*, en la cual publiqué un "Ditirambo a la noche" que nunca recogí en ningún libro y que me gusta todavía. El segundo llamado me vino de Evar Méndez, en cuya casa, y en una noche memorable, me reuní con Ricardo Güiraldes, Oliverio Girondo, Macedonio Fernández, el pintor uruguayo Pedro Figari, Borges, Bernárdez y otros que durante cuatro años fueron mis camaradas "martinfierristas".
> ¿Qué fines perseguía esa reunión nocturna? Los de imprimir a la revista *Martín Fierro*, que trotaba su primera época, un galope o ritmo revolucionario (...) Sólo añadiré que por aquel entonces, en el ardor de la batalla, escribí y publiqué mis *Días como flechas*, un libro de combate, lujurioso de metáforas, que podé más tarde y reduje a unos diez poemas de tránsito menos difícil.[62]

Marechal sostiene que el martinfierrismo fue un movimiento más vital que literario, caracterizado por una voluntad renovadora, por un afán de poner al día las letras y las artes argentinas: "No se trataba de imponer una nueva sensibilidad artística, sino de restituirle al arte su frescura, su espontaneidad y su derecho eterno al cambio y a la manifestación de otras posibilidades creadoras".[63] Sin embargo, es innegable que, en su aspecto literario, los integrantes del grupo conocen las propuestas vanguardistas, han leído a Gómez de la Serna, a los ultraístas españoles, a Vicente Huidobro o a otras manifestaciones renovadoras europeas.[64]

- *El poeta y la poesía en **Días como flechas***

Días como flechas agrupa poemas "lujuriosos de metáforas", de difícil interpretación. Creemos que una de sus claves reside en la recepción marechaliana del concepto del poeta demiurgo, y del intento del poema autónomo, en función de su propio mundo literario.

La metapoesía, poesía sobre la poesía y el poeta, es una constante en el mundo maduro de Marechal, asociada con las diversas formulaciones literarias que da el autor a los acuciantes problemas del tiempo y el espacio, que lo preocuparon ya desde su infancia. De ello ha dejado testimonio en entrevistas y en reelaboraciones literarias. Adán Buenosayres, personaje en quien Marechal se proyecta, recuerda sus terrores infantiles ante la función corrosiva del tiempo y ante la inmensidad inabarcable del espacio.

> ¿Cómo se le había insinuado el terror Tiempo? Allá, en Maipú, había concebido el Tiempo como un arroyo que corría sobre la casa: un arroyo invisible cuyas aguas traían

---

[62] César Fernández Moreno, "Distinguir para entender", 41-42. Véase además Alfredo Andrés, *Palabras* ..., 18-30.
[63] Alfredo Andrés, *Ibid.*, 19.
[64] Marechal define así las relaciones de los martinfierristas con el ultraísmo español: "En rigor de verdad, sólo fueron "ultraístas" dos o tres compañeros que recién llegaban de España o que conocían ese movimiento de suyo tan objetable en su originalidad (¡yo te saludo, viejo Reverdy!). Los demás andábamos y seguimos por nuestros propios carriles intelectuales. El de la revista *Martín Fierro* no fue un "grupo homogéneo, identificado en una misma estética (...). Cada uno de nosotros profesaba o maduraba su estética personal, en una vistosa heterogeneidad ...". (C. Fernández Moreno, en O. Collazos, 43).

a los recién nacidos y se llevaban a los muertos, hacían mover las ruedas de los relojes, descascaraban las paredes y roían los semblantes que uno amaba. ¿Y el terror Espacio? Lo había sufrido cuando el pedagógico don Aquiles enseñaba en clase los millones de años que tardaría una locomotora en llegar a la estrella Sirio; o bien en sus noches de la llanura, mirando las apretadas constelaciones australes ...[65]

Esa angustia se supera por dos vías, una de ellas, la operación del alma que extrae lo inteligible a partir de lo sensible, la esencia única a partir de la existencia múltiple, lo abstracto a partir de lo concreto: "en la belleza de las formas inteligibles alcanzaba una visión de lo estable, de lo que no sufre otoño, de lo que no padece mudanza".[66]

El otro camino para vencer el tiempo es el canto: "Ayer un niño que, angustiado (...) veía como el tiempo se derramaba cual un ácido y roía la casa festival con sus hombres; o un adolescente que ambicionaba desterrar al tiempo con su canto'".[67]

Esta es la intención dominante de *Días como flechas*: vencer el tiempo y el espacio por medio de la poesía. El tema está presente ya desde el título: la comparación "días como flechas" sugiere la velocidad del fluir temporal y a la vez presupone, sin explicitarla, la presencia de un hondero o arquero, de una honda o un arco y de un blanco al cual se apunta. Estas imágenes implícitas se explicitan en algunos fragmentos de poemas: el poeta puede superar el correr del tiempo, va por delante de los "días como flechas": "Mano de Dios Hondero/que te arrojó como la piedra más ágil de su honda".[68]

El poeta es el "alfarero que se sienta sobre el tapiz de los días"[69] quien, a semejanza del creador, modela con el barro del lenguaje su creación. Dentro del objeto de lenguaje creado, el poeta domina a su placer el tiempo y el espacio, que escapan a su control fuera del poema. En ese espacio por él creado, el poeta abarca el cosmos y puede dominar el fluir temporal. El poema "Canto en la grupa de una mañana" nos permite analizar la asimilación, la "recepción" y recreación marechaliana de la poética creacionista desde el ángulo que nos interesa:

¡En el corimbo rojo de la mañana
zumban tus colibríes, Maravilla!

Hoy enterré, sepulturero niño,
cien días y cien noches como pájaros muertos.
Arranco de mis hombros este collar de horas.
Y hay cien albas marchitas como yerbas
en tu libro de tiempo que hoy destruye mi mano,
corazón sin huidas ...
¡Un epitafio de desbande
sobre la tumba de las horas!

---

[65] L. Marechal, *Adán Buenosayres*, 5ª edición (Buenos Aires: Editorial Sudamericana, 1973): 35 (Cfr. también 409).
[66] *Ibid.*, 410.
[67] *Ibid.*, 409. El subrayado es mío.
[68] "Canto en la grupa de una mañana", en *Días como flechas*, 43.
[69] "Canción del ídolo", *Ibid.*, 49.

En mis talones ebrios estallaron
las cuerdas del camino esta mañana.
Yo vengo de la noche: como dos frutas verdes
mis ojos cuelgan sobre el mundo.

Tañedor de distancias, en mi paso
una senda marchita de evasiones retoña
cual un árbol de fuga.
Y los recodos tensos como hondas
al aire frágil tiran sus pedruscos de sueño.

¡Hoy ha resucitado entre dos noches
la primer mañana del mundo!
¿Quién despertó esa alondra que dormía
sobre tu rama seca, tiempo ya cosechado?

Oh, corazón, ovillo rojo
deshecho entre la mano de los días goteantes:
¡ha crujido una puerta sin abrir todavía!
Y algún Rey más alegre que la palabra sol
nos llena los zapatos de monedas azules.

¡Alegría!
Una muchacha bebe todo el cielo en el pozo:
su delantal de viento la desnuda ...

Vino un zorzal araña y enredó todo el monte
con sus hilos de música.

Allá, donde se guardan los estribos de hierro,
¡vidalitay! cantaron hombres color de junco ...

¡Mi alegría se vuela
y hace temblar el gajo reciente de la luz!

Cavadora de silencio,
niño de talones desnudos en la grupa de la mañana,
mi alegría sacudirá el tronco más brotado de pájaros.

¡Ah, más alta la cúpula del aire
y acuñe nuestras voces, metal único y libre!
El árbol de mis nervios arraigó en la mañana.
Yo soy la tentativa de otro mundo sin pluma ...

Mis manos aferradas a timones de sol
conducen este día bajo cielos impúberes.
Yo anudo con mis pasos esta red de caminos.

Mano de Dios Hondero
que te arrojó como la piedra más ágil de su honda.

¡Grito alargado entre dos paréntesis de silencio
así te alzas, compañera en el recodo de las noches!
....

El yo lírico canta para vencer al tiempo o canta porque ha vencido al tiempo (el voluntario alogicismo del poema permite las dos interpretaciones). Las imágenes creacionistas que sugieren el problema del tiempo abundan en el texto:

Hoy enterré, sepulturero niño,
cien días y cien noches como pájaros muertos.
Arranco de mis hombros este collar de horas.
Y hay cien albas marchitas como yerbas
en tu libro de tiempo que hoy destruye mi mano,
corazón sin huidas ...

La imagen del poeta-timonel-cósmico se suma a la del poeta-jinete sobre una mañana, en ambos casos conductor, vencedor del tiempo:

Mis manos aferradas a timones de sol
conducen este día bajo cielos impúberes.

Y más adelante, reitera, con leves variaciones:

Mis manos ahuecadas en timones del sol
conducen este día bajo el viento.

El poeta no sólo vence al tiempo, sino también a su más grave consecuencia, la muerte:

Y la muerte más dócil que una piel de guanaco se amolda a la postura de tu sueño y el mío ...

El espacio cósmico, las "distancias" del referente, se ofrecen —junto con el tiempo— como un desafío que es superado por el poeta en el espacio textual. En otras palabras, las relaciones percibidas por el "yo empírico" como de inferioridad con respecto al tiempo y al espacio y —por lo tanto— generadoras de miedo o de angustia, se invierten en la plástica y moldeable estructura del poema, de modo tal que el "yo lírico" se impone sobre ellos. Adjetivación, personificaciones, metáforas, "visiones", imágenes creacionistas y otras técnicas utilizadas por el escritor vanguardista, son algunas de las estrategias que permiten esta inversión:

En mis talones ebrios estallaron
las cuerdas del camino esta mañana ...

> Tañedor de distancias en mi paso
> una senda marchita de evasiones retoña
> cual un árbol en fuga ...
>
> Yo anudo con mis pasos esta red de caminos ...
>
> Yo he visto la distancia de rodillas,
> como un dios sin ofrendas.

Consecuentemente, esta superioridad y poder del poeta por sobre el tiempo y el espacio generan el tono gozoso y celebratorio del poema:[70]

> ¡En el corimbo de la mañana
> zumban tus colibríes, Maravilla!

La relación con Huidobro se hace muy evidente en los versos: "Yo vengo de la noche: como dos frutas verdes / mis ojos cuelgan sobre el mundo", que más adelante varía y reitera: "Llegué de la mañana: como dos frutas verdes / mis ojos cuelgan sobre el mundo". La imagen, que sugiere la dimensión cósmica del poeta y su visión áerea y abarcadora, recuerda a la que nos da Huidobro en el fragmento de "La poesía" ya citado: "El poeta ... más arriba de la punta de la pirámide ... ha plantado el árbol de sus ojos y desde allí contempla el mundo ...". La comparación de Marechal, creacionista, "inhabitual", entre los ojos del poeta y "dos frutas verdes", parece tener en la imagen huidobriana del "árbol" su intertexto motivador.

El argentino, como el chileno, elude la mímesis y proclama "¡non serviam!" a los condicionamientos de la naturaleza. ¿Podemos afirmar, como lo han hecho otros críticos, que las imágenes creacionistas son "autorreferentes"? Tal vez lo sean en el plano de lo que puede percibirse, en el "referente", por medio de los sentidos. Pero, con frecuencia, la imagen aparentemente autónoma descubre una realidad no visible, pero sí "inteligible".

El mismo Marechal nos da, en *Adán Buenosayres*, claves para interpretar el alcance y sentido de su creacionismo vanguardista. Proyectado en su personaje, Adán Buenosayres, dice:

> ... y cuando logras hablar por fin, lo haces en un idioma que se cree bárbaro y en un tropel de imágenes que se cree desordenadas. ... Y ya desde el comienzo entre tus partidarios y tu alma se abre una firme disidencia: ellos no saben que, al edificar tu poema con imágenes que no guardan entre sí ninguna ilación, lo haces para vencer al Tiempo, manifestado en la triste sucesión de las cosas, y a fin de que las cosas vivan en tu canto un gozoso presente; ignoran ellos que, al reunir en una imagen dos formas demasiado lejanas

---

[70] La sensación de gozo se transmite por la exclamación, por los colores sugeridos (corimbo, colibríes), por la connotación de renovación y promesa que se asocia con "mañana", por el uso de la mayúscula en "Maravilla", técnica para privilegiar ciertas palabras que ya utiliza Marechal en este libro y que será característica de su estilo maduro. En otro poema: "Nocturno 2" se explicita la razón de este gozo: el poeta aprehende al tiempo con la palabra.

entre sí, lo haces para derrotar al Espacio y la lejanía, de modo tal que lo distante se reúna en la unidad gozosa de tu poema.[71]

Expresa Marechal el sentido más profundo que cobra en su mundo poético la imagen creacionista: la unión de cosas dispares, seleccionadas por el poeta y aproximadas como términos de una comparación en el discurso poético, es el resultado de una operación de la inteligencia que "no es un mero cambalache de formas aprehendidas, sino un laboratorio que las trabaja, las relaciona entre sí, las libra en cierto modo de la limitación en que viven y les restituye una sombra, siquiera, de la unidad que tienen en el Intelecto Divino. Por eso la inteligencia, después de admitir que la relación establecida entre las dos cosas es absurda en el sentido literal, no tarda en hallarle alguna razón o correspondencia en el sentido alegórico, simbólico) moral, anagógico".[72]

A pesar de las semejanzas anotadas entre la poética huidobriana y la del Marechal de *Días como flechas*, hay diferencias notables. El argentino no llegará a afirmar: "el poeta es un pequeño Dios". Tiene siempre conciencia de ser "causa segunda" ("Mano de Dios Hondero"), conciencia que se acentúa después de su "reencuentro" con el cristianismo. Más explícitamente lo dirá en *Adán Buenosayres*: "El poeta ... está obligado a trabajar con formas dadas, y, por lo tanto, no es un creador absoluto".[73] Piensa además que "Todo artista es un imitador del Verbo Divino que ha creado el universo; y el poeta es el más fiel de sus imitadores, porque, a la manera del Verbo, crea nombrando".[74]

En *Días como flechas* Marechal no imita externamente a Huidobro ni a los poetas cubistas, va más allá, amolda teorías y técnicas a sus más hondas preocupaciones. No vence con su palabra los límites humanos por actitud lúdica ni por ostentación del poderío del

---

[71] *Adán Buenosayres*, 376.
[72] *Ibid.*, 301. Por ejemplo, en algunos versos del "Canto en la grupa de una mañana", se insinúa la celebración de una mujer capaz de relacionarse con lo infinito y de absorberlo: "¡Alegría!/ Una muchacha bebe todo el cielo en el pozo". A continuación, una imagen de claro cuño creacionista la desmaterializa, la expande, la esfuma en el cosmos: "su delantal de viento la desnuda ..." No es capricho asociar a esta mujer creada por el Marechal vanguardista, con mujeres presentes en el mundo poético de Huidobro y también en el de Neruda (probablemente con influjo de aquél). Huidobro crea en sus ámbitos leves y mágicos, la presencia de mujeres etéreas ("He visto una mujer hermosa / sobre el Mar del Norte ..."). Pero en Marechal se trata del primer esbozo de un símbolo que apenas insinuado en *Días como flechas*, casi como un "divertimento" creacionista, llegará a ser axial en su cosmovisión literaria. La mujer y su simbolismo trascendente constituirá un vector temático presente en la mayoría de sus libros. En *OdasDías para el hombre y la mujer* (1929), cuya publicación sigue a la de *Días como flechas*, la mujer ya ha adquirido valor simbólico, es la "Niña Que Ya No Puede Suceder", la que abstraída del tiempo y del espacio, la mujer arquetípica, que en obras posteriores será Solveig Celeste o Sophia. Véase "Niña de encabritado corazón", en *Odas para el hombre y la mujer*. El tema se anticipa también en otros poemas de *DcF*, particularmente en "Canción para que una mujer madure". Marechal aclara el sentido de "Niña Que Ya No Puede Suceder" en sus *Claves de Adán Buenosayres* y en *Adán Buenosayres*.
[73] *Ibid.*, 302.
[74] *Ibid.*, 307.

poeta, sino como respuesta provisional, en un proceso de búsqueda espiritual. La "palabra ballesta" se presenta como un medio aún provisorio de superar límites:

> Todo está bien, ya soy un poco dios
> en esta soledad
> con este orgullo de hombre que ha tendido a las horas
> una ballesta de palabras ...[75]

Los signos del poema quieren retener y contener la potencia indomable de sus referentes: tiempo, espacio, muerte. La respuesta definitiva no estará en lo inmanente, ni siquiera en la poesía, sino en lo trascendente: "Mi señor tiene un prado sin otoño", dirá el "yo lírico" en el "Soneto a Sophia".[76]

A través de estas pequeñas calas, comprobamos que la poesía autónoma, creada por el poeta demiurgo, el cosmopolitismo y su profundización significativa (el símbolo del viaje interior y trascendente), constituyen directrices importantes en Hispanoamérica y reveladoras de la idiosincrasia de sus hombres.

Nuestro cosmopolitismo pre-vanguardista y vanguardista, es —como en el caso de Güiraldes— un cosmopolitismo arraigado. Si bien sus técnicas y sus temas se asocian con la experimentación literaria y con las vivencias planetarias del período vanguardista, constituyen nuevas versiones de la tradicional experiencia humana de los límites espacio-temporales. La actitud del "yo lírico" frente a ellos va desde un burlón espíritu viajero —como en el caso de Girondo— hasta el ímpetu de la trascendencia metafísica —como en Güiraldes, Huidobro o Marechal. En vaivén entre cosmopolitismo y trascendentalismo, el poeta demiurgo procura responder al desafío del tiempo y del espacio cósmico procurando encerrarlos y dominarlos en el espacio del poema autorreferente. Aludimos con este término a la concepción teórica de Huidobro quien, en el manifiesto "Non serviam" apostrofa a la naturaleza: "Yo tendré mis árboles que no serán como los tuyos, tendré mis montañas, tendré mis ríos y mis mares, tendré mi cielo y mis estrellas". Y —podríamos agregar— "tendré mi espacio y mi tiempo". Las técnicas simultaneístas son, en buena medida, el instrumento literario para este fin. Pero este precario poderío poético se muestra, en los mismos textos, como una ilusión que no resiste la confrontación con la experiencia de la realidad extralingüística, que mantiene sus avisos de caducidad y limitación.

El poema autónomo, presuntamente sustantivo, cerrado sobre sí mismo e inmanente, sobrepasa a veces sus propios límites. Si bien ya no espeja la realidad objetiva, o la espeja arbitrariamente fragmentada y recompuesta, puede reflejar —por analogías— otras dos clases de realidades: las subjetivas y las espirituales. No intenta reproducir la realidad "visible", pero —como afirma Marechal— puede captar de modo analógico o simbólico, realidades "inteligibles".

---

[75] "Nocturno II" en *Días como flechas*, 74-75.
[76] "De Sophia" en *Sonetos a Sophia* (1940).

III

LA INDAGACIÓN SURREALISTA Y
EL VIAJE TOTALIZADOR

• *Notas sobre el surrealismo*

En 1924 André Breton publica el primer manifiesto del surrealismo,[1] movimiento cultural que pretende una comprensión y expresión total del hombre y del mundo, utilizando todos los medios del conocimiento, especialmente "aquellos ajenos a la razón: sensación, intuición, examen de lo onírico, experiencia sexual, exploración del azar".[2] En dicho manifiesto Breton afirmó que la gestación próxima del movimiento se remonta al año 1919, época en la que estaba muy preocupado con Freud y familiarizado con sus métodos de examen:

> ... por ello me decidí a obtener de mí mismo lo que se intenta obtener de ellos, por medio de un monólogo muy rápido, en el que el espíritu crítico del sujeto no hace ningún juicio y, por lo tanto, no se embrolla en ninguna reticencia, siendo, al mismo tiempo, lo más exacto posible, *el pensamiento hablado*.[3]

El surrealismo de 1924 tiene precursores lejanos[4] y próximos. En el pasado literario próximo reconoce antecedentes en los diversos "ismos" del siglo XX y particularmente en

---

[1] Adoptamos el galicismo que denomina este movimiento, sin ignorar la preocupación castiza de Guillermo de Torre que prefiere el uso de "superrealismo", palabra incorporada al *Diccionario de la Real Academia*: "Movimiento literario y artístico que intenta sobrepasar lo real impulsando con automatismo psíquico lo imaginario y lo irracional" (Edición 1984). Sin embargo, preferimos "surrealismo", por su uso generalizado y predominante, tanto en la crítica española como en la hispanoamericana.
[2] Graciela de Sola, *Proyecciones del surrealismo en la literatura argentina* (Buenos Aires: Ediciones Culturales Argentinas, 1967): 13.
[3] André Breton, *Manifeste du Surrealisme*, 1924, citado por Juan Roger, *El surrealismo francés* (Madrid: Escelicer, 1956): 43.
[4] Entre los precursores del surrealismo se ha mencionado a Jonathan Swift, Thomas de Quincey, Edgar Allan Poe, Villiers de l'Isle-Adam, el conde de Lautréamont, Arthur Rimbaud, entre otros. Véase Juan Roger, *op. cit.*, 22-35 y André Breton, *El surrealismo: puntos de vista y manifestaciones* (Barcelona: Barral, 1970): 97.

la figura y en la obra de Guillaume Apollinaire. André Breton recuerda que, entre los años 1914-1919, había "un hombre cuya genialidad poética me eclipsaba a todos los demás, (...) Guillaume Apollinaire".[5]

Los orígenes más cercanos del surrealismo aparecen entrelazados con el movimiento Dadá. Breton se suma a este movimiento (que había surgido en Zurich en 1915), cuando Tristán Tzara traslada las reuniones-conferencias dadaístas a París, después de la guerra. Son numerosos los críticos que consideran que Dadá, con su carácter iconoclasta y negativo, precede de modo inmediato al surrealismo, que marcaría, con respecto a aquél, una evolución en un plano constructivo.

Breton, sin negar su relación con Dadá, rechaza esta óptica evolutiva:

> Pero lo que es muy significativo y requiere que se le preste atención de una vez por todas es que en sus números de octubre y diciembre de 1919, *Littérature* publicó, bajo mi firma y la de Soupault, los tres primeros capítulos de los *Champs magnétiques*. Indiscutiblemente se trata de la primera obra surrealista (en modo alguno dadá) ya que es el fruto de las primeras aplicaciones sistemáticas de la escritura automática. Esta obra estaba finalizada desde hacía varios meses.[6]

El fundador del surrealismo insiste en afirmar la existencia de este movimiento con anterioridad a la aparición del primer Manifiesto y en negar su derivación de Dadá:

> Lo cierto es que, tanto en *Littérature* como en las revistas Dadá propiamente dichas, se alternaron continuamente los textos surrealistas y los dadá... Dadá y el surrealismo... sólo pueden concebirse correlativamente, a la manera de dos olas que se recubren entre sí.[7]

Transcribimos este testimonio con el objeto de mostrar la existencia de un "presurrealismo", anterior al manifiesto, comprobable no sólo en Francia sino incluso en un país como España, del cual se afirma que acogió tardíamente los modos surrealistas.[8] La poesía temprana de Juan Larrea, por ejemplo, publicada durante la vigencia del ultraísmo, tiene evidentes rasgos presurrealistas, aunque más tarde este autor critique algunos aspectos surrealistas.[9]

---

[5] *Ibid.*, 27.
[6] *Ibid.*, 60.
[7] *Ibid.*, 61.
[8] Jaime Alazraki observa que "la poesía en lengua española tuvo más bien una actitud de rechazo hacia el surrealismo y (...) en general la poesía española tendría que esperar hacia el año 1927 para absorber las innovaciones surrealistas" ("El surrealismo de *Tentativa del hombre infinito*", en *Aproximaciones a Pablo Neruda; simposio dirigido por Ángel Flores* [Barcelona: Ocnos, 1974], 42-43).
[9] Juan Larrea, "El surrealismo entre viejo y nuevo mundo (1944)", en *Del surrealismo a Machupicchu* (México: Joaquín Mortiz, 1967): 15-100. Allí se caracteriza al surrealismo como un movimiento que representa las postrimerías de un mundo: "En vez de tomar el camino de la superación, el movimiento diferenciador emprende el del retorno ... Comete así el surrealismo la infantilidad de oponer a las experiencias religiosas de Occidente y de Oriente, ciertos juegos sin trascendencia ni significación ...", 31.

Breton y su grupo buscaron apasionadamente, mediante la práctica de la escritura automática que expresaba el subconsciente, "escapar de las limitaciones que pesan sobre el pensamiento controlado",[10] entre ellas: la sujeción a las percepciones sensoriales inmediatas que "convierten al espíritu en un juguete del mundo exterior"; deseaban también liberarse de la intervención del espíritu crítico en el lenguaje, para así devolver "al verbo humano su inocencia y su virtud creadora". Las trabas que se proponían eliminar eran del orden de la *lógica* (en rebeldía contra el racionalismo), del orden de la *moral* (tabúes sexuales y sociales) y del orden del *gusto* (convenciones del *buen tono*). Al *sentido crítico* que deseaban desterrar, oponían la *apetencia de lo maravilloso*.[11]

Breton anhelaba fundir el sueño y la realidad en una especie "de realidad absoluta, de *superrealidad*" ("Manifiesto del surrealismo", 1924). Pero el deseo de aunar contrarios va aún más lejos: "Todo induce a creer —afirma Breton— que existe cierto punto en el espíritu desde donde la vida y la muerte, lo real y lo imaginario, el pasado y el futuro, lo transmisible y lo intransmisible, lo alto y lo bajo dejan de percibirse contradictoriamente. En vano se buscaría a la actividad surrealista otro móvil que la esperanza de determinar ese punto" ("Segundo manifiesto del surrealismo", 1930).[12]

Si bien las primeras búsquedas del movimiento se encauzaron a través del automatismo psíquico, del "dictado del pensamiento, en ausencia de toda vigilancia ejercida por la razón, fuera de toda preocupación estética o moral",[13] esta técnica fue posteriormente limitada por el mismo Breton, quien señaló la necesidad de "tener conciencia", de vigilar el juego de los elementos automáticos, de establecer un movimiento dialéctico entre conciencia y subconsciencia.

Cuando predomina la intención poética —no la estrictamente psicológica—, el poeta ordena conscientemente los productos ya surgidos en forma espontánea en el automatismo. Breton reconoció la necesidad de organizar el material con vistas al poema.[14]

En síntesis, el surrealismo en sus postulaciones teóricas, excede el marco de lo literario y aspira a transformar la vida y la condición del hombre. En la declaración colectiva, del 27 de enero de 1925, se dice: "El surrealismo es un medio de liberación total del espíritu".[15]

---

[10] André Breton, *Op. cit.*, 82-83.

[11] André Breton, *Ibid.*, 82-83.

[12] Y en *Les Vases communicants* (1932) amplía: se trataba de reunir realidades separadas, de "lanzar un hilo conductor entre mundos tan disociados como el despertar y el sueño, la realidad exterior y la interior, la razón y la locura, la calma, el conocimiento del amor, de la vida por la vida y la revolución".

[13] Citado por G. de Torre, *Qué es el superrealismo*, 2ª edición (Buenos Aires: Columba, 1959): 16-17.

[14] Aldo Pellegrini, "La poesía surrealista", en *Antología de la poesía surrealista de lengua francesa*; estudio preliminar, selección, notas y traducción de Aldo Pellegrini (Buenos Aires: Fabril Editora, 1961): 24-25, y Carlos Marcial de Onís, "Importancia y característica de la imagen surrealista", en *El surrealismo y cuatro poetas de la generación del 27* (Madrid: José Porrúa Turanzas, S.A., 1974): 38-56.

[15] Maurice Nadeau, *Histoire du surréalisme; suivie de documents surréalistes* (Paris: Éditions du Seuil, 1964): 219.

Dentro de esta concepción, la poesía no busca la belleza abstracta y pura, sino que es "el lenguaje de lo inexpresable en el hombre, es conocimiento al mismo tiempo que manifestación vital, es el verbo en su calidad de sonda lanzada hacia lo profundo del hombre".[16]

Si esenciales al ser humano son la libertad, el amor, lo maravilloso, la poesía surrealista intentará expresar esas vivencias y búsquedas y pretenderá ser instrumento de liberación interior y exterior.

Por ello, uno de sus temas dominantes será el del amor —erótico o sublime, medio de trascenderse o de fusión cósmica. Lo maravilloso establece —según los surrealistas— el nexo entre lo visible y lo invisible, persigue la captación del mundo total. Por ello sus seguidores se inclinan frecuentemente a las disciplinas herméticas, al conocimiento esotérico, que se manifiesta en símbolos.

La concepción surrealista determina la preferencia por ciertas técnicas literarias como la ya citada del automatismo, que desata la imaginación, que utiliza el material de los sueños de los estados crepusculares, de duerme-vela, mediúnicos, delirantes. El lenguaje resultante es el de la imagen alógica, que acerca o sintetiza dos o más realidades aparentemente inconexas o alejadas entre sí, cuya relación está, más que en el plano de las formas, de los colores, de las funciones, de los efectos o de los valores, en el del sentimiento oscuro pero afín que ambas realidades comparadas o aproximadas despiertan en el poeta. Surge la imagen arbitraria, insólita, onírica, que aproxima contrarios, que identifica opuestos y que persigue la creación de una "realidad superior" o suprarrealidad.

Otra consecuencia estilística es la supresión, en mayor o menor grado, de los elementos que introducen jerarquización lógica en el lenguaje, signos de puntuación, partículas coordinantes o subordinantes. El ritmo impuesto por el fluir del subconsciente erradica o minimiza también la expresión ceñida a formas estróficas o métricas tradicionales.

El tema se desdibuja, se esconde o desaparece: "Nada de buscar en esta poesía lo que no da. No se pida anécdota o historia. No se pidan ni se busquen sino revueltos motivos primariamente humanos, surgidos de los abismos del sueño o de los repliegues de la infraconciencia".[17] El tema se subordina al absolutismo de la emoción.

- *Manifestaciones hispanoamericanas del surrealismo en la década del 20.* **Tentativa del hombre infinito**

Las antenas de los curiosos y cosmopolitas escritores latinoamericanos captaron pronto las influencias o modos surrealistas. No postulamos la existencia de una generalizada o programática obediencia a los manifiestos de Breton, pero sí la temprana búsqueda expresiva y renovadora, por las vías del irracionalismo, del aflorar del subconsciente, de lo onírico, de lo azaroso o arbitrario. En estas experimentaciones literarias, la evolución dinámica del posmodernismo hispanoamericano (que por distintos medios busca la "desretorización", la superación de los "clises" del primer modernismo) se encuentra con el devenir hacia el surrealismo del vanguardismo europeo. En algunas obras se puede hablar

---

[16] Aldo Pellegrini, *Op. cit.*, 15.
[17] Damaso Alonso, *Poetas españoles contemporáneos* (Madrid: Gredos, 1966): 271.

de influencias, en otras, sólo de coincidencias. En todos los casos podemos decir que el surrealismo encuentra, en la identidad cultural americana, un sustrato fértil. Así, por ejemplo, las tendencias anárquicas, irracionalistas, magicistas, la desmesura, la exacerbación del sentimiento, la coexistencia de tendencias aparentemente contrarias, tales como el telurismo y el espiritualismo, el localismo y el cosmopolitismo, lo natural y lo maravilloso, lo arcaico o antiguo y lo moderno; lo pasado y lo presente...

No es nuestro propósito hacer un panorama del surrealismo en Hispanoamérica, ni siquiera de sus inicios en la década que constituye nuestro centro de enfoque.[18] Baste recordar que —en varios países hay manifestaciones surrealistas en esta década, aunque la profundización y generalización del movimiento se produce a partir de la década del treinta.

Entre estas manifestaciones tempranamente surrealistas hemos seleccionado, para ejemplificar, *Tentativa del hombre infinito* (1926), de Pablo Neruda.

No ignoramos que algunos críticos niegan la posible relación de Neruda con el surrealismo. Creo que esta postura proviene de la falta de consenso con respecto a la definición de este movimiento literario, que admite variantes y grados de apertura. En su definición más estrecha, el surrealismo se restringe a las manifestaciones poéticas del automatismo psíquico propugnadas por Breton. La poesía de Neruda, por su elaboración estética, supera este marco estricto, pero hemos mencionado que ni siquiera el mismo Breton se redujo a una escritura automática, ya que, al madurar su propuesta, reconoció la necesidad de alternar sueño y vigilancia, subsconsciencia y conciencia.

Por otra parte, la disidencia de Breton con respecto al régimen soviético complicó la cuestión, ya que muchos críticos, explícita o implícitamente, prefieren no incluir nombres de escritores vinculados al comunismo soviético —el de Neruda, por ejemplo— en un movimiento cultural gestado por un disidente. Recordemos también que la poesía estética del Partido evolucionó (como hemos mencionado en el capítulo I y desarrollaremos en el capítulo VIII) hacia una desvalorización de los estilos de vanguardia en general, incluido el surrealismo. Este hecho influyó en la trayectoria estética del poeta chileno y en la autovaloración crítica que —desde la perspectiva posterior— realiza de su etapa neorromántica y vanguardista temprana.

---

[18] Véase sobre el tema: Peter G. Earle y Germán Gullón (editores) *Surrealismo/surrealismos; Latinoamérica y España* (University of Pennsylvania, 161). Reúne ponencias leídas en el XVII Congreso del Instituto Internacional de Literatura Iberoamericana, Philadelphia, 1975, incluye abundante bibliografía). Paul Ilie, "Le surréalisme. Diffusion outre-mer. Amérique hispanique" en Jean Weisgerber, *Les Avant-gardes littéraires au XXe siècle* I (Budapest: Akademiai Kiado, 1984): 465-470. Aldo Pellegrini, *Antología de la poesía surrealista hispanoamericana* (Buenos Aires: Sudamericana, 1972): 360. Stefan Baciu, *Antología de la poesía surrealista latinoamericana* (México: Joaquín Mortiz, 1974/Valparaíso: Ediciones Universitarias de Valparaíso, 1981): 287. Stefan Baciu, *Surrealismo latinoamericano* (Valparaíso: Ediciones Universitarias de Valparaíso, 1979): 114. Gerald Langowski, *El surrealismo en la ficción hispanoamericana* (Madrid: Gredos, 1982): 228. Hay también amplia bibliografía del y sobre el surrealismo en los diversos países hispanoamericanos, como el ya citado de Graciela de Sola sobre el movimiento en la Argentina; el de Luis Mario Schneider, *México y el surrealismo (1925-1950)* (México: Arte y Libros, 1978): 246.

Teniendo en cuenta estos problemas, estudiosos de estas expresiones han establecido matices entre los escritores surrealistas, surrealísticos, surrealizantes y parasurrealistas.[19] Nosotros preferimos en este caso simplificar la terminología usando una denominación global: surrealismo/surrealista, que implica una definición más amplia del fenómeno y permite considerarlo como un estilo o movimiento, un modo de percepción y de expresión (relacionados con las propuestas de Breton), que tiñe muchas manifestaciones culturales (desde las artes a la propaganda), desbordando los frenos o trasfondos políticos y perdurando por varias décadas del siglo.

Repasemos brevemente el contexto literario en el cual surge el poema de Neruda. En la década del veinte, la poesía chilena muestra, junto a una amplia gama de derivaciones posmodernistas, tempranas manifestaciones vanguardistas (en realidad, surgidas también del riquísimo y complejo movimiento modernista, aunque diferenciadas por actitudes que van desde la voluntad de experimentación renovadora al parricidio literario).

Es Chile uno de los países del ámbito hispánico en donde el vanguardismo alcanza manifestaciones más valiosas. Aunque no monopoliza la expresión poética, es un cauce —temporario en unos, definitivo en otros—, que modula interesantísimos y relevantes talentos personales.

El ultraísmo español, el centro irradiador de París, una compleja red de relaciones entre escritores hispanoamericanos, constituyen los múltiples canales por los que los "ismos" se difunden en el país.

Huidobro, con su creacionismo, influye desde Europa a través del ultraísmo español, de sus propios libros y del intercambio epistolar. Un corto viaje a Chile, en 1918-1919, también deja huellas y, en menor medida, el realizado en 1925-1926.

Pablo de Rokha muestra tempranamente su predisposición hacia la nueva estética. Joaquín Edwards Bello toma contacto con Huidobro en París y con los ultraístas en España. Colabora en *Grecia* (Madrid) y publica en Santiago *Metamorfosis* (1921) que resume los "ismos". Ángel Cruchaga Santa María, en *La selva prometida* (1920) integra imágenes creacionistas en un mundo poético refinado e intimista. Alberto Rojas Jiménez y Martín Bunster lanzan en 1920 el manifiesto "Agú", más político que literario.

---

[19] Stefan Baciu, coincidiendo con Octavio Paz, distingue al *surrealismo* de *lo surrealístico*. Por medio del primer término designa el movimiento vinculado directamente con André Breton. Es *surrealística* la modalidad poética que acusa el impacto del *surrealismo*. Según él, son poetas *surrealistas*: Octavio Paz, Jorge Cáceres, Enrique Gómez-Correa, Magliore Saint-Aude, Aldo Pellegrini, César Moro, Braulio Arenas, y *muy pocos otros*. *Surrealísticos* son casi todos los demás, de César Vallejo hasta Neruda y de Jaime Sabines hasta Gonzalo Arango". Stefan Baciu, "¡Ojo con el surrealismo!" en *Surrealismo latinoamericano*, ed. cit., 87-88. En su *Antología de la poesía surrealista latinoamericana*, distingue entre poetas *surrealistas* y *surrealizantes*. Según él, Neruda "se acerca a lo surrealizante", no es surrealista (Cfr. ed. cit., 22-23). Uno de los principales motivos aducidos en favor de esta hipótesis es la adhesión de Neruda al stalinismo, que lo aleja de André Breton. En otro capítulo del mismo libro: "Herederos, hijos pródigos, imitadores" (edición citada, 145-148), Baciu discrimina un tercer grupo, dentro de la familia surrealista, el de los "parasurrealistas". Nosotros preferimos utilizar un sólo término englobante de matices y subgrupos: *surrealismo*, al menos para el período que focalizamos aquí.

Pablo Neruda desde 1925 tiene coincidencias con el surrealismo. Rubén Azócar, Humberto Díaz Casanueva, Gerardo Séguel, Rosamel del Valle y otros, reciben influencia de Neruda y acogen otros ecos vanguardistas.

Un conjunto de revistas refleja desde 1920, y más intensamente entre 1925 y 1926, los movimientos de vanguardia estudiados (*Claridad, Dionysos, Dínamo, Vórtice, Panorama* y otras). Varias antologías dejan también un valioso testimonio (Donoso, Azócar, Anguita y Teitelboim, del Solar ...).[20]

Pablo Neruda, en sus *Memorias*, alude a la atmósfera en que escribió *Crepusculario* (1923): "Aleteaban sobre Santiago las nuevas escuelas literarias".[21] Sin embargo, la influencia de estas tendencias no se hará sentir en él hasta *Veinte poemas de amor y una canción desesperada* (1924), donde utiliza imágenes vanguardistas (de parentesco creacionista o cubista) en función de su personal "neorromanticismo", como veremos más adelante.

La evolución posterior del poeta acentuará el intento de liberar su imaginación de los controles racionales. A partir de *Tentativa del hombre infinito* (1926) tal vez no pueda hablarse de influencia, pero si de coincidencia estética con el surrealismo.[22] Si bien la publicación del manifiesto de Breton en 1924 es casi simultánea al momento de gestación de *Tentativa...* (cuya composición se inició en enero de 1925), no olvidemos que el mismo Breton ha señalado la existencia de manifestaciones surrealistas anteriores al manifiesto, aparecidas en *Littérature* desde 1919, paralelas o entrelazadas con las manifestaciones dadaístas.[23] No olvidemos tampoco que las revistas ultraístas españolas difundieron

---

[20] Un reciente artículo constituye un aporte importante para historiar la poesía de esta década en Chile: Klaus Müller-Bergh, "De Agú y anarquía a la Mandrágora: notas para la génesis, la evolución y el apogeo de la vanguardia en Chile" en *Revista Chilena de Literatura* 31 (Santiago, abril 1988): 33-61.

[21] Pablo Neruda, *Confieso que he vivido* (Buenos Aires: Losada 1974): 67.

[22] Otros críticos se han ocupado ya de este tema. Cfr. Jaime Alazraqui, "El surrealismo de *Tentativa del hombre infinito* de Pablo Neruda" en *Hispanic Review* 1 (Philadelphia, 1972): 31-39 y en *Aproximaciones a Pablo Neruda*; Simposio dirigido por Ángel Flores (Barcelona: Ocnos, 1974): 42-49. Saúl Yurkievich, "*Tentativa del hombre infinito*, un primer esbozo de *Residencia en la tierra*", *Ibid.*, 50-53. Francesco Gadea-Oltra, "Interpretación surrealista y romántica de *Tentativa del hombre infinito*" en *Cuadernos Hispanoamericanos* 287 (Madrid, mayo 1974): 329-345. René de Costa, "Pablo Neruda's *Tentativa del hombre infinito*: notes for a reappraisal" en *Modern Philology* 2 (Chicago, Vol. 73, noviembre 1975): 136-147. Hernán Loyola, "Lectura de *Tentativa del hombre infinito*, de Pablo Neruda" en *Revista Iberoamericana* 123-124 (Pittsburgh, abril-setiembre, 1983): 369-388. Alain Sicard, "La *Tentativa del hombre infinito* y su fracaso" en *El pensamiento poético de Pablo Neruda* (Madrid: Gredos, 1981): 63-84. Roberto Salama, "*Tentativa del hombre infinito*" en *Para una crítica a Pablo Neruda* (Buenos Aires: Cartago, 1957): 31-36, entre otros. Cfr. Horacio Jorge Becco, *Pablo Neruda; bibliografía* (Buenos Aires: Casa Pardo, 1975): 260. Pueden verse, además, los más importantes libros generales sobre Neruda: Jaime Alazraki, *Poética y poesía de Pablo Neruda* (New York: Las Americas Publishing Co., 1965): 222. Emir Rodríguez Monegal, *El viajero inmóvil* (Caracas: Monte Avila, 1977): 487 y los ya clásicos libros de Amado Alonso, de Margarita Aguirre y de Hugo Montes, que citaré a lo largo de este capítulo, entre la ya inabarcable bibliografía dedicada al poeta chileno.

[23] *Supra*.

tempranamente el presurrealismo de Juan Larrea.[24] Por otra parte, un fenómeno semejante de búsqueda expresiva con fuerte dosis de irracionalismo se da muy tempranamente en *Trilce* (1922) de César Vallejo. Neruda capta, pues, —en el caso de que no hubiera alcanzado a conocer el "Manifiesto" de Breton—, algo que estaba en el aire de la época, aunque percibido o aceptado sólo por unos pocos adelantados.[25]

- *Claves intertextuales para su interpretación:* **El hondero entusiasta**

Difícil, aunque no imposible, resulta interpretar en *Tentativa del hombre infinito* de las visiones de un sujeto perdido en un laberinto de confusiones y perplejidades, que hace referencias desordenadas a intuiciones borrosas, a emociones indefinidas ...

Creemos que la interpretación aproximada del libro y de su significación en el proceso nerudiano hacia modos de expresión surrealista, debe hacerse en relación con otras obras del autor concebidas en esta época, particularmente con *El hondero entusiasta*, colección de poemas editados en 1933 pero gestados y algunos publicados en 1923.[26] Es por ello que haremos un breve análisis de este libro y de *Veinte poemas* ..., vistos selectivamente, como pasos en la gestación de temas, tonos y lenguaje poético que subyacen y ayudan a comprender la significación de *Tentativa* ...

De *El hondero entusiasta* nos dice Neruda:

> Ya iba dejando atrás *Crepusculario*. Tremendas inquietudes movían mi poesía. En rápidos viajes al Sur renovaba mis fuerzas. En 1923, tuve una curiosa experiencia. Había vuelto tarde a mi casa en Temuco. Era más de medianoche. Antes de acostarme abrí las ventanas de mi cuarto. El cielo me deslumbró. Era una multitud pululante de estrellas. Vivía todo el cielo. La noche estaba recién lavada y las estrellas antárticas se desplegaban sobre mi cabeza.
>
> Me agarró una embriaguez de estrellas, sentí un golpe celeste. Como poseído corrí a mi mesa y apenas tenía tiempo de escribir, como si recibiera un dictado.
>
> Al día siguiente leí lleno de gozo mi poema nocturno. Es el primero de *El hondero entusiasta*.[27]

Diez años después de la concepción de los poemas aparece el libro. El mismo Neruda explica, en la "Advertencia del autor a la segunda edición" (enero 1933): "la influencia que

---

[24] Gloria Videla, *El ultraísmo* (Madrid: Gredos, 1963): 133-139.
[25] Otros estudiosos de esta obra nerudiana admiten que el poeta pudo conocer el movimiento en el tiempo de escribir *Tentativa* .... Fragmentos del manifiesto de Breton fueron traducidos al español y publicados en la crónica de Juan Emar sobre la vanguardia en Chile ("Notas de arte, núm 39", *La Nación*, 23 marzo 1925). Omar Emeth reseñó el nombrado manifiesto en *El Mercurio* (21 setiembre 1925) véase Jaime Alazraqui, *Poética y poesía de Pablo Neruda*, edición citada, 137-147 y René de Costa, *op. cit.*, 137.
[26] Hernán Loyola, *La obra de Pablo Neruda; guía bibliográfica*, en Pablo Neruda, *Obras completas* II, 3ª edición (Buenos Aires: Losada, 1968): 1345-1346.
[27] Conferencia pronunciada en la Universidad de Chile el 12 de julio de 1954, citado por Margarita Aguirre, *Genio y figura de Pablo Neruda*, 3ª edición (Buenos Aires: Eudeba, 1969): 85.

ellos muestran del gran poeta uruguayo Sabat Ercasty y su acento general de elocuencia y altivez verbal me hicieron sustraerlos en su gran mayoría a la publicidad".[28] El autor decide tardíamente entregarlos "como un documento". En efecto, estos poemas tienen, sin duda, un valor documental: nos dan la "clave" para la interpretación de todo un ciclo nerudiano. A este valor se suma la vibración de lo poético, presente en el texto, a pesar del juicio de minusvalía que postergó su edición.

El primer poema: "Hago girar mis brazos como dos aspas locas ..." nos entrega el germen de varios motivos y actitudes de Neruda. En primer lugar, la inspiración nocturna, de raíz romántica, que si bien puede surgir de una circunstancia anecdótica, —como la narrada por el autor—, de un contacto emocional con las sobrecogedoras noches australes, se convierte en un símbolo de lo infinito que llama y atrae:

> Hago girar mis brazos como dos aspas locas ...
> en la noche toda ella de metales azules.

El poeta es el hondero que apunta al infinito, hacia "El lejano, hacia donde ya no hay más que la noche", sus brazos-aspas son las hondas ("Pero mis hondas giran") que tratan de trascender los límites, simbolizados por "muros", "puertas", "cadenas", "astros".[29]

> quiero alzarme en las últimas *cadenas* que me aten ...
> Más allá de esos *muros*, de esos *límites*, lejos ...

Las "piedras" materializan el anhelo del poeta, prolongan sus ansias, pero el impulso de vuelo y de lejanía que logra imprimirles resulta también insuficiente:

> Hacia donde las *piedras* no alcanzan y retornan ...
> y echo mis *piedras* trémulas hacia este país negro ...
> Desde él siento saltar las *piedras* que me anuncian ...
> He aquí mis *piedras* ágiles que vuelven y me hieren ...
> He aquí las mismas *piedras* que alzó mi alma en combate.
> He aquí la misma noche desde donde retornan ...

Otras imágenes-símbolos se suman a la de la piedra, con significado análogo: "La flecha, la centella, la cuchilla, la proa", pero el esfuerzo del yo lírico está destinado al fracaso, a pesar de su intensa determinación:

> He de abrir esa puerta, he de cruzarla, he de vencerla.
> Han de llegar mis piedras. Grito. Lloro. Deseo.

Su "sed" no será saciada, su "grito" se extinguirá. Por ello, en el último verso, idéntico formalmente al primero: "hago girar mis brazos como dos aspas locas", ha variado

---

[28] En *Obras completas* I, 3ª edición aumentada (Buenos Aires: Losada, 1967): 55. En adelante citaré por esta edición.
[29] Las bastardillas de los ejemplos son mías.

sustancialmente su significación, su temperatura emocional. El primer verso expresaba un gesto voluntarioso, una impetuosa tentativa; el último, por el desarrollo del poema, recibe la connotación de gesto estéril, de combate inútil, pero no por ello abandonado.

El estilo del texto se relaciona con el lenguaje poético del posmodernismo al cual Neruda ya imprime su particular patetismo. La expresión de la intensidad sentimental y del proceso: "anhelo-voluntad-fracaso-pervivencia del anhelo", se logra por medio de la modulación postmodernista de los recursos clásicos: anáforas ("Hacia, Hacia"; "Todo, Todo"; "Ah, mi dolor, Ah, mi dolor"; "He aquí, He aquí ..."; "Pero, Pero"; "He de, he de ...") y de otras formas reiterativas, todas ellas en función de intensificar la expresión de voluntarismo, anhelo, dolor; por ejemplo, los paralelismos sintácticos:

> He aquí mis brazos fieles! he aquí mis manos ávidas!
> He aquí la noche absorta! ...
> He aquí los astros pálidos ...
> He aquí mi sed que aúlla ...

la reiteración y el quiasmo, con leves variantes semánticas:

> Sufro, sufro y deseo. Deseo, sufro y canto ...
> Grito. Lloro. Deseo.
> Sufro, sufro y deseo ...
> Grito. Sufro. Deseo ...
> Deseo, sufro, caigo.

La abundancia de oraciones exclamativas, la selección de imágenes y de un vocabulario vinculado con los sentimientos de dolor, anhelo, búsqueda e impotencia, las gradaciones ascendentes ("He de abrir esa puerta. He de cruzarla. He de vencerla".) o descendentes ("Todo de furias y olas y mareas vencidas") configuran, entre otros recursos, una estructura poética de tono intensamente sentimental, pero lógicamente coherente, armónica, no irracional. La influencia de Sabat Ercasty es reconocida por el mismo Neruda; sin embargo, el poeta chileno cambia el signo emocional, que en el uruguayo es también grandilocuente, impregnado de vivencia cósmica, whitmaniano, pero diurno, vitalista y afirmativo:

> ... Alegría del mar! ¡Alegría del mar! ¡Alegría del mar!
> ¡La ola golpea contra el límite!
> ¡El viento se rompe contra el límite!
> ¡El huracán y el mar combaten contra el límite!
> ¡Ah!
> ebriedad, locura, fiebre, crispación, rabia, delirio![30]

---

[30] "Alegría del mar", *op. cit.*, Jaime Concha resume así la influencia del poeta uruguayo sobre Neruda: "Varios hechos confirman este inconsciente influjo. Ambientación atmosférica, ciertos símbolos constantes, como las flechas y los viajes; un poder de organización sinfónica del poema, series verbales expresivas de exaltación espiritual. Cuando Neruda dijo de los versos del poeta uruguayo que eran "agachados socavadores del infinito", resumió, en una fórmula, su asimilación del mundo

En suma, el poema plasma un tema, el de la atracción de lo infinito simbolizado en la noche, que reaparece en la obra posterior de Neruda. En este caso las estructuras y el lenguaje poético son postmodernistas.

Sería útil, además, para la comprensión cabal del cambio que significa, en la evolución de Neruda, *Tentativa del hombre infinito*, comentar los restantes poemas de *El hondero entusiasta*, en los que predomina el tema amoroso, también en relación con el motivo del infinito. Sólo haremos una breve mención; en ellos erotismo y deseo de infinitud se entrelazan; por esta razón la mujer es, por momentos, muy carnal, pero al mismo tiempo, o alternativamente, es casi etérea y con dimensiones o resonancias cósmicas:

> Eres toda de espumas delgadas y ligeras
> y te cruzan los besos y te riegan los días.
> Mi gesto, mi ansiedad cuelgan de tu mirada.
> Vaso de resonancias y de estrellas cautivas.
>
> (Poema 3)

La amada aparece como raíz del anhelo:

> ¡Alma mía! ¡Alma mía! Raíz de mi sed viajera ...
>
> (Poema 7)

o como medio auxiliar para la superación del límite:

> Libértame de mí. Quiero salir de mi alma.
> Yo soy esto que gime, esto que arde, esto que sufre.
> Yo soy esto que ataca, esto que aúlla, esto que canta.
> No, no quiero ser esto.
> Ayúdame a romper estas puertas inmensas.
> Libértame de mí, quiero salir de mi alma.
>
> (Poema 8)

o como respuesta definitiva:

> Mi madre me dio lleno de preguntas agudas ...
> Tú las contestas todas. Estás llena de voces ...
> Por eso eres la sed y lo que ha de saciarla.
>
> (Poema 11)

pero también como promesa insuficiente:

---

de Sabat Ercasty" ("Proyección de *Crepusculario*" en *Aproximaciones a Pablo Neruda*, ed. cit., 37). En el mismo artículo Jaime Concha remite a otros textos nerudianos de la época sobre el tema del infinito: "El infinito" de *La vida lejana* (*Claridad*, 16 junio 1923). "Piedras en retorno" de *Momentos* (*Claridad*, 22 setiembre 1923) y "Balada polvorienta" de *Los viajes imaginarios* (*Claridad*, 1 diciembre 1923).

> Yo me sentí crecer. Nunca supe hacia dónde.
> Es más allá de ti. Lo comprendes hermana?
> Es que se aleja el fruto cuanto llegan mis manos
> y ruedan las estrellas antes de mi mirada.
>
> (Poema 4)

- ***Veinte poemas de amor y una canción desesperada***

Con la intención de seguir el proceso de Neruda hacia el tema y el lenguaje poético de *Tentativa del hombre infinito*, nos detendremos brevemente en *Veinte poemas de amor y una canción desesperada*, libro que, según Neruda ya implica "algo de trabajo triunfante" en el proceso de expresión propia[31] y que nos proporciona algunas claves para la interpretación y comprensión del significado estético de *Tentativa* ...

Alain Sicard ha considerado con acierto a *Veinte poemas* ... como un libro de transición, pues si bien el libro más leído de Neruda es "un éxito innegable en el plano artístico" no lo es "en el sentido del resultado de un proceso" ya que, según confesión del propio Neruda:

> Este libro no alcanzó, para mí, aún en esos años de tan poco conocimiento, el secreto y ambicioso deseo de llegar a una poesía aglomerativa en que todas las fuerzas del mundo se juntaran y se derribaran. Era éste el conflicto que me reservaba.[32]

El libro es en muchos aspectos un puente entre *El hondero entusiasta* y *Tentativa* ... y —a través de éste— hay en él gérmenes de *Residencia en la tierra*. Se observa en *Veinte poemas* ... una asimilación de los "ismos" que "aleteaban sobre Santiago", particularmente en el uso de imágenes creacionistas que confieren a la mujer dimensión cósmica:

> Inclinado en las tardes tiro mis tristes redes
> a tus ojos oceánicos.
> Allí se estira y arde en la más alta hoguera
> mi soledad que da vuelta los brazos como un náufrago.
>
> Hago rojas señales sobre tus ojos ausentes
> que olean como el mar a la orilla de un faro.
>
> Sólo guardas tinieblas, hembra distante y mía,
> de tu mirada emerge a veces la costa del espanto.
>
> Inclinado en las tardes echo mis tristes redes
> a ese mar que sacude tus ojos oceánicos.
>
> Los pájaros nocturnos picotean las primeras estrellas
> que centellean como mi alma cuanto te amo.

---

[31] Pablo Neruda, "Prólogo del autor a la primera edición de *El habitante y su esperanza* (1926)" en *Obras Completas* I, 121.

[32] "Algunas reflexiones improvisadas sobre mis trabajos" en *Obras Completas* II, 1118.

> Galopa la noche en su yegua sombría
> desparramando espigas azules sobre el campo.
> ("Poema 7: Inclinado en las tardes ...")

Algunos motivos de *El hondero* ... perduran y se desarrollan, por ejemplo el de la noche y el de la mujer material o terrestre que con frecuencia se desmaterializa y de todas formas juega su papel en la búsqueda del poeta:

> ... y en mí la noche entraba su invasión poderosa.
> Para sobrevivirme te forjé como un arma,
> como una flecha en mi arco, como una piedra en mi honda.
> ... Cuerpo de mujer mía, persistiré en tu gracia.
> Mi sed, mi ansia sin límite, mi camino indeciso!
> Oscuros cauces donde la sed eterna sigue,
> y la fatiga sigue, y el dolor infinito.
> (Poema I)

Algunas imágenes-símbolos se van cargando de nuevas significaciones, como las del viento y el crepúsculo. El viento se convierte en amenaza incierta que "se cierne sobre cada objeto, cada ser, cada sentimiento, entregándolo a una muerte inevitable";[33] los crepúsculos, aún más frecuentes y ricos en significación que los de *Crepusculario*, se asocian cada vez más con la idea de límite temporal, de anuncio de la precariedad humana:

> La última luz te envuelve
> en su llama mortal.
>
> Doliente. Seria. Absorta...
>
> ... Detrás de ti se aleja
> la hélice infinita del crepúsculo.
> ("Poema 2")[34]

El libro es mucho más que una lograda colección de poemas de amor. Es otra manifestación del poeta-hondero que busca trascenderse, trascender el mundo, trascender el tiempo, por medio del amor, pero también de la poesía.

Aquel "secreto y ambicioso deseo de llegar a una poesía aglomerativa en que todas las fuerzas del mundo se juntaran y derribaran",[35] no alcanzado —según confesión de Neruda— en *Veinte poemas* ..., sigue siendo acicate creador en *Tentativa del hombre infinito*.

---

[33] Alain Sicard, *Op. cit.*, 53.
[34] Cito la versión de la 1ª edición (1924) reproducida en la edición crítica de Hugo Montes (Madrid: Castalia, 1979): 52. Las *Obras completas* reproducen la 2ª edición de *Veinte poemas* ..., con algunas variantes.
[35] Pablo Neruda, "Algunas reflexiones ...", *OC* II, 1118.

El tránsito estilístico, la búsqueda vanguardista, se había hecho en *Veinte poemas* ... absorbiendo, consciente o inconscientemente, algunos procedimientos "creacionistas" que —asimilados desde su cosmovisión poética— sirvieron a Neruda para sus propios fines expresivos: como hemos visto, desrealizó a la mujer terrena dándole en las imágenes dimensión cósmica, de modo tal que pudiera simbolizar su sed de infinito. Otras veces las imágenes creacionistas fueron, al mismo tiempo, expresionistas: desrealizaron paisajes objetivos, proyectaron paisajes interiores hechos de sentimientos, de valoraciones personales, de ansias o temores más que de seres objetivamente reales. Pero, si bien rasgos del creacionismo o del cubismo literarios[36] son perceptibles en Neruda, él mismo se encarga de marcar sus diferencias:

> Basta leer mi poema *Tentativa del hombre infinito*, o los anteriores, para establecer que, a pesar de la infinita destreza, del divino arte de juglar de la inteligencia y de la luz y del juego intelectual que yo admiraba en Vicente Huidobro, me era totalmente imposible seguirlo en ese terreno, debido a que toda mi condición, todo mi ser más profundo, mi tendencia a mi propia expresión, eran las antípodas de la destreza intelectual de Vicente Huidobro. Este libro, *Tentativa del hombre infinito*, esta experiencia frustrada de un poema cíclico, muestra precisamente un desarrollo en la oscuridad, un aproximarse a las cosas con enorme dificultad para definirlas: todo lo contrario de la técnica y de la poesía de Vicente Huidobro, que juega iluminando los más pequeños espacios. Y ese libro mío procede, como casi toda mi poesía, de la oscuridad del ser que va paso a paso encontrando obstáculos para elaborar con ellos su camino.[37]

- *Claves semánticas de* **Tentativa** *... en* **Estravagario**

Hasta aquí, un análisis selectivo de los libros que preparan *Tentativa* ..., en función de captar el proceso poético hacia el lenguaje surrealista y en orden a una posible interpretación de los contenidos semánticos del libro. No intentaremos, sin embargo, una "traducción" lógica coherente de sus temas,[38] sólo la captación de sus motivos, símbolos y tonos fundamentales: el poeta que navega durante la noche austral sugeridora de infinito, a través del amor y de la poesía, en búsqueda de totalidad, pero sintiéndose amenazado por los avisos de caducidad y de límites; el aflorar de las experiencias de Temuco, que se superponen al presente santiaguino, las invocaciones a la noche, a la soledad, a la amada y el tono patético sostenido, son algunos de los rasgos fundamentales que articulan un todo, en apariencia caótico y errático.

---

[36] Neruda conocía y admiraba la obra de Huidobro: "Yo conocía, sí, los poemas de Huidobro, los primeros excelentes poemas de *Horizón carré*, de *Tour Eiffel*, de los *Poemas árticos*. Admiraba profundamente a Vicente Huidobro, y decir profundamente es decir poco", en *Algunas reflexiones* ..., *OC* II, 1119.
[37] *Algunas reflexiones* ..., *OC* II, 1119.
[38] Recordemos al ya citado Dámaso Alonso: "no busquemos en esta poesía lo que no da, no pidamos el desarrollo lineal de una historia, sino sólo "revueltos motivos primariamente humanos ..." (Véase *Supra*, nota 17).

Creo que una de las claves para leer el libro es la presencia del motivo de la vida y de la creación poética como viaje, símbolo de larga tradición, ya admirablemente desarrollado en *La Odisea* y tantas veces reiterado en la literatura universal. Es el propio autor quien nos da esta pista para la interpretación; en el poema "Cantasantiago" de *Estravagario* (1958) dice:

> No puedo negar tu regazo,
> ciudad nutricia, no puedo
> negar ni renegar las calles
> que alimentaron mis dolores,
> y el crepúsculo que caía
> sobre los techos de Mapocho
> con un color de café triste
> y luego la ciudad ardía,
> crepitaba como una estrella,
> y que se sepa que sus rayos
> prepararon mi entendimiento:
> la ciudad era un barco verde
> y partí a mis navegaciones.

En la "ciudad-barco", con algo del "barco ebrio" de Rimbaud, el poeta emprende el viaje incierto de la creación poética experimental, hacia una "poesía aglomerativa en que todas las fuerzas del mundo se junten y se derriben" e inicia a la vez una doble navegación hacia su interior y hacia lo cósmico.

Ese viaje se motiva en la sed no saciada de infinitud, ansia que tropieza con múltiples límites, los de la palabra, los del espacio, los del tiempo, los del dolor ... Varios elementos permiten interpretar el fragmento citado como una evocación del momento y del modo como se gestó *Tentativa*... La lectura del primer núcleo de este libro nos presenta —es cierto que de modo confuso y onírico— al poeta en circunstancias en todo semejantes a las descriptas en "Cantasantiago". En este poema, el poeta evoca un momento en el que contempla la ciudad desde los cerros ("sobre los techos de Mapocho"), en un crepúsculo cuyos colores avanzan desde un color mortecino ("color de café triste") hasta un rojo intenso, que la asemeja a una ciudad en llamas ("y luego la ciudad ardía, / crepitaba como una estrella"). A partir de esta contemplación, la ciudad es transformada por la imaginación poética en un barco que zarpara hacia la búsqueda ("la ciudad era un barco verde / y partí a mis navegaciones"). El sentimiento que impulsa al poeta es doloroso ("no puedo ... renegar las calles que alimentaron mis dolores").

También la tristeza informa el primer núcleo de *Tentativa*...: "la tristeza del hombre tirada entre los brazos del sueño". La ciudad es vista asimismo, desde lo alto, en un llameante atardecer:

> ciudad desde los cerros en la noche de los segadores duermen
> debatida a las últimas hogueras
> ....
> árbol de estertor candelabro de llamas viejas
> distante incendio mi corazón está triste

En ambos poemas aparece la imagen de la estrella, en "Cantasantiago" como término de comparación de la ciudad incendiada por la luz ("y que se sepa que sus rayos/prepararon mi entendimiento"). En el primer canto de *Tentativa...*, de modo más ambiguo, la estrella podría asociarse con la ciudad (metafóricamente en llamas) o con el cuerpo celeste que atrae desde el cielo ("solo una estrella inmóvil su fósforo azul/los movimientos de la noche aturden hacia el cielo"). Neruda buscó conscientemente la ambigüedad en esta imagen por considerar "no poéticas" las precisiones objetivas:

> Mi intención es despojar a la poesía de todo lo objetivo y decir lo que tengo que decir en la forma más seria posible. Hasta el nombre propio me parece postizo, elemento extraño a la poesía. En el primer fragmento de la *Tentativa* hay un verso que dice: "Sólo una estrella inmóvil su fósforo azul". Al principio había puesto: "Sólo una estrella Sirio su fósforo azul", pero tuve que sacar de allí el nombre, Sirio, que era muy preciso, que era lo objetivo, lo no poético del poema.[39]

Estructura del poema y constitución progresiva del símbolo del viaje y sus caminos

Neruda esfuma los elementos que puedan otorgar precisiones al texto, tanto en el nivel semántico como en el estructural. La edición de 1926 carece de paginación y los subpoemas, que constituyen el poema total, no están numerados. La diagramación permite, sin embargo, distinguir quince partes (o fragmentos, o núcleos o cantos), división no bien respetada en la edición de las *Obras completas* de Losada, circunstancia que ha confundido a veces a los críticos.[40]

El hecho de que el poema recree, con sensibilidad y lenguaje poético de su propio momento cultural, un viaje mítico y epopéyico en búsqueda de lo absoluto, ha permitido a René de Costa postular la existencia de momentos estructurales relacionados con el ciclo mítico del héroe. A partir de esta hipótesis, señala la presencia de algunos módulos estructurales: el llamado para la aventura cósmica (canto 1), la partida del héroe (cantos 1, 2 y 3), la iniciación (cantos 4 a 6), el climático encuentro con lo perseguido (cantos 7 a 9), la búsqueda del si mismo (cantos 10-12), el retorno del héroe (cantos 12 a 14) y un epílogo. Es ésta una inteligente posible guía de lectura, que podría ahondarse, matizarse o discutirse.[41]

---

[39] "Una hora de charla con Pablo Neruda" (entrevista con R. Silva Castro), *El Mercurio*, 10 de octubre 1926, citado por René de Costa, *Op. cit.* (véase nota 22), 138.

[40] La 1ª edición (Santiago, Nascimento, enero 1926, 44) es descrita por Hernán Loyola en *La obra de Pablo Neruda*, OC II, 1339-1340: "Texto dividido en 15 partes o subpoemas ... Versos iniciales: 1 hogueras pálidas ... / 2 ciudad desde los cerros ... / 3 oh matorrales crespos ... / 4 estrella retardada ... / 5 tuerzo esta hostil maleza ... / 6 no sé hacer el canto ... / 7 torciendo hacia ese lado ... / 8 cuando aproximo el cielo ... / 9 al lado de mi mismo ... / 10 esta es mi casa ... / 11 admitiendo cielo ... / 12 a quien compré en esta noche ... / 13 veo una abeja rondando ... / 14 el mes de junio se extendió de repente ... / 15 devuelveme la grande rosa ...". Lamentablemente la edición de *Tentativa* ... inserta en las mismas *OC* donde figura esta descripción, es defectuosa. En cambio, sí respeta estas divisiones otra edición de Losada: Pablo Neruda, *El habitante y su esperanza, El hondero entusiasta, Tentativa del hombre infinito, Anillos* (Buenos Aires: Losada, 1957): 94.

[41] Véase Joseph Campbell, *El héroe de las mil caras. Psicoanálisis del mito* (México-Buenos Aires: Fondo de Cultura Económica, 1949).

Hay, pues, una posibilidad de ordenación progresiva, sintagmática: el protagonista, en un atardecer, siente el llamado estelar. La atracción hacia el infinito ("los movimientos de la noche aturden hacia el cielo") hará que la imaginación poética transforme a la inmóvil ciudad en barco:

> pero estás allí pegada a tu horizonte
> como una lancha al muelle lista para zarpar lo creo
> antes del alba

Los elementos presentes en el núcleo inicial se irán desenvolviendo, reiterando, intensificando, matizando, en los poemas siguientes.

En el segundo núcleo se reitera la contemplación de la ciudad, ya inmersa en una atmósfera nocturna, en medio de la cual el poeta "deletrea", trata torpemente de comprender:

> ciudad desde los cerros entre la noche de hojas
> mancha amarilla su rostro abre la sombra
> mientras tendido sobre el pasto deletreo

El significado de la noche sigue asociado con la tentativa de lo infinito: "anúdame tu cinturón de estrellas esforzadas" (este cinturón, que volverá a aparecer en el libro, podría ser el objeto mágico que ayuda al héroe en su aventura). En el poema 3 progresa la constitución del símbolo del viaje, viaje en la noche de lo irracional: "oh matorrales crespos adonde el sueño avanza trenes", *viaje-vuelo* hacia la *noche-infinito* (sin límites, "sin llaves"): "alza su empuje un ala pasa un vuelo oh noche sin llaves".

Como en *El hondero entusiasta*, el sentimiento fundamental tiene componentes de dolor y de ira: "oh noche más en mi hora en mi hora furiosa y doliente". Por momentos el poeta ordena casi con claridad su expresión, con voluntad de comunicarnos lo esencial:

> embarcado en ese viaje nocturno
> un hombre de veinte años sujeta una rienda frenética
> es que él quería ir a la siga de la noche
> entre sus manos ávidas el viento sobresalta

Reaparece aquí el símbolo temporal del viento, que ya en *Veinte poemas...* se cernía con avisos de muerte, y que aquí amenaza a la búsqueda, a la avidez misma, antes del logro.

El núcleo cuarto impresiona como un momento de distensión y de vacilación. Ya no la voluntad rebelde de *El hondero...*, ya no la "hora furiosa y doliente" del fragmento anterior. Ahora hay dudas, vacilaciones, que se expresan por medio de oraciones interrogativas disimuladas por la falta de signos: "quién recoge el cordel", "qué deseas ahora", o por imágenes visionarias:

> como entre tu y tu sombra se acuestan las vacilaciones
> embarcadero de las dudas bailarín en el hilo sujetabas crepúsculos

El poeta siente su precariedad ("bailarín en el hilo") y evoca su titánico empeño por detener el tiempo: "sujetabas crepúsculos".[42] Aparece una extraña mezcla de sueño y vigilancia, expresiva del surrealismo vigilado que caracteriza al libro: "estás solo centinela". En el quinto núcleo se reactivan los símbolos del viaje: caminos, proa, mástil. Acicateado por el mensaje de caducidad que trae el viento ("salvaje viento socavador del cielo ululemos"), el poeta invoca a la noche y orienta hacia ella su viaje:

> frente a lo inaccesible por ti pasa una presencia sin límites
> señalarás los caminos como las cruces de los muertos
> proa mástil hoja en el temporal te empuja al abando no sin regreso

En este subpoema se anuncia la intención del canto: "oh soledad quiero cantar" y se acentúa la comunión con la noche "y la noche como un vino invade el túnel" (hay cierto paralelismo entre este verso y el del poema I de *Veinte poemas...*: "y en mí la noche entraba su invasión poderosa").

El núcleo sexto desarrolla el motivo del canto, anunciado en el anterior. La navegación mítica se realiza fundamentalmente por dos caminos que, con frecuencia, se identifican: el del amor y el de la creación poética: el canto (canto con connotaciones rituales, proféticas, entrañables, indagatorias, reveladoras). Por ello es medular este núcleo en el que define la naturaleza de su canto como nocturna e irracional:

> no sé hacer el canto de los días
> sin querer suelto el canto la alabanza de las noches[43]

Nos encontramos así desentrañando en la confusión de la expresión surrealista un intento de metapoesía, de introspección en un ambiguo plano subconsciente-consciente que trata de captar el acto mismo del poetizar y de definir el resultado de ese acto: el poema. A través de *Tentativa...*, se elabora un poema sobre el poema, particularmente en este fragmento, en donde se evoca el impulso motivador de la creación poética que —como en *El hondero...*— surge de la contemplación de la noche estrellada.[44]

---

[42] El crepúsculo se reitera como agente desvitalizador: "emisario ibas alegre en la tarde que caía / el crepúsculo rodaba apagando flores" (poema 2).
[43] Saúl Yurkievich analiza este fragmento en "*Tentativa del hombre infinito*, un esbozo de *Residencia en la tierra*", op. cit., 50-63.
[44] Por medio del recurso de la superposición temporal o del montaje, el poeta presenta "noches" que corresponden a momentos cronológicamente diferentes. Creo que pueden distinguirse en el libro por lo menos dos: la evocada en los poemas 1 y 2, la misma a la que se refiere el poema "Cantasantiago", noche santiaguina, más próxima en la experiencia del poeta, que marca el inicio del "viaje" presentado desde el primer poema de *Tentativa...*, y una noche anterior en el tiempo, austral, estrellada: tal vez la que motivó la inspiración del primer poema de *El hondero...*, evocada en el núcleo 6 de *Tentativa ...* Ambas noches se asocian y fusionan en el subconsciente —hasta lograr valor simbólico y mítico— y en el poema, que carece de relieve narrativo.

> oh los silencios campesinos claveteados de estrellas
> recuerdo los ojos caían en ese pozo
> hacia donde ascendía la soledad de todos los ruidos espantados

La inspiración creadora, que produce la noche austral en el poeta, conduce a una fusión cósmica, a una mutua fecundación. El poeta, en respuesta, preña la noche con su poesía, cuya índole es oscuramente definida:

> preñé entonces la altura de mariposas negras mariposa medusa
> aparecían estrépitos humedad niebla
> y vuelto a la pared escribí

El motivo de la gestación del poema asociado al de la navegación, reaparecerá en el núcleo 11:

> comencé a hablarme en voz baja decidido a no salir
> arrastrado por la respiración de mis raíces
> inmóvil navío ávido de esas leguas azules
> temblabas y los peces comenzaron a seguirte
> tirabas a cantar con grandeza, ese instante de sed querías cantar
> querías cantar sentado en tu habitación ese día

Sin embargo, la poesía resulta insuficiente para llenar el ansia de totalidad y eternidad. La amenaza de la caducidad del tiempo reaparece con insistencia en el mismo núcleo 11, ya explícitamente:

> pongo el oído y el tiempo como un eucaliptus
> frenéticamente canta de lado a lado

ya simbolizado en un *ladrón*, o en el *límite* que detiene a ese visionario caballo que intenta el vuelo totalizador,[45] o en el *atardecer*, pescador del tiempo vivido:

> en el que estuviera silbando un ladrón
> ay y en el límite paré caballo de las barrancas
> sobresaltado ansioso inmóvil sin orinar
> en ese instante lo juro oh atardecer que llegas pescador satisfecho
> tu canasto vivo en la debilidad del cielo

El amor, como respuesta a la tentativa del infinito, no es menos insuficiente y precario que la poesía. El motivo del amor, en relación con el *viaje-búsqueda*, está presente en los

---

[45] Alain Sicard, *Op. cit.*, 139-140. Allí dice: "Como un equivalente de la nave que ha de alejar al poeta de las orillas temporales para hacerle vislumbrar la eternidad del instante, cruza el poema dos veces un caballo. Con su frenética carrera o con su temblorosa inmovilidad, traduce una búsqueda del infinito que ... es búsqueda de la totalidad".

poemas o núcleos 7, 8, 9 y 12. No es difícil reconocer en ellos reminiscencias de *Veinte poemas* ...

> torciendo hacia ese lado o más allá continúas siendo mía (C. 7)

En el canto 9, el cuerpo de mujer, metaforizado en un "navío blanco", es el vehículo hacia el éxtasis, en el viaje imaginario que tiene ya un previsto destino de naufragio:

> entre sombra y sombra destino de naufragio
> nada tengo oh soledad
> sin embargo eres la luz distante que ilumina las frutas
> y moriremos juntos
> pensar que estás ahí navío blanco listo para partir
> y que tenemos juntas las manos en la proa navío siempre en viaje

En el canto 10, el protagonista realiza el camino hacia sí mismo, por el recuerdo y la introspección ("andar a través de mí mismo"), actitud ya anticipada en los dos núcleos anteriores. El pasado —que fundamenta la personalidad del yo lírico—, aflora también, relacionado con el sur natal, con sus bosques y lluvias:

> ahora el sur mojado encrucijada triste (C. 8)

El viaje es una navegación interior, en donde el pasado se funde con el presente, en donde las distancias entre Temuco y Santiago desaparecen. Las superposiciones espaciales y temporales son frecuentes:

> esta es mi casa
> aún la perfuman los bosques
> desde donde la acarreaban
> allí tricé mi corazón como el espejo para andar a través de mí mismo

El presente se superpone no con uno sino con varios pasados que se suceden velozmente:

> amaneció sin embargo en los relojes de la tierra
> de pronto los días trepan a los años

Por ello, ambiguamente, se superponen hechos sucedidos en un devenir cuyo relieve o perspectiva temporal se anula, como el pintor cubista anula la perspectiva espacial.

La realización del viaje nocturno va llegando a su fin, con ciertos paralelismos estructurales. Si en el tercer poema el protagonista va "a la siga de la noche", en el décimo tercero, va a la siga del día:

> soy la yegua que sola galopa perdidamente a la siga del alba muy triste

El poeta, que había evitado las precisiones de tiempo, espacio y nombres propios, las introduce bruscamente en el poema 14, que corresponde al regreso:

> el mes de junio se extendió de repente en el tiempo con seriedad y exactitud

Llega el día y con él los elementos del mundo moderno (cinematógrafos, victrolas, rieles ...); la noche mitificada es sometida a un proceso de demitificación ya iniciado en el canto anterior donde se la compara a un "tejido de culebra con luces". Aquí se la presente aún más disminuida:

> encima de los follajes
> encima de las astas de las vacas la noche tirante su trapo bailando

El protagonista cambia también su actitud heroica y doliente por otra despreocupada, sencilla y cotidiana:

> yo tengo la alegría de los panaderos contentos ...

El último núcleo clausura el poema y abre ambiguamente otro ciclo mítico. Habíamos asistido en el canto 14 a la reinserción del héroe en lo diurno, actual, temporalizado, intrascendente, inmanente. En el canto 15 se retoma el tono lírico:

> devuélveme la grande rosa la sed traída al mundo ...
> la noche importante y triste ...

El viaje estelar tiene una duración cronológica (desde un atardecer hasta el alba siguiente) pero en su dimensión simbólica es la aventura de una vida humana y —más aún— la de la humanidad. El epílogo, al sugerir que todo vuelve a empezar, amplía infinitamente la dimensión personal, espacial y temporal. Hay en el símbolo del viaje connotaciones contradictorias de movimiento y quietud con respecto al espacio y al tiempo, contraste o ambigüedad que afecta tanto al hombre como al cielo nocturno. Enunciaré, a título de ejemplos y siguiendo el orden de los núcleos, algunos verbos, sustantivos y adjetivos que expresan movimiento espacial:

Verbos: pasan, tambalea, avanza, alza, levantaba, quería ir, trepas, corrías, tropieza, te empuja, pasó, dan vueltas, giran, danza (en los vientos), cimbra, moviéndose, aproximo (el cielo con las manos), seguirla, partía, apresuré (la marcha), partía, galopa, etcétera.

Sustantivos: movimientos, emisario, trenes, viento, vuelo, partida, hélices, proa, viaje, camino, tren, ruedas, navío (blanco), proa, mástil, aguas (azules), marcha, regreso, riel, velas, itinerarios, buque, yegua (que galopa), etcétera.

Adjetivos, preposiciones, participios, adverbios, locuciones: hasta, esforzadas, buscando, allá, en lo alto, moviéndose, de pronto, en busca, etcétera.

Menos numerosas, pero con peso significativo, son las expresiones que contrarrestan el movimiento y configuran el oxímoron del "navío inmóvil" (núcleo 11). El contraste movimiento-quietud se da no sólo en el viajero protagonista sino también en la noche. Hay signos de quietud por parte del hombre: "tristeza del hombre tirada entre los brazos del sueño" (C. 1) y en el cielo: "estrella inmóvil" (C. 1); el hombre está "tendido sobre el pasto" (C. 2), las estrellas están "crucificadas" (C. 3), el hombre y sus vacilaciones "se acuestan" (C. 4), la noche "se para" (C. 5), el hombre se decide "a no salir" (C. 11), busca "el ancla perdida" (C. 12), está "solo en una pieza sin ventanas" (C. 13), etcétera.

El movimiento es predominantemente del hombre hacia la noche y su misterio, pero la noche hace también su descenso que propicia el encuentro producido en el núcleo sexto: ("preñé entonces la altura" ... "mi alegre canto de hombre chupa tus duras mamas" ...). En efecto: "el viento sale de su huevo", "descienden las estrellas a beber al océano". El cielo es un "pozo inverso" en el que se cae y al que paradójicamente se asciende.

La duplicidad señalada para el espacio se da también en el viaje temporal. El tiempo permanece y transcurre: "en su reloj profundo la noche aísla horas" (C. 7), "radiantes ruedas de piedra sostienen el día" (C. 7), "amaneció sin embargo en los relojes de la tierra" (C. 10), "el mes de junio se extendió de repente" (C. 14). El pasado es presente en la memoria y en el ser del hombre (C. 7, C. 10, etc.), hay una atemporalidad mítica pero también un transcurrir.

Una ambivalencia semejante se produce entre la actitud de vigilia y de sueño del protagonista. La atmósfera onírica se señala varias veces: "brazos del sueño" (C. 1), "el sueño avanza trenes" (C. 2), "cuando rodeas los animales del sueño" (C. 3), etc. Pero el sueño no desplaza totalmente la actitud vigilante: "centinela / corrías ... / como sonámbulo al borde de su sueño" (C. 4), "estás solo centinela" (C. 4), "estoy de pie en la luz como el mediodía en la tierra" (C. 15), "centinela en las malas estaciones ahí estás tú" (C. 15).

La ambigüedad que confieren al poema estos contrastes se refuerza por la alternancia de puntos de vista del narrador del viaje, que se correlaciona con la alternancia en el uso de personas gramaticales: el protagonista es visto a veces desde fuera por un narrador en tercera persona: "la tristeza del hombre tirada entre los brazos del sueño" (C. 1) o desde la primera persona subjetiva: "tendido sobre el pasto mi corazón está triste" (C. 2). El uso de la segunda persona gramatical también contribuye al multiperspectivismo del poema, ya que si bien se utiliza para dialogar con el otro (la noche, la amada o la soledad) en varias ocasiones ese "tú" es el *alter ego* del poeta, su yo desdoblado:

> corrías a la orilla del país buscándolo ...
> aproxímate cuando las campanas te despierten
> ataja las temperaturas con esperanzas y dolores (C. 4)

Este recurso simultaneísta y perspectivista, ya utilizado en el cubismo literario, sirve para configurar la alternancia o la ambigüedad entre el espacio interior y exterior del sujeto y también para marcar el ambiguo transcurso del tiempo, que pasa y queda, en sujetos que son y ya no son los mismos (con reminiscencias del poema 20 de *Veinte poemas...*):

> En otra parte lejos lejos existen tú y yo parecidos a nosotros (C. 7)

- *El viaje totalizador y el surrealismo*

Neruda ha *intentado*, según propia definición del libro que estudiamos, hacer un *poema cíclico*. Esta afirmación nos señala un modo de lectura que intente captar el libro como un poema único, como un todo cuyas partes son de algún modo interdependientes. Es muy grande la dificultad —coincido con Alain Sicard— para "deducir lo que podría ser un plan o una estructura de conjunto" o para encontrar entre sus partes una relación lógica o cronológica.[46] No es un claro esquema intelectual el que da coherencia a las partes, sino un "desarrollo en la oscuridad" y en la ambigüedad.

La cohesión del libro está dada por la unidad temática, que hemos tratado de interpretar, por imágenes y símbolos que se reiteran y actúan como puentes o vasos comunicantes, por la existencia de un proceso en donde lo psicológico, lo poético, lo cósmico y lo espiritual se interactúan. El yo lírico realiza un viaje (el *viaje-vida* presente en los antiguos mitos y en el inconsciente colectivo y el *viaje-poema*), que no es totalmente lineal —de allí la dificultad para deducir una "crónica"— porque es un viaje desde las honduras del subconsciente, en donde las experiencias se superponen y coexisten, en donde no rigen los principios lógicos de la progresión temporal, de la delimitación espacial, de la contradicción excluyente.

En *Tentativa del hombre infinito* se traza una parábola semejante a la de *El hondero entusiasta* pero, en este caso, la indagación, la búsqueda, la ruptura, afecta lo arquitectural del poema, sacude equilibrios formales previsibles, acentúa la función de sonda de la palabra poética. En *El hondero entusiasta* Neruda se había propuesto escribir "una poesía epopéyica que se enfrentara con el gran misterio del universo y también con las posibilidades del hombre".[47] Esta intención subyace también en *Tentativa del hombre infinito* que es— al decir de Neruda— "uno de los verdaderos núcleos de su poesía"[48] y —como ya lo han demostrado otros críticos— "crisol donde se ha elaborado el lenguaje de *Residencia en la tierra*".[49]

Tentativa del hombre infinito es, en síntesis, una navegación en procura de la infinitud humana. Viaje de un "viajero inmóvil" que no se mueve de su ciudad-barco pero que explora su interioridad y el cosmos. Tentativa frustrada porque se parte de la dolorosa conciencia de finitud y se vuelve a ella. Tentativa que en su recorrido busca la plenitud principalmente por dos cauces: el del amor y el de la poesía, pero que constata que ambos son insuficientes.

El libro que estudiamos es, pues, una *tentativa* en un doble aspecto. Por una parte, como sintetiza Hugo Montes, está en él "la desmesura nerudiana que buscaba una integración total en el universo, una visión completa del acontecer propio y del mundo, una (...) tentativa infinita, en que el sustantivo subraya el aspecto de prueba, de ensayo, de experimento, y el adjetivo la grandiosidad y la fuerza del proyecto".[50] Por otra parte, Neruda

---

[46] Alain Sicard, *Op. cit.*, 64-65.
[47] *Algunas reflexiones ...*, *OC* II, 1116.
[48] *Ibid.*, 1118.
[49] Alain Sicard, *Op. cit.*, 63.
[50] Hugo Montes, *Para leer a Neruda* (Santiago de Chile: Francisco de Aguirre, 1974): 28.

adecua a la intención semántica la experimentación poética de índole surrealista, proscribiendo toda norma coercitiva.

Si bien el poeta chileno, como auténtico creador, rechazó el dogma del "automatismo psíquico puro" del primer surrealismo, es innegable que en él y en otros poetas chilenos de su generación podemos reconocer rasgos o características principales de esa corriente: "la perspectiva visionaria, el derrame sin freno de la imaginación, el ascenso a lo maravilloso y el descenso a lo aparentemente insondable, la objetivación verbal de representaciones mentales no concertables por la lógica, la omnipresencia del amor, el asombro telúrico, muchas asociaciones extrañantes, el versículo, las disyuntivas de indiferencia; la hipérbole, el significado mítico de metáforas y símbolos".[51] Agreguemos: el balbuceo, la supresión de transiciones, la alternancia brusca de personas gramaticales, la enumeración caótica, la yuxtaposición de espacios, de tiempos, de figuras, la inclusión de lo fantástico, de lo onírico, son algunos de los rasgos que vinculan a esta obra con el surrealismo.

El poeta intenta seriamente hacer lo que se hacía en Francia, pero sin renunciar a su propio estilo, a su propio genio. Las imágenes no son totalmente ilógicas, las contradicciones no desplazan totalmente la coherencia. La supresión de las mayúsculas y de la puntuación (elementos organizadores y jerarquizadores de las partes del discurso) constituyen uno de los recursos estilísticos más notables para este "surrealismo", que se expresa también por la falta de rima, por el "versículo" de medida variable, generalmente largo, por las irregularidades sintácticas, por cierta fluidez en las asociaciones de imágenes, por la presencia de imágenes visionarias, por alguna ocasional ruptura de las convenciones del "buen tono" ("ansioso, inmóvil, sin orinar ...", núcleo 11) ...

- *Otros intertextos*

En varios textos posteriores, Neruda se ha empeñado en darnos claves para la interpretación de *Tentativa...* Suele evocar la época en que era "un joven poeta tenebroso"[52] y burlarse de aquella búsqueda estelar:

> La noche
> me golpeó la nariz
> con esa rama
> que yo tomé por una
> criatura excelente.
> la oscuridad es madre
> de la muerte
> y en ella
> el poeta perdido
> navegaba
> hasta
> que una estrella de fósforo

---

[51] Gonzalo Sobejano, "El surrealismo en la España de postguerra: Camilo José Cela" en *Surrealismo/Surrealismos; Latinoamérica y España* (Philadelphia: University of Pennsylvania, s.f.): 132.
[52] "Oda a la soledad" en *Odas elementales*, *OC* I, 1167.

subió o bajó —no supe—
en las tinieblas.⁵³

Confiesa que a veces se reitera, simbólicamente, la escena que constituye el núcleo temático de *Tentativa* ..., pero ya sin sustraerlo de la vital realidad que lo rodea:

Es verdad que de pronto
me fatigo
y miro las estrellas,
me tiendo en el pasto, pasa
un insecto color de violín,
pongo el brazo
sobre un pequeño seno
o bajo la cintura
de la dulce que amo,
y miro el terciopelo
duro
de la noche que tiembla
con sus constelaciones congeladas,
entonces
siento subir a mi alma
la ola de los misterios,
la infancia,
el llanto en los rincones,
la adolescencia triste,
y me da sueño,
y duermo
como un manzano,
me quedo dormido
de inmediato
con las estrellas o sin las estrellas,
con mi amor o sin ella,
y cuando me levanto
se fue la noche,
la calle ha despertado antes que yo ...⁵⁴

Estas reelaboraciones posteriores del tema en el libro *Odas elementales* (1954) iluminan la lectura de *Tentativa* ..., no sólo por la explicitación temática sino también por el contraste anímico y poético. Lo nocturno se hace diurno; la soledad —tantas veces invocada en *Tentativa* ...—, se hace convivencia con todos los seres; el patetismo deviene espíritu burlón, afirmación vital. La expresión surrealista, ordenada por libres asociaciones irracionales, es reemplazada por una poética de la sencillez y de la claridad.

---

⁵³ "Oda a Don Diego de la noche" en *Odas elementales* (1954): *OC* I, 1246.
⁵⁴ "El hombre invisible" en *Odas elementales, OC* I, 1007. En el mismo libro se reitera el motivo de la noche estrellada: "... la oscuridad es nueva, / las estrellas, el cielo / es un campo de trébol / turgente, sacudido / por su sangre / sombría." ("Oda a la sencillez", *Ibid.*, 1165).

La confrontación del tema en los diversos momentos evolutivos de Neruda ayuda a captar lo específico en el modo surrealista adoptado por el autor en el libro que estudiamos. El vehículo lingüístico se empeña aquí en comunicar visiones oníricas, aunque sometidas a cierta vigilancia. La libertad de la fluencia de imágenes visionarias está en cierta medida controlada por una voluntad de comunicar, por cierta coherencia temática que estructura las diversas partes del libro. El poeta es un *medium* que desciende a su subconsciente y a través de él se comunica con el cosmos. Se convierte así en intermediario que trata de transmitirnos una secuencia mental no codificada, no acabada, oscura, pero ampliamente sugerente. El modo surrealista adoptado por el poeta, al conferir al discurso ambigüedad, vacilación de significados, movilidad, amplia así el valor sugeridor del poema. En él hay un serio intento de captar ese punto "suprarreal" del espíritu desde donde, al decir de Breton: "la vida y la muerte, lo real y lo imaginario, el pasado y el futuro, lo transmisible y lo intransmisible, lo alto y lo bajo dejan de percibirse contradictoriamente".[55]

---

[55] André Breton, "Segundo manifiesto del surrealismo", 1930.

IV

LAS SECRETAS AVENTURAS DEL ORDEN:
POESÍA PURA Y POESÍA DE VANGUARDIA

Los diversos "ismos" que se manifiestan en la literatura europea durante las tres primeras décadas del presente siglo pueden inscribirse en un proceso literario que —si bien reconoce antecedentes anteriores y no exclusivamente franceses—, tiene en el posromanticismo de Baudelaire un hito fundamental: "de Baudelaire partían unas corrientes de índole distinta de las derivadas de los románticos. Estas corrientes alcanzaron a Rimbaud, a Verlaine y a Mallarmé".[1]

De este proceso derivan los más diversos y hasta contradictorios rasgos de la lírica moderna: la estética de lo feo, "el aristocrático placer de desagradar", el hermetismo, la entrega a las fuerzas mágicas del lenguaje, el poema cerrado en sí mismo, el intento de desrealizar la realidad mediante procesos de fragmentación, de descomposición y deformación, de abstracción y de arabescos, el deseo de ruptura con la tradición, la temática moderna y ciudadana, el proceso de deshumanización, el impulso hacia lejanías imaginarias, hacia lo desconocido, los procesos creadores desencadenantes de fuerzas alógicas que guían las expresiones y que generan series sonoras insólitas, la sustitución de la inteligibilidad por la sugestión, entre otros caracteres que impregnan, en distintas combinaciones y proporciones, a los diversos "ismos" que surgen en Europa y en Estados Unidos y que influyen en Hispanoamérica.

También en este proceso se inscribe la "poesía pura" que estuvo representada en Francia por Paul Valéry, en España por Jorge Guillén, entre otros, y que tuvo repercusiones en la América de habla hispana durante la década que estudiamos y la siguiente. Aparentemente, nada más lejos del bullicio y revolucionario espíritu de los "ismos" que esta poesía serena, calma, casi marmórea. (Pienso, al adjetivar, en algunos de los *Poemas en menguante* de Mariano Brull). Sin embargo, hay parentesco. Son descendientes divergentes de antepasados comunes, con muchos rasgos de familia compartidos, como lo ha demostrado Hugo Friedrich.

El ultraísmo, particularmente en sus vertientes creacionistas y cubistas, preparó en España la búsqueda de la "poesía pura". Si bien ésta fue cultivada allí por representantes de la generación del 27, con posterioridad al espíritu de ruptura formal y de juego que canalizó el ultraísmo, en Hispanoamérica se dieron ambas manifestaciones, a veces en

---

[1] Hugo Friedrich, *Estructura de la lírica moderna* (Barcelona: Seix Barral, 1959): 47.

forma sucesiva pero también, con frecuencia, en forma simultánea. La contemporaneidad o yuxtaposición de estilos o de movimientos literarios que en Europa pertenecen a momentos evolutivos diferentes es un rasgo caracterizador de la literatura hispanoamericana. Si centramos nuestro foco de observación en Cuba, país en el que hubo excelentes manifestaciones de poesía pura, vemos que en la *revista de avance* (1927-1930) coexiste, ya durante su primer año de vida, la publicación de ensayos y de poemas de filiación ultraísta o, en general, vanguardista con la aparición de algunos textos que anticipaban *Poemas en menguante* (1928), de Mariano Brull, libro que es uno de los representantes de la poesía pura. Más aún, si bien *Poemas en menguante* en su conjunto puede adscribirse a esta tendencia, incluye además algunas expresiones ultraístas y cubistas.

Esta alianza en el libro de "la aventura y el orden" o la existencia de "las secretas aventuras del orden",[2] así como el común proceso lírico señalado por Friedrich, explican la inclusión de esta tendencia poética en un estudio de los vanguardismos literarios en la década del 20.

• *En torno al concepto de poesía pura*

Ha escrito Ángel del Río que la *poesía pura*, "más que un movimiento o tendencia literaria, como a veces se piensa, es una concepción de la poesía representada por Paul Valéry y que dio lugar entre 1925 y 1926 a una importante polémica literaria entre el jesuita Henri Bremond, autor de *De la poésie pure* (1926) y el crítico de *Le Temps*, Paul Souday".[3]

Pensamos, sin embargo, que este concepto, propuesto como ideal poético, orienta y configura una tendencia literaria influida sobre todo por Valery, discernible en varios países y autores, al menos en una etapa —generalmente breve—, de la evolución de los mismos.

Dámaso Alonso define cuál era el concepto que, en la década del veinte, se tenía en España de la poesía pura: "Es evidente que, en general, al hablar de poesía pura, se quería mentar un modo poético que estableciera un filtro donde quedara detenido lo fácil, lo vulgar, lo sentimental ... Se juntaban inspiraciones que venían de sitios distintos: de un lado el cubismo, con sus limpios estudios y análisis de la forma; de otro —cuán lejos—, la poesía de Paul Valéry, con su tersura y nitidez".[4]

---

[2] Jorge Luis Borges, "Valery como símbolo" en *Otras inquisiciones, Obras completas* (Buenos Aires: Emecé, 1974): 687.
[3] Citado por Eugenio Florit, "Mariano Brull y la poesía cubana de vanguardia" en *Movimientos literarios de vanguardia en Iberoamérica; Memoria del Undécimo Congreso* (México: Universidad de Texas, Instituto Internacional de Literatura Iberoamericana, 1965): 59. El eje de la mencionada polémica residió en la acusación de irracionalismo que hizo Souday a Bremond. Sumaron sus posturas a este enfrentamiento Robert de Souza y el mismo Paul Valéry. Véase Henry W. Decker, *Pure Poetry, 1925-1930; Theory and Debate in France* (Berkeley and Los Angeles: University of California Press, 1962): 128.
[4] Dámaso Alonso, "Los impulsos elementales en la poesía de Jorge Guillén" en *Poetas españoles contemporáneos* (Madrid: Gredos, 1958): 210-211.

Quienes cultivan este tipo de poesía son poetas reflexivos y lúcidos frente a su creación, que desean hacer una poesía esencial, autónoma y absoluta, por medio de formas artísticas purificadas de adherencias no poéticas.[5] En ellos la creación está orientada, pues, por un concepto de la poesía ampliamente discutido durante la década, que creemos conviene recordar brevemente.[6]

En nuestro siglo la reflexión sobre el concepto de poesía pura se centra en las figuras de Paul Valéry y del abate Henri Bremond. Este lee una conferencia sobre el tema en la Academia Francesa, el 25 de octubre de 1925. Bremond, tratando de historiar esta noción, cita al padre jesuita René Rapin, quien en su obra *Réflexions sur la "Poétique" d'Aristote et sur les ouvrages de poètes anciens et modernes*, al anotar los caracteres esenciales de la belleza poética había dicho: "Hay además en la poesía ciertas cosas inefables y que no pueden explicarse. Tales cosas son como los misterios. No existen preceptos para explicar esas gracias secretas, esos encantos imperceptibles, y todos los ocultos atractivos de la poesía que alcanzan al corazón".[7]

También el padre Feijóo (1676-1764) se había interesado por definir, en el siglo XVIII, ese "primor misterioso que cuando lisonjea el gusto atormenta el entendimiento, que place al sentido y que no puede descifrar la razón", que él denomina el "no sé qué".[8] Esta preocupación por descubrir y aislar la esencia de lo poético se acentúa con los posrománticos, entre ellos Poe, Baudelaire y Mallarmé.

De los nombres citados, en este proceso de búsqueda de la "poesía pura", es particularmente importante el de Mallarmé. Hugo Friedrich lo reconoce como fundador de esta teoría poética: "Cuando Mallarmé llama pura a una cosa, se refiere a su esencialidad, a su estar libre de enojosas promiscuidades".[9] Entre los elementos repudiables se engloban todas las materias de la experiencia cotidiana, todo contenido didascálico o de cualquier otra índole utilitaria, toda verdad práctica, todo sentimiento vulgar, la *embriaguez del corazón*. "Con la exclusión de todos estos elementos, la poesía adquiere la libertad de dejar imperar la magia del lenguaje".[10] Este juego de las fuerzas del lenguaje conduce a una musicalidad

---

[5] Antonio Blanch, *La poesía pura española; conexiones con la cultura francesa* (Madrid: Gredos, 1976): 12.
[6] Sobre este tema, véase Antonio Blanch, *Ibid*. (incluye abundante bibliografía); Raúl Castagnino, "En torno de la *Poesía Pura* sus señales y efectos" en *Fenomenología de lo poético* (Buenos Aires: Plus Ultra, 1980): 115-127; Marta Linares Pérez, "La poesía pura, síntesis histórica y su repercusión en Cuba" en *La poesía pura en Cuba y su evolución* (Madrid: Playor, 1975): 39-54; Julio Planchart, "Sobre poesía pura" en *Revista Nacional de Cultura* 8 (Caracas, junio, 1939): 9-15; Fernando Vela, "La poesía pura" en *Revista de Occidente* XLI (Madrid, noviembre 1926): 217-240. Henry W. Decker, *Op. cit.*; Julien Benda, *El triunfo de la literatura pura o la Francia bizantina* (Buenos Aires: Argos, 1948) 256, entre otros.
[7] Henri Bremond, *La poesía pura; con un debate sobre la poesía de Roberto de Souza* (Buenos Aires: Argos, 1947): 14.
[8] Padre Feijóo, *Teatro crítico* IV (Madrid: "La lectura", 1923-1925): 32.
[9] Hugo Friedrich, *Op. cit.*, 213.
[10] *Ibid.*, 214.

que prescinde del significado. Debemos entender por musicalidad no sólo la sonoridad sino más bien una vibración de sus contenidos intelectuales.[11]

Paul Valéry, discípulo de Mallarmé, se convierte a su vez en maestro a partir de la publicación de sus libros *La jeune Parque* (1917) y *Le cimetière marin* (1920). Influye, además, en poetas de diversos ámbitos y en el que nos interesa particularmente —el hispánico— a través de sus teorizaciones sobre la poesía.[12]

En este proceso se inscriben las reflexiones del abate Bremond cuyo discurso sobre la "poesía pura" puede sintetizarse en el enunciado de sus seis núcleos.[13]

I. En lo profundo de un poema logrado existe una realidad irradiante, misteriosa y unificante que llamamos "poesía pura".

II. De ella emana un encantamiento oscuro, independiente del sentido.

III. A diferencia de la prosa, su expresión excede los límites del discurso y es irreductible al conocimiento racional.

IV. La "poesía pura" es una música conductora de un fluido que compromete lo más íntimo de nuestra alma.

V. Las palabras son talismanes cuyo encantamiento traduce inconscientemente el estado del alma que afecta al poeta, antes que las ideas o los sentimientos que expresa.

VI. La poesía es un "calor santo", una magia mística, que aspira a reunirse a la plegaria.

Si para Bremond la poesía pura es una esencia que se encarna, que existe fuera del acto creativo y por medio de él se actualiza,[14] para Valéry poesía pura es una meta a la que se tiende mediante un proceso de eliminación de lo no poético y que se logra sólo en algunos versos de un poema:

---

[11] *Ibid.*, 214.

[12] *Poésie; essais sur la poétique et le poète* (1928) *Propos sur la poésie* (1930), entre otros.

[13] Baso la estructura de esta síntesis en el capítulo de Robert de Souza: "Un debate sobre la poesía", incluido en Henri Bremond, *La poesía pura, edición citada*, 168-176. Es medular en el discurso de Bremond la siguiente cita: "Hoy ya no decimos: en un poema hay vivas pinturas, pensamientos o sentimientos sublimes, hay esto y aquello, y además hay lo inefable. Decimos: ante todo y sobre todo hay lo inefable, estrechamente unido por lo demás a esto y aquello. Todo poema debe su carácter propiamente poético a la presencia, a la irradiación, a la acción transformante y unificante de una realidad misteriosa que denominamos poesía pura" (*Ibid.*, 14).

[14] Creo que este concepto de Bremond, sobre una poesía metafísica podría aclararse con la reflexión filosófica que años más tarde hace Jacques Maritain quien, desde su óptica neotomista, considera que la "idea" del artista es la matriz inmaterial según la cual se produce la obra: "esta idea es *formadora* de las cosas y no formada por ellas". Por medio de la creación, la idea pasa de la potencia al acto pero, en este proceso, el creador obra por órganos sensibles y chapotea en la materia. Por ello, afirma Maritain: "Exigirle a nuestro arte *que sea* el arte en estado puro, libertándolo de hecho de todas sus

Je dis pure au sens où le physicien parle d'eau pure.
Je veux dire que la question se pose de savoir si l'on peut arriver à constituer une de ces oeuvres qui soit pure d'éléments non poétiques. J'ai toujours considéré, et je considère encore, que c'est là un objet impossible à atteindre, et que la poésie est toujours un effort pour se rapprocher de cet état purement idéal. En somme, ce qu'on appelle un poème se compose pratiquement de fragments de *poésie pure* enchassés dans la matière d'un discours. Un très beau vers est un élément très pur de poésie.[15]

Si bien podríamos suponer, con Robert de Souza, que el Abate Bremond quiso, con su discurso, apartar el reproche de oscuridad que impedía la elección de Valery en la Academia, éste expresó sus divergencias con el abate, así se desprende del testimonio de Jorge Guillén:

¡Qué lejos todo ese misticismo, con su fantasma metafísico e inefable, de la poesía pura, según Valery, o según Poe, o según los jóvenes de allí o de aquí. El punto de vista del abate Bremond no puede ser más opuesto al de cualquier poesía pura, como me decía hace pocas semanas el propio Valery. No hay más poesía que la realizada en el poema, y de ningún modo puede oponerse al poema un *estado inefable* que se corrompe al realizarse, y que por milagro atraviesa el cuerpo poemático ....[16]

Creemos que las ópticas de Bremond y de Valéry no son irreconciliables. El primero acentúa los supremos postulados de la *esencia* poética en sí considerada y trascendente (a semejanza de la platónica concepción becqueriana: "Espíritu sin nombre / indefinible esencia ..."[17]); el segundo, si bien reconoce las *condiciones de existencia* exigidas por esa misma esencia en cuanto que está realizada aquí abajo, considera a la "poesía pura" como una meta sólo parcialmente lograble, pero movilizante.

• *Los medios expresivos de la poesía pura*

Hasta aquí las disquisiciones teóricas en torno a la definición de la "poesía pura", aún hoy polémicas. Decíamos que estas reflexiones se encarnan durante la época que

---

condiciones de existencia en el sujeto humano es querer usurpar para él la aseidad de Dios. Exigirle que *tienda* al arte puro como una curva a su asíntota, sin rechazar las servidumbres de la creación humana, sino más bien sacando partidos de ellas sin cesar y tirando de sus lazos creados hasta el extremo límite de elasticidad, es exigirle que realice mejor su espiritualidad". Jacques Maritain, *Fronteras de la poesía* (Buenos Aires: La Espiga de Oro, 1945): 14-16.
[15] Citado por Marta Linares Pérez, *Op. cit.*, 45; a su vez cita a Paul Valery, *Oeuvres de Paul Valéry* (París: Bibliothèque de la Pleiade, 1959-1960): 1270. En otra parte expresa una idea semejante: "Yo había pretendido únicamente aludir a la poesía que resultaría, por una especie de exhaustación, de la supresión progresiva de los elementos prosaicos del poema (...) la experiencia demostraría que la poesía pura, así entendida, debe ser considerada como un límite al cual se puede tender, pero que es imposible alcanzar en un poema más largo que un verso ..." (Citado por F. Vela, artículo citado, 233).
[16] Jorge Guillén, "Poética. Carta a Fernando Vela" en Gerardo Diego, *Poesía española contemporánea (1901-1934)* (Madrid: Taurus, 1959): 343.
[17] Rima V. Su última estrofa es definitoria: "Yo, en fin, soy ese espíritu, / desconocida esencia, / perfume misterioso / de que es vaso el poeta".

estudiamos, en cierto modo de expresión poética, cuyo campo queda teóricamente reducido al lenguaje, a la inteligencia y a la fantasía.

Podemos señalar en estas expresiones algunos rasgos de estilo predominantes, si bien cada poeta canta desde su propia cosmovisión, desde sus propias circunstancias (un arte deshumanizado, que prescindiera totalmente de las condiciones existenciales del creador, se suicidaría a sí mismo por angelismo[18]). Por ello, dice Jorge Guillén, aludiendo a estas filtraciones, particularmente a las del sentimiento: "poesía bastante pura, *ma non troppo*".[19]

Enunciaremos algunos de sus caracteres estilísticos.[20] Ellos son, en el plano semántico y morfológico: la abundancia de sustantivos abstractos ("espacio", "compañía", "soledad", "presencia"); la escasez de verbos que, cuando aparecen, son frecuentemente intransitivos o reflexivos. Con respecto a los adjetivos, los pocos que se utilizan no son decorativos sino portadores de juicios sintéticos: la misión de la lengua ya no es adornar, sino desnudar, las cosas están presentes en esta poesía, pero no en su objetividad sino en la indagación lírica de su esencia: el nombre importa más que la cosa en sí.

"La condición previa para la pureza poética es, pues, la desobjetivación".[21] Un claro ejemplo de esta tendencia es el poema "Los nombres", de Jorge Guillén.

> ¿Y las rosas? Pestañas
> Cerradas: horizonte
> Final. ¿Acaso nada?
> Pero quedan los nombres.[22]

El adjetivo deja, con frecuencia, de aportar un matiz analítico al sustantivo y "se convierte en un elemento nuevo que establece con el nombre una relación nominal entre dos realidades, a veces bastante alejadas una de otra":[23] "atónita luz", "beato sillón", "ahinco cabizbajo" (creemos que en estos ejemplos de Guillén se da frecuentemente una expresionista hipálage o desplazamiento calificativo que va del sujeto al objeto).

Entre los tropos, es frecuente la imagen que Blanch llama "de conocimiento" ya que la experiencia poética es un medio de conocimiento del mundo. Según su definición, el tipo de relación que se establece "entre la imagen y el objeto viene dada por la semejanza de las intuiciones claras y totalizadoras de ese objeto y esa imagen", por ejemplo, la relación "Universo-Rosa" o la relación "fuentecita campestre-surgir suavísimo de orígenes" ("Tiempo libre", de Guillén). El plano imaginario aclara y da una dimensión inteligible al plano real. Su gestación proviene de un sentir líricamente el mundo, penetrándolo por un conocimiento mayor.

---

[18] Véase Jacques Maritain, *Op. cit.*, 18.
[19] En Gerardo Diego, *Op. cit.*, 344.
[20] Me basaré principalmente en Antonio Blanch, "El arte poético de la poesía pura española" en *op. cit.*, 117-149. Véase también: Gustav Siebenmann, "Poesía pura" en *Los estilos poéticos en España desde 1900* (Madrid: Gredos, 1973): 240-265.
[21] Hugo Friedrich, *op. cit.*, 214.
[22] En *Cántico*, 4ª edición (Buenos Aires, 1950): 26. Recordemos también los versos de Juan Ramón Jiménez, "Inteligencia dame / el nombre exacto de las cosas!", *Eternidades* (1916-1917).
[23] Antonio Blanch, *op. cit.*, 129.

1. Tapa de la 1ª edición, Buenos Aires, 1926. 2. Tapa y portada del libro, Buenos Aires, 1929; retrato de C.A. Miró Quesada, por Luis Artés. 3. Fragmento de la tapa del libro, París, 1928. 4. Dedicatoria del autor, en el ejemplar existente en la Biblioteca Nacional de Madrid.

En cuanto a la sintaxis, son frecuentes las construcciones nominales:

> El espino en la tarde lila
> amarillo encendido.
> El cielo malva, cárdena, frio.[24]

También abundan las formas interrogativas: "¿Pureza, soledad? Allí. Son grises",[25] las formas exclamativas: "¡Palabra mía eterna!";[26] los esbozos de frases: "Octubre era noche";[27] el asíndeton, la elipsis ...

- *La poesía pura en Hispanoamérica*

Esta poesía, también "bastante pura *ma non troppo*", se manifiesta en varios autores latinoamericanos. Para nuestros fines, centraremos nuestra óptica en Cuba, ya que en este país se dio un movimiento de "poesía pura" de gran valor e importancia. Mariano Brull (1891-1956), que había sido diplomático en París y amigo personal de Valéry, vuelve a su patria e introduce allí la nueva poesía, a través de sus *Poemas en menguante* (1928).[28] Brull es adelantado de una tendencia que estará representada, entre otros,[29] por Emilio Ballagas, con su *Júbilo y fuga* (1931) y por Eugenio Florit con *Trópico* (1930), *Doble acento* (1937) y *Reino* (1938).[30] Por su carácter de iniciador, por pertenecer sus *Poemas en menguante* a la década que estudiamos y por la confluencia que se da en el de "poesía pura" y otras tendencias vanguardistas, examinaremos algunos poemas de Mariano Brull.

La poesía pura comienza a manifestarse en Cuba, como hemos adelantado, de un modo simultáneo al vanguardismo lúdico e iconoclasta. Este irrumpe en la isla, según generalizada

---

[24] Mariano Brull, "18. El espino en la tarde lila" en *Poemas en menguante* (París: Le Moil et Pascaly, 1928): s.p.
[25] Jorge Guillén, "Esos cerros" en *Cántico*, edición citada, 306.
[26] Juan Ramón Jiménez, "Palabra mía eterna!" en *Eternidades* (1916-1917), *Antología poética*, 3ª edición (Buenos Aires: Losada, 1966): 259.
[27] Del poema 9 del libro *Presagios* (1923) de Pedro Salinas. *Poesías completas* (Madrid: Aguilar, 1956): 8.
[28] Escribió, además, *Quelques poèmes* (1925), *Canto redondo* (1934), *Poèmes* (1939), *Sólo de rosa* (1941), *Temps en peine* (1950), *Rien que* (1954).
[29] Martha Linares Pérez incluye en su libro *La poesía pura en Cuba* a Juan Marinello, a Dulce María Loynaz, a Ramón Guirao, a Silverio Díaz de la Rionda, a Rafael García Bárcena, y a Juan Carvajal y Bello. El crítico Efraín Barradas agrega a esta lista los nombres de Cintio Vitier y de algunos de los poetas menores de su generación. Véase Efraín Barradas, "Notas sobre la poesía pura en Cuba" en *Cuadernos Hispanoamericanos* 326/327 (Madrid, agosto-setiembre 1977): 468-481.
[30] Sus libros posteriores: *Cuatro poemas* (1940), *Poema mío* (1947), *Conversación a mi padre* (1949), *Asonante final* (1950), *Asonante final y otros poemas* (1955), *Antología poética* (1956), *Hábito de esperanza* (1956), *Siete poemas* (1960) y *Antología penúltima* (1970), trascienden los límites de la tendencia que estudiamos.

opinión de los críticos, a partir de la creación de la *revista de avance* (1927-1930),[31] que será su principal medio de expresión al publicar tanto ensayos teóricos como poemas de clara inspiración vanguardista. Junto a ellos, y ya durante el primer año de publicación de la revista, aparecen poemas que pertenecen al aún inédito *Poemas en menguante*: en mayo de 1927 aparecen, bajo el título de "Poemas en menguante" los poemas: "7: Yo me voy a la mar de junio", "15: La palma real", "28: La catedral", "33: El polvo —ceniza etérea—" y "20: La divina comedia".[32]

- *Tendencias poéticas existentes en* **Poemas en menguante**

Podríamos distinguir en el libro de Brull varios vectores semánticos y variantes formales. Sin embargo, desde nuestro ángulo de enfoque, nos interesa comentar brevemente cuatro estilos que coexisten en el libro, a veces imbricados en un mismo poema: a. el vector vanguardista (con ecos cubistas y ultraístas); b. el vector que recepciona y personaliza teorías de Bremond e influjos de Mallarmé, Valéry, Guillén, integrándolos en la propia evolución: vector guiado por "los lúcidos placeres del pensamiento y las secretas aventuras del orden",[33] poesía intelectiva y al mismo tiempo "de sentido y sentires acosada";[34] c. el vector influido por la poesía popular hispánica; d. el vector que logra la sugerencia sonora, con escaso o ningún sentido lógico.

a. *Vanguardismo*: En el poema "La catedral" predomina la intención de juego y novedad expresiva, que aproxima al poema más al ultraísmo que a la "poesía pura":

> La catedral engarzada en el ojo
> —cubista—
> del vitral azul y rojo
> gira, —anillo de Saturno—
> al sol que muere en un guiño.
> El fondo: campo de armiño.

La descripción de una catedral que se destaca en el fondo de un paisaje nevado aprehende, probablemente, una vivencia europea. Sin embargo, el objeto pintado se desrealiza por varios procedimientos: se altera la relación entre el todo *la catedral* y la parte, *el vitral*, al convertirlo —metaforizado en un ojo y en parte de una joya— en el centro estructurante del edificio. La alteración se logra por el participio metafórico: *engarzada*,

---

[31] Fue fundada por el grupo integrado por Jorge Mañach, Juan Marinello, Francisco Ichaso, Alejo Carpentier y Martí Casanovas. Los dos últimos fueron luego sustituidos por Félix Lizaso y José Z. Tallet. Sobre esta revista véase: Carlos Ripoll, "La Revista de Avance (1927-1930). Vocero del vanguardismo y pórtico de la revolución" en *Revista Iberoamericana* 58 (Pittsburgh, julio-diciembre 1964): 261-282.

[32] En *revista de avance* (Santiago de Cuba, 15 de mayo 1927): 110-111. Los números que preceden a los poemas son los mismos que figuran en el libro.

[33] Jorge Luis Borges, "Valéry como símbolo" en *Otras inquisiciones*, edición citada, 687.

[34] M. Brull, Poema 38: "Esta palabra no del todo dicha" en *Poemas en menguante*.

por la brillantez de los colores del vitral (azul y rojo), que en contraste con el blanco del fondo pasa a un agresivo primer plano en nuestra perspectiva; por el adjetivo *cubista*, que sugiere descomposición, fragmentación y reordenamiento intelectual de los elementos contemplados y plasmados en el cuadro. La comparación de la catedral con un anillo es caprichosa o insólita, producto de una intuición circunstancial que deriva de la sobrevaloración del vitral con respecto al conjunto: éste es a la catedral lo que una piedra preciosa es a un anillo. Este inusual modo de relación entre el plano imaginario y el real responde a la perspectiva creacionista o ultraísta. El *guiño* de un sol humanizado —la personificación es un recurso también frecuente en el ultraísmo— pone un tono lúdico en la composición. Es éste el poema más vanguardista entre los que constituyen el libro; su cromatismo, además, lo hace resaltar entre los otros, que generalmente presentan colores suaves (gris, rosa coral, azul polvoso, verde-luna, lila, malva ...) o son acromáticos, o —con frecuencia— crean atmósferas luminosamente blancas. El blanco en el fondo de esta visión cubista crea un nexo entre el poema comentado y aquellos más claramente vinculados con "la poesía pura".

En otros poemas, el vanguardismo se da parcialmente, a modo de contraste, en bruscos cambios de tono poético, en inesperadas rupturas del ritmo, que aportan un súbito matiz lúdico y que parecen cuestionar el tono reflexivo o elevado del desarrollo poético previo. Tal es el caso del poema 27, "Pavo real", que parece relacionarse con la "poesía de conocimiento", que reflexiona sobre la realidad y la valora a partir de un ser u objeto, en este caso el pavo real, captando armonía, alegría y belleza eterna por su plumaje, e inarmonía por su canto:

>melodia escarpada,
>encrespada crin de armonía.
>Crótalo erizado de delicia:
>voz de jazz
>>jaa ... jaa ... ja ja ja.

En otros casos, la ruptura de convenciones propia de la vanguardia y el tono humorístico, se manifiestan por medio de lo paródico desjerarquizante. Por ejemplo, en "La Divina Comedia", se reescribe el episodio mítico de la rebelión de Luzbel y sus ángeles:

>En medio de la fiesta
>un ángel de alas dobles —trébol de cuatro hojas—
>daba saltos mortales. Parado en las manos
>se alisaba las alas como una mosca. Era
>Luzbel, —aún bello. Le seguían los ángeles
>antiguos combatientes, —lisiados o alí-rotos—
>cantando en coro "La Interplanetaria".

La tradicional imagen imponente y bellísima del ángel del mal aparece degradada, así como la de su ejército combatiente. La asociación de la "Interplanetaria" con la "Internacional" se impone, con un matiz de comicidad.

b. y c. *Poesía pura y poesía popular*: Anticipábamos que la poesía de los *Poemas en menguante* es predominantemente serena, casi marmórea, calma, beata. Su lectura transmite una sensación de soledad, de blancura, de paz, de silencio, de calmos paisajes captados en su esencia lírica, de distancia y cercanía a la vez, de interioridad y objetividad ambiguamente enlazadas ("Yo estaba dentro y fuera —en la mirada ..."[35] o "Allí, —en lo no mío, en mí— estaba el paisaje ...").[36]

En "Allá arriba" pueden verse algunos de estos rasgos:

> Huía en el huir de mi mirada:
> —aire en el aire, agua en el agua—
> desaparecido
> en la orilla más clara de silencio:
> ¡todo arriba! en la paz fragosa y agria.
>
> (Cielo inconcluso. El aire sin contornos.
> Todo el paisaje. Lejos. Cerca.
> El día en todas partes).
>
> Oreado de pétrea soledad
> cristal deshecho de silencio helado
> cerca de lo distante: penetraba
> ya lejos de lo lejos para siempre.

El contemplador del mundo huye hacia las alturas desdibujando su yo en lo contemplado, la delimitación sujeto-objeto casi se anula "Huía en el huir de mi mirada ...". El poeta y su poesía orientan su proa hacia lo inasible: "cielo inconcluso" y buscan la pureza (la liberación de lo circunstancial, de lo anecdótico, de lo sentimental) por varias vías de desrealización, por ejemplo la ya mencionada ambigüedad en las relaciones espaciales: "Lejos. Cerca", "... cerca de lo distante: penetraba / ya lejos de lo lejos para siempre". La atmósfera lograda es de claridad y silencio (sugerida en varios versos y explícita en el cuarto y en el octavo), de soledad —afirmada por ese adjetivo "pétrea", que establece una relación nominal entre dos realidades convencionalmente no próximas— y de paz. Sin embargo, luz y paz —a semejanza de la voluntad de afirmación vital de Jorge Guillén— deben librar un combate de fondo: la paz es "fragosa y agria", la soledad es "pétrea" (el valor del adjetivo se aclara con la lectura del poema 24: "piedra, —muñón de alas—" es decir, lo imposibilitado de volar); el cristal está "deshecho", el silencio es "helado". El deseo ascensional se levanta sobre su fárrago y sus amarguras.

Los rasgos de estilo, sin perder la inserción en un mundo poético personal, coinciden muchas veces con los ya enunciados para otras manifestaciones de esta tendencia hacia "la poesía pura": pocos verbos en modo personal (sólo dos: "huía" y "penetraba"); exclamaciones: "¡todo arriba!"; estilo casi telegráfico por lo elíptico y asindético: "Lejos. Cerca. El día en todas partes"; predominio de sustantivos abstractos: "silencio", "soledad", "paz" ...

Otros caracteres estilísticos de Brull, verificables en este y otros poemas son: la abundancia de construcciones parentéticas, con valor de aposición, a veces metafórica: "las

---

[35] De *Temps en peine* (1950).
[36] Poema 3 en *Poemas en menguante*.

flores, —invisibles serafines suspensos",[37] generalmente ordenadas a la definición de los seres, a la captación de sus esencias o de sus simbolismos.[38] También aparece en forma reiterada el oxymoron, tan expresivo de su mundo ambiguo, de límites mutables: "carcel fluida", "eternidades nuevas",[39] "eternidad muriente",[40] "lejano próximo".[41]

Con respecto a las imágenes, abundan las que hemos denominado "de conocimiento", con tendencia a la definición. Por ejemplo en el poema 7, enmarcado por dos estrofas que tienden al canto, con ritmo y ecos de la poesía tradicional, las estrofas centrales procuran presentarnos un mar cuya captación no se queda en lo sensorial, a pesar de que su color y sus formas son descriptas, sino que es asociado con experiencias intelectuales llegando así a la descripción por medio de referencias culturales, de relaciones musicales, geométricas, pictóricas, históricas y mitológicas:

A Alfonso Reyes

Yo me voy a la mar de junio
a la mar de junio, niña:
Lunes. Hay sol. Novilunio.
Yo me voy a la mar, niña.

A la mar canto llano del viejo
Palestrina.—
　　　　Portada añil y púrpura
con caracoles de nubes blancas
y olitas enlazadas en fuga.

A la mar, ceñidor claro.

A la mar, lección expresiva
de geometría clásica.—
Carrera de líneas en fuga
de la prisión de los poliedros
a la libertad de las parábolas.
—Como la vio Picasso el dorio—
Todavía en la pendiente del alma
descendiendo por el plano inclinado.

A la mar bárbara ya sometida
al imperio de Helenos y Galos;
no en paz romana esclava
con todos los deseos, alerta:
grito en la lira apolínea.

---

[37] Poema 25: "En el aire están las flores, —invisibles".
[38] Por ejemplo el ya mencionado poema 24: "Piedra —muñón de alas—".
[39] *Ibid.*
[40] Poema 22: "Rayo de luz que alcanza".
[41] Poema 9: "Ojos viejos".

> Yo me voy a la mar de junio
> a la mar, niña
> por sal, saladita ...
>
> —¡Qué dulce!

El poema asocia, pues, códigos aparentemente diferentes: los próximos a la poesía popular en las estrofas que lo abren y lo cierran: predominio del octosílabo, diminutivos, ritmo musical, gracia, ligereza. Las estrofas centrales, por su tendencia a la definición entre lírica e intelectual de la realidad nombrada, por la conciencia evidenciada de pertenecer a una rica y evolucionada tradición cultural, se vinculan con la "poesía pura". El final sorpresivo, rompe con las expectativas creadas por ambos sistemas, que —en realidad— aunque aparentemente disimiles, tienen en la teoría estética de Bremond puntos de contacto. En su doctrina, la poesía popular —que ama la falta de sentido lógico— es también portadora de ese efecto "impalpable y penetrante", de esa "llama invisible" que caracteriza a la poesía pura.[42]

Encontramos una actitud poética similar —deseo de belleza intelectiva— en el poema 34, en el cual la descripción del mar y de su entorno se hace principalmente por medio de referencias pictóricas:

> Tras de este plano rosa Picasso
> —playa coralina— el mar.
>
> El mar, —azul polvoso
> y fugitivo de Foujita— vientre de loba
> erizado de senos.
>
> Dos olas, —hermanas siamesas—
> se tumban con un haz de signos de infinito.
> El cielo, —llamaradas de Vlamink—
> se pasma en gris.
>
> De miel de sol y de verde de luna
> dos potros encabritados de Chirico
> pacen al unísono
> ramas transparentes
> del árbol ambulante del viento.

La descripción paisajística lograda ha perdido objetividad, es un paisaje figurativo "creado", no desprovisto de formas ni de colores semejantes a las reales, pero sin embargo desrealizadas. La última estrofa, sobre todo, crea una atmósfera casi surrealista, por la alusión a Chirico, por los no convencionales colores de los potros y por esa hiperartística imagen final: "pacen al unísono / ramas transparentes / del árbol ambulante del viento".

---

[42] *La poesía pura*, edición citada, 17.

A pesar del propósito de "no circunstanciación", presente en esta poesía, la realidad cubana se filtra en algunos de sus elementos: ante todo, la reiterada presencia del mar (poemas 7, 8, 13, 15, 19, 34, 37 ...), la palma y el sol ardiente (poema 15), la humedad y la lluvia (poemas 16, 26, 36 ...).

d. *Donde el sentido tiene poco precio*: En la búsqueda de sacudir la servidumbre a contenidos no poéticos, de diferenciar el lenguaje poético del común, llega "la poesía pura" a la poesía-música compuesta por palabras o sonidos con escasa o nula significación lógica. En esta línea esta el poema "Verdehalago", pariente de la "jitanjáfora", término acuñado por Alfonso Reyes a partir de otro celebre poema de Brull:[43]

> Filiflama alabe cundre
> ala alalúnea alífera
> alveolea jitanjáfora
> liris salumba salífera ...

El poema 16, "Verdehalago", como nota Alfonso Reyes, "no se dirige a la razón, sino más bien a la sensación y a la fantasía":[44]

> Por el verde, verde
> verdería de verde mar
> Rr con Rr.
>
> Viernes, vírgula, virgen
> enano verde
> verdulería cantárida
> Rr con Rr.
>
> Verdor y verdín
> verdumbre y verdura.
> Verde, doble verde
> de col y lechuga.
>
> Rr con Rr
> en mi verde limón
> pájara verde.
>
> Por el verde, verde
> verdehalago húmedo
> extiéndome.— Extiéndete.

---

[43] Alfonso Reyes, "Las jitanjáforas" en *La experiencia literaria* (Buenos Aires: Losada, 1952): 163-164. Un análisis de la "jitanjáfora" desde el punto de vista de una gramática generativa, transformacional y de la psicolingüística, puede verse en Rafael Posada, "La jitanjáfora revisitada" en *Anales de Literatura Hispanoamericana* 2-3 (Madrid, 1973-1974): 55-82.
[44] *Op. cit.*, 158.

> Vengo de Mundodolido
> y en Verdehalago me estoy.

Destacamos el ritmo, las aliteraciones con sonidos suaves y acariciantes (líquidas), alternando con oclusivas, el juego envolvente de los verdes, con antecedentes en Juan Ramón Jiménez y en García Lorca, ciertos toques reminiscentes de las tradicionales rondas infantiles de origen popular español ("estaba la pájara verde / sentada en un verde limón...") que también inspiraron a Lorca:

> ... Debajo de la hoja
> de la lechuga
> tengo a mi amante malo
> con calentura.[45]

y ese final sugerente de una feliz repatriación: "Vengo de Mundodolido / y en Verdehalago me estoy". En este poema muestra Brull la capacidad de sugestión sensorial de su palabra, así como en los anteriormente comentados prueba su deseo de belleza intelectual. La fundamentación teórica de esta poesía podría encontrarse en las palabras de Bremond: "esta expresión, o ausencia de sentido, o *escaso valor de sentido*; eso que, aún enriquecido con el más alto sentido, nos reserva placeres desconocidos para la razón; esas palabras de todos los días y de todo el mundo ¿por qué inaudita metamorfosis empiezan a vibrar súbitamente con una luz y una fuerza nueva ...?"[46]

- *Poemas sobre el poema*

Poemas en menguante se abre y se cierra con poemas que —ambiguamente— definen la índole de la poesía "derramada" en el libro. El poema 1, con ecos de Garcilaso y Juan Ramón Jiménez, expresa los dualismos de una palabra poética que oscilará entre el orden y el desorden, entre la prisión y la libertad, entre la contención y el impulso hacia afuera, entre la concentración sobre el "yo lírico" y la dispersión en lo objetivo, que se recogerá e incorporará al poema al ser nombrado, ya "desobjetivado":

> Ya se derramará como obra plena
> toda de mí, —¡alma de un solo acento!—
> múltiple voz que ordena y desordena
> trémula, al borde, del huir del viento.
>
> Y de hallarme de nuevo, —¡todo mío!—
> disperso en mí, con la palabra sola:

---

[45] Federico García Lorca, "Cantares populares": "Las tres hojas" en *Obras completas*, 4ª edición (Madrid: Aguilar, 1960): 563.
[46] *La poesía pura*, edición citada, 20. El subrayado es nuestro.

dulce, de tierra húmeda en rocío,
blanco en la espuma de mi propia ola.

Y el ímpetu que enfrena y desenfrena
ya sin espera: todo en el momento:
y aquí y allí, esclavo, —sin cadena—
¡y libre en la prisión del firmamento!

De la lectura de otros poemas del libro surge que la contemplación, la mirada, y la palabra nombradora son los nexos que relacionan las dos instancias del vaivén adentro-afuera.

El poema 2: "En esta tierra del alma" se inscribe en la línea de las postulaciones poéticas trascendentalistas posrománticas (Poe, Emerson, Baudelaire) y —en un estadio más próximo— hace pensar en las teorías de Bremond:

En esta tierra del alma
leve y tenaz
—limo naciente de morires súbitos—
hueco, —entre dos piedras de silencio—
mi canto, eterno, recomienza.

¡Qué más
belleza verdadera
sabor a eterna cosa por decir!

Sin nueva espera. Ya
en tierra mía de alma —campo santo—
con la almendra del canto nacido por nacer.

El canto, la poesía, eterna, pre-existente, recomienza en la captación individual del poeta: "mi canto, eterno, recomienza", "sabor a eterna cosa por decir". El último verso atenúa su ilogicismo en el contexto de las teorías esencialistas neoplatónicas sobre la poesía ("con la almendra del canto nacido por nacer"): el poeta recoge con la palabra-talismán el fluido poético que es captado en "tierra de alma". Según Bremond, el poeta y el lector reciben las vibraciones fugitivas que transmiten las palabras conductoras. La música verbal se impone al poeta y no sólo reviste sus ideas o sentimientos, sino también el estado del alma que lo hace poeta[47] ("en tierra mía de alma —campo santo", dice Brull).

El poema 38: "Esta palabra no del todo dicha", que cierra el libro, examina hasta qué punto la palabra poética ha sido aprehendida, anunciada por el poeta, balance que constata con insatisfacción un parcial éxito y un parcial fracaso ("no del todo dicha", "desvívese entredicha"). Los códigos de la palabra escrita la han hecho explícita y presente, la han llevado de la *potencia* al *acto*, en un proceso que va desde el caos, la pluralidad de posibilidades germinales (la Babel, la confusión de voces implícita en el silencio pre-

---

[47]*Ibid.*, 23.

creador), a la selección de la palabra que se escribe: "renuncio que la anuncia, silencio de Babel que el verbo irrita"). Pero los signos del código (el "Abecedario", el repertorio de la lengua) si bien la realizan parcialmente (la denuncian) han resultado respuesta insuficiente:

> Su don —arcano de inquietud— excita
> voluble en el renuncio que la anuncia
> silencio de Babel que al verbo irrita.
>
> Y si el Abecedario la denuncia:
> frente al agravio de la letra escrita
> en interrogaciones se pronuncia.

La poesía de Mariano Brull muestra su talante cosmopolita y sintetizador de culturas. En su creación se entabla un diálogo de diálogos: con la tradición hispánica lejana y próxima, popular y culta (Garcilaso, Bécquer, Juan Ramón Jiménez, García Lorca, Guillén ...), con los franceses Mallarmé y Valéry, con las posturas teóricas de Bremond, enraizadas en las estéticas neoplatónicas y posrománticas (Poe, Emerson, Baudelaire ...), con la tradición cultural en sentido amplio, con las corrientes pictóricas de su tiempo... En su libro conviven la poesía pura con la vanguardista, la lucidez con la creación lírica y con el juego verbal, lo elevado con lo antisolemne. Sus poemas sobre el poema lo vinculan con la actitud moderna que cultiva la metapoesía, al reflexionar sobre la propia creación y sobre el sentido, índole y función de la palabra poética.

Brull continuará fiel a la línea de la poesía pura —*ma non troppo*— hasta su última obra, mientras que, para los otros autores mencionados, esta tendencia constituirá solo una etapa de su evolución. Años después, rememorará Eugenio Florit: "La *poesía pura* fue para nosotros en Cuba, un regreso a la serenidad (...). Y aunque aquella *pureza*, según hemos advertido, no pudo continuar así por mucho tiempo, ya que la vida misma se ha encargado de *impurificarnos* un poco, (...) sí dio entre nosotros, en Cuba, un ejemplo de persistencia: el de Mariano Brull".[48]

---

[48] Eugenio Florit, "Mariano Brull y la poesía cubana de vanguardia" en *Movimientos literarios de vanguardia en Iberoamérica*, edición citada, 60.

V

LA DIRECCIÓN CRIOLLISTA DE LA VANGUARDIA

- *Convergencias o fluctuaciones en los comienzos poéticos de Jorge Luis Borges*

Me parece oportuno comenzar mis consideraciones sobre la presencia de convergencias o contradicciones en la obra poética inicial de Borges, citando, a modo de epígrafe el poema "Proteo", del libro *El oro de los tigres* (1972):

>Antes que los remeros de Odiseo
>Fatigaran el mar color de vino
>Las inasibles formas adivino
>De aquel dios cuyo nombre fue Proteo.
>Pastor de los rebaños de los mares
>Y poseedor del don de profecía,
>Prefería ocultar lo que sabía
>y entretejer oráculos dispares.
>Urgido por las gentes asumía
>La forma de un león o de una hoguera
>O de árbol que da sombra a la ribera
>O de agua que en el agua se perdía.
>De Proteo el egipcio no te asombres.
>Tú que eres uno y eres muchos hombres.

Borges recrea aquí el mito de la metamorfosis de Proteo,[1] integrándolo coherentemente con una de sus líneas temáticas más persistentes: la de la identidad personal. La conjetura del poema se sintetiza cabalmente en los dos últimos versos: "De Proteo el egipcio no te asombres. Tú que eres uno y eres muchos hombres". Ese "tú" se dirige al lector, y por él, al hombre universal. Pero tiene también un matiz reflexivo: el yo lírico se dirige a su otro yo más profundo, y lo alecciona o lo autodefine.

La cita no es ociosa: nos está anticipando la presencia de cambios o mutaciones, de convergencias, o de fluctuaciones, o de contradicciones o tal vez, simplemente, de estratos o estamentos, de niveles o plurivalencias en la poesía inicial de Borges. Estas polaridades

---

[1] Este mito reaparece en "Otra versión de Proteo". *Ibid., OC* (Buenos Aires: Emecé, 1974): 1109 y en "Poema del cuarto elemento" en *El otro, el mismo* (1964): *OC*, edición citada, 869-870.

abrazan manifestaciones literarias que asimilan la tradición o que ensayan la ruptura y la experimentación vanguardista, que quieren dar voz poética al "nuevo mundo" pero sin excluir la apertura cultural cosmopolita ni la proyección universalista.

A esta altura de la crítica borgeana, ya tan amplia y exhaustiva, resulta muy difícil decir algo nuevo o, al menos, no repetir lugares comunes. Pero sí se pueden brindar nuevas lecturas: hay tantas lecturas como lectores: los textos, en su plurivalencia, son completados en cada nueva recepción. No pretendo aquí mucho más que dar mi lectura de la obra poética de Borges, desde el ángulo enunciado, centrándome en los tres libros poéticos de la década del 20, sobre todo en *Fervor de Buenos Aires* (1923), y en algunos de sus ensayos publicados en dicha década, con una rápida incursión en la prehistoria borgiana, es decir, en la etapa ultraísta española.[2] Me apoyaré además en algunas cartas de Borges y estableceré relaciones con el contexto literario.

• *Tradición y vanguardia: la ambivalente relación de Borges con el ultraísmo*

Como es bien sabido, Borges participa activamente en el ultraísmo español. Llega a España procedente de Suiza en 1918, según su afirmación autobiográfica[3] o en 1919 según la biografía de Alicia Jurado.[4] Permanece allí hasta 1921, viaja y se relaciona con los jóvenes que se han entregado con fervor a la empresa ultraísta. Sevilla, Palma de Mallorca y sobre todo Madrid, son las ciudades donde asiste a tertulias y publica sus primeros poemas, prosas, manifiestos y ensayos sobre temas de estética. Una mirada de conjunto a las composiciones de la "prehistoria" borgeana, nos permite distinguir en ella un mundo literario en su etapa de gestación, con heterogéneos influjos que se entremezclan. En un esfuerzo de delimitación, podríamos señalar algunas predominantes líneas de estilo, aunque —insistimos— se dan combinadas en distintas proporciones. Ellas están influidas por Cansinos-Asséns, por el ultraísmo, sobre todo en su vertiente creacionista y por el expresionismo (dirección vanguardista que Borges introdujo y representó en el ultraísmo español). A través de estos condicionamientos, desde ellos, junto a ellos o a pesar de ellos, se pueden ir señalando las primicias de un mundo literario propio, las primeras manifestaciones de una temática que luego le será característica y la presencia de ciertos rasgos de estilo que perdurarán, ya decantados, en su obra madura.[5]

---

[2] Sobre esta etapa véase Guillermo de Torre, "Para la prehistoria ultraísta de Borges" en *Cuadernos Hispanoamericanos* Tomo LVII (Madrid, N° 169, enero-marzo 1964): 5-15. Incluido luego en su *Al pie de las letras* (Buenos Aires: Losada, 1967). Carlos Meneses, *La poesía juvenil de Borges* (Barcelona: J. Olañeta, 1978). Gloria Videla de Rivero, "Anticipos del mundo literario de Borges en su prehistoria ultraísta" en *Iberoromania, Número de Homenaje a Borges* (Madrid: Alcalá, 1975): 173-195 y G. Videla, *El ultraísmo* (Madrid: Gredos, 1963).
[3] "Algunas páginas de la *Exposición de la actual poesía argentina*" por P. J. Vignale y César Tiempo en *Martín Fierro* 39 (Buenos Aires, 28 marzo 1927).
[4] Alicia Jurado, *Genio y figura de Jorge Luis Borges* (Buenos Aires: Eudeba, 1964): 33.
[5] En el conjunto de poemas y prosas publicadas en España podemos señalar varias líneas temáticas: 1. Tiempo, espacio, panteísmo. 2. El paisaje. 3. La guerra y las ideas socialistas. 4. Erotismo. Algunas de ellas se atenúan o desaparecen en el mundo literario maduro del autor. Otras, sobre todo la primera, serán motivo de múltiples expresiones en la obra posterior. He desarrollado más este análisis en mi artículo "Anticipos ..."

El influjo de Cansinos Asséns es ambivalente: dejó su marca en el joven Borges a través de su propia prosa y como propulsor del ultraísmo. Su influjo renovador se ejerció, no a través de su propio estilo, sino por medio de las exhortaciones a los jóvenes que reunía en sus tertulias, que lo admiraban como a un erudito maestro. Salvo en las composiciones que firmó con el seudónimo de "Juan Las", escritos según las fórmulas ultraístas, su estilo personal se caracteriza por la amplitud de sus períodos, por su ritmo cadencioso y reiterativo, por un lirismo con reminiscencias orientales, no exento de toques de mal gusto.

Estos rasgos cansinianos se dan sobre todo en las primeras publicaciones de Borges, muy fusionadas con huellas de un modernismo ya amanerado, artificioso, segundón, hijo definitivamente rezagado del fecundo tronco modernista, que por los mismos años seguía vivo, cumpliendo otras etapas de evolución, en escritores como Juan Ramón Jiménez, Gabriel Miró o Valle-Inclán.

Desde la óptica que nos hemos propuesto, sólo nos interesa detenernos en algunos aspectos de esta "prehistoria" borgiana.

Cuando llegó a España, Borges ya había tenido contacto con la literatura de vanguardia, particularmente con el expresionismo. Guillermo de Torre lo recuerda: "Llegaba ebrio de Whitman, pertrechado de Stirner, secuente de Romain Rolland, habiendo visto de cerca el impulso de los expresionistas germánicos especialmente de Ludwing Rubiner y de Wilhelm Klemm".[6]

La lírica expresionista tiene rasgos comunes con los otros "ismos" (tendencia al fragmentarismo, al irracionalismo), es una poesía más grave, de más contenido ideológico y mayor preocupación social. Los poetas expresionistas, con tono patético, llaman a la fraternidad universal y transforman en queja o en acusación la experiencia de la guerra. Buscan cristalizar la visión del artista por medio de la idealización de la materia, comunicar los estados interiores al mundo sensible. Borges lo definía diciendo: "es la tentativa de (...) superar la realidad ambiente y elevar sobre su madeja sensorial y emotiva una ultrarrealidad espiritual".[7]

Otro poderoso influjo es el del ultraísmo que él mismo contribuyó a introducir, movimiento con pretensiones revolucionarias e iconoclastas, que intenta renovar y superar la lírica vigente mediante la instauración de los "ismos" vanguardistas, particularmente del creacionismo huidobriano.

A pesar de que Borges había hecho gran parte de su formación en Europa, llama la atención, en la etapa de iniciación española, el matiz argentinista presente en varios de sus poemas.[8] El fenómeno quizás se explique —parcialmente— por el testimonio de Donald Yates, quien afirma que cuando Borges evocaba las experiencias más inolvidables de su estadía en Suiza, privilegiaba "los sentimientos provocados por dos clases de lectura,

---

[6] Guillermo de Torre, *Literaturas europeas de vanguardia* (Madrid: Caro Raggio, 1925): 62.
[7] Citado por Guillermo de Torre, *Ibid.*, 354. Además de su labor de creación, Borges tradujo y comentó varias veces poesías expresionistas, dio noticias sobre sus autores y sobre las características del movimiento. Cfr. referencias en *El ultraísmo*, 99.
[8] He ejemplificado estos matices en mi *El ultraísmo*, 145.

siempre relacionados por él con aquellos años ginebrinos: los libros argentinos de índole gauchesca ... (Ascasubi, del Campo, Hernández) y la filosofía de Schopenhauer".[9]

Borges mismo sintetiza esta etapa y su conexión con su período "martinfierrista":

> Asistí a los comienzos del Ultraísmo junto a Rafael Cansinos-Asséns, polemicé; publiqué traducciones de los nuevos poetas alemanes, metaforicé con fervor. A fines del 21 regresé a la patria, hecho que es en mi vida una gran aventura espiritual, por su descubrimiento gozoso de almas y de paisajes (en *Fervor de Buenos Aires* intenté la lírica expresión de ello). Fui abanderizador del ultraísmo ....[10]

Son muchos los documentos que demuestran la adhesión de Borges al ultraísmo y a su versión criolla, el "martinfierrismo". Redactó y firmó proclamas publicadas en Madrid, Palma de Mallorca y Buenos Aires; elaboró el "programa ultraísta" aparecido en *Nosotros* en 1921.[11] Sin embargo, ya desde los comienzos del movimiento, muestra cierta ambigüedad o ambivalencia paradojal con respecto a estos postulados. Algunas cartas que dirigió a su futuro cuñado, Guillermo de Torre, en 1920 y 1923, constituyen un curioso documento. En una de ellas, fechada en Valldemosa (Mallorca) en junio de 1920 expresa sus dudas con respecto al ultraísmo:

> Leo bastante (William James, Shaw, expresionistas ...) y escribo correspondientemente poco. Hago experimentos en prosa ultraísta, aún comprendiendo que todo eso peca por la base. Este problema estético que intentamos solucionar a priori con influencias más o menos dizfrazadas es una forma de un problema grande —el del individuo ante la realidad externa—, y el día que éste se resuelva (cuando conozcamos bien nuestras limitaciones) el otro se resolverá automáticamente, como sucede en la conversación con un amigo.[12]

Vemos que, ya tempranamente, Borges desconfía del ultraísmo en tanto implica recetas apriorísticas y limitativas. En la misma carta agrega un juicio sobre el creacionismo:

> Creo que se equivocaba Cansinos al presagiar que el próximo avatar del ultraísmo era el creacionismo. El creacionismo puro es una jaula o una cacería de la "phrase à effet", de la ingeniosidad, que es el mayor peligro para escritores de raza española, como nosotros.[13]

La correspondencia sigue reflejando las dualidades de Borges. Así, mientras que en

---

[9] Donald Yates: "La biblioteca de Borges" en *Iberoromania* 3, Nueva Serie (Madrid: Alcalá, 1975) 102.
[10] "Autobiografía de Jorge Luis Borges", reproducido en *Todo Borges, Gente y la Actualidad* (Buenos Aires, 1977): 17. En términos similares se expresa en *Exposición de la actual poesía argentina* (Buenos Aires: Editorial Minerva, 1927). Edición facsimil (Buenos Aires: Tres Tiempos, 1977): 93.
[11] "Ultraísmo" en *Nosotros* 151 (Buenos Aires, Año XV, Tomo 39, diciembre 1921): 466-471.
[12] Citado por Donald Yates, "Modernismo/Ultraísmo. Una perspectiva", ponencia presentada en el XVIII Congreso Internacional de Literatura Iberoamericana, Río de Janeiro, 1-5 agosto 1977. Agradezco al autor las fotocopias de la ponencia.
[13] *Ibid.*

carta de abril o mayo de 1922, escrita ya en Buenos Aires, afirma que "el ultraísmo es una cosa hecha, definida, casi concluida", párrafos más adelante cuenta las alternativas de un viaje a Rosario, en compañía de otros "martinfierristas", con propósitos de difundir la nueva estética:

> No sé si hablé ya de un reciente viaje al Rosario de Santa Fe, con Eduardo González Lanuza, Guillermo Juan y Francisco Piñero. Lanuza dio una conferencia muy aplaudida y leyó poemas de nosotros todos. Al salir nos acompañaron al café una treintena de muchachos entusiasmadísimos. Nosotros Cansinos assensiamos (en el buen sentido del verbo) con algún fervor y doctoral seriedad. A raíz de eso, ha surgido en el Rosario un núcleo ultraísta que producirá tal vez cosas buenas. Están bastante documentados — conocen *Cosmópolis*, frecuentan *Tableros*, usan el *Lunario sentimental*, acostumbran a leer *Prisma* y suelen arrimarse a las obras de Ramón y de Cansinos Asséns.[14]

Otros textos van mostrando el progresivo alejamiento de Borges con respecto al ultraísmo al que más tarde calificará de "árida secta" y de "equivocación".

Pero, insisto, ya en junio de 1920, en plena aventura ultraísta y aún antes de publicar la "Proclama" de *Prisma* y el texto programático de *Nosotros*, antes de que influyera en Buenos Aires y en otras ciudades argentinas como "abanderizador" del ultraísmo, Borges descreía de las soluciones ultraístas o creacionistas. El mismo Guillermo de Torre no puede ocultar su desconcierto por la que, él juzga, deserción ultraísta:

> Cuando Borges publica (...) su primer libro poético (*Fervor de Buenos Aires*), excluye, salvo una, todas las composiciones de estilo ultraísta, acogiendo únicamente otras más recientes, de signo opuesto o distinto. De ahí mi asombro, y el de otros compañeros de aquellos días, al recibir tal libro, y no tanto por lo que incluía como por lo que omitía.[15]

Guillermo de Torre interpreta este distanciamiento o estas ambivalencias de Borges con respecto al ultraísmo atribuyéndole ciertas características psicológicas que él define como "una actitud de desconfianza innata hacia todo lo afirmativo y una inclinación contraria hacia las dudas y perplejidades, tanto de índole estética como filosófica".[16] Pero también busca explicación en el gusto de Borges "por las lecturas clásicas que hacia los veinte años practicaba" y cita a Quevedo, Torres de Villarroel, Berkeley, Sir Thomas Browne, Quincey ..., listado de autores que podríamos ampliar con nombres que provienen de la tradición literaria o filosófica, lejana o próxima, tales como Heine, William James, Schopenhauer, George Bernard Shaw y tantos otros.

Con todo, la persistencia de la experimentación ultraísta en *Fervor de Buenos Aires*, aunque atenuada con respecto al período español, no se reduce a un solo poema, como afirma Guillermo de Torre. Muchas de sus comparaciones y metáforas son de filiación

---

[14] *Ibid*. Considero que esta cita puede ser un buen punto de partida para investigar las repercusiones del ultraísmo en Rosario. Los movimientos vanguardistas surgidos en las provincias argentinas han sido poco estudiados.
[15] Guillermo de Torre, artículo citado, 6.
[16] *Ibid*., 5.

ultraísta y responden a las teorizaciones que el mismo Borges publicó en revistas españolas y argentinas entre 1921 y 1924 y luego en su libro de ensayos *Inquisiciones*,[17] por ejemplo en los versos que cierran el primer poema del libro "Las calles":

> Hacia los cuatro puntos cardinales
> se van desplazando como banderas las calles;

o en "Atardeceres"

> La tarde maniatada
> sólo clama su queja en el ocaso.
> La mano jironada de un mendigo
> esfuerza la congoja de la tarde.

Por otra parte incluye, aunque con variantes, algunas composiciones ya publicadas en España ("Llamarada", "Campos atardecidos" ...[18]), textos que suprimirá o modificará en ediciones posteriores.

Sabemos que Borges se fue alejando de ciertos caracteres del ultraísmo, hasta despreciarlo. Sin embargo, mucho después aludirá al "ultraísta muerto cuyo fantasma sigue siempre habitándome" y que "goza con esos juegos" (se refiere a las "kenningar").[19] Por otra parte, si consideramos al ultraísmo como un movimiento complejo, que aglutina diversas tendencias vanguardistas, aserto que es válido tanto para el ultraísmo español como para el martinfierrismo, Borges permanecerá fiel a la vertiente vanguardista más afín con su temperamento: la expresionista. No es éste el lugar para rastrear la pervivencia del expresionismo de Borges, sólo aludiré a uno de sus rasgos: la proyección del yo en el mundo externo, la proyección del sujeto en el objeto hasta el punto de desdibujar límites. Esta actitud, presente ya en la prehistoria española de Borges permanecerá a lo largo de toda su obra y se valdrá de un recurso predilecto: la hipálage o el desplazamiento calificativo, que proyecta un sentimiento o actitud interior en el objeto externo. Por ejemplo, habla de "... la escalera indecisa" ("Paréntesis pasional" en *Grecia* 37 [31 diciembre 1919]) o de "los lentos jardines" ("1964" en *El otro, el mismo*, 1964, *OC*, 920).

Como síntesis de lo dicho hasta acá, quiero destacar que la relación de Borges con la vanguardia poética y con la tradición literaria y filosófica no puede dibujarse como una línea recta y evolutiva: no podemos hablar de una trayectoria nítida, según la cual habría un joven Borges que comienza seducido por un cenáculo iconoclasta y vanguardista o por los aires renovadores epocales y que —al madurar— se encuentra con la gran tradición cultural, se despoja de sus "tics" ultraístas y, enraizado en la gran corriente tradicional, busca su propio

---

[17] Véase "La metáfora" en *Cosmópolis* 35 (Madrid, noviembre 1921): 395-402; "Examen de metáforas" en *Alfar* 40 (La Coruña, mayo 1924): 11-12; "Examen de metáforas", 2ª parte, *Ibid.*, Nº 41, junio-julio, 1924, 4-5; "Después de las imágenes" en *Proa* 5 (Buenos Aires, 2ª época, diciembre 1924); "Examen de metáforas" en *Inquisiciones* (Buenos Aires: Proa, 1925): 65-75.
[18] Cfr. mi "Anticipos del mundo literario de Borges ..."
[19] "Las kenningar" en *Historia de la eternidad, OC*, edición citada, 380.

talante poético, desde su propia constelación temática y expresiva. No. Ya desde los inicios junto a Cansinos-Asséns y los ultraístas españoles, hay en Borges conjunción o convergencia de actitudes: la sonda en la tradición y la búsqueda a través de la experimentación renovadora. Ya en su estada en Mallorca, adonde aglutina un grupo ultraísta,[20] se muestra crítico con respecto a lo que considera sólo fórmulas parciales que tratan de solucionar el gran problema estético.

Es curioso que su "élan vital" y juvenil lo llevara a "liderar" el grupo mallorquín, y luego el movimiento martinfierrista argentino, cuando ya tenía sus interiores reservas. ¿Fluctuaciones? ¿Contradicciones? La interpretación podría fundamentarse en lo psicológico o en una actitud que Borges compartiría con todo creador literario valioso: la doble mirada de Jano hacia el pasado y hacia el futuro. Pero aquí prefiero interpretar la actitud borgiana con su propia conjetura ya citada: "De Proteo el egipcio no te asombres. / Tú que eres uno y eres muchos hombres".

- *Criollismo, cosmopolitismo, universalismo*

Ya esbozada la ambigua, compleja o contradictoria relación de Borges con el ultraísmo español y con su proyección martinfierrista, desplacemos nuestra mirada hacia otro ángulo: el de la convergencia, en la primera etapa poética borgiana, del cosmopolitismo y del criollismo, ambos con proyección universalista. Para ello creo que es conveniente situar al martinfierrismo argentino en el marco de una visión de conjunto del vanguardismo hispanoamericano en la década del 20 (con derivaciones en los primeros años de la década siguiente).

Creo pertinente comenzar recordando la caracterización que hace Arturo Uslar Pietri de "Lo criollo en la literatura":

> ... la literatura hispanoamericana nace mezclada e impura, e impura y mezclada alcanza sus más altas expresiones. No hay en su historia nada que se parezca a la ordenada sucesión de las escuelas, las tendencias y las épocas que caracteriza, por ejemplo, a la literatura francesa. En ella nada termina y nada está separado. Todo tiende a superponerse y a fundirse. Lo clásico con lo romántico; lo antiguo con lo moderno; lo popular con lo refinado; lo racional con lo mágico; lo tradicional con lo exótico. Su curso es como el de un río que acumula y arrastra aguas, troncos, cuerpos y hojas de infinitas procedencias. Es aluvial.[21]

Uslar Pietri identifica criollismo con mestizaje espiritual o cultural y concede a este rasgo más importancia que a otros con los que se ha tratado de caracterizar a la literatura hispanoamericana.[22]

---

[20] Carlos Meneses, *Poesía juvenil de Jorge Luis Borges*, edición citada, 19-23.
[21] Arturo Uslar Pietri, "Lo criollo en la literatura" en *Breve historia de la novela hispanoamericana* (Caracas-Madrid: Edime, 1954) y en *Cuadernos Americanos* 1 (México, año IX, enero-febrero 1950): 271.
[22] Entre ellos: la presencia de la naturaleza, cierto barroquismo popular, realismo primitivo en la novela, emotivismo en la lírica, funcionalismo en el ensayo, tendencia a servir a fines político-sociales, en todos los géneros.

Este marco conceptual, que destaca las tendencias sintetizadoras del talante americano, que subraya el fenómeno del mestizaje cultural en Hispanoamérica, coincide con nuestras observaciones con respecto al vanguardismo poético.

El fenómeno vanguardista, que presenta ya el carácter de un movimiento complejo en España, se complejiza más aún en Hispanoamérica. La comunidad de lengua y las estrechas relaciones culturales entre España y América determinan que el ultraísmo se difunda en la mayor parte del nuevo mundo.[23] Sin embargo, como ya lo señalaron enfáticamente los polemistas "del meridiano", el meridiano cultural de América no sólo pasa por Madrid. Viajes de americanos a Europa y de europeos a América, lecturas múltiples y otras formas de contacto cultural hacen que los escritores reciban la influencia de los "ismos" por varias vías. Recordemos, además, que en América se debatía entonces, como se debate todavía, el problema de la identidad cultural. La lectura de las revistas de la época[24] permite rastrear las contradicciones predominantes: por una parte, la necesidad de indagar en el "ser nacional", en el "ser americano" y de afianzarlo; por otra parte, la curiosidad intelectual, la necesidad de "estar atentos al movimiento intelectual del mundo", de recibir "los mensajes de cinco continentes".[25]

Esta tendencia del hispanoamericano a la apertura cultural, a la asimilación de los más variados estímulos provenientes de la cultura universal, ha sido señalada también por los

---

[23] Seleccionaré algunos testimonios. *Uruguay*: la revista *Los Nuevos*, Montevideo (1919-1920) dirigida por Ildefonso Pereda Valdés insertó notas sobre el ultraísmo. Lo mismo hizo la revista *Pegaso*, Montevideo (1918-1924), dirigida por Pablo de Grazia y José María Delgado, en el artículo de Luisa Luisi "Las nuevas literaturas", N° 40, octubre 1921, 154-158. La revista *La Pluma*, Montevideo (1927-1931), dirigida por Arturo Zum-Felde publica el artículo de I. Pereda Valdés, "El ultraísmo en América", N° 6, mayo 1928, 135-136. *Alfar*, La Coruña-Montevideo (1921-1954) dirigida por Julio J. Casal fue un nexo entre el ultraísmo español y el hispanoamericano.
Argentina. La presencia de Jorge Luis Borges relaciona el ultraísmo español con el argentino. En *Nosotros*, Buenos Aires, apareció el artículo de J. L. Borges "Ultraísmo", Tomo XXXIX, N° 151, diciembre 1921, 466-471. También el artículo "Isaac del Vando-Villar", Tomo XXXII, N° 161, octubre 1922, 284-285. Además cfr. N° 1 y 2 de *Prisma*, Buenos Aires, (1921-1922).
Puerto Rico. Citemos como ejemplo a los "diepalistas" (1921): Luis Palés Matos y José de Diego Padró, que declaran conocer el ultraísmo. Evaristo Rivera Chevremont que vivió en España durante el período ultraísta, llevó su influencia al "girandulismo" puertorriqueño (1924-1925). También el grupo *Los seis* (1924) y el "atalayismo" muestran influencias ultraístas.
Chile. Conocida es la relación de V. Huidobro con el ultraísmo, en este caso el chileno es el influyente. Alberto Rojas Jiménez, según P. Neruda, seguía los postulados ultraístas. Los "runrunistas" (1927-1931) leyeron *Literaturas europeas de vanguardia* (1924) de Guillermo de Torre, etc.
Venezuela. Según el crítico José Ramón Medina, el ultraísmo, aunque con retardo, penetró en Venezuela.
México. Luis M. Schneider, en su documentado estudio sobre *El estridentismo*, ha señalado la influencia del ultraísmo. Análogos testimonios existen con respecto a otros países (Perú, Cuba, etc.).
[24] Nombraremos entre otros a *La Pluma* de Montevideo y al *Repertorio Americano* de San José de Costa Rica, seleccionados por su gran valor para el historiador comparatista de la literatura.
[25] Cfr. "Programa", *La Pluma* 1 (Montevideo, agosto 1927): 9.

críticos, entre ellos por Federico de Onís, como "expresión de su cosmopolitismo nativo, de su flexibilidad para absorber todo lo extraño sin dejar de ser él mismo."[26]

Girondo señala en el manifiesto de *Martín Fierro* "que en nuestra calidad de latinoamericanos poseemos el mejor estómago del mundo, un estómago ecléctico, libérrimo, capaz de digerir y de digerir bien, tanto unos arenques septentrionales o un kous kous oriental, como una becasina cocinada en llama o uno de esos chorizos épicos de Castilla."[27]

Las manifestaciones del vanguardismo hispanoamericano expresan también este cosmopolitismo, pero junto a él, nos encontramos con que el espíritu iconoclasta y experimentador se aclimata, se "mestiza" y converge con caracteres locales. De ello resultan algunas direcciones del vanguardismo inequívocamente americanas como el vanguardismo criollista, el vanguardismo indigenista, el vanguardismo negrista, el vanguardismo revolucionario, entre otros.

Vanguardismo y criollismo: La alianza entre vanguardismo y criollismo, neocriollismo o nativismo puede rastrearse en varios países hispanoamericanos. Sin embargo, dos de los países donde dicha fusión se da con mayor intensidad y representatividad son Argentina y Uruguay.[28]

El criollismo tiene sus antecedentes en las tendencias criollistas del siglo XIX, posteriores a las independencias políticas hispanoamericanas y relacionadas con la dirección del romanticismo que valoriza al "color local" como elemento estético. Inserto en un "novomundismo" más amplio, el "neocriollismo" de la década del 20 intenta incorporar a la literatura las peculiaridades nacionales, incluso las urbanas. Borges es el poeta más representativo de esta vertiente criolla de la vanguardia, fenómeno curioso de aclimatación o "torsión nacional" de un movimiento literario internacional, que en sus postulados teóricos es cosmopolita y enemigo de toda circunstanciación.

Según Guillermo de Torre, el cambio temático en *Fervor de Buenos Aires* se debe al "choque psíquico recibido por el reencuentro de Borges con su ciudad nativa" ... "Al *entusiasmo* de tipo whitmaniano, ante la pluralidad del universo, sustituye el *fervor* por el espacio acotado de una ciudad; más exactamente de unos barrios y un momento retrospectivo. Vuelve a su infancia y casi a la de su país, idealizando nostálgicamente lo entrevisto".[29]

---

[26] Federico de Onís, "Sobre la caracterización del modernismo" (1929) en *España en América* (Río Piedras: Universidad de Puerto Rico, 1955): 175-181.
[27] "Manifiesto de Martín Fierro", *Martín Fierro* 4, segunda época (Buenos Aires, año 1, 15 mayo 1924): 1.
[28] *Nativismo* fue el nombre que recibió el criollismo en Uruguay, en donde apareció poco antes que en Argentina. Como en Buenos Aires, se vinculó también con las corrientes estéticas vanguardistas, aunque más atenuadamente, con mucha supervivencia de los modos expresivos del posmodernismo. Entre los poetas representativos de esta tendencia nombraremos a Fernán Silva Valdés autor de *Agua del tiempo* (1921) y Pedro Leandro Ipuche, autor de *Alas nuevas* (1922), *Tierra honda* (1924) y *Júbilo y miedo* (1926).
Luis Alberto Sánchez, "El nativismo vanguardista en Argentina y Uruguay" en *Historia comparada de las literaturas americanas*, Tomo IV. *Del vanguardismo a nuestros días* (Buenos Aires: Losada, 1976): 91-103.
[29] "Para la prehistoria ultraísta de Borges", 6.

Fervor de Buenos Aires es, ya desde el título, la expresión de un reencuentro afectivo y cálido de Borges con su ciudad: "Las calles de Buenos Aires / ya son la entraña de mi alma" ("Las calles" en *FBA*, 1ª edición).

Pero la explicación individual, de base emotiva, no es suficiente. Borges, al regresar, se inserta rápidamente en un contexto literario "criollista" de tradición lejana (ya hemos aludido a sus lecturas de los gauchescos hechas en Europa) y próxima: la legada por la "generación del 10" o del "Centenario" que precede a la promoción del 24, a la que él pertenece.

Las tendencias cosmopolitas o extranjerizantes se habían acentuado en la Argentina con la influencia de la generación del 80 y de la primera etapa modernista. La generación de 1910 o posmodernista, sin embargo, marca una notable tendencia a la valoración de las realidades nacionales. *La restauración nacionalista* (1910) de Ricardo Rojas, las *Odas seculares* (1910) de Lugones o *El solar de la raza* (1913) de Manuel Gálvez, son algunos nombres señeros de las tendencias novomundistas que cantan al pasado, al presente y al esperanzado futuro del Nuevo Mundo.

El grupo martinfierrista se gesta en la atmósfera cultural dominada por la promoción "del Centenario",[30] cuyas búsquedas expresivas se encauzaron en varias tendencias posmodernistas que coincidieron en rechazar y tratar de superar el exotismo y el aristocratismo estético. La *desretorización* con respecto al primer modernismo se intentó por varios medios, uno de ellos el "sencillismo", tanto formal como temático. En este último plano, se procuró cantar o narrar lo próximo, lo cotidiano, lo familiar, lo ínfimo,[31] lo urbano, lo suburbano ... Baste recordar la presencia de lo urbano en Baldomero Fernández Moreno (su famoso "Setenta balcones") y la incorporación de lo suburbano en la obra de quien, según Borges, "inventó Palermo": Evaristo Carriego, con su canto al barrio y sus personajes tipos, sin olvidar algunos poemas de Lugones que —aunque procedente de la promoción anterior— marchó a la vanguardia de las búsquedas posmodernistas.

La "promoción del 10" se caracteriza por su acentuado americanismo literario, dentro del cual se modulan diversas tendencias: reivindicación de España y de las raíces hispánicas de nuestros pueblos, indoamericanismo o eurindismo, nacionalismo cultural, crítica al desarraigo, telurismo, ruralismo, regionalismo, "adentrismo" o provincialismo, valorización del gaucho ... Durante este período, además, se había ido configurando y enriqueciendo el uso y el contenido semántico de la palabra *argentinidad*, a partir de la utilización y definición que de ella hicieron Unamuno y Rojas, en diálogo intelectual.

Por caminos independientes con respecto a Rojas, Ricardo Güiraldes, a pesar de su cosmopolitismo y de su universalismo cultural, se sintió acuciado, como hemos visto, por el deseo de dar una voz a una raza y a una tierra inexpresadas[32]. Güiraldes —si bien venía

---

[30] Los autores vinculados con esta promoción son Roberto Payró, Horacio Quiroga, Ricardo Rojas, Manuel Gálvez, Hugo Wast, Alberto Gerchunoff, Benito Lynch, Ricardo Güiraldes, Baldomero Fernández Moreno, Juan Carlos Dávalos, Alfredo Bufano, Enrique Banchs, Rafael A. Arrieta, Arturo Capdevila, Arturo Marasso, Alfonsina Storni, Evaristo Carriego, Enrique Larreta, entre otros.
[31] Leopoldo Lugones, "Los ínfimos" en *Poemas solariegos* (1928).
[32] Ivonne Bordelois, *Genio y figura de Ricardo Güiraldes* (Buenos Aires: Eudeba, 1966): 101-102.

Tapas y portadas de libros publicados por Borges en la década del veinte.

de la generación anterior— fue, con su libro *El cencerro de cristal* (1915), un precursor del vanguardismo argentino y se unió estrechamente a los jóvenes martinfierristas, sobre todo en torno a la redacción de la revista *Proa* (1924-1926), en su segunda época.

En este contexto surgen los tres libros poéticos borgeanos aparecidos en la década, *Fervor de Buenos Aires* (1923), *Luna de enfrente* (1925) y *Cuaderno San Martín* (1929), que adoptan, por una parte, las técnicas literarias del vanguardismo, aunque sólo parcialmente y muy personalizadas. Por otra parte, buscan expresar el alma de Buenos Aires y desde ella el alma argentina. A partir del suburbio, del compadrito, del malevo y de algunos otros símbolos, Borges crea una mitología porteña que —a su vez— sustenta sus teorizaciones sobre el tiempo, sobre la realidad o irrealidad del universo y otras constantes de su mundo literario, ya perfectamente configuradas en sus libros de iniciación.

En un interesante artículo publicado en 1926: "El tamaño de mi esperanza", dice Borges: "A los criollos les quiero hablar: a los hombres que en esta tierra se sienten vivir y morir, no a los que creen que el sol y la luna están en Europa".[33] Más adelante exhorta a pensar y a escribir las realidades nacionales:

> Nuestra realidá vital es grandiosa y nuestra realidá pensada es mendiga. Aquí no se ha engendrado ninguna idea que se parezca a mi Buenos Aires, a este Buenos Aires innumerable que es cariño de árboles en Belgrano y dulzura larga en Almagro y desganada sorna orillera en Palermo y mucho cielo en Villa Ortúzar y proceridá taciturna en las Cinco Esquinas y querencia de ponientes en Villa Urquiza y redondel de Pampa en Saavedra. *Sin embargo, América es un poema ante nuestro ojos; su ancha geografía deslumbra la imaginación y con el tiempo no han de faltarle versos*, escribió Emerson el cuarenta y cuatro en sentencia (...) que hoy, en Buenos Aires del veinticinco, vuelve a profetizar.[34]

Finalmente define el criollismo que él desea, no un criollismo nostálgico, retrospectivo, sino uno "que sea conversador del mundo y del yo, de Dios y de la muerte".[35] Convergencia, por lo tanto, de criollismo y cosmopolitismo, de criollismo y universalismo.

El ultraísmo y el criollismo de los jóvenes poetas del grupo martinfierrista pasan, aunque no sin dejar frutos. El mismo Borges ironiza, años más tarde, sobre estos dos intentos de su poesía de los años veinte: ser moderno y ser argentino: "Hacia 1905, Hermann Bahr decidió: El único deber, ser moderno. Veintitantos años después, yo me impuse esa obligación del todo superflua. Ser moderno es ser contemporáneo, ser actual; todos fatalmente lo somos (...) no hay obra que no sea de su tiempo".[36] Razonamiento análogo aplica a su intención criollista: "Olvidadizo de que ya lo era, quise también ser argentino. Incurrí en la adquisición de uno o dos diccionarios de argentinismos, que me suministraron palabras que hoy puedo apenas descifrar: madrejón, espadaña, estaca pampa ...".[37]

---

[33] Jorge Luis Borges, *El tamaño de mi esperanza* (Buenos Aires: Proa, 1926): 5.
[34] *Ibid.*, 8-9.
[35] *Ibid.*, 9.
[36] Prólogo a *Luna de enfrente*, fechado el 25 de agosto de 1969, *OC*, edición citada, 55.
[37] *Ibid.*, 55.

Insistamos en la obvia afirmación de que sus libros poéticos de la década del 20 no se agotan en la intención criollista, como tampoco en el ultraísmo. Confluyen en ellos tradición y vanguardia, universalismo, cosmopolitismo y criollismo, como convergen en su sangre la estirpe criolla y la abuela inglesa y en su lenguaje la economía y precisión propias de la sintaxis inglesa y los decires de los viejos señores criollos. Por otra parte, todo Borges, el universal Borges, alienta en estos libros, particularmente en *Fervor* ..., como el mismo lo ha reconocido.

Detengámonos, por ejemplo, en "Arrabal" (*FBA*, cito por la 1ª edición):

> El arrabal es el reflejo
> de la fatiga del viandante.
> Mis pasos claudicaron
> cuando iban a pisar el horizonte
> y estuve entre las casas
> miedosas y humilladas
> juiciosas cual ovejas en manada,
> encarceladas en manzanas
> diferentes e iguales
> como si fueran todas ellas
> recuerdos superpuestos, barajados
> de una sola manzana.
> El pastito precario
> desesperadamente esperanzado
> salpicaba las piedras de la calle
> y mis miradas comprobaron
> gesticulante y vano
> el cartel del poniente
> en su fracaso cotidiano
> y sentí *Buenos Aires* ...

En este poema, el "arrabal" es ya simbólico (el límite, la transición, lo indeciso ...). El yo lírico proyecta su subjetividad a "las casas miedosas y humilladas", utilizando un desplazamiento calificativo de filiación expresionista, y al seguir calificándolas, reflexiona metafísicamente sobre la limitación del ser en su existir ("encarceladas"), su irrealidad ("como recuerdos"), su falta de entidad individual —unidad en la pluralidad y pluralidad en la unidad—: ("manzanas diferentes e iguales", "una sola manzana") y su irracionalidad ("barajados"). El poniente, "gesticulante y vano", simboliza ya la vana batalla de los seres y cosas por no acabar, por no morir. En síntesis: algunas imágenes ultraístas ("el cartel del poniente", "la vía crucis de la calle"), rasgos expresionistas ("la calle sufrida"), el oxymoron —tan borgeano— que fusiona contrarios ("desesperadamente esperanzado"); una estampa suburbana con sugestión de pampa (el arrabal la sugiere y la connotación se refuerza por la comparación "casas ... cual ovejas en manada"). Todo ello ligado a un sentimiento entrañable de lo argentino y a la expresión —a partir de lo cotidiano y local— de una problemática metafísica (el ser, el tiempo, la realidad).

Borges escapa a los esquemas: no creamos en la simplificación evolutiva de pensar que durante una etapa se entrega a un criollismo sin reservas y luego lo supera totalmente.

Supera, sí, el criollismo *voluntario*, pero el tema argentino perdurará en él, con notable profundidad y emoción, más allá o a pesar de sus declaraciones periodísticas. Tampoco creamos en la simplificación contraria, en un joven Borges incondicionalmente fascinado por Buenos Aires y por sus compatriotas. Alguna correspondencia al poeta mallorquín Jacobo Sureda así lo prueba, por ejemplo una carta fechada en 1922 a bordo del vapor "Reina Victoria Eugenia":

> Escríbeme, hombre Jacobo, y escribe largamente. No me abandones en el destierro de la ciudad cuadriculada de los jovencitos que hablan de la argentinidad y del civismo y de lo que significa el general Bartolomé Mitre para los siglos venideros. ¡Horror! ¡Horror![38]

Sin embargo, estas oscilaciones del hombre Borges no se proyectan en el yo lírico de los poemas de la década, fervoroso de Buenos Aires.[39]

La superación del "criollismo voluntario" en Borges debe asociarse con una evolución grupal o —más aún— generacional, que se observa a fines de la década del 20. Podemos sintetizar en una cita de Eduardo Mallea el viraje que se propuso por esta época su generación:

> Debíamos decir no a un arte genérico, de entonación llamada telúrica, robusto pero primitivo. Nuestro mundo meridional no tiene nada de primitivo. Constituimos un mundo delicado y matizado en su propia voluntad de selección.[40]

Volvamos nuestra mirada a Borges: tradición y vanguardia; universalismo, cosmopolitismo, criollismo. ¿Convergencia o contradicción? Convergencia y contradicción. Borges fue siempre complejo. Por algo fue el oxymoron un recurso medular[41] en su obra, como ya lo han señalado otros críticos. El oxymoron fue un recurso estilístico y estructural para superar las contradicciones de la realidad, abrazándolas en una síntesis superadora de dualismos, sólo precariamente antagónicos, pero conciliables en alguna dimensión no racional o desde una óptica más comprensiva y abarcadora. El oxymoron es un intento de

---

[38] Citado por Carlos Meneses, en epílogo a: Jacobo Sureda, *El prestidigitador de los cinco sentidos* (Mallorca: Arxipèlag, 1985): 117-118. Véase también de Carlos Meneses, *Cartas de juventud de Jorge Luis Borges (1921-1922)* (Madrid: Orígenes, 1987): 95.
[39] El mismo Borges ha teorizado sobre el deslinde entre lo que él llama "un yo imaginario" (Personalidad que es "de algún modo una proyección de la obra") y el yo biográfico. "Valéry como símbolo" en *Otras inquisiciones*, *OC*, edición citada, 686-687.
[40] E. Mallea, *Poderío de la novela* (Buenos Aires: Aguilar, 1965): 34.
[41] Ya en 1921 reflexionaba Borges sobre este recurso al que llamaba "la adjetivación antitética", que asociaba con el problema estético de la relación del individuo con la realidad: "¿Y la adjetivación antitética? El hecho de que existe basta para probar el carácter provisional y tanteador que asume nuestro lenguaje frente al realidad. Si sus momentos fueran enteramente encasillables en símbolos orales, a cada estado correspondería un rótulo y únicamente uno (...) En álgebra el signo más y el signo menos se excluyen; en literatura los contrarios se hermanan e imponen a la conciencia una sensación mixta, pero no menos verdadera que las demás". "La metáfora", en *Cosmópolis* 35 (Madrid, noviembre 1921).

superar las estrecheces racionales del lenguaje o, más aún, un intento de superar el principio de no contradicción, implícito en la realidad reglada conceptualmente. La realidad es compleja y supera los esquemas. La obra de Borges y el mismo Borges también los superan.

VI

POESÍA NEGRISTA Y VANGUARDIA LITERARIA

• *Manifestaciones vanguardistas en Puerto Rico en la década del 20*

El vanguardismo en Puerto Rico intensifica y precipita el proceso postsimbolista que se canalizó previamente en el modernismo y posmodernismo. Los historiadores del modernismo en Puerto Rico destacan la orientación nacional e hispánica que predomina en la versión puertorriqueña de este movimiento.[1] En esta orientación influyen los condicionamientos socio-políticos de la época. Como resultado del tratado de París, que puso fin a la guerra entre Estados Unidos y España, el 18 de octubre de 1898, la bandera norteamericana comienza a ondear en los palacios, fuertes y castillos de San Juan de Puerto Rico.

Surgen entonces dos bandos: los que aman esa tradición hispánica, esa lengua y la autoctonía nacional, que levantaron su voz de protesta, y los que ceden llevados por el nuevo orden de cosas ....[2]

La literatura se interesa por afirmar los valores de la raza, lo telúrico, la tradición. El centro del modernismo es la *Revista de las Antillas* (1913-1914) fundada por Luis Lloréns Torres (1876-1944) considerado por muchos el poeta nacional de Puerto Rico.

En dicha revista Lloréns Torres, publicó, en 1913, un grupo de poemas titulados "Visiones de mi musa", precedidos de sus teorías estéticas: "pancalismo" (todo es bello) y "panedismo" (todo es verso), que más tarde amplió en el prólogo de *Sonetos sinfónicos* (1914).[3]

---

[1] Véase Félix Franco Oppenheimer, *Imagen de Puerto Rico en su poesía* (Puerto Rico: Editorial Universitaria, 1972): 133 y ss.
[2] *Ibid.*, 134.
[3] Luis Hernández Aquino, *Nuestra aventura literaria. (Los ismos en la poesía puertorriqueña, 1913-1948)* (Santo Domingo: Editora Arte y Cine, 1964): 212; 2ª edición (Puerto Rico: Editorial Universitaria de Puerto Rico, 1966): Capítulo 1: "Pancalismo y panedismo". En adelante citaremos por esta edición.

A los dos "ismos" mencionados, vinculados con el modernismo, se agrega una proliferación de movimientos de intención vanguardista, durante la década del 20, que han sido ya valiosamente historiados y antologados por algunos de sus protagonistas.[4]

Su primera manifestación es el "diepalismo" (1921) representado por Luis Palés Matos y José De Diego Padró. El "euforismo" (1922), de Vicente Palés Matos y Tomás Batista, exhorta a la ruptura con el verso sentimental y preciosista del modernismo y valora la actualidad o modernidad como materia poética (maquinismo, vitalismo).

El grupo de *Los Seis* (1924) tiene propósitos semejantes en lo literario y se pronuncia además contra los males sociales. El "vanguardismo" o "girandulismo", postulado por Evaristo Ribera Chevremont (1924-1925) distingue entre modernidad y novedad, que es "el descubrimiento de nuevos aspectos de las cosas". Esta última tendencia postula innovaciones en la versificación, en el ritmo, en los temas y en el proceso creador.

El "noísmo" (1925-1928), representado por Vicente Géigel Polanco, Vicente Palés Matos y otros, apunto a la renovación literaria y a la social, con negaciones y contradicciones dadaístas y exhortaciones a un panamericanismo. En los representantes del movimiento influyó la lectura de *Literaturas europeas de vanguardia*, de Guillermo de Torre. Como resultado, se acentúa la tendencia sincrética, con predominio del dadaísmo. Uno de sus integrantes, Emilio Delgado, se orientó definidamente hacia el marxismo.

El "atalayismo" (1929-1931) fue anticipado en sus propuestas por "El hospital de los sensitivos". Estuvo representado por Graciany Miranda, Alfredo Margenat, Clemente Soto Vélez, Fernando González Alberty y Luis Hernández Aquino, entre otros. Las primeras publicaciones vinculadas con el grupo "Atalaya de los dioses" están muy cerca del modernismo, con influencia de Herrera y Reissig. Luego evolucionaron hacia el vanguardismo, particularmente por obra de Alfredo Margenat, quien define al poema atalayista como afín con el ultraísta y el cubista.[5]

En 1929 aparecen los tres manifiestos atalayistas, el primero, firmado por Clemente Soto Vélez, con influencias futuristas; el segundo, del mismo autor[6] y el tercero, firmado por Graciany Miranda Archilla.[7] El movimiento tuvo también sus "veladas", sus adeptos y sus detractores. A partir de 1930 el grupo recibe influencia nacionalista, por reacción contra la política de Estados Unidos. Miranda Archilla sostiene entonces que la vanguardia no es un hecho literario sino político.[8] Los libros atalayistas son posteriores. *Responso a mis poemas naúfragos* (1931), de G. Miranda Archilla; *grito* (1931), de Fernando González Alberty, *Niebla lírica* (1931), de L. Hernández Aquino, y *Atalayando vibraciones* (1931) de René Golman Trujillo. El atalayismo se proyectó hasta 1935. Con su sentido

---

[4] Véase Vicente Géigel Polanco, "Los 'ismos' en la década del veinte" en *Literatura puertorriqueña: 21 conferencias* (Barcelona: Instituto de Cultura Puertorriqueña, 1960): 4-27. Luis Hernández Aquino, *Nueva poesía de Puerto Rico* (Madrid: Cultura Hispánica, 1952).
[5] "Nuestros módulos estéticos. El poema atalayista" en *El Imparcial* (27 julio 1929). Luis Hernández Aquino, *Op. cit.*, 102.
[6] "Acracia Atalayista" en *El Tiempo* (16 setiembre 1929). Luis Hernández Aquino, *Op. cit.*, 248-249.
[7] "Decálogo atalayista" en *El Tiempo* (1 octubre 1929): 8. Luis Hernández Aquino, *Op. cit.*, 250-252.
[8] "Epístola a los atalayistas" en *Alma Latina* (11 junio 1931) citado por Luis Hernández Aquino, *Op. cit.*, 110.

experimental, cierra este período de eclosión de "ismos" puertorriqueños vinculados con las "vanguardias históricas" europeas. Se podría aún mencionar el grupo Meñique, cuyo principal representante, Francisco Manrique Cabrera, publicó, en 1930, romances con influencias lorquianas.

El vanguardismo puertorriqueño, por la prodigalidad de sus manifestaciones, constituye un corpus rico para una teorización sobre el vanguardismo hispanoamericano. Vistos en su conjunto, estos "ismos" son movimientos minoritarios, muy semejantes entre sí, a pesar de ciertos matices que los diferencian. En ellos hay que distinguir lo programático de lo realmente llevado a cabo en la creación poética. Todos estos "ismos" fueron pródigos en manifiestos atrevidos, que generalmente son más revolucionarios que los poemas que los ilustran.[9]

Analizaremos brevemente algunos aspectos a partir, sobre todo, de los manifiestos.

1. *Relación con el pasado literario, particularmente con el modernismo.* Casi todos los manifiestos exhortan a la ruptura con los *clises* modernistas, con "el verso matiz" y "los sentimentalismos dulzones";[10] a la negación del pasado literario, a la "desliteraturización", es decir, al abandono de los códigos poéticos vigentes:

> Desliteraturicémonos. Matemos el cisne y el ruiseñor. Yo proclamo el imperio de la rana, esa joya de porcelana verde prendida en el seno oscuro de los charcos.[11]

Sabemos que el proceso que intenta una "desliteraturización"[12] había comenzado ya con el posromanticismo (la "poesía natural, breve y seca" que define Bécquer, la poesía separada de la prosa sólo por el ritmo, que postula Campoamor en su *Poética*, los voluntarios prosaísmos de Manuel Machado en su línea de *El mal poema*, los prosaísmos lugonianos que buscan romper un clima poético, y tantos otros ejemplos). González Martínez exhorta a torcer el cuello al cisne y a mirar al eterno búho, en 1911. Ribera avanza un poco: proclama "el imperio de la rana" y a ella le canta ("Motivos de la rana").[13]

La negación del pasado es aún más violenta en el "noísmo", que desea "romper no sólo con la tradición literaria, sino también con las esencias, los valores":

> Urge borrar lo sido, tachar el pasado, y afirmar sobre las nuevas arrogancias de una vida nueva. No creer: dudar, negar. Pararse en medio de la multitud que sigue mansamente los caminos trillados y vencerla, y echarle encima la norma:
> ¡NO!; ¡NO!; ¡NO! ...

---

[9] *Ibid.*, 227-252.
[10] "... Acabemos de una vez y para siempre con los temas teatrales, preciosismos, camafeos, artificios! Cantemos a lo fuerte y útil, lo pequeño y potente ...": "Manifiesto euforista" en *El Imparcial* (1 noviembre 1922). Luis Hernández Aquino, *Op. cit.*, 227.
[11] E. Ribera Chevremont, "El hondero lanzó la piedra" en *Puerto Rico Ilustrado* (12 abril 1924), s.p. transcrito por Hernández Aquino, 234.
[12] "Y todo el resto es literatura", dice Verlaine en su "Arte poética", afirmación hecha —según Borges— en "excelente literatura".
[13] En *El Imparcial* (11 julio 1925). Transcripto por Luis Hernández Aquino, *Op. cit.*, 179-181.

Exaltamos la personalidad en la revolución destructora. Nos queda mucho por hacer, más por rehacer, y todo por destruir ....[14]

2. *La reflexión sobre el hecho estético.* En estos programas estéticos se observa también la reflexión sobre el proceso creador, con indudable influjo del cubismo y del creacionismo:

> Vivamos en la Naturaleza, pero no para copiarla ni para imitarla, sino para revelarla y plantar la Vida sobre la Nada y superar la Creación en su vértigo de esencias y formas.[15]

Esta tácita alusión a la estética creacionista, se hace explícita en un "Llamamiento" a los jóvenes, que publicó Ribera. Allí los exhorta a no quedar rezagados en el movimiento "bajo cuyos pabellones se riza la cabellera de la musa de los Huidobro".[16]

3. *La recepción americana de la influencia europea.* El proceso de búsqueda de la identidad específica del arte hispanoamericano no será desplazado por el "internacionalismo" de las vanguardias. Explica Félix Franco Oppenheimer que, ante los hechos políticos: "Surge la disyuntiva de ser hacia afuera o ser hacia adentro, universalistas sin raíces o nacionales con fruto propio ... Queremos ser nosotros pero sin rechazar lo de fuera. Es así como se gesta la conciencia de autoctonía, a veces con soberbia intelectual, que dará origen a movimientos de vanguardia, demostración evidente de que estábamos alertas al pulso creador del mundo pero celosos a la vez de nuestro sentir, soñar y crecer colectivo".[17]

El vanguardismo puertorriqueño tiene un fuerte influjo externo, sobre todo ultraísta, futurista y creacionista, pero asimilará los datos inmediatos de la realidad —entre ellos, la presencia de elementos culturales afro-antillanos— o transformará con sutiles adaptaciones al propio talante, las influencias recibidas.

La superposición de estilos. También en este corpus puede constatarse lo afirmado por Arturo Uslar Pietri con respecto a "lo criollo en literatura". En sus manifestaciones "nada termina y nada está separado. Todo tiende a superponerse y a fundirse".[18]

Muchas de las más atrevidas postulaciones vanguardistas son, en realidad, intensificación de procesos posmodernistas. Pero más aún, modernismo y vanguardia conviven no sólo en un mismo autor, sino también en un mismo manifiesto o en un mismo poema.

En cada uno de los "ismos" reseñados que se van sucediendo, hay un cierto adanismo que es parcialmente falso, pues lo que se proclama y hace no es esencialmente distinto de lo anticipado por diepalistas y euforistas, aunque puedan variar acentos o matices con respecto a las primeras manifestaciones de la vanguardia puertorriqueña.

---

[14] S. Quiñones, V. Palés Matos, V. Géigel Polanco, E. Delgado y otros, "Gesto, incitación del grupo; ¡No!" en *El Imparcial* (17 octubre 1925), reproducido en Luis Hernández Aquino, *Op. cit.*, 244-245.
[15] E. Ribera Chevremont, "El hondero lanzó la piedra", 1924. L. Hernández Aquino, *Op. cit.*, 235.
[16] *Ibid.*, 86.
[17] F. Franco Oppenheimer, *Op. cit.*, 55.
[18] A. Uslar Pietri, "Lo criollo en la literatura" en *Breve historia de la novela hispanoamericana* (Caracas-Madrid: Edime, 1954) y en *Cuadernos Americanos* 1 (México, año IX, enero-febrero 1950): 271.

Por otra parte, la coexistencia del "grupo Meñique" con el atalayismo (lorquismo y vanguardismo) supone la superposición de estilos literarios, que en Europa se han dado diacrónicamente, con una relación evolutiva (en este caso ultraísmo y generación del 27 en España). La superposición en el tiempo del lorquismo con manifestaciones que en Hispanoamérica reelaboran las vanguardias sintetizadas en el ultraísmo español (aunque no forzosamente conocidas por esa vía), es muy frecuente.[19]

Las dos vanguardias. Los diversos "ismos" que se manifiestan en esta época en Puerto Rico pueden ilustrar también algunas de las formas de relación entre vanguardia estética y vanguardia socio-política. En general, la intención renovadora que manifiestan, es predominantemente de índole estética, pero algunas veces ésta converge o se mezcla con motivaciones sociales o políticas. Esta confluencia está ya presente en el grupo de *Los Seis*, preocupados por promover en la opinión pública "la discusión de los temas cardinales de la actualidad puertorriqueña",[20] pero se acentúa con el "noísmo" cuya negación sobrepasa lo literario:

> Por eso alzamos nuestra hacha demoledora contra la literatura zonza, de gimoteos estériles; contra el verso afeminado; contra la prosa charlatana y mendaz; contra los pontífices del preceptismo ... contra este espantoso sistema social que atrofia las iniciativas y enerva los talentos; contra el utilitarismo y la moral puritana, contra la seriedad; contra los dogmas ....[21]

La intención panamericanista, que ya había estado presente en el "euforismo" (Vicente Palés Matos participa en ambos movimientos) se insinúa en el manifiesto noísta:

> Pongamos nuestra estética en armonía con las cataratas del Niágara y que se abra la emoción como la boca del Orinoco ... Proclamemos la gran República del Pensamiento Americano ....[22]

La presencia en este movimiento de Emilio Delgado, que se orientó hacia el marxismo, acentuó la tendencia socio-política, hasta entonces débil, sobre todo en la revista *Hostos* (1929), dirigida por Delgado.

El grupo "atalayista", desde 1930, como hemos dicho, recibió la influencia nacionalista, por reacción contra la política de Estados Unidos.

A pesar de estos contactos con lo político-social, de variados matices —sobre todo en lo que respecta a la relación con los Estados Unidos— los "ismos" puertorriqueños en la década del 20 buscan, sobre todo, la renovación estética y un cambio general en las costumbres y concepciones vitales.

---

[19] El lorquismo, particularmente el del *Romancero gitano*, es asimilado en los distintos autores hispanoamericanos desde diferentes estéticas: a veces desde un posmodernismo sencillista (Alfredo Bufano), otras desde un ultraísmo o creacionismo (Enrique Ramponi), entre otras variantes.
[20] V. Géigel Polanco, *Op. cit.*, 14.
[21] "Del noísmo-gesto. Incitación del grupo. ¡No!" en *El Imparcial* (17 octubre 1975): 2. L. Hernández Aquino, *Op. cit.*, 241.
[22] *Ibid.*, 243.

La lectura de los poemas no cambia sustancialmente lo observado en los manifiestos. Se canta al "Padre Tornillo" (Vicente Palés Matos),[23] al Progreso,[24] a la rana, a los seres y cosas del mundo cotidiano, en los que se procura descubrir o crear nuevas relaciones, por medio de personificaciones y metáforas, en procura de visiones inéditas:

> En el horizonte el sol marino
> cosía una vela blanca.
> En el esquife de una ola
> yo embarqué
>   una
>   mirada[25]

Sólo por excepción, estas creaciones reemplazan el tono humorístico y lúdico por otro más grave, reminiscente del expresionismo, como en "Proyecciones", de Géigel Polanco, que canta a la insurrección humana:

> Corazones húmedos de auroras por las laderas de las montañas.
> Multitudes insurrectas
> ....
> Claras voces disidentes,
> polarización de todas las locuras
> en un extraordinario gesto emancipante.
> Recio perfil de los Prometeos:
> Espartaco, Lutero, Bolívar, Karl Marx.
> Voluntades erectas.
>
> Puños levantados contra los siete pecados
> y las siete virtudes y los siete silencios de la muerte.
> Rebelión de los hombres y las aguas y las tierras
> en la clara mañana presentida
> ....
> Culminación de la epopeya humana
> en los rojos penachos del Espíritu.[26]

La renovación del lenguaje poético. El mayor aporte experimental del vanguardismo puertorriqueño reside en los juegos verbales de los diepalistas, que alcanzarán su máxima eficacia en la poesía negra de Palés.

El nombre diepalismo proviene de la combinación de los apellidos de sus fundadores: Luis Palés Matos y José De Diego Padró. Si bien algunas noticias sobre los "ismos" (particularmente sobre el imaginismo) se habían difundido con anterioridad, el diepalismo es el primer intento grupal. Su génesis fue explicado por José De Diego Padró:

---

[23] "Canto al tornillo", *Ibid.*, 177-178.
[24] V. Palés Matos, "Soy", *Ibid.*, 54.
[25] E. Ribera Chevremont, "Esbozo", *Ibid.*, 68.
[26] *Ibid.*, 186-187.

Nos reencontramos en el viejo Ateneo. Para esa época, en el año 1921, resonaban en Puerto Rico las escuelas francesas de posguerra y circulaban libros sobre las mismas. Creímos Luis Palés y yo que se podía hacer una nueva escuela, a base de la onomatopeya, supliendo lo lógico por el valor fonético del poema.[27]

El 7 de noviembre de 1921 aparece en *El Imparcial* el poema "Orquestación diepálica", de Luis Palés Matos y J. De Diego Padró, con mucho del disparate del ultraísmo hispánico, pero con una mayor insistencia en el recurso onomatopéyico, que intenta captar sintéticamente las voces del agua, del viento y de los animales del campo, en una noche de embrujamiento lunar:

> Ja— já, ji— jí, uf! La carcajada
> y la tertulia de los búhos isócromos!
>
> Be— eh ... Se yergue en dos patas el cabro ... be-eh,
> y en la lejanía: do-re-mi-fa-sol,
> pío, pío, pío, rui-rui-rui-se-ñor, se-ñor-or ...
> Pzzzzzh, del grillo ríspido y lunático.
>
> ¿qué se aproxima si-gi-lo-sa-men-te?
> chaf, chaf, chaf, chaf; ohr-án-ohrr-áu-au,
> y un buey remoto y cósmico en la bruma
> la emprende con los perros trasnochados.
> Chrrr-áu-áu-mmmuuueee ... en la ultranoche
> pasa humoso y tremendo como una sombra astral.
> Las últimas estrellas demacradas
> danzan sobre la niebla vagamente,
> ....
> Pit ... pit ... pit ... co-quí-co-co-quí ... quí ...
> Pitirr-pitrr, chi-chichichuí, chi- chichichuí ...
> Chocla, chocla, cho cla, mmmeee ...
> Caaacaracaca, pío, pío, caaaracacaaa ...
> Juá, juá, juá, juá; uishe-ó uishe-ó uishe-ó ...
> Cucurucú ¡qui qui ri quí! ¡Cocorocó![28]

La composición no merece nuestra atención como logro artístico, pero sí como propuesta, como experimentación que tendrá éxito en la posterior poesía afroantillana de Palés. Algún cultismo ("isócromos") nos recuerda al estilo de Guillermo de Torre ultraísta, pródigo en estos términos.[29] El "buey remoto y cósmico" también parece proceder de la tendencia a atribuir dimensiones cósmicas a los seres terrestres, propia del cubismo y del creacionismo y que Diego y Palés pudieron captar a través del ultraísmo, ya que aún no conocían el creacionismo en su fuente huidobriana, según se desprende de la declaración programática que transcribiremos.

---

[27] *Ibid.*, 42.
[28] *Ibid.*, 166.
[29] Véase "Manifiesto vertical" (1920) o el libro *Hélices* (1923).

La desjerarquización de la magia nocturna (carcajadas, el cabro en dos patas, las estrellas demacradas, los ríspidos sonidos onomatopéyicos ...) marca la ruptura con la tradición modernista que, heredera del romanticismo, presenta noches ennoblecidas, misteriosas, profundas, sugerentes, puentes entre la tierra y lo infinito, ámbitos propicios para el amor. (Recuérdense los "nocturnos" de Darío, de José Asunción Silva, de Lugones —"Flores y estrellas", por ejemplo— o el "Nocturno", 1917, de Lloréns Torres).

Sin embargo la propuesta de experimentación vanguardista más importante del diepalismo es la utilización de la onomatopeya como un medio de expresión sintética que suplanta a la descripción prolija. Obviamente no es un "descubrimiento" en sentido estricto, ya que la materia fónica expresiva (onomatopeya, aliteraciones, ritmo verbal sugerente, simbolismo de los sonidos y otras formas de lo que Ingarden llama *nivel textual fónico lingüístico*) es de antiquísimo uso. Ya Platón había teorizado sobre la sugestión simbólica de los sonidos y las antiguas retóricas habían descrito la "armonía imitativa" (1. "cierta conveniencia vaga del sonido dominante con el pensamiento". 2. "Imitación de un objeto por medio de sonidos. a. imitación de sonidos por medio de sonidos. b. imitación del movimiento de los cuerpos. 3. Sugerencia por medio de sonidos de las conmociones del ánimo).[30] Por otra parte en una tradición muy próxima, los modernistas, y posmodernistas habían dominado todas las sutilezas de las posibles combinaciones de fonemas (Darío, Juan Ramón Jiménez, Lugones, por citar sólo algunos).[31]

Pero el recurso asumido por la vanguardia puertorriqueña, sin romper del todo con la tradición,[32] acentúa dos aspectos: 1. La intención de reemplazar o sintetizar por este medio las descripciones, proscriptas en varios programas ultraístas o vanguardistas. 2. La preferencia por un discurso alógico, que comunica sensaciones o sentimientos más que conceptos. Esta intención, aún en una etapa de tanteo, se explicita en un breve texto programático que, firmado por los autores del poema, acompaña su publicación. Allí aluden a los movimientos europeos que buscan dar a la poesía "cierta concentración estética, de modo que las más altas concepciones de belleza quedan sustancialmente sugeridas". Declaran conocer varias orientaciones: "imaginismo, impresionismo, unanimismo, ultraísmo, cubismo, futurismo y dadaísmo, todas con altísimas mentalidades de vanguardia".[33]

Señalan luego la divergencia del "diepalismo" con respecto a las escuelas nombradas:

> Ahora bien, ninguna de estas novísimas escuelas señala un modo sintético de expresión, utilizando la onomatopeya y nosotros, con el fin de agilizar las actuales normas de la poesía hemos intentado en el trabajo precedente dar la impresión de lo objetivo, por medio de expresiones onomatopéyicas, del lenguaje de aves, animales e insectos, sin recurrir a la descripción anchurosa y prolija que sólo viene a debilitar la verdad y la pureza del asunto.[34]

---

[30] José Gómez Hermosilla, *Arte de hablar en prosa y verso*, 1826.
[31] Manuel Machado, en *La guerra literaria*, teorizó sobre la sugerencia de algunos sonidos, quedando así explícita, como en el caso de las "Vocales" de Rimbaud, la actitud de reflexión sobre el fenómeno.
[32] Juan Ramón Jiménez marca un hito en el proceso, por el uso rítmico y sinestésico de ciertos fonemas, por ejemplo en "Verde verderol", donde logra cruces de sensaciones musicales y coloristas muy sugestivas (en *Baladas de primavera*, 1907).
[33] L. Hernández Aquino, *op. cit.*, 166.
[34] *Ibid.*, 166.

La originalidad proclamada no es total. Palés y De Diego captan elementos de una poética que estaba en el aire de las vanguardias: la búsqueda de un lenguaje "puro", espontáneo, alógico. Ya Marinetti había hablado de una "onomatopeya abstracta" que no correspondía a ningún ruido de la naturaleza.[35] El dadaísta Hugo Ball había propuesto una poesía puramente acústica, reducida a una emisión de sonidos. Este poeta buscaba signos vírgenes, que le permitieran religarse con los orígenes, cuando el hombre en el Paraíso hablaba un lenguaje secreto, capaz de comunicación extática con la creación.[36] Los surrealistas también buscaron la esencia "mágica" o "paradisíaca" del lenguaje. Por la combinación de sonidos sin contenido lógico se intentó llegar al absoluto poético (el irracionalismo total).

La deconstrucción del lenguaje en sus diversos niveles y —en el caso particular que analizamos—, el énfasis en la onomatopeya, se queda con gran frecuencia en el juego humorístico, o —como en el caso de la poesía negra de Palés Matos— en la sugestión sonora y rítmica y en la creación de una atmósfera de magia y reiteración ritual, que anula el devenir temporal diacrónico y superpone tiempo pasado en tiempo presente.

Pero en sus postulaciones extremas, la independencia de la imagen acústica con respecto a un significado, así como otras vías de deconstrucción propuestas por las vanguardias, llevarán a diversas metas. El énfasis en los significantes vacíos de significado puede ser un paso dialéctico para reemplazar una concepción cultural por otra (por ejemplo, la visión marxista de la historia y de la cultura) o puede conducir a la renuncia a toda comunicación, al silencio, al nihilismo. Por la deconstrucción del lenguaje se llegará al vaciamiento del sentido, a la explosión de los significantes divorciados de los significados, poesía hecha de signos sin significación, poesía abstracta o asemántica, fonética o visual. Algunos creyeron poder encontrarse, por este camino, con el verbo original: deconstruían para reconstruir. Otros llegaron y llegan a la nada. Renovación del lenguaje, antilenguaje, no lenguaje, lenguaje del silencio, son grados de las propuestas de las vanguardias y posvanguardias.

La reflexión sobre la propuesta diepalista nos trajo, prospectivamente, casi hasta nuestro presente. Volvamos al Puerto Rico de 1921:

Diego de Padró publica, experimentando tímidamente estos principios, "Fugas diepálicas": en el poema, el yo lírico oye, o cree oír, fugas musicales, sonidos asociados con diferentes instrumentos (fagot, marimba, triángulo, arpa, violín...) y con diferentes culturas, épocas, sitios, atmósferas, hasta llegar a la sugerencia negra:

> Timbal y platillos: Tun- tun- tun- cutún cuntún ...
> cuntúncuntún ... claz. claz ... cutúncuntún ... tún ...
> Es la Hotentocia ... Tribus de ébano:
> mandigues, asanteos, y yelofes ...

---

[35] Marinetti, "El Esplendor geométrico y mecánico y la sensibilidad numérica" (1914).
[36] Adrian Marino, "Tendances esthétiques" en J. Weisgerber, *Les Avant-gardes littéraires au XXe siècle*, Tomo II (Budapest: Akademiai Kiadó, 1984): 743, quien cita a su vez a Hans Richter, *Dada, Art and Anti-Art* (New York, 1965): 44 y a Mircea Eliade, *Mythes, rêves et mystères* (París, 1957): 80-88.

> Tierras ásperas y candentes ... Ceremonias diabólicas ...
> Pintorescos tatuajes ... Taparrabos ...
> Danzas en el corazón de las selvas oscuras ....[37]

El diepalismo, por su insistencia en la sonoridad del poema, marca un hito en el encuentro de la poesía negra y las vanguardias. Luis Palés sabrá aunar ambas líneas con excelencia. Esta fue la principal contribución del diepalismo, movimiento breve, que despertó en su momento algunas adhesiones y algunas sátiras mordaces.[38]

Ya en la década del 30, Palés Matos y De Diego Padró se enfrentarán en una polémica en torno al antillanismo literario (defendido por Palés) y al universalismo, al que exhortaba De Diego.[39] Discusión en última instancia, orientada a la concepción teórica, programática de la literatura, ya que en la manifestación de los textos, el antillanismo de Palés no le quita universalidad a sus poemas, sino que le brinda el sustrato particular para la expresión artística de lo humano universal.

• *Poesía negrista y vanguardismo*

Poesía negrista y poesía de vanguardia constituyen dos líneas poéticas de diferente historia y de diferente índole que se encuentran e interinfluyen en varios países iberoamericanos durante la década del 20, enriqueciéndose mutuamente.

La poesía negrista. La poesía negrista, negroide, afroamericana o mulata es "poesía de contraste y asimilación de culturas, expresión del hombre de color o del blanco que lo interpreta, a través de las modificaciones ambientales sufridas por el trasplante y volcada en el molde de las lenguas europeas naturalizadas en América".[40] El negrismo literario expresa, pues, una mezcla de idiosincracias (de negros, blancos y mulatos), es un arte de relación entre razas y culturas, arte que deriva de la "transculturación", de la americanización de los negros, arte fuerte, oscuro como la persistencia del ancestro, dulce y suave por la influencia del medio americano.[41]

Ballagas recoge antológicamente tanto sus manifestaciones en España como en el ámbito hispanoamericano.[42] De la lectura de este conjunto de poemas, podemos extraer un abanico de características, ya temáticas, ya formales. En España, el antólogo encuentra testimonios que se remontan a fines del siglo XVI. Recoge una "Letra" de esa época, ya con el ritmo, la musicalidad y la imitación de la defectuosa fonética española en boca de los negros:

---

[37] L. Hernández Aquino, *Op. cit.*, 46, véase el poema completo: *Ibid.*, 167 y ss.
[38] L. Hernández Aquino, *Ibid.*, 44-45 y V. Geigel Polanco, *Op. cit.*, 9-10.
[39] L. Hernández Aquino, *Op. cit.*, 48-49.
[40] Emilio Ballagas, "Situación de la poesía afro-americana" en Oscar Fernández de la Vega y Alberto Pamiez, *Iniciación a la poesía afro-americana* (Miami: Ediciones Universal, 1973): 37.
[41] *Ibid.*, 10.
[42] Emilio Ballagas, *Antología de la poesía negra hispanoamericana* (Madrid: Aguilar 1944): 290 y del mismo autor: *Mapa de la poesía negra americana* (Buenos Aires: Pleamar, 1946) 324. Ambas antologías incluyen prólogos del compilador.

Anda, vete con Dios, moreno,
aquí quere negro morí santero ...[43]

Lope de Vega, en el siglo XVII, incluye en sus comedias letras para canto y baile que imitan la modalidad expresiva de los negros:

De culebra que pensamo
mordé a María lo pé,
turo riamo, turo riamo,
¡he, he, he!

Y a bailar venimo
de Tumbuctú
y Santo Tomé
¡He, he, he! ...[44]

Luis de Góngora, Salvador Rueda, M. de Unamuno, Federico García Lorca, Rafael Alberti, son algunos de los autores que ofrecen interesantes testimonios de poesía negrista.
Esta es cultivada en Iberoamérica desde el siglo XVII. Uno de los primeros textos es un villancico de Sor Juana Inés de la Cruz:

¡Tumba, la la, la! ¡Tumba le, le, le!
que donde ya Pilico isolaba ...
no quedé! ...[45]

Centroamérica, incluyendo al polifacético Rubén Darío, Sudamérica y —sobre todo— las Antillas, ofrecen variadas muestras de esta línea poética, hasta llegar al período que particularmente nos interesa: el de la década del veinte y su prolongación en los años treinta.
Entre los principales motivos de la poesía negrista figuran: la transposición de bailes de origen africano o de sonidos de instrumentos; las danza de las iniciaciones ñáñigas;[46] la fusión de creencias mágicas con elementos religiosos tomados del santoral o del ritual

---

Otras antologías: Idelfonso Pereda Valdés, *Antología de la poesía negra americana* (Santiago de Chile: Ercilla, 1936) 155; *Los mejores versos de la poesía negra* (Buenos Aires: Nuestra América, 1956) 40; Aurora de Albornoz y Julio Rodríguez Luis, *Sensemayá: la poesía negra en el mundo hispanohablante* (Madrid: Orígenes, 1980) 320 (incluye antología, introducción crítica, vocabulario y bibliografía). Si bien en estas antologías, las primeras manifestaciones de poesía negrista española remontan al Siglo de Oro, estudios más recientes señalan su existencia ya en la Edad Media. Peter Russell, "La *poesía negra* de Rodrigo de Reinosa" en *Temas de "La Celestina"* (Barcelona: Ariel, 1978): 377-406.
[43] *Napa ...*, 274.
[44] *Ibid.*, 276.
[45] *Ibid.*, 64.
[46] Ñáñigo: miembro de una sociedad secreta de origen africano; custodio de los antepasados, del culto ancestral.

católico; la exaltación de las formas esculturales de la mujer negra o de la excitante belleza de la mulata; el conflicto de sangres en el mulato o el drama de la esclavitud y de la discriminación racial.[47]

Desde el ángulo formal, la poesía negra se caracteriza, en el plano rítmico-fónico, por la presencia de reiteraciones en sus diversas formas: anáforas, aliteraciones, paralelismos, estribillos. La sonoridad se logra por las onomatopeyas que evocan los sonidos de los instrumentos musicales, "por las terminaciones agudas en a, en o y en e; igualmente en ú, generalmente de gentilicios o instrumentos africanos como "arará", "gangá", "bongó", "Tombuctú". Los sustantivos que se refieren a danzas e instrumentos son frecuentes, así como las alusiones geográficas a países y ríos de Africa y aún de América, donde predomina el habitante negro".[48]

El descubrimiento vanguardista del arte negro. En la década del veinte se produce en Hispanoamérica el encuentro entre poesía negrista y vanguardismo. Influye en este fenómeno la moda europea del negrismo artístico, manifiesta a partir del cubismo pictórico (Picasso: "Las Srtas. de Avignon", 1907 y "Cabeza de negro", 1908). Frobenius publica en 1910 *El decamerón negro*; Apollinaire publica en 1917 un álbum de esculturas negras. Hacia 1918 llega el jazz a Europa; Josephine Baker triunfa en París, Blaise Cendrars publica su *Anthologie nègre* en 1921 y *Petits contes de nègres pour les enfants des blancs*; la *Revista de Occidente* de Madrid comenta o traduce a Frobenius entre 1924 y 1925, por citar sólo algunas manifestaciones.

Esta moda se relaciona con la búsqueda de novedad del vanguardismo. Como observa Guillermo de Torre,[49] el rechazo de lo inmediatamente anterior y el retorno a los modelos primitivos es una de las maneras de innovar. Por otra parte, la exaltación de lo vital e instintivo presente en varias direcciones del vanguardismo, coincide con caracteres de las culturas negras.[50]

Varias tendencias de la vanguardia eligen el "retorno a las fuentes"[51] como un modo de sacudirse los condicionamientos o convenciones culturales forjados por la tradición. Se produce la nostalgia de lo primitivo. Futuristas, dadaístas y surrealistas acarician un sueño regresivo, con respecto a la cultura en general, y a los códigos poéticos en particular. La obsesión de la pureza poética recurre al mito de la inocencia, de la frescura, y de la naturalidad perdidas, que deben ser recuperadas a todo precio.

En relación con esa nostalgia regresiva se explica la valorización de la infancia como manantial de lo poético. El mundo del niño no está regido por la lógica, ignora las

---

[47] E. Ballagas, "Situación de la poesía afro-americana", reproducido en A. Pamiez y O. Fernández, *Op. cit.*, 37-77, particularmente, 59 y ss.
[48] *Ibid.*, 61.
[49] Guillermo de Torre, "La aventura. El orden" en *La aventura y el orden* (Buenos Aires: Losada, 1960): 11-31 (particularmente, 15).
[50] Otras consideraciones sobre la relación vanguardismo-negrismo pueden verse en Mario de Micheli, "Los mitos de la evasión" en *Las vanguardias artísticas del siglo XX* (Córdoba, Argentina: Editorial Universitaria de Córdoba, 1968): 43-63.
[51] Este tema ha sido analizado desde el ángulo de las literaturas comparadas por Adrian Marino, "Tendances esthétiques" en *Op. cit.*, 633-792, particularmente, 760-768 ("Le retour aux sources").

convenciones, conserva intacta su sensibilidad y su fantasía. Claros ejemplos de esta valoración se encuentran en el mundo hispánico en dos autores cuya iniciación poética está ligada con las vanguardias: el García Lorca de *Canciones* (1927) y el Francisco Luis Bernárdez de *Kindergarten* (1924).[52] Ya en el marco amplio de las vanguardias, baste nombrar a Dadá, cuyo nombre se vincula con el balbuceo infantil, carente de significado conceptual.

El retorno a través del devenir de la humanidad, conduce hacia el hombre primitivo o a quienes contemporáneamente conservan rasgos de naturaleza primitiva. Así como Gauguin buscó su ideal en Tahití, otros buscarán un pasado arcaico y patriarcal en Asia, otros en Africa. Esta es una de las vías de valorización del arte negro.

Una de las consecuencias de este "retorno a los orígenes" que nos interesa destacar (como aporte para el análisis de varios poemas negristas) es el redescubrimiento de la magia, que se inscribe en ese movimiento de vuelta a la mentalidad primitiva. La magia, las ceremonias rituales que buscan el contacto con lo sobrenatural, constituirán en el caso de Palés Matos un tema poético. En Breton y otros surrealistas lo iniciático y esotérico proporcionará caminos o modelos para la creación artística, que se concibe como un proceso análogo a aquel que ha presidido la creación del mundo.

Otra de las consecuencias de las paradojales relaciones del vanguardismo con el espíritu primitivo es la importancia dada a los niveles sonoros de la comunicación, asemánticos o al menos sin contenido lógico, lenguaje puro, espontáneo, arbitrario, que en la experimentación vanguardista se manifiesta en juegos, onomatopeyas, "jitanjáforas" y en algunos casos desemboca en una poética.[53]

Vicente Huidobro señala otro punto de contacto entre el arte negro y el de vanguardia cuando responde a una encuesta de la revista francesa *Action* sobre este tema, con una aparente paradoja: "Amo el Arte Negro, porque no es un arte de esclavos". Huidobro capta una relación profunda entre la estética negra y la creacionista:

> Bajo la apariencia de una paradoja, yo creo haber presentado la esencia de la estética negra.
> Los negros no imitan directamente la naturaleza. En sus obras hay una mayor trasposición que en el arte europeo, son menos esclavos del objeto que los artistas blancos.
> ... Justamente ese mayor alejamiento de la realidad es lo que prueba que en sus obras entra mayor cantidad de arte que en las obras que permanecen pegadas al mundo real.[54]

Arte negro y arte de vanguardia tienen en común, según Huidobro, el postergar la función referencial, la *mímesis*, para obedecer sólo a las leyes internas del objeto artístico o a las del espíritu del artista.

---

[52] Dice F. García Lorca del niño: "Está dentro de un mundo poético inaccesible ... Muy lejos de nosotros, el niño posee íntegra la fe creadora y no tiene aún la semilla de la razón destructora. Es inocente y, por tanto, sabio. Comprende, mejor que nosotros, la clave inefable de la sustancia poética". En "Las nanas infantiles", *Obras completas* (Madrid: Aguilar, 1960): 57.
[53] Véase A. Marino, *Op. cit.*, 740-752 ("Le langage poétique").
[54] V. Huidobro, "El arte negro" en *Obras completas* Tomo I (Santiago de Chile: A. Bello, 1976): 820-821.

La moda negrista llega también a Iberoamérica, curiosamente, desde Europa. Así lo consignan algunos críticos: "Nuestra poesía afrocubana es un eco de la moda negra europea: consecuencia más que iniciativa propia".[55] Pero no tardan en afirmar que lo que era exótico en París, es nativo, raigal, en Montevideo, en Cuba o en Puerto Rico. Dice A. Zum-Felde refiriéndose a Pareda Valdés: "El negro no es para este poeta sólo un tema pintoresco; es también motivo de emoción humana".[56] Y Nicolás Guillén señala igualmente la autenticidad de esta tendencia en Cuba:

> Y ahora que Europa se desnuda
> para tostar su carne al sol
> y buscar en Harlem y en la Habana
> jazz y son,
> lucirse negro mientras aplaude el bulevar,
> y frente a la envidia de los blancos
> hablar en negro de verdad.[57]

Finalmente, la valorización europea y vanguardista del arte negro se potencia en Iberoamérica con la valorización de las realidades nacionales, que se acentúa por esta época en diversas latitudes del continente.[58]

Si graficáramos la evolución de la poesía negrista con una curva, esta arrancaría, pues, de los remotos antecedentes españoles del medioevo y "siglo de oro" y de las expresiones hispanoamericnas del siglo XVII; ascendería notoriamente hacia los años finales de la tercera década del siglo XX (en relación con el vanguardismo) y culminaría en los primeros años de la cuarta década, tanto por la calidad y cantidad de publicaciones como por el interés en la recepción. Así como el indianismo derivó en indigenismo de intención social, el negrismo de la década del veinte deriva en un "neo-negrismo" o literatura negra, de reivindicación social, con frecuente influjo del marxismo, en la década siguiente. La curva "declina hacia el 40 y reconoce un nuevo ascenso a partir de 1965".[59]

• *La convergencia negrista-vanguardista en la poesía de Luis Palés Matos*

Luis Palés Matos (1898-1959) nació en Guayama, ciudad situada al sudeste de Puerto Rico, entre el mar y la montaña. En *Litoral* (1949) una novela con muchos elementos

---

[55] Ramón Guirao, *Orbita de la poesía afrocubana. 1928-1937* (1938): reproducido en O. Fernández y A. Pamiez, *Op. cit.*, 96.
[56] A. Zum-Felde, *Proceso intelectual del Uruguay y crítica de su literatura* (Montevideo: Claridad, 1941): 563.
[57] "Pequeña oda a un negro boxeador cubano" fechada en 1929, del libro *Sóngoro Cosongo*, 1931 (Buenos Aires: Losada, 1957): 17.
[58] Véase el capítulo V: "La dirección criollista de la vanguardia". En Puerto Rico, país en el que centramos nuestro enfoque, Luis Lloréns Torres (1878-1944) escribió poemas en lenguaje autóctono de la isla (imitando el hablar del *jíbaro* o campesino) y poemas patrióticos.
[59] Véase O. Fernández de la Vega y A. Pamiez, *Op. cit.*, 12. Esta evolución se gráfica en las páginas 30 y 31. El libro incluye bibliografía.

autobiográficos, se revela el origen profundamente afectivo de su interés por los negros: los cuentos, los extraños ritos, las incomprensibles palabras, los cantos de una bondadosa cocinera negra, que había creado en la mente del niño "un orbe fascinante de hechicería y encantamiento".[60]

La evolución poética de Palés se puede seguir en la selección de su *Poesía (1915-1956)*.[61] Su iniciación surge dentro del modernismo, con influencias de Lugones y de Herrera y Reissig (*Azaleas*, 1915). Otros libros inéditos que Onís recoge y procura ordenar en su recopilación (*El palacio en sombras*, 1917-1919; *Canciones de la vida media*, 1920-1925), muestran su evolución personal dentro de los cauces del posmodernismo. Sus poemas de tema negro, con resonancias vanguardistas, se reúnen en *Tuntún de pasa y grifería* (1937) pero muchos ya habían sido publicados[62] en periódicos, difundidos por recitadores, comentados por críticos prestigiosos. "El azar y el desconocimiento de su poesía", al decir de Onís,[63] hicieron que se lo haya identificado con ese tema (el negro) aunque el conjunto de su obra se caracterice por la pluralidad de temas y modos de expresión. Esto es verdad: Palés ha escrito poemas muy hermosos y variados, más allá del tema y del estilo que constituye el centro de nuestro enfoque; un claro ejemplo es otra antología —realizada por el mismo Onís— transpasada, casi en su totalidad, por la vibración de lo poético, por el dominio de lo verbal, por la finura de la intuición, por la gracia, por el sentimiento. Menciono al azar "La caza inútil" (1957), soneto en el que expresa el esfuerzo del poeta por contener en palabras su intuición creadora.

Onís analiza los temas o motivos de Palés, a través de toda su obra y los agrupa así: 1. *Mundo pagano-cristiano* (visiones, anhelo de religiosidad elemental). 2. *Los animales interiores*: el motivo se va configurando a partir de la observación de los animales de su Guayama natal, pero va adquiriendo el significado de sentimientos irracionales, de estados anímicos interiores, que pueden aflorar del inconsciente ("El pozo").[64] 3. *El mundo de*

---

[60] Margot Arce de Vázquez, "*Litoral*, de Luis Palés Matos", en *Asomante* 4 (San Juan de Puerto Rico, año XXV, vol. XXV, octubre-diciembre 1969): 14.
[61] L. Palés Matos, *Poesía (1915-1956)*. Introducción de Federico de Onís (Río Piedras: Ediciones de la Universidad de Puerto Rico, 1957): 305.
[62] Los principales poemas negros de Palés aparecidos en la década del 20 son: "Pueblo negro" (1926), "Danza negra" (1926); "Danza caníbal" (1927) luego llamada "Candombe"; "Canción festiva para ser llorada" (1927); "Falsa canción de baquiné" (1929). Ya en la década del 30 aparecen "Bombo" (1930), "Lamento" (1930), "Elegía al Duque de la Mermelada" (1930), "Ñam-ñam" (1932), "Numen" (1932), "Ten con ten" (1932), "Majestad negra" (1934). "Lagarto verde", "Ñáñigo al cielo" y "Mulata Antilla" aparecen por primera vez en *Tuntún de pasa y grifería* (1937). Tomo los datos de F. de Onís, E. Ballagas y A. de Albornoz. En algunos casos, Onís da una fecha más temprana, referida a una publicación previa en periódicos, por la cual opto.
[63] Federico de Onís, *Luis Palés Matos (1898-1959), Vida y obra. Bibliografía. Antología. Poesías inéditas* (San Juan de Puerto Rico: Ediciones Ateneo Puertorriqueño, 1960): 90.
[64] Transcribo un fragmento pues en él aparece el motivo de la rana, que encontramos también en la poesía negrista, ligada a lo elemental (transición tierra-agua) y al inconsciente colectivo: "abajo, en lo más hondo, hace tal vez mil años, / una rana misántropa y agazapada sueña. / A veces, al influjo lejano de la luna / el pozo adquiere un / vago prestigio de leyenda; / se oye el cro-cró profundo de la rana en el agua, / y un remoto sentido de eternidad lo lleva".

Guayama: sitios y personas del campo y del pueblo. 4. *El mar.* 5. *La mujer y el amor.* 6. *Lo sedentario y lo monótono.* 7. *El mundo nórdico.* 8. *La sombra y el misterio.* 9. *El tema negro.*

Este último tema sirve de nexo con el grupo de poemas que procuran definir poéticamente la realidad antillana y, en particular, puertorriqueña, con matices que van desde la captación visionaria a la crítica social ("Mulata Antilla", 1937, "Canción festiva para ser llorada", 1929, "Preludio en boricua" ...).

Por último, otro núcleo temático importante es metapoético: poesía sobre la poesía, reflexión o indagación estética ("La caza inútil", entre otras).

Hemos querido, al menos, enunciar los principales motivos del mundo poético de Palés, para no caer en un enfoque crítico reduccionista. Sin embargo, la intención general de nuestro estudio exige que nos detengamos en sus poemas negristas, en relación con el vanguardismo. Por otra parte, tampoco es justa la reacción que lleva a infravalorar este grupo de poemas, por su presunto pintoresquismo: en algunos de ellos se configura con excelencia un espacio poético mágico y sensual, plástico, rítmico y sonoro, irónico o tierno, siempre sugerente.

• *El tema negro, y la vanguardia en Palés*

El mundo de los negros y mulatos aparece por primera vez en la obra de Palés, con su soneto "Danzarina africana", compuesto entre 1915 y 1918:[65]

> Tu belleza es profunda y confortante
> como el son de Jamaica, tu belleza
> tiene la irrelevada fortaleza
> del basalto, la brea y el diamante.
>
> Tu danza es como un tósigo abrasante
> de los filtros de la naturaleza
> y el deseo te enciende en la cabeza
> su pirotecnia roja y detonante ...

En el poema están presente los tradicionales motivos de la belleza y la sensualidad de la mujer negra y de la danza apasionada y ritual. La estructura poética elegida: el soneto, la selección del vocabulario, la tendencia a los paralelismos y a otros indicios del cuidado formal, como la adjetivación bimembre (roja y detonante; densa y bárbara; porosa y absorbente) son algunos de los elementos que relacionan a este poema con el modernismo.

---

[65] Véase F. de Onís, *Luis Palés Matos*, edición citiada, 36-37 y José Emilio González, "Tres danzas negras de Luis Palés Matos" en *Asomante* 4 (San Juan de Puerto Rico, vol. XXV, octubre-diciembre 1969): 20.

El motivo negro se va configurando en algunas otras composiciones[66] y adquiere predominio a partir de 1926, año en el que se publica "Pueblo negro" (en *La Democracia*, 18-V-26):

> Esta noche me obsede la remota
> visión de un pueblo negro ...
> —Mussumba, Tombuctú, Farafangana—
> es un pueblo de sueño,
> tumbado allá en mis brumas interiores
> a la sombra de claros cocoteros ...

Varios elementos ligan al poema con el modernismo, por ejemplo la tendencia al equilibrio métrico (versos endecasílabos y heptasílabos, predominio de estrofas de seis versos). La visión del pueblo negro se presenta como surgida de "brumas interiores", de una evocación imaginada o soñada (no vivida).

> Allá entre las palmeras
> está tendido el pueblo ...
> —Mussumba, Tombuctú, Farafangana—
> caserío irreal de paz y sueño.
> ....
> Es la negra que canta
> y su canto sensual se va extendiendo
> como una clara atmósfera de dicha
> bajo la sombra de los cocoteros ...

La reiteración de los gentilicios sonoros y rítmicos, relaciona al poema con la tradición de la poesía negrista, pero también lo enlaza con la teoría de la sonoridad que apela, en el proceso de comunicación, a lo no conceptual, a lo no-lógico; (teoría que —como hemos visto— fue medular en el "diepalismo"). Esa "negra que canta" puede indicar el nexo entre un "arte negro" puesto de moda por ciertas vanguardias y las vivencias locales y muy personales del poeta: la cocinera negra que él, a través del protagonista de *Litoral*, evoca al recordar su infancia.[67]

Hay en el poema otros elementos propios de la intención "desliteraturizante" del proceso hacia las vanguardias; "... Los aguazales / cuajan un vaho amoniacal y denso. / El compacto hipopótamo se hunde / en su caldo de lodo suculento ..."

Pero es en "Danza negra" (1926) donde se acentúa la confluencia entre negrismo y vanguardia, poniendo de relieve elementos que ambas tendencias literarias tienen en común:

---

[66] Véase F. de Onís, *Op. cit.*, 37; Margot Arce de Vázquez, "Tres pueblos negros. Algunas observaciones sobre el estilo de Luis Palés Matos" en *La Torre, Homenaje a Luis Palés Matos*, Año VIII, N° 29-30, enero-junio 1960, 163-187.

[67] "Vieja buena e inolvidable Lupe ..., cuantas veces me quedé dormido en tu regazo al rumor de ese canto maravilloso, de aquel *adombe* profundo que todavía sueña en mi corazón". Citado por Margot Arce de Vázquez, *"Litoral ..."*, *loc. cit.*, 14.

> Calabó y bambú.
> Bambú y calabó.
> El gran Cocoroco dice: tu-cu-tú.
> La gran Cocoroca dice: tó-co-tó.
> Es el sol de hierro que arde en Tombuctú.
> Es la danza negra de Fernando Póo.
> El cerdo en el fango gruñe: pru-pru-pru.
> El sapo en la charca sueña: cro-cro-cro.
>
> Calabó y bambú.
> Bambú y calabó.
> ....
> Pasan tierras rojas, islas de betún:
> Haití, Martinica, Congo, Camerún;
> las papiamentosas antillas del ron
> y las patualesas islas del volcán,
> que en el grave son
> del canto se dan ...

Si bien casi todas las palabras se refieren a objetos o personas o lugares con significados para el lector iniciado en el glosario afroamericano,[68] el poema es también sugestivo, o más sugestivo, para el lector que sólo percibe su carácter rítmico, onomatopéyico, sonoro y lúdico. El poema apela fundamentalmente a la imaginación visual y auditiva, capaz de superponer, como lo hace el ritual creado en el espacio poético, tiempos y lugares que se dieron diacrónicamente en la experiencia real de los negros y mulatos afroantillanos: el Africa original, las Antillas actuales. Las superposiciones espacio-temporales o al menos su condensación[69] se logran por las enumeraciones rápidas, por elipsis, por los desplazamientos calificativos y otros recursos que refuerzan la intención sintética (islas de betún, papamientosas antillas, patualesas islas).

La mención de animales como el sapo y el cerdo, feos y antipoéticos es, por una parte, útil para el anti-retoricismo vanguardista. Por otra parte, esos animales están ligados con la tierra y el agua (fango, charca) y son símbolos de lo elemental, que el vanguardista exalta en su retorno a "los orígenes".

Esta asociación de rito primitivo, sonoridad y mundo elemental, se da en varios poemas, por ejemplo en "Tambores", en donde la comparación implícita: sonido de tambores/croar de sapos, se prolonga en una imagen visionaria continuada:

> La noche es un criadero de tambores
> que croan en la selva,

---

[68] Véase el "Vocabulario" ofrecido por E. Ballagas en *Mapa de la poesía negra americana*, edición citada, 302-313. Véase también un más detallado análisis del poema en José Emilio González, "Tres danzas negras de Luis Palés Matos", *loc. cit.*

[69] C. Bousoño, *Teoría de la expresión poética*, 4ª edición (Madrid: Gredos, 1966), capítulo IX: "Las superposiciones".

> con sus roncas gargantas de pellejo
> cuando alguna fogata los despierta.
>
> En el lodo compacto de la sombra
> parpadeando de ojillos de luciérnagas,
> esos ventrudos bichos musicales
> con sus patas de ritmo chapotean ...

En este poema se ha acentuado la tendencia irracionalista, de filiación onírica o mágica. Los seres que habitan en el espacio del poema adquieren la vida propia de aquellos que metafóricamente evocan (los tambores chapotean, por ejemplo) y además, como en los sueños, sufren metamorfosis: el tambor-sapo deviene tambor-insecto, que puede picar al hombre blanco con su aguijón de música. Los toques vanguardistas de los poemas antes comentados, adquieren en éste un aire surrealista. ¿Conocería Palés *Poeta en Nueva York* (1929-30) de Lorca? Hay cierta coincidencia en las imágenes,[70] así como un enfrentamiento entre el hombre blanco y el negro, con sus respectivas escalas de valores (si bien el tono emocional es diferente).

> ¡Ahí vienen los tambores!
>
> Ten cuidado, hombre blanco, que a ti llegan
> para clavarte un aguijón de música.
>
> Tápate las orejas,
> cierra toda abertura de tu alma
> y el instinto dispón a la defensa ...

Es probable que se trate sólo de una coincidencia epocal, pues la publicación de *Poeta en Nueva York* es muy posterior a su creación (México, 1940). Sin embargo algunos poemas ya habían aparecido en revistas de mucha difusión en el Caribe.[71] La semejanza con Lorca es, sí, evidente, en romances como "Canción festiva para ser llorada" (1929)

> Cuba— ñáñigo y bachata—.
> Haití— vodú y calabaza—.
> Puerto Rico— burundanga—.
>
> Las antillitas menores,
> titís inocentes, bailan
> sobre el ovillo de un viento
> que el ancho golfo huracana ...

---

[70] Las imágenes visionarias de Palés coinciden en su estructura con algunas de Lorca: "A veces las monedas en enjambres furiosos / taladran y devoran abandonados niños ..." ("La aurora" de *Poeta en Nueva York*).
[71] Por ejemplo: "New York. Oficina y denuncia" en *Revista de Occidente*, 1935, I, 25; "Son de negros en Cuba" en *Musicalia* (La Habana, 1930).

Estos motivos descubiertos en los poemas mencionados (música, danza, elementalismo, viaje ritual a los orígenes) se funden también en "Numen" (1932), poema que imita magistralmente, con su ritmo, el ritmo del candombe:

> Al bravo ritmo del candombe
> despierta el tótem ancestral:
> pantera, antílope, elefante,
> sierpe, hipopótamo, caimán.
>
> En el silencio de la selva
> bate el tambor sacramental,
> y el negro baila poseído
> de la gran bestia original

El notable ritmo se mantiene sostenidamente a lo largo de las cuatro estrofas del poema y del reiterado y rítmico estribillo ("jungla africana—Tembandumba. / Manigua haitiana— Macandal."). Se suceden los versos eneasílabos, con terminaciones alternadamente graves y agudas, con acentos versales que se reiteran invariablemente en la sílaba cuarta y octava, con la rima en *á* en los versos pares a lo largo de todo el poema, con rítmicas aliteraciones que evocan el tambor (m, n, p, b, d, mb, mp, nd, nt —con sus combinaciones vocálicas— son algunos de los fonemas predominantes). En síntesis, encontramos una suma de factores rítmicos que se interaccionan mutuamente en la estructura del poema, en íntima relación con la danza, la música, la magia y el primitivismo del mundo negro que habita en el texto.

He avanzado sobre algunos poemas de la década del 30, ya que ellos cierran un ciclo abierto en la década anterior. Federico de Onís afirmará, años más tarde, que Palés no fue poeta de vanguardia, ya que no renunció al pasado literario.[72] No lo fue en sentido absoluto, pero sí hay coincidencias o absorción parcial del "espíritu nuevo". La adhesión de Palés a algunos intentos de ruptura y experimentación vanguardista (sobre todo al diepalismo) y las coincidencias analizadas nos inducen a postular un encuentro de negrismo y vanguardismo que —por otra parte— puede ejemplificarse en muchos otros autores de la época, tanto en las Antillas como en otros países de Latinoamérica[73].

La mujer negra,[74] la danza sensual y ritual, la fusión del presente antillano con el pasado africano, que implica superposiciones temporales y espaciales; la regresión, también ritual, al "Tótem ancestral", a los orígenes (evocados con imágenes de primitivismo que no excluye el canibalismo),[75] son algunos de los motivos que caracterizan a este grupo de

---

[72] F. de Onís, *Luis Palés Matos ...*, edición citada, 54-55: "Y aunque en toda su poesía haya un afán de alejamiento de la realidad y de creación de mundos poéticos que vivan por sí mismos, nunca ha llegado a la desrealización total a que aspiraba el arte nuevo europeo", 55.

[73] La convergencia es muy clara en Nicolás Guillén: "Con el círculo del Ecuador / ceñido a la cintura como a un pequeño mundo / la negra, mujer nueva, / avanza en su ligera bata de serpiente" ("Mujer nueva"). La imagen visionaria que confiere a la mujer dimensión planetaria, es de filiación cubo-creacionista.

[74] Por ejemplo en "Majestad negra" (1934).

[75] "Ñam-ñam" (1932): "Ñam-ñam. En la carne blanca / los dientes negros-ñam-ñam. / Las tijeras de las bocas / sobre los muslos —ñam-ñam ..."

poemas. En casi todos ellos perviven destrezas rítmicas adquiridas desde el modernismo,[76] pero también es evidente la relación con lo vanguardista (incluso con lo surrealista y también con modos de expresión lorquianos).

Esta poesía es una muestra más de esa peculiar manera de asumir estilos o escuelas, propia del arte hispanoamericano, en el que frecuentemente se encuentra una confluencia o superposición de estilos o modos, que en Europa pudieron ser más netamente evolutivos. Como observa Onís: "el americano de todos los tiempos (...) no puede renunciar a ningún pasado sino que necesita salvarlo integrándolo al presente, que es así una síntesis de todos los tiempos".[77]

---

[76] De las que poemas como "Sinfonía en gris mayor" o "Marcha triunfal" de Darío son un claro ejemplo.
[77] *Op. cit.*, 55-56.

VII

LA CONVERGENCIA DE INDIGENISMO Y VANGUARDIA POÉTICA

Examinaremos en este capítulo la convergencia del vanguardismo poético con un movimiento socio-político y cultural americano: el indigenismo, a través de dos poemas del peruano César Alfredo Miró Quesada:[1] "poema keswa para fiesta del Inti" y "Kipucamayo", en orden a: 1. contribuir al diseño de una de las variantes dentro del sistema del vanguardismo poético hispanoamericano; 2. establecer semejanzas y diferencias entre el vanguardismo hispanoamericano y el europeo; 3. contribuir al conocimiento de un poeta peruano poco estudiado. Para ello haremos previamente algunas precisiones terminológicas y una sumaria descripción del contexto literario e ideológico en el que se insertan los textos seleccionados.

- *Vanguardismo e indigenismo en el Perú, en la década del 20. Aspectos conceptuales, terminológicos y contextuales*

Guillermo de Torre ha apuntado que los "ismos" en algunos países del Pacífico, particularmente en el Perú, se colorean con el matiz indigenista y se cargan de intensiones políticas e ideológicas.[2] Aclaremos que —como en el caso del nativismo rioplatense—, no todas las manifestaciones vanguardistas peruanas se tiñen de indigenismo, pero sí que ésta es una dirección importante en la década del 20 y principios de la del 30.[3]

---

[1] Poeta, narrador, biógrafo y periodista peruano, nacido en 1907. Colaboró en la revista *Amauta*. Perseguido por el gobierno de Leguía, vivió exiliado en Buenos Aires y posteriormente en Santiago de Chile, Los Angeles, y España. *Cantos del arado y de las hélices* (Buenos Aires: Sociedad de Publicaciones El Inca, 1929), es su primer libro poético; dentro de este género publicó *Teoría para la mitad de una vida* (1935), *Nuevas voces para el viento* (1948), *Alto sueño* (1951).
[2] Véase Guillermo de Torre. Respuesta a la encuesta "¿Qué es la vanguardia?" en *La Gaceta Literaria* (Madrid, 1930). Transcripto en *Los vanguardistas españoles*. Selección de Ramón Buckley y John Crispin (Madrid: Alianza, 1973): 409.
[3] Un panorama muy útil del movimiento vanguardista peruano puede verse en el libro de Luis Monguió, *La poesía postmodernista peruana*, "El vanguardismo y la poesía peruana" (México: University of California Press, 1954): 60-86. Aquí considera y analiza una primera etapa vanguardista (1918-1925) que resume así:

El tema indio había estado presente en las literaturas hispanoamericanas, con diversos matices, desde las crónicas de la conquista. El romanticismo introduce un indianismo que, en sus raíces europeas, está teñido de exotismo y de espíritu de evasión.[4]

El indigenismo, en cambio, es la tendencia literaria que denuncia la opresión social del indio y procura su reivindicación. Su doctrina se incrementa notablemente en la década mencionada, por la influencia de José Carlos Mariátegui y de la revista *Amauta*, por él dirigida.[5]

Esta tendencia en la poesía peruana de este período combina, pues, la exaltación del indio y la protesta por su situación social con las técnicas vanguardistas y las formas lingüísticas de raíz indígena, hasta el punto de que algunos poemarios de la época incluyen un glosario.[6] La fecha de su aparición como grupo o tendencia en el Perú puede situarse alrededor de 1926, año en que aparecen los libros *Ande*, de Alejandro Peralta, *Ccoca*, de J. Mario Chávez, y *Falo*, de Emilio Armaza.

En el *neoindigenismo*, que se define sobre textos narrativos, se da la convergencia del indigenismo con los siguientes caracteres:

a. El empleo de la perspectiva del realismo mágico, que permite revelar las dimensiones míticas del universo indígena, sin aislarlas de la realidad.

b. La intensificación del lirismo en el relato.

c. La ampliación y complejización del arsenal técnico de la narrativa.

Primero, un poeta en el que el vanguardismo se realiza en sus fórmulas técnicas generales y, a la vez, de contenidos propiamente personales, el Vallejo de *Trilce*; segundo, un peruano en el extranjero, Hidalgo, que en el vanguardismo halla una forma de expresión extrema de su extremo individualismo y egocentrismo; tercero, un reducido número de escritores parcialmente vanguardistas (Luis de la Jara, J. Mario Chávez, Juan Luis Velázquez y Juan José Lora entre otros); cuarto, una sola revista, *Flechas*, que se propusiera ser de vanguardia (78). Distingue luego una segunda etapa, signada por la revista *Amauta*, desde 1926 a 1930, en la que se perfilan tres tendencias: la poesía nativista, la poesía pura y la poesía social (líneas que analiza en capítulos subsiguientes). Comenta además el contenido de otras revistas vanguardistas del período *Poliedro, Trampolín-Hangar-Rascacielos-Timonel, Guerrilla, Hurra, Jarana* (78-86).

[4] Como observa Ricardo Gullón, la idealización romántica y luego modernista del indio, es "nostalgia de un estado pretérito, de un ayer abolido, y por eso mismo resplandeciente con el prestigio de los paraísos perdidos". "Rousseau no inventó al buen salvaje; se limitó a revivir un mito latente en el corazón humano. En una hora distante el hombre fue bueno; vivió en comunicación con la naturaleza, ignorante del bien y del mal. La civilización destruyó su inocencia y con ella la Arcadia posible". Ricardo Gullón, "Indigenismo y modernismo" en *Direcciones del modernismo* (Madrid: Gredos, 1973): 70-71. Sin embargo, no siempre este motivo literario tiene características idealizantes. Recordemos que Echeverría o José Hernández presentan a un indio "mal salvaje" y feroz.

[5] José Carlos Mariátegui, "Nativismo e indigenismo en la literatura americana", *La Pluma* 1, (Montevideo, agosto 1927): 41-43.

[6] Veamos, por ejemplo, un fragmento de "Este es el indio Kolla", de Emilio Vázquez: "Karabotas de los vientos nubarrones/todos los días desde el andén de las auroras/saludas con el albazo de tus pupilas/a tu madre la revolución ..." *Altipampa. Poemas multifacios*, 1933. El libro incluye vocabulario explicativo: "karabotas" es el caballista peruano.

d. El crecimiento del espacio de la representación narrativa, por la relación que se establece entre la problemática indígena y la de la sociedad nacional en su conjunto.[7]

Esta discriminación terminológica implica generalmente un criterio historiográfico evolutivo, que propone periodizar en tres tramos el proceso de la literatura con temática indígena (generalmente basándose en textos narrativos).[8] ¿Cuándo comienzan y acaban estos períodos? Las opiniones muestran pocas divergencias con respecto al neoindigenismo, que se relaciona con la obra de la "generación del 50" peruana. En cambio son mucho más discutidos los límites de los dos primeros períodos.

Chang-Rodríguez cuestionando estos criterios, se pregunta lúcidamente: "¿Pertenecen al indianismo o al indigenismo los testimonios indígenas de la Conquista y los textos coloniales por cronistas indios y mestizos? (...) ¿Comienza verdaderamente el llamado indigenismo con *Aves sin nido* (1889), de Clorinda Matto de Turner, o con *Wata Wara* (1904), de Alcides Arguedas? ¿Cómo y cuándo debe hacerse el deslinde?"[9]

Convenimos con Chang-Rodríguez en que es muy difícil delimitar períodos, más aún teniendo en cuenta la tendencia de la literatura hispanoamericana a superponer estilos, escuelas, movimientos. En cambio nos parece más útil para los fines que nos proponemos en este estudio, la determinación del indianismo e indigenismo como categorías conceptuales para el análisis de textos, pero con la salvedad de que en ellos se mezclan con frecuencia ambas categorías (indianismo e indigenismo conviven en el corpus poético de vanguardia de la década del 20, y hasta en un mismo libro y —más aún— hasta en un mismo poema).[10]

El neoindigenismo, tal como ha sido descripto hasta ahora, a partir de textos narrativos, escapa a los límites genéricos y cronológicos que nos hemos fijado en este capítulo, aunque cabría postular la hipótesis de que la alianza del indigenismo con las técnicas literarias de vanguardia en la lírica del 20 y del 30 anticipa el neoindigenismo que —con otros matices y caracteres genéricos— se configura en los textos narrativos de los años 50 y siguientes.

---

[7] Antonio Cornejo Polar, "Sobre el neoindigenismo" en *Revista Iberoamericana*, número especial dedicado a la *Proyección de lo indígena en las literaturas de la América Hispana* 127 (Pittsburgh, abril-junio 1984): 449.

[8] Es muy citada la propuesta de Tomás Escajadillo. *La narrativa indigenista: un planteamiento y ocho incisiones*. Disertación inédita. Universidad Nacional Mayor de San Marcos, 1971.

[9] Eugenio Chang-Rodríguez, "Nota preliminar a *Revista Iberoamericana*, número dedicado a *Proyección de lo indígena en las literaturas de la América Hispana*, ed. cit., 340. Podemos añadir que autores prestigiosos, como Ricardo Gullón (*op. cit.*) usan el término "indigenismo" para designar indistintamente enfoques indianistas o mixtos.

[10] Cfr. "poema único de agosto y mar" en *Canciones del arado y de las hélices*. En él la evocación colorista-indianista se acentúa por la distancia impuesta por el exilio, cuyo tema constituye el núcleo central del poema: "Olvidada y azul palpitación del corazón del trópico!/Allá quedó la selva frutal del mahuaré;/ los gritos colorados del sol/mis guacamayos ...!/la danza rubia y fuerte de chontas y collares;/los pómulos agudos de los indios atletas/y el licor silencioso de las hojas de coca,/opio triste en los labios de los hombres de América".
Algunos matices descriptivos indianistas derivan, en los dos versos finales, en una implícita denuncia indigenista: la coca sustituye otros derechos de los hombre de América.

El indigenismo (no exento de indianismo) de la década del 20, que interesa a nuestros objetivos, se inserta pues en un largo proceso[11] con antecedentes importantes en la época colonial (Fray Antonio de Montesinos, Francisco de Vitoria, Fray Bartolomé de las Casas, el Inca Garcilaso de la Vega, Felipe Guamán Poma de Ayala...) y en el período independista y republicano (Bolívar, Manuel González Prada, 1844-1918). Este último influirá sobre Clorinda Matto de Turner (1852-1909), autora de la novela *Aves sin nido* (1889) en donde el indio aparece como víctima del poder político, económico y religioso.

Esta tradición es recogida por el movimiento indigenista de los años veinte. Ensayos, narrativa y poesía exaltan al indio, reconstruyen sus costumbres, su ámbito geográfico, sus grandezas pasadas, sus carencias presentes. La precariedad de sus actuales condiciones de vida se atribuye a la explotación de la raza blanca con la complicidad de los mestizos.

• *José Carlos Mariátegui*

Cuando José Carlos Mariátegui (1895-1930) llega de Europa en 1923, se constituye en un verdadero *amauta* (guía) de este pensamiento, aportando —a través de sus propios ensayos— el instrumental analítico marxista para la descripción e interpretación del problema indígena. Sus artículos sobre el tema, de estilo cautivante, se publican en *Mundial* y en *Amauta* y se recogen en *7 ensayos de interpretación de la realidad peruana* (1928) y en algunas colecciones póstumas que recogen prosas dispersas, tal como *Peruanicemos al Perú* (1970). Algunas de sus hipótesis sobre el tema son:

a. La cuestión indígena arranca de la economía peruana. Tiene sus raíces en la propiedad de la tierra.

b. El indio tiene ancestrales tendencias telúricas. Su actividad y economía deben estar ligadas a la tierra.

c. El régimen sucesor de la feudalidad colonial, que priva al indio de la posesión de la tierra es el "gamonalismo" (el latifundismo y el sistema que lo ampara).

d. El resurgimiento del indio no será obra de la educación, de las obras viales, o de otras empresas de mejoramiento parcial sino —exclusivamente— de la revolución socialista.

e. El problema indígena no es un problema étnico que pueda ser superado por el cruzamiento con inmigrantes blancos.

f. El problema indígena no se resolverá por un humanitarismo liberal o religioso.

---

[11] Aída Cometta Monzoni, *El indio en la novela de América* (Buenos Aires: Futuro, 1960). *El indio en la poesía de América española* (Buenos Aires: Joaquín Torres, 1939); Eugenio Chang-Rodríguez, "Reseña histórica del indigenismo", *Cuadernos* 17 (París, 1956): 61-69. "El indigenismo peruano y Mariátegui" en *La proyección de lo indígena...*, ed. cit., 367-393; cfr. la apretada síntesis realizada por Américo Ferrari, "El concepto de indio y la cuestión racial en el Perú de los *Siete ensayos* de José Carlos Mariátegui", *ibid.*, 395-409; David William Foster, "Bibliografía del indigenismo hispanoamericano", *ibid.*, 587-620.

g. Perú tiene que optar por el gamonal o por el indio.[12] Los realizadores de la solución social al problema indio deben ser los propios indios.[13]
h. El problema de los indios es el de las tres cuartas partes del Perú.[14]

- *La revista **Amauta**, el indigenismo y la vanguardia*

Cuando Mariátegui volvió al Perú, traía el propósito de fundar una revista. El nombre previsto era *Vanguardia*, pues en ella publicarían los escritores de vanguardia del Perú e Hispanoamérica.[15] Este nombre, referido seguramente a la vanguardia político-social definida por Lenin, fue reemplazado cuando se concretó el proyecto en setiembre de 1926, por el de *Amauta* (palabra quechua que significa Maestro, profeta, guía, sabio, persona con autoridad moral y ciertas facultades de gobierno).

La revista se gestó en el domicilio de Mariátegui, en medio de la biblioteca que atestiguaba el tipo de lecturas y de preocupaciones de su dueño: *Das Kapital, La Décadence de la philosophie allemande, Les Questions fondamentales du marxisme, Jean Chistophe, Clarté, Tirano Banderas, Los de abajo, La agonía del cristianismo, Pirandello, Bontempelli* ....[16] La casa reunía a poetas, incipientes o consagrados —como José María Eguren—, a estudiantes, a obreros, a intelectuales. La revista, cuyo título muestra su orientación peruanista, incluye también variedad de contenidos: poesía y narraciones del Perú y de otros países americanos y europeos, teatro, cuadros de viaje, ensayos sobre literatura contemporánea general, europea, americana y peruana; filología y lingüística; ensayos sobre la naturaleza, orientación y caracteres generales del arte; sobre pintura, escultura y arquitectura; sobre música y filosofía; sobre religión, educación, antropología, folklore, sociología, derecho, relaciones internacionales, historia, economía, política, problemas contemporáneos, entre otros importantes temas.

La "Presentación de *Amauta*", que encabezó el primer número (set. 1926) explicita algunas pautas definitorias de la revista. Destacaremos algunas de ellas: en primer lugar, la conciencia que, desde el primer momento, tuvo Mariátegui con respecto a la importancia histórica, presente y futura, de la publicación:

> Habrá que ser muy poco perspicaz para no darse cuenta de que al Perú le nace en este momento una revista histórica.

Otro enunciado importante es el que se refiere a la orientación ideológica definida que canalizaría la revista:

---

[12] Véase J. C. Mariátegui, "El problema del indio" en *7 ensayos de interpretación de la realidad peruana*, 10ª edición (Lima: Editora Amauta, 1971): 35-49. En adelante *7 ensayos* ....
[13] Véase J. C. Mariátegui, "Aspectos del problema indígena" en *Peruanicemos al Perú* (Lima: Amauta, 1970): 104-107.
[14] J. C. Mariátegui, "El problema primario del Perú" en *Mundial* (9 diciembre 1924), incluido en *Peruanicemos al Perú* (Lima: Amauta, 1970): 30-34.
[15] Alberto Tauro, *Amauta y su influencia* 2ª edición (Lima: "Biblioteca Amauta", 1971): 11.
[16] Armando Bazan, *Mariátegui y su tiempo* (Lima: "Biblioteca Amauta", 1969): 92.

> No hace falta declarar expresamente que *Amauta* no es una tribuna libre abierta a todos los vientos del espíritu. Los que fundamos esta revista no concebimos una cultura y un arte agnósticos. Nos sentimos una fuerza beligerante polémica. No le hacemos ninguna concesión al criterio generalmente falaz de la tolerancia de las ideas ...

En efecto, la revista aglutina, bajo la conducción de Mariátegui, a los "hombres de vanguardia", (la vanguardia política de izquierda)[17] pero el espíritu amplio de su director— si bien se propone analizar los problemas peruanos con los instrumentos críticos y doctrinarios del marxismo— no excluye otros temas, y otros movimientos, ni otros ámbitos culturales como objeto de reflexión .

La revista cumplió su ciclo desde setiembre de 1926 a agosto-setiembre de 1932, con la aparición de treinta y dos números, los tres últimos posteriores a la muerte de Mariátegui. Desde el número 5 se insertó, esporádicamente y en seis oportunidades, un *Boletín de Defensa Indígena (El Proceso del Gamonalismo)*. El problema del indio en otros países americanos y en el Perú fue tratado con mucha frecuencia por el mismo Mariátegui y por otros autores (José Bejarano, Luis Carranza, Manuel González Prada, Dora Mayer de Zulen, Manuel Seoane, Abelardo Solís, Luis Valcarcel y otros).[18]

Con respecto al vanguardismo poético, si bien los colaboradores de la revista y el mismo Mariátegui relacionan a estos movimientos con la decadencia burguesa[19] (con salvedades y matices que analizaremos más adelante),[20] lo innegable es que —de hecho— *Amauta* fue un canal de difusión de la poesía de vanguardia, tanto por la reseñas bibliográficas de colecciones de poemas y de texto teóricos de este signo estético, como por la publicación de poemas vanguardistas o de artículos que describen o evalúan los diversos movimientos, desde el futurismo al surrealismo. *Amauta* es, pues, representativa y —más aún— gestora importante del marco estético e ideológico en el que surgen los textos de Miró Quesada que vamos a comentar.

---

[17] Según Luis Alberto Sánchez, *Amauta* "fue una tribuna abierta al pensamiento izquierdista, pero, desde el número 1 hasta el 28, fue esencialmente una tribuna aprista, con un marcado antiimperialismo, tendencia a la unidad latinoamericana y partidaria del Frente Único de Trabajadores Manuales e Intelectuales. A partir del número mencionado, que corresponde al año 1928, *Amauta* deriva paulatinamente, primero a un frente único, en el que no se nombra el antiimperialismo, de plena fisonomía política y, luego, al socialismo, punto en que discrepan los conductores de éste y del comunismo internacional, que exigían la constitución de un partido Comunista Peruano francamente. Mariátegui murió en abril de 1930, un año y un mes antes de la fundación del Partido Comunista Peruano, y un año después de que sus tesis fuesen rechazada en la Conferencia Sindical de Montevideo, patrocinada por el comunismo", "La guerrilla literaria y *Amauta*" en *Historia comparada de las literaturas americanas* IV (Buenos Aires: Losada, 1976): 38.
[18] Alberto Tauro, *Op. cit.*, 91 y 133-135, donde se ofrece un índice de estos artículos, con algunas notas de contenidos.
[19] *Ibid.*, 64-66 (Indice de artículos sobre naturaleza, orientación y caracteres generales del arte).
[20] Véase el capítulo "La poesía de vanguardia y la poesía social en Hispanoamérica".

• *Cantos del arado y de las hélices*, de César Alfredo Miró Quesada

César Alfredo Miró Quesada (1907-) representa, entre otros autores, la fusión de la temática revolucionaria de signo marxista y de la reivindicación indigenista con las técnicas literarias de la vanguardia. Su libro *Canto del arado y de las hélices*, publicado en 1929 en Buenos Aires, donde su autor estaba exiliado, es un buen ejemplo del momento literario, que admite la coexistencia de una pluralidad de temas, de actitudes líricas y de estilos, que van desde el postmodernismo a la vanguardia, tal vez por eclecticismo voluntario, tal vez por indecisión, pero más probablemente porque el poeta necesita sobrepasar la fidelidad estricta a las técnicas ultraístas o a un sólo tema (en este caso el de la revolución social y —dentro de ella— la causa indigenista) para expresar vivencias líricas más complejas, que se arraigan en lo personal hasta llegar a lo social.

El libro manifiesta su filiación vanguardista, sobre todo ultraísta y creacionista, por una serie de rasgos: la abolición de las mayúsculas en todos los títulos y nombres propios, la tendencia al verso libre, no siempre sostenida, ya que si bien la agrupación estrófica es muy libre, el recuento de sílabas permite con frecuencia reconocer el predominio de combinaciones métricas tradicionales: endecasílabos y heptasílabos, heptasílabos y versos de catorce sílabas, etc.[21] Son frecuentes las imágenes "creadas" que recuerdan a las de Huidobro:

> yo llegué una mañana
> con el otoño anudado en mi brazo
> y un collar de gritos guaraníes en el cuello (...)

El título del libro: *Cantos del arado y de las hélices* cohesiona el conjunto de textos cuya heterogeneidad hemos señalado. Dos poemas —según nuestro criterio—, constituyen núcleos semánticos e intencionales alrededor de los cuales se estructura el poemario. Cada uno de ellos está aludido en los dos sustantivos con función especificativa del título: "arado" y "hélices". Estos poemas son, respectivamente: "canto del hombre-árbol" y "canto al poema de la revolución". El primero incluye la imagen del arado ("y me llega un sonido de arados lejanos") que expresa una poética, según se desprende de una serie de sustantivos conexos: voz, labios, palabra, canto, sonido, campana, garganta... El poeta rotura la tierra por la palabra poética, se nutre de ella y —como el árbol— se conecta con lo primigenio, con lo telúrico y con lo cósmico.

La otra clave para captar el sentido general del libro está en el "canto al poema de la revolución", que atribuye a la palabra poética una activa función para la revolución político-social. El vanguardismo discurre aquí por vías menos líricas que en el poema anterior, con reminiscencias futuristas en las imágenes de movimiento, velocidad, electricidad y maquinarias, que se asocian con el dinamismo y el cambio implícitos en la revolución:

> Poema de hélices perdidas
> y engranajes heridos de velocidad
> ....

---

[21] Véase, por ejemplo, "puerto" o "poema: Un latido de pájaros ...".

Di también tu canto libre
para que estalle en mañanas la Revolución

Otras veces, el aire de familia con el ultraísmo español se da por la descripción de objetos ligados con la vida cotidiana, por medio de comparaciones próximas a la greguería:

Mi pipa es una lámpara
que ilumina el silencio (...)
Ella me pone su corbata de humo

("poema")

La colección reúne una treintena de poemas variados que van desde el "divertimento" ultraísta[22] a la expresión entrañable del dolor por la cárcel y el destierro[23] o al canto a la ciudad que lo acoge: Buenos Aires.[24] Incluye además un grupo de poemas en los que el yo lírico posterga la expresión de las vivencias personales, y se expande en la comunicación de lo telúrico, de lo social, del paisaje y del hombre americano.

- *El entretejido indigenista-vanguardista en dos textos*

El tema indígena surge en esta conjunción de las principales tendencias que discurren en el libro: la poetización a partir de experiencias vividas, el deseo de ser la voz de la tierra y el anhelo de poner la palabra poética al servicio de la revolución social. En el libro de Miró Quesada conviven indianismo e indigenismo. El primero se da en poemas como "canto guaraní", "poema único de agosto y el mar" o "las tres canciones del mahuaré", que no analizaremos aquí.[25]

En cambio son marcadamente indigenistas el "poema keswa para la fiesta del Inti" y "Kipucamayo". El primero se inserta en el libro que comentamos; "Kipucamayo" fue concebido en la misma época, aunque no incluido en la colección.[26]

---

[22] Por ejemplo el "poema" que describe un amanecer: "Un latido de pájaros agoniza en el cielo/y amaneció el silencio con los brazos abiertos. [...] Jóvenes leñadores afilaron sus hachas/ y cortan en silencio/árboles genealógicos para incendiar las fraguas ..."
[23] "poema: en el frío horizonte ..."; "poema único de agosto y del mar"; "el poema del tiempo", o la "canción desolada a una emoción lejana".
[24] "poema de alto voltaje para la ciudad iluminada", "café buenos aires".
[25] Los poemas mencionados, si bien con variantes, ofrecen notas comunes en la evocación del trópico: presencia del indio o de la india, alianzas del color, de la música y de la danza, por medio de animizaciones de la naturaleza, de sinestesias, de imágenes dinamizadoras: "Las flores de guacatáy/ levantan las manos/para imitar la danza carioca de mi corazón/... Mis indias destrenzaron la sierra/ y la pusieron al sol/tendida en una isla del Pacífico" ("canto guaraní").
[26] Apareció en *Amauta* 17 (Lima, setiembre 1928): 85 y en *La Pluma* 11 (Montevideo, abril 1929): 102. El poema está datado: Buenos Aires, 1928. César A. Miró Quesada colaboró frecuentemente en *Amauta*. Enumeramos algunas de sus publicaciones: "Poema" en *Amauta* 7 (marzo 1927): 36. ("Contraseña N° 2/Dejamos el corazón/con el sombrero y los guantes/y el bastón/en la garita del portero"); "Mahuaré": N° 9 (mayo 1927): 36; "Poema": N° 12 (febrero 1928): 25 ("Mi pipa es una

Vectores semánticos e ideología en "poema keswa...". En el primer poema se expresa la esperanza de que una revolución próxima permita al indio la posesión de la tierra.

POEMA KESWA PARA LA FIESTA DEL INTI

INDIO keswa, campesino
con tu canto de frutas coloradas
y tu montaña blanca
dónde vas pastoreando tu rebaño de alpacas.

Sobre el viejo cansancio de tus hombros
está saliendo el sol.

Y tú,
con tu canción helada de cordillera,
proletario en tus ojotas y caudillo en tu chonta,
te vas por la revolución
caminando sin mirar a Marx.

Indio Kewsa:
qué hondero de lucecitas frágiles en tu quena
cuando tu hijo tenga su topo de tierra!

Música de semillas mojadas en los terrones;
alegría en las manos de los árboles
despeinados en alas al mediodía.

Y tú, indio keswa, campesino
con la mañana al hombro,
haciendo correr los surcos sin Henry Ford.

Domingo de barro
en el huaco silbador de chicha fresca;
qué sacuara ligera para tus flechas
en la fiesta del Inti!

Y tú, indio keswa, labrador
con tu bandera roja y el filo de tu hoz
para ordeñar los trigos
y hacer de un solo tajo la revolución.

---

lámpara/que ilumina el silencio"); "Poema": N° 15 (mayo-junio 1928): 26 ("Galope azul de los astros/ sobre la pista de la vía láctea"); "El poema de la única ciudad lejana", *Ibid.*, 26; "Poema sin fronteras": N° 16 (julio 1928): 24; "Kipucamayo": N° 17 (setiembre 1928): 85 ("Mañana/potro de belfos húmedos..."); "Perfil del marinero en la ciudad": N° 20 (enero 1929): 52 ("Llegas en blanquísimos caballos de olas/ondulante de puertos/mojado de tormentas..."); "Poema en hoz a Máximo Gorki": N°23 (mayo 1929): 72. "Adyacencia de la fruta y el canto": N° 25 (julio-agosto 1929): 53-55. *Ensayos, crítica literaria: "La poesía de hoy,* por Jean Epstein": N° 18, (1928): 99-102.

Podemos señalar en el texto varios vectores semánticos que se interrelacionan. Uno de ellos presenta al habitante andino, su raza, su hábitat, sus costumbres, su lengua. Particular fuerza caracterizadora tienen en el poema los "indigenismos". Ya en el título: keswa o quechua (de "qquecchua": tierra templada), alude al indígena que al tiempo de la colonización del Perú habitaba la región del Cuzco; por extensión, se refiere a otros indígenas pertenecientes al imperio incaico, a todo lo relativo a estos indios, a sus descendientes, a su lengua.[27]

El indio aparece en su estrecha relación con la montaña y con la tierra, en concordancia total con la caracterización que de él hiciera Mariátegui: es "una raza de costumbre y de alma agrarias (...) La tierra ha sido siempre toda la alegría del indio. El indio ha desposado la tierra. Siente que la vida viene de la tierra y vuelve a la tierra. Por ende, el indio puede ser indiferente a todo, menos a la posesión de la tierra que sus manos y su aliento labran y fecundan religiosamente".[28]

En el poema aparece como "campesino", en su "montaña blanca", "pastoreando su rebaño de alpacas"; se alude a su vestimenta ("ojotas"), sus objetos de uso habitual (chonta), instrumentos musicales (quena), sus tareas agrícolas ("semillas", "terrones", "surcos"), sus costumbres festivas: la "chicha fresca", bebida en el "huaco" (cacharro cuyo nombre tiene además connotaciones religiosas y se asocia con costumbres ancestrales).[29]

En estrecha relación con el primero, otros tres vectores semánticos establecen una relación antitética entre la penosa situación actual de desposeimiento, y la de una situación futura, de posesión y alegría. El puente entre ambas es una revolución de signo marxista, ideología a veces sugerida, a veces explícita. El mencionado contraste se expresa desde la segunda estrofa: "Sobre el viejo cansancio de tus hombros/está saliendo el sol".

El penoso presente se expresa con estrategias expresionistas: "y tú,/con tu canción helada de cordillera" (la hipálage o desplazamiento calificativo, a la vez que sugiere el clima y el espacio andino, connota la tristeza de la canción). Contrastivamente, la música será alegre cuando el indio tenga la tierra:

>Indio keswa
>qué hondero de lucecitas frágiles en tu quena
>cuando tu hijo tenga su topo de tierra!

---

[27] No hay un verdadero grupo étnico quechua sino grupos de diferentes orígenes étnicos y amalgamados por una misma ley en la época incaica. Véase Jehan Vellard, *El hombre y los Andes* (Buenos Aires: ECA, 1981): 48.

[28] José Carlos Mariátegui, "El problema del indio. Su nuevo planteamiento", en *7 ensayos ...*, 47.

[29] Damos el significado de algunos de estos términos, la mayor parte de origen quechua: *chonta* (del quechua *chunta*) árbol, variedad de la palma espinosa, cuya madera, fuerte y dura se emplea en bastones y otros objetos de adorno; bastón; *chicha*: bebida alcohólica que se hace de maíz fermentado o de otros granos; *sacuara*: especie de caña delgadita, güin; *huaco* (*guaco*): objeto de cerámica u otra materia que se encuentra en las guacas o sepulcros de los indios; *huaca* (*guaca*): sepulcro y todo lugar sagrado donde residen los espíritus protectores de un grupo; *topo* (quizá del cumanagoto *topo*, piedra redonda): medida itineraria de legua y media de extensión usada entre los indios de América del Sur; *Inti*: el sol, astro rey. Al sol reconocían como divinidad y adoraban los incas. Dios nacional y popular de la teogonía incaica. Los peruanos pre-colombinos fuero heliotistas.

Parecen latir tras estos versos, las ideas expresadas por el aprismo y por Mariátegui (dentro de una corriente de pensamiento más amplio y de larga gestación según la cual la solución del problema del indio tiene que ser una solución social, y realizada por los propios indios):[30]

> No nos contentamos con reivindicar el derecho del indio a la educación, a la cultura, al progreso, al amor y al cielo. Comenzaremos por reivindicar, categóricamente, su derecho a la tierra.[31]

La sola perspectiva de la posesión de la tierra acentúa el predominio del que podríamos llamar "vector semántico de la esperanza", que pasa al primer plano en el discurso poético:

> Música de semillas mojadas en los terrones;
> alegría en las manos de los árboles
> despeinados en alas al mediodía.

La esperanza en el proceso de cambio, expresada primero como posibilidad vacilante ("lucecitas frágiles") se va intensificando por medio de una gradación ascendente:

> Y tú, indio keswa, campesino
> con la mañana al hombro ...

y culmina con la visión anticipada de una celebración autóctona:

> qué sacuara ligera para tus flechas
> en la fiesta del Inti!

El lector implícito: El poema se estructura sobre apóstrofes ("Indio keswa, campesino —" "y tú —", "y tú, indio keswa"), recurso retórico que, al textualizar un interlocutor, por una parte vivifica el proceso de comunicación, por otra, se hace eco del contexto ideológico de la época, según el cual el indio mismo debía intervenir en la revolución. Sin embargo, debemos distinguir, no es el indio el "lector implícito"; el destinatario del apóstrofe no ofrece más posibilidades de ser persuadido que las que tenían otros destinatarios de recursos retóricos similares en otros célebres poemas de la tradición literaria, como el sol en un poema de Espronceda ("Para y óyeme ¡oh sol!, yo te saludo")[32] o la luna del *Lunario ...* de Lugones ("Luna, quiero cantarte")[33] o el Ramón Sijé de la elegía de Miguel Hernández ("que tenemos que hablar de muchas cosas,/compañero del alma, compañero").[34]

No pensaba el autor en el poema como acicate en la conciencia de un lector-receptor indio. Como bien se ha observado, es esencial en el indigenismo su "heterogeneidad

---

[30] *Ibid.*, 49.
[31] J. C. Mariátegui, "El problema de la tierra" en *7 ensayos ...*, 50.
[32] José de Espronceda, Himno "El sol".
[33] L. Lugones, "Himno a la luna".
[34] "Elegía a Ramón Sijé".

conflictiva, que es el resultado inevitable de una operación literaria que pone en relación asimétrica dos universos socioculturales distintos y opuestos, uno de los cuales es el indígena (al que corresponde la instancia referencial y la intencionalidad de esta literatura: la denuncia y la reivindicación), mientras que el otro (del que dependen las instancias productivas textuales y de recepción), está situado en el sector más moderno y occidentalizado de la sociedad peruana".[35]

Esta contradicción interna, que reproduce, al decir de Cornejo Polar, la contradicción básica de los países andinos,[36] puede explicar tres versos del poema, algo oscuros o ambiguos:

> proletario en tus ojotas y caudillo en tu chonta,
> te vas por el camino de la revolución
> caminando sin mirar a Marx.

Podríamos interpretar que aquí el poeta deja traslucir su conciencia de que el indio, principal destinatario de la revolución, no está ideologizado, si bien la ideología está operando en otros niveles socioculturales, a los que pueden pertenecer los lectores potenciales del texto, al menos en el momento de la escritura. El "aprismo" sostenía premisas ideológicas coincidentes con las que expresa el poema, pero son varios los signos que connotan una relación con el comunismo soviético. Ya en la primera estrofa, el verso "con tu canto de frutas coloradas", a partir de una impertinencia lógica (el atribuir materia y color al canto) produce una pertinencia poética: la sugestión del color emblemático de la revolución marxista. Esta sugerencia se acentúa en la última estrofa del poema:

> y tú, indio keswa, labrador
> con tu bandera roja y el filo de tu hoz
> para ordeñar los trigos
> y hacer de un solo tajo la revolución.

El signo "hoz" tiene plurivalencia semántica: la literal (instrumento que sirve para segar, muy filoso) y la metafórica (fuerza anímica para hacer con violencia: "de un solo tajo", la revolución). Esta segunda significación se enriquece con la connotación que apela a la competencia del lector, quien no ignora que la hoz, junto con el martillo, caracterizan la bandera y el escudo de la URSS.

Notas vanguardistas. El poema es, pues, un claro exponente del indigenismo de la década, de su repertorio ideológico y de sus contradicciones socio-culturales. En cuanto a su relación estilística con el vanguardismo poético, menos obvia que en otros textos del mismo libro, al comentar el poema hemos ido señalando las modulaciones expresionistas de la hipálage, las imágenes "múltiples" ("árboles/despeinados en alas al mediodía"), en este caso con sugerencias visuales y simbolizantes de la libertad y de la esperanza; la ambigüedad

---

[35] Antonio Cornejo Polar, "Sobre el *neoindigenismo* y las novelas de Manuel Scorza", 550.
[36] *Ibid.*, 550. Cfr. del mismo autor: "El indigenismo y las literaturas heterogéneas: su doble estatuto sociocultural" en *Revista de Crítica Literaria Latinoamericana* (Lima, IV, 7-8, 1978).

y el irracionalismo poético, que están muy acentuados en el caso de algunas imágenes: "ordeñar los trigos", por ejemplo, en donde se logra la "imagen creada" (no mimética) por la impertinencia lógica del objeto directo con respecto al verbo que lo rige.

"Kipucamayo". Otro buen ejemplo de la conjunción indigenista-vanguardista es "Kipucamayo".

KIPUCAMAYO

mañana
potro de belfos húmedos
galopante de trigos alegres
sobre la metafísica ingenua de Viracocha.

mañana de aire fácil
en las hondas zumbantes de vicuña
molinos de guerra
sacudidos al viento de los brazos indios.

mañana en las gargantas de membrillos cocidos
horquetadas de músculos
para el disparo libre del jaicha definitivo.

HOY SE HA ABIERTO LA TIERRA
PARA QUE RESUCITEN TODOS LOS CAHUIDES.

no bastará un crepúsculo
para teñir los kipus de nuestros chaskis.

sudorosos de veinte años
llegarán con las armas impregnadas
en los largos silencios de las chullpas.

para hacer temblar las murallas chinas
del clericalismo.

para descuartizar el sueño prostibulario
colgado en las ventanas del virrey.

ÚLTIMO VIRREYNATO AMERICANO
CON CATÓLICAS MAJESTADES EN NUEVA YORK

y no habrá más:
    "CAMINA, POBRE INDIO"

porque sobrarán campanarios en la ciudad
para hacer balancear los cuerpos putrefactos
del gamonalismo.

                                Buenos Aires - 1928.

Los códigos vanguardistas del texto son aún más evidentes que en el poema anteriormente comentado. El poema también es un canto esperanzado en la *mañana* simbólica de una próxima revolución violenta. Comparaciones atrevidas y dinamizantes ("mañana/potro de belfos húmedos"), hipálages expresionistas ("galopante de trigos alegres"), inclusión de topónimos y otros quechuísmos,[37] reiteran y a la vez modulan con variantes las estrategias discursivas del poema anterior. También aquí se da un contraste entre la realidad presente y la expectativa futura, unidas por el nexo de la revolución. Pero el poema ilustra otros matices de la doctrina indigenista vigente en la época: la condena al gamonalismo,[38] al catolicismo —o al menos al clericalismo— y a la conquista y colonización hispánica. El virreinato es homologado con el imperialismo yankee por medio de una imagen irracionalista, que condensa dos momentos históricos (el ayer virreinal y el hoy imperialista) y dos espacios: la corte española de los tiempos virreinales y la actual capital financiera de los Estados Unidos:

ÚLTIMO VIRREYNATO AMERICANO
CON CATÓLICAS MAJESTADES EN NUEVA YORK

No es éste el lugar para evaluar la ideología subyacente en el poema, que consideramos excesivamente simplista. Nos interesa, en cambio, llegar a algunas conclusiones.

Los poemas comentados, si bien no alcanzan una alta calidad lírica, son representativos de un interesante momento de las letras peruanas: el del vanguardismo poético. Dentro de ese movimiento complejo, estos poemas representan la fusión del vanguardismo peruano que —aunque la historiografía se empeña en deslindar cronológicamente— pueden coexistir en un libro y hasta en un poema: indianismo e indigenismo. Ambas versiones de lo indígena se dan en *Poemas del arado y de las hélices*, de Miró Quesada, aunque hemos privilegiado la óptica indigenista.

El corpus doctrinal que alimenta este fenómeno literario es el de un indigenismo elaborado desde la época de la conquista y colonización, pero con matices particulares que en la década del 20 son aportados por el pensamiento marxista de José Carlos Mariátegui,

---

[37] *Viracocha*: nombre del octavo Inca; nombre de un dios de la mitología incaica; *kipus/quipo* (del quechua quipo, nudo): cada uno de los ramales de cuerdas anudados, con diversos nudos y varios colores, con que los indios del Perú suplían la falta de escritura y daban razón, así de las historias y noticias, como de las cuentas; *chullpa*: antigua sepultura indígena. Designa a la vez a los espíritus que las habitan; *chasqui* (chasque): indio que sirve de correo, mensajero, emisario.

[38] Del gamonalismo dice Mariátegui: "La miseria moral y material de la raza indígena aparece demasiado netamente como una simple consecuencia del régimen económico y social que sobre ella pesa desde hace siglos. Este régimen sucesor de la feudalidad colonial, es el "gamonalismo". Bajo su imperio no se pude hablar seriamente de redención del indio.
El término "gamonalismo" no designa solo una categoría social y económica: la de los latifundistas o grandes propietarios agrarios. Designa todo un fenómeno. El gamonalismo no está representado sólo por los gamonales propiamente dichos. Comprende una larga jerarquía de funcionarios, intermediarios, agentes, parásitos, etc. El indio alfabeto se transforma en un explotador de su propia raza porque se pone al servicio del gamonalismo. El factor central del fenómeno es la hegemonía de la gran propiedad semifeudal en la política". "El problema del indio" en *7 ensayos* ..., 37.

por la revista *Amauta*, por el aprismo y —en el caso de Miró Quesada— probablemente, por el comunismo soviético.

La fusión de indigenismo y vanguardia representa una variante más dentro del sistema vanguardista latinoamericano, tan rico y complejo. Del análisis de esta variante, a partir de textos representativos, surgen nuevos argumentos que avalan criterios ya enunciados por otros estudiosos del vanguardismo latinoamericano: más que un simple epifenómeno de la vanguardia europea, nuestro vanguardismo muestra que se afianza en la realidad histórica, geográfica y cultural americana y presenta por ello una fisonomía particular dentro del fenómeno de las vanguardias de la época.[39]

---

[39] Nelson Osorio, "Sobre la recepción del futurismo en América Latina" en *Memoria del XX Congreso del Instituto Internacional de Literatura Iberoamericana. Pensamiento y Literatura en América Latina* (Budapest: Universidad Eötrös Loránd de Budapest, 1982): 162-164.

VIII

LA POESÍA DE VANGUARDIA Y LA POESÍA SOCIAL EN HISPANOAMÉRICA

- *La teoría de las dos vanguardias*

Es muy frecuente, casi un lugar común entre los escritores de la época y en la crítica hispanoamericana que estudia este período, la distinción entre vanguardia artística y vanguardia revolucionaria en lo político-social, entre la revolución en la Literatura y la literatura en la Revolución. Es más, la distinción supera el simple deslinde conceptual y se propone programática o preceptivamente como disyuntiva contrapuesta: el escritor revolucionario, deseoso de cambiar las injustas estructuras políticas, sociales y económicas hispanoamericanas debe optar por formas de expresión acordes con postulados realistas, objetivistas, comprensibles para el gran público. La vanguardia literaria es tachada con frecuencia de "aventura formalista", "subjetivista", "gratuita", "burguesa".

Detrás de esta dicotomía late una teoría marxista del arte que, con raíces en Marx y Engels —o en la interpretación de alguna de sus opiniones— culmina con la prescripción soviética del "realismo socialista" a principios de la década del 30 y con la consecuente proscripción de la vanguardia. Esta teoría que enfrenta las dos vanguardias no monopoliza a críticos y escritores soviéticos en los años 20 —Maiakovski y el grupo por él liderado constituyen la más notable excepción— pero se va imponiendo por diversos medios de coerción moral hasta llegar casi a identificarse con la política cultural del Partido Comunista. Decimos "casi", porque este enfrentamiento teórico es ya desbordado y contradicho por la complejidad de la realidad literaria soviética, más aún, por la de Europa occidental. Cuando su proyección ideológica condiciona a escritores y a críticos hispanoamericanos, las contradicciones se acentúan, ya que en esta compleja realidad cultural ambas vanguardias se funden y confunden permanentemente, a pesar de la vigencia del esquema dicotómico, vasta y prolongadamente difundido. Escritores marxistas de gran relevancia e influencia— valgan como ejemplo los nombres del peruano José Carlos Mariátegui y del argentino Raúl González Tuñón, buenos conocedores del futurismo ruso y del surrealismo francés—se convierten en difusores y defensores de una "modernidad estética de izquierda".

- *La vanguardia social y la vanguardia literaria en la Unión Soviética*

Por su repercusión internacional, es importante aludir a la carga semántica que la palabra vanguardia adquiere en Rusia, en donde predomina el empleo del término para designar a los grupos de avanzada que buscan los cambios políticos-sociales.[1]

A fines del siglo XIX, sobre todo a partir de 1894, Lenin elabora su teoría del partido bolchevique, encargado de la toma revolucionaria del poder. El partido comunista será la *vanguardia* de la clase obrera, un grupo consciente, expresión de esa clase, encargado de llevarla a la victoria. En el interior del pensamiento marxista, y desde una perspectiva revolucionaria, se desarrolla una teoría de la vanguardia. El individuo o el grupo directivo militan al servicio del combate colectivo. Varios periódicos comunistas llevan por ello este nombre: *La Vanguardia*.

¿Qué relación hay entre la vanguardia política y la artística en la teoría marxista? Ya en 1905, Lenin había exhortado:

> ¡Abajo los literatos sin partido! !Abajo los superhombres de la literatura! La literatura debe transformarse en una parcela de la causa general del proletariado, *en una ruedecilla y un pequeño tornillo* del gran mecanismo social-demócrata uno e indivisible, puesto en movimiento por la vanguardia consciente de toda la clase trabajadora. La literatura debe llegar a ser parte integrante del trabajo organizado, metódico y unitario del partido social-demócrata.[2]

A partir de 1917 surge una literatura al servicio del nuevo régimen y del proletariado, aunque no monopoliza la totalidad de las expresiones literarias. Con anterioridad se había ido gestando una teoría que asigna objetivos sociales a la literatura: eslabones de ella fueron Belinskij (1811-1948), Chernichevski (1828-1889), Tolstoi (1882-1945, *¿Qué es el arte?*) y Plejanov (1857-1918).[3]

---

[1] Se documenta el empleo de la palabra con esta acepción en el estudio, de óptica marxista, de Robert Estivals, "Schémas pour l'avant-garde" en Jean Weisgerber, *Les avant-gardes littéraires aux XXe siècle* Tomo II (Budapest: Akademiai Kiadó, 1984): 1085 y ss.

[2] V. I. Lenin, *Sur la Littérature et l'art* (París: Éditions Sociales, 1957): 87. Ver particularmente el artículo "La organización del Partido y la literatura del Partido" de 1905. D. W. Fokkema señala que los intérpretes de esta afirmación han extendido su alcance original, pues Lenin sólo habla del control del Partido sobre sus publicaciones y no del Estado sobre toda publicación. Por otra parte postula Fokkema, Lenin se refiere al hecho general de escribir más que a la literatura creativa. Pero lo cierto es que la interpretación amplia tuvo valor programático en las teorías literarias soviéticas. D. W. Fokkema y Elrud Ibsch, "Teorías marxistas de la literatura" en *Teorías de la literatura del siglo XX* (Madrid: Cátedra, 1984): 115-116.

[3] Véase G. Berti y B. M. Gallinaro, *Il pensiero democrático ruso del XIX secolo* (Firenze: Sansoni, 1950); G. V. Plejanov, *L'art et la vie sociale* (París: Éditions Sociales, 1949); Hernan Ermolaev, *Soviet Literary Theories: 1917-1934. The Genesis of Socialist Realism* (Berkeley/Los Angeles: University of California Press, 1963): 261; M. Gorki y A. A. Zhdanov, *Literatura, filosofía y marxismo*, vers. al esp. de Antonio Encinares (México: Grijalbo, 1968): 158; D. W. Fokkema y E. Ibsch, *op. cit.*; León Trotski, *Literatura y revolución; otros escritos sobre la literatura y el arte*, (Colombes, France: Éditions Ruedo Ibérico; Biblioteca de Cultura Socialista, 1969): Tomo I, 202;

Si bien Marx (1818-1883) y Engels (1820-1895) no elaboraron una teoría orgánica de las relaciones entre literatura y sociedad, algunos de sus juicios han sustentado teorías posteriores, particularmente el que enuncia un rígido determinismo económico: "Las formas de producción de la vida material condicionan por lo común los procesos de la vida social, política y espiritual".[4]

En los años próximos a la revolución de octubre de 1917 se organizan en Rusia una serie de grupos literarios y culturales proletarios que teorizan sobre el arte proletario y socialista (no siempre identificables) y lo llevan a la práctica. Entre estos grupos tienen particular relevancia el Proletkult (Proletarskaya Kultura); el Smithy (Kuznitsa), el grupo Octubre (Oktyabr); la Asociación de Escritores Proletarios de toda Rusia (VAPP); la Asociación Rusa de Escritores Proletarios (RAPP); el Frente Izquierdo de las Artes (LEF); el Centro Literario de Constructivistas (LTsK), entre otros. En abril de 1932, el Comité Central del Partido Comunista decidió que en lugar de todas las organizaciones literarias existentes, se creara una única entidad, la que tomó el nombre de "Unión de Escritores Soviéticos".

Entre 1917 y 1932 estas agrupaciones ponían el énfasis —no sin polémicas— en el carácter proletario de la práctica literaria, en forma paralela al énfasis del Partido oficial acerca de la naturaleza proletaria del Estado. Según esta óptica, la literatura es un fenómeno ideológico, una superestructura erigida sobre bases económicas y determinada por ellas. La literatura debe servir, sobre todo, como un instrumento para la educación de las masas en el espíritu del socialismo. La cultura proletaria resultante se caracterizará por el espíritu colectivista, la apoteosis del trabajo, el odio a la explotación social, el ardor revolucionario, la lucha por el comunismo en una escala mundial ....[5]

No obstante la fuerte presencia de estos puntos de vista en la década del 20, subsistían aún expresiones literarias que manifestaban distintos modos de entender la literatura. Así lo testimonian incluso disidentes, como Vintila Horia: "Con todo el fanatismo y el exclusivismo que los bolcheviques trataban de trasladar desde el campo político al literario, artístico y filosófico, la vida intelectual pudo desarrollarse con bastante libertad entre 1918 y 1922".[6] Por ejemplo, el formalismo ruso (B. Eikenbaum, R. Jakobson, V. Sklovski, I. Tynianov...) siguió desenvolviéndose durante esos años, a pesar de que su teorías divorcian la obra literaria de su contexto social.[7]

Tomo II, 205; R. Barthes; H. Lefebvre; L. Goldmann, *Literatura y sociedad* (Barcelona, Martínez Roca, 1969): 234; Raúl G. Aguirre, "La poesía política" en *Las poéticas del siglo XX* (Buenos Aires: ECA, 1983): 173-197, entre otros títulos (Cfr. notas subsiguientes).

[4] L. Marx, Prefacio a *Kritik der politischen oekonomie* (1859), citado por René Wellek, *Historia de la crítica moderna (1750-1950)*, Tomo III (Madrid: Gredos, 1972): 318.

[5] Hernan Ermolaev, *Op. cit.*, 1-2 (introducción sintética, desarrollada en capítulos posteriores).

[6] Vintila Horia, *La rebeldía de los escritores soviéticos* (Madrid: Rialp, 1960): 97.

[7] Para el formalismo, la obra es un "ente de lenguaje", una forma, un "sistema literario", se niega toda relación genética de la literatura con las infraestructuras económicas y sociales y se rehúsa la finalidad política o social de los textos. La producción literaria de los futuristas y la plástica de los cubistas gozaban de la aprobación del grupo formalista, que prefería la libertad en el lenguaje, la descomposición de las formas, la "inventividad". Sobre la interrelación entre formalismo y constructivismo cfr. Stephen Bann, "Constructivisme", en J. Weisgerber, *Les Avant-gardes...*, Tomo II, 1010 y ss. Sobre

Durante la década mencionada, se registran polémicas entre escritores, entre agrupaciones de escritores más o menos próximos al Partido, e incluso diferencias de opiniones entre los líderes de la Revolución.[8] Desde 1928 se acelera la creación de una "literatura socialista", sintetizable en la tesis que Auerbach presentó en el congreso de escritores reunido en Jarskov en 1930, según la cual "el arte es un arma de clase".[9] En 1934 culmina este proceso, cuando se reúne el I Congreso de Escritores Soviéticos y se postula el "realismo socialista" como guía de la creación literaria, de la siguiente manera:

> El realismo socialista, método de la literatura y crítica literaria soviéticas, demanda del verdadero artista la representación históricamente concreta de la realidad en su desarrollo revolucionario. Al mismo tiempo, la verdad y la concreción histórica de la representación artística de la realidad tiene que combinarse con el objetivo de remodelamiento ideológico y de educación de la clase trabajadora en el espíritu del socialismo.[10]

¿Qué posturas encontramos en el corpus de teorizaciones estéticas marxistas con respecto a las vanguardias? Mihai Novicov, al investigar sobre la palabra y el concepto de vanguardia en Rusia,[11] constata que en las tres primeras décadas del siglo, la fuerte carga política que había adquirido la expresión "vanguardia", desplaza casi por completo la asociación del término con el movimiento literario europeo que se manifestó también en Rusia, ciertamente con diferencias y peculiaridades.[12] Se encuentran, en cambio, opiniones y definiciones sobre estos movimientos particulares, de los cuales el mencionado con más frecuencia es el futurismo, y por ello centraremos en él nuestra atención.

Según Mihai Novicov, el futurismo fue el primer movimiento poético nuevo que recibió acogida favorable de parte de algunos críticos marxistas que habían atacado a los modernistas y a los cubistas.[13]

---

el mutuo influjo entre formalistas y futuristas rusos véase Agnès Sola, "Le futurisme russe", *Ibid.*, 157-184, particularmente página 170 y 182. Sobre relaciones entre el formalismo ruso y el marxismo véase Víctor Erlich, *El formalismo ruso* (Barcelona: Seix Barral, 1974): 141-167.

[8] Por ejemplo, la disyuntiva y polémica planteadas en torno a las diferencias entre el arte proletario y el arte socialista. Se discutió la conveniencia de privilegiar el segundo sobre el primero, por considerar que la dictadura del proletariado correspondería a un período histórico más corto.

[9] Sostenía además que los artistas deben abandonar el individualismo y el temor a la disciplina estricta como actitudes pequeño-burguesas; la creación artística debe ser sistematizada, organizada, colectivizada y conducida según los planes de un mando central, bajo la firme guía del partido comunista; todo artista proletario debe ser un materialista dialéctico. Véase G. de Torre, *Problemática de la literatura* (Buenos Aires: Losada, 1951): 232.

[10] "Estatutos de la Unión de Escritores" citado por D. W. Fokkema y Elrud Ibsch, *Op. cit.*, 121.

[11] Mihai Novicov, "Le mot et le concept d'avant-garde. Russe" en J. Weisgerber, *Les Avant-gardes...*, Tomo I, 32-41.

[12] Recordemos el acmeísmo, el futurismo, el imaginismo, el constructivismo. Sobre ellos cfr. Ettore Lo Gatto, *La literatura ruso-soviética* (Buenos Aires: Losada, 1973): 508; G. de Torre, "El futurismo en Rusia" en *Historia de las literaturas de vanguardia*, edición citada, Tomo I, 157-165; Nils Ake Nilsson, "L'Acméisme et l'imaginisme russes" en J. Weisgerber, *Op. cit.*, Tomo I, 275-286; Jean Claude Marcade, "Le constructivisme en URSS" *Ibid.*, Tomo I, 520-533; Agnès Sola, "Le futurisme russe", *Ibid.*, Tomo I, 157-184.

[13] Por ejemplo Plejanov en *El arte y la vida social*, edición citada que traduce y reedita el artículo del mismo nombre publicado por primera vez en 1912-1913.

N.F. Cuzak, en su libro *Sobre la estética del marxismo* (Irkoutsk, 1912) considera que el futurismo sirve a los fines proletarios mejor que el realismo, pues aunque éste es un buen método de "conocimiento" de la realidad (contemplación pasiva), es insuficiente como método de construcción de la vida, a la cual debe servir la representación proletaria del arte.[14] Después de la revolución de octubre, la defensa del futurismo como arte idóneo para servir al cambio de la sociedad, es asumida por el LEF (Frente Izquierdo de las Artes) cuyos voceros no hablan de arte vanguardista, sino de "arte de izquierda", expresión que alude a todo arte nuevo posterior al simbolismo, que no acepte la tradición literaria y que busque una renovación radical de formas, de procedimientos, de técnicas expresivas. El término "izquierda" se refiere a la rebelión artística que, en la opinión de los futuristas, es la expresión formal de la rebelión político-social, también de izquierda.

Sin embargo, dentro del haz todavía no monolítico de las opiniones estéticas posrevolucionarias de los años 20, la mayoría de los teorizadores marxistas manifiestan una oposición intensa al futurismo y a los otros movimientos afines.[15] Lenin, en carta al Comité Central del Partido, expresa su temor de que "los futuristas y decadentes, que habían invadido las filas del Proletkult, diseminaran puntos de vista antimarxistas sobre arte".[16] Sólo por razones ocasionales, hizo un tangencial elogio de un poema de Maiakovski.[17]

Uno de los más notables análisis que recoge y a la vez refuerza los argumentos esgrimidos contra el futurismo, es el que hizo Trotski en su artículo recogido en *Literatura y revolución* (1924),[18] libro que no sólo marca un hito importante en la condena de la vanguardia estética, sino también de la inmanencia verbal de los formalistas, que tuvieron relación teórica y personal con los futuristas: "La escuela formalista es un idealismo abortivo aplicado a los problemas del arte. Los formalistas ... son los discípulos de San Juan: para ellos, 'en el principio era el Verbo'. Pero para nosotros era la Acción".[19]

En el ensayo "El futurismo", elaborado con técnica dialéctica, pendular, se pronuncia contra el futurismo ruso. Alternativamente va concediendo méritos al movimiento, para restringir o negar lo afirmado, en los párrafos siguientes. Si bien concede que el acercamiento del futurismo a la revolución le fue facilitado por su filosofía, "es decir por

---

[14] Citado por Mihai Novicov, *Op. cit.*, Tomo I, 34.
[15] Representantes del grupo Smithy opinan "que la literatura proletaria tenía que ser distinguida por un estilo grandioso y monumental y representar una directa negación del arte decadente burgués, especialmente de los movimientos literarios modernos como el futurismo, el simbolismo, el imaginismo" ("Deklaratsiya proletarskikh pisateley 'Kuznitsa'" en *Pravda* [21 junio 1923], citado por Herman Ermolaev, *Op. cit.*, 21). Kalinin, por dar otro ejemplo, definió al futurismo como "un fenómeno social de la organización capitalista, una ideología que llegó a los límites de su extremo desarrollo, el aliento pre-mortal del espíritu burgués, el presentimiento de la ruina". Citado por E. Lo Gatto, *Op. cit.*, 63.
[16] "Sobre los Proletkults" publicada en *Pravda* (1 diciembre 1920), citado por H. Ermolaev, *Op. cit.*, 16.
[17] Maiakovski se mofa de los comunistas que "no hacen más que reunirse y volverse a reunir", crítica con la que coincide Lenin. Cfr.: V. I. Lenin, "Maiakovski", en *Sobre arte y literatura*, edición citada, 195-196.
[18] "El futurismo" en *Literatura y revolución*, edición citada, Tomo I, 83-106.
[19] León Trotski, "La escuela formalista de poesía y el marxismo", *Ibid.*, Tomo I, 123.

su falta de respeto a los valores antiguos y por su dinamismo", el movimiento —dice— "llevó consigo, en la nueva etapa de su evolución, los rasgos de su origen social, es decir de la bohemia burguesa" (85). Hay diferencia entre:

> ... el tipo sicológico del comunista, un revolucionario en el sentido político, y el futurista, innovador revolucionario en el sentido formal (...) lo malo no está en la *negación* por el futurismo de la *intelligentsia*. Al contrario, reside en el hecho de que no se siente a sí mismo como parte de la tradición revolucionaria. Nosotros entramos por nosotros mismos en la revolución, mientras que el futurismo cayó en ella (87).

Habría, por lo tanto, en la poesía futurista, "un revolucionarismo que es más bohemio que proletario" (97) si bien —concede— Maiakovski "está dispuesto a colocar su arte completamente al servicio de la revolución" (97). Pero el poeta es "maiakomórfico" y puebla con su personalidad las plazas, las calles y los campos de la revolución" (98), "habla a cada paso de sí mismo", "se permite tratar familiarmente la historia" y "tutear a la revolución" (99), aún sus cantos a la revolución son personales, individualistas (100-110). Por otra parte, sus obras son inaccesibles a las masas (105).

En contraposición, con tácita alusión al arte experimental, sostiene que las formas viejas sirven mejor que las nuevas para la transmisión de las ideas bolcheviques.[20]

Además de Trotski, Bujarín y otros teóricos hablaron del "escapismo formalista", "último refugio de la inteligencia desparramada, mirando furtivamente hacia la Europa burguesa"[21] y condenaron la libertad individual, la poesía pura, el arte desinteresado de los grupos de vanguardia que —incluido el constructivismo— se habían desplegado hasta mediados de los años 20.

Por otra parte, el futurismo así como otros "ismos" occidentales, por ejemplo el cubismo, era difícilmente conciliable con la elección de una metodología realista del arte, ya que es esencial a él la desestructuración y posterior organización de los materiales según sus propias leyes.[22]

En síntesis, para la doctrina estética predominante en la URSS, la vanguardia es expresión del liberalismo individualista, el poeta vanguardista se vincula con el superhombre nietzcheano, es megalómano y egocéntrico, su creación lo aísla del medio social.[23] Como

---

[20] Dice por ejemplo con respecto a Demián Biedni, poeta de la Rusia revolucionaria: ... no ha buscado las formas nuevas. Incluso presume de emplear las viejas formas consagradas. Pero en él estas formas sufren una verdadera resurrección y se tornan en un incomparable mecanismo de transmisión de las ideas bolcheviques (...) Demián podría decir de sí mismo: "Dejo con gusto a otros la tarea de escribir con formas nuevas y más complicadas sobre la revolución, para poder escribir con las formas antiguas por la revolución". En "Cultura proletaria y arte proletario", *Ibid.*, Tomo I, 145.

[21] A. V. Lunacharsky, citado por Víctor Erlich, "Social and aesthetic criteria in Soviet Russian criticism" en *Continuity and Change in Russian and Soviet Thought*, Ernst J. Simmons editor (Harvard University Press, 1955).

[22] Se podría objetar que el concepto de "realismo" es discutible y variable. Nos referimos a él tal como se lo define en la estética marxista. Cfr. "Realismo", "Realismo crítico" y "Realismo socialista" en Avner Ziz, *Fundamentos de estética marxista* (Moscú: Editorial Ráduga, 1987): 227-228.

[23] Robert Estival, "Schémas pour l'avant-garde" en J. Weisgerber, *op. cit.*, Tomo I, 1107-1110. Una síntesis de los avatares de la vanguardia en la concepción de los críticos y autores marxistas en las

consecuencia debe cesar su influencia para permitir la expansión del realismo socialista. Se llega así a la formulación de un esquema de valores y antivalores para una literatura al servicio de la revolución y del proletariado. En la columna de los antivalores se agrupan los rasgos que caracterizan o que se adjudican a las vanguardias literarias:

Arte "utilitario o de propaganda".	Arte por el arte
Realismo literario	Experimentalismo vanguardista
Contenidismo	Formalismo
Objetivismo artístico	Subjetivismo artístico.
Compromiso	Escapismo
Arte proletario	Arte burgués
Arte al servicio de la revolución socialista	Arte al servicio del liberalismo y del capitalismo

Sin embargo, también en la URSS., durante la época de gestación y consolidación del realismo socialista, la realidad compleja impuso sus fisuras a la doctrina unificante y determinó la existencia de un "doble discurso" con respecto a Maiakovski. Algunos críticos lo desaprobaban, otros —como Kirpatin— se abstenían de hacer referencias a su poesía; pero hubo también quienes, como Fadeev, describían su carrera como una transición desde su inicial "romanticismo" hasta "el genuino realismo socialista" de su poema "A Sergio Esenin" (1926) o "A plena voz" (1930). Los comentadores soviéticos que intentaron aproximar la obra de Maiakovski al realismo socialista, tuvieron que ignorar parte de su obra y atribuir la utilización de "trucos futuristas" a otros colegas y asociados del LEF, menos afortunados.[24] Estas alternativas con respecto al poeta culminaron con la decisión de Stalin en 1935, quien elevó a Maiakovski a la categoría de principal fundador del realismo socialista y lo llamó el mejor y más talentoso poeta de la época soviética.[25]

Por otra parte, si bien el rumbo tomado por la estética oficial marxista había determinado la condena de la vanguardia artística, ésta contenía elementos revolucionarios que permitían desarrollar la teoría opuesta. Así lo entendió Maiakovski, para quien *la bofetada al gusto del público* buscada por el futurismo, era una bofetada al gusto de la burguesía, una *negación revolucionaria* de la cultura *burguesa*, un ataque por la *palabra* complementario al ataque por *los decretos*.[26] El poeta ruso será paradigmático de otros

---

décadas posteriores, puede verse en el mencionado estudio de Fokkema y en el de Charles Russell, "La réception critique de l'avant-garde" en J. Weisgerber, *op. cit.*, Tomo I, 1123-1140.
Aún en publicaciones recientes se persistió en la URSS en definiciones como ésta: "*Vanguardismo*: Denominación que sirve para designar varias tendencias y escuelas artísticas del siglo XX que se han declarado contrarias a toda tradición (la realista en primer lugar) y se han dedicado a búsquedas de nuevas formas y recursos, expresivos. El vanguardismo contemporáneo se caracteriza por un abierto subjetivismo e individualismo y su orientación es indiferente a las preocupaciones sociales". Avner Ziz, "Glosario de términos de estética", *Op. cit.*, 232.
[24] H. Ermolaev, "The Introduction of Socialist Realism, may-november 1932" en *Op. cit.*, 151.
[25] "Consolidation of Socialism Realism", *Ibid.*, 202-203.
[26] Agnès Sola, artículo citado, 180. Por otra parte, este punto de vista es compartido por críticos antimarxistas: Alberto Boixados, *Arte y subversión* (Buenos Aires: Areté, 1977): 142.

escritores dispersos por el mundo, con frecuencia también marxistas o filomarxistas, pero con mayor independencia respecto al Partido. Es precisamente esa ambivalencia en las posibilidades de relación del arte de vanguardia con los objetivos de transformación social de la literatura, la que permitirá a algunos creadores y críticos marxistas disentir con la teoría oficial.[27]

- *La recepción y el desenvolvimiento de estas teorías en Hispanoamérica*

La teoría y la práctica de la poesía social, así como la teoría y la práctica de la vanguardia, se gesta en Hispanoamérica por un proceso literario que, si bien tiene un desarrollo interno, tiene también una permanente actitud dialógica con los modelos o incitaciones europeas. Actitud muchas veces de dependencia cultural, de acatamiento a modas, a ideales, a consignas, pero también de fuerte impronta recreadora, con proyecciones de influencia en sentido inverso: de América a Europa.

Varios críticos han observado como rasgo caracterizador de nuestras literaturas —ya desde los orígenes— su ancilaridad, su tendencia a servir para fines que pertenecen al mundo de las ideas y de la acción política. La literatura en sus diversas manifestaciones genéricas se asocia así con las variadas facciones ideológicas y políticas y —desde el siglo XIX— canaliza inquietudes del socialismo y del anarquismo. En la década que estudiamos, la poesía social se orienta a producir un cambio en las estructuras político-sociales del continente. Se caracteriza por su exaltación de la revolución como medio de cambio, por su marcada denuncia del imperialismo norteamericano, por su frecuente alianza con las diversas tendencias de la ideología marxista, por su propósito de expresar las luchas y metas del proletariado. Esta temática se asocia en algunos países con el indigenismo y el neo-negrismo que tienen connotaciones sociales y políticas, asociación que se acentúa a medida que se aproxima la década del 30.

Si bien muchos autores y grupos pugnan por mantener las expresiones literarias de intención social al margen de la vanguardia poética, es frecuente la convergencia o articulación de ambas. La poesía social se funde así con los "ismos" que tienen su correlato en la Europa Occidental o recibe el influjo del futurismo ruso. En otras palabras, en Hispanoamérica se reproduce, se complejiza y se acentúa el doble discurso con respecto a la vanguardia que se manifestó en la URSS. En esta ambivalencia, son varios y muy destacados los escritores marxistas que reconocen en la vanguardia artística un instrumento para la negación revolucionaria de la cultura burguesa.

Nuestro análisis enfocará algunas manifestaciones que consideramos significativas de las distintas posibilidades de relación entre "las dos vanguardias".[28] Examinaremos los ensayos sobre este tema de José Carlos Mariátegui y el testimonio del *Repertorio Americano*

---

[27] Los ejemplos son múltiples: desde André Breton a B. Brecht en Europa. Véase además, Charles Russell, artículo citado, 1123-1140.

[28] Sobre esta relación en el ámbito general hispanoamericano, véase Ana Pizarro, "Vanguardismo literario y vanguardia política en América Latina" en *Araucaria de Chile*, 13 (1981): 81-96; Nelson Osorio, "Para una caracterización histórica del vanguardismo literario hispanoamericano" en *Revista Iberoamericana*, 114-115 (enero-junio 1981): 227-254.

de San José de Costa Rica; trataremos de descubrir los límites entre la realidad y el mito en el enfrentamiento de "Boedo" contra "Florida" y postularemos que el cañamazo vertebrador de la poética de Raúl González Tuñón se aclara a la luz de la teoría de "las dos vanguardias".

• *José Carlos Mariátegui o la conciliación de las dos vanguardias*

El tema de "las dos vanguardias" ocupa un lugar preferencial en la reflexión del brillante ensayista peruano José Carlos Mariátegui (1894-1930). La sola mirada de los índices de sus colecciones de ensayos, algunas de ellas reunidas póstumamente a partir de revistas y periódicos, nos permite advertir la permanente atención prestada por Mariátegui al arte contemporáneo y a su vinculación con la sociedad.[29]

El pensamiento de Mariátegui sobre el tema que nos ocupa va madurando hasta encontrar el punto de articulación entre las dos vanguardias. En 1921 afirmaba que la vanguardia "es el efluvio lírico (...) de la decadencia burguesa", convicción que le permitía profetizar que esa "poesía sin solemnidad y sin dramaticidad, que aspira a ser un juego, un deporte, una pirueta, no florecerá entre nosotros".[30] Sin embargo, posteriormente considerará que la vanguardia *arte-purista* "denuncia la quiebra de un espíritu, de una filosofía, más que de una técnica" y por lo tanto, "tiene una función revolucionaria porque cierra y extrema un proceso de disolución".[31]

En su "Arte, revolución y decadencia" postula que sólo un contenido revolucionario legitima la novedad artística.[32] Más adelante sostiene que hay una estrecha interrelación entre el arte y la sociedad que le da origen; la atomización, la disolución del arte contemporáneo manifestada por las escuelas de vanguardia refleja la crisis de la sociedad capitalista

> El arte en esta crisis ha perdido ante todo su unidad esencial. Cada uno de sus principios, cada uno de sus elementos ha reivindicado su autonomía. Secesión es su término más característico (19).

Mariátegui hace la interpretación de un arte cuyas características sobresalientes son la pérdida o disminución de la referencialidad (reemplazada por la inmanencia) y la ruptura

---

[29] Mencionemos sólo algunos títulos de artículos reunidos en *El artista y la época*, 4ª edición (Lima: Biblioteca Amauta, 1970): 216; "Arte, revolución y decadencia", "El grupo surrealista y *Clarté*", "El balance del suprarrealismo", "El superrealismo y el amor", "Aspectos viejos y nuevos del futurismo", "Post-impresionismo y cubismo", "El expresionismo y el dadaísmo", "Blaise Cendrars", "*Literaturas europeas de vanguardia*", etc.
[30] "Motivos polémicos. Poetas nuevos y poesía vieja" en *Mundial*, 232 (24 octubre 1924), recogido en *Peruanicemos al Perú* (Lima: Ediciones Amauta, 1970): 15-19.
[31] "Defensa del disparate puro" en *Amauta*, 13 (marzo 1928), recogido en *Peruanicemos* ..., 155.
[32] "En el mundo contemporáneo coexisten dos almas, las de la revolución y la decadencia. Sólo la presencia de la primera confiere a un poema o un cuadro valor de arte nuevo. No podemos aceptar como nuevo un arte que no nos trae sino una nueva técnica". En "Arte, revolución y decadencia", inicialmente publicado en *Amauta*, 3 (Lima, noviembre 1926): 3-4. Transcripto en la recopilación de sus ensayos sobre arte: *El artista y la época*, edición citada, 18-25. Cito por esta edición.

de la coherencia y armonía del objeto artístico, cuyo lenguaje y sintaxis se fragmentan, se atomizan, se desjerarquizan, se desestructuran. El ensayista peruano relaciona estos fenómenos con la crisis y decadencia de una civilización cuyos valores estructurantes van perdiendo aceptación y función rectora. Él se refiere explícitamente a la sociedad capitalista-burguesa. Su diagnóstico lúcido es sin embargo, reduccionista, en tanto focaliza sólo la última etapa de un proceso cultural que es en realidad mucho más prolongado y en tanto limita el alcance de la crisis al sistema socio-económico. O —para ser más precisos— lo que hace Mariátegui no es una reducción de la pluralidad de valores que dan sentido al vivir humano (y por ende al arte que expresa la cultura o civilización que ellos informan) a una sola categoría: la de lo socio-económico. En realidad hace una elevación de lo socio-político-económico a la categoría de lo religioso: absolutiza los postulados del marxismo, que ocupan así el lugar de una fe, de una mística, de una cosmovisión:

> El sentido revolucionario de las escuelas o tendencias contemporáneas no está en la creación de una técnica nueva. No está tampoco en la destrucción de la técnica vieja. Está en el repudio, en el deshaucio, en la befa del absoluto burgués. El arte se nutre siempre, conscientemente o no (...) del absoluto de su época. El artista contemporáneo, en la mayoría de los casos, lleva vacía el alma. La literatura de la decadencia es una literatura sin absoluto (...). El hombre no puede marchar sin una fe, porque no tener una fe es no tener una meta (...). El artista que más exasperadamente escéptico y nihilista se confiesa es, generalmente, el que tiene más exasperada necesidad de un mito (19).

Mariátegui diagnostica que el vacío existencial (el *vacío del alma*) del hombre contemporáneo se manifiesta en su arte. Advierte inteligentemente que la revolución artística vanguardista es el significante de un significado más profundo, amplio y general: la pérdida de un orden, la búsqueda de un orden nuevo. La ruptura artística es signo de una descomposición, de un tránsito hacia una nueva estructura. Con metáfora poética dice: "Es la transición del tramonto al alba". El "absoluto burgués" (la más alta meta, el máximo valor dentro de la de valores implícitos en la cosmovisión de un momento histórico determinado) debe ser reemplazado por el absoluto de la revolución, por la sociedad socialista. El arte, que en el momento de la reflexión de Mariátegui servía ambiguamente a "la decadencia" y a "la revolución" (la conciencia del artista "es el circo agonal de la lucha" entre esos dos espíritus) ha de servir sólo a la revolución, a la política, que se siente "elevada a la categoría de una religión" (20).

En otro ensayo: "Nacionalismo y vanguardismo en la literatura y en el arte"[33] llega a la conclusión de que, el vanguardismo artístico renegará de sí mismo si no recibe el estímulo de la revolución para crear un arte nuevo en una sociedad nueva. Ejemplifica esta idea con la contraposición del futurismo italiano, obligado por el facismo "a renegarse a sí mismo teórica y prácticamente" (77) y el futurismo ruso, que "adhirió a la revolución proletaria" y que, "como lo constata con satisfacción Guillermo de Torre (...) ha sido elevado a la categoría de arte oficial" (78).

---

[33] En *Mundial* (Lima 4 diciembre 1925). Cito por la transcripción en *Peruanicemos al Perú*, edición citada, 76-79.

Mariátegui no podía ignorar en esta fecha el conflicto en el que se debatían los teorizadores de la estética oficial soviética (por entonces en proceso de conformación) con respecto al vanguardismo y particularmente con respecto a Maiakovski. Justamente en la reseña del libro de Guillermo de Torre: *Literaturas europeas de vanguardia*,[34] en general elogiosa, avala algunas opiniones personales recurriendo a la cita del ensayo de Trotski sobre el futurismo, incluido en *Literatura y revolución*. Aquí Trotski —como hemos analizado *supra*— alterna valoraciones positivas y negativas sobre Maiakovski y el movimiento, para rematar en su condena.

Mariátegui realiza una lectura de Trotski y de otros teorizadores literarios soviéticos sin conceder valor dogmático a las opiniones sobre el vanguardismo poético. Es una recepción selectiva, en función de una opción conciliatoria que realiza con cierto sustento en sus simpatías y en su formación intelectual y artística personal. Pero fundamentalmente, hay, en su aceptación de la vanguardia, una perspicacia política y pragmática que intuye, con certero instinto, la realidad cultural americana y en ella se afianza. El vanguardismo a mediados de la década ya ha hecho irrupción en gran parte del continente; muchos de los jóvenes escritores que nacieron con el siglo se han plegado a la experimentación literaria, la articulación del vanguardismo y de los objetivos revolucionarios tiene ya en Hispanoamérica una presencia y una potencialidad que la reflexión clara y penetrante de Mariátegui se encargará de acicatear, particularmente desde la tribuna de *Amauta* (1926-1930). La revista, que tanta influencia tuviera en su época, no sólo en Perú sino en gran parte de Hispanoamérica, será un foco difusor de esta alianza y, por lo tanto, constituirá uno de los más importantes documentos para el análisis del tema.[35]

La poesía social de vanguardia —y su teorización— se manifestará con gran fuerza (y despareja calidad poética) en el Perú, en buena medida por la influencia de Mariátegui y de *Amauta*. Luis Monguió[36] ha reseñado con claridad su desarrollo, señalando sus antecedentes en el proceso literario interno: M. González Prada, E. Bustamante, el Vallejo de *Los heraldos negros* (1918) y de *Trilce* (1922). Las revistas vanguardistas de la década son ya un exponente de la fusión del vanguardismo literario con el objetivo político, social y revolucionario: *Trampolín - Hangar - Rascacielos - Timonel* (1926-1927), de Blanca Luz Brum, *Guerrilla* (1927) y sobre todo *Amauta* (Lima 1926-1930). Algunos de los autores que publican poesía social y de vanguardia son Nicanor de la Fuente, Rafael Méndez

---

[34] Publicada en *Variedades*, (Lima, 28 noviembre 1925), transcripta en *El artista y la época*, edición citada, 114-119.
[35] Para confrontar los múltiples testimonios de y sobre varios autores relacionados con este tema, es una excelente guía la indización de *Amauta* realizada por Alberto Tauro. *Amauta y su influencia*, 2ª edición (Lima: Biblioteca Amauta, 1971): 177. Dos de los artículos que merecen destacarse son los de Manuel Seoane, "Primer aviso" en *Amauta*, 15 (mayo-junio 1928): 14-15 (Prólogo a una selección de poemas revolucionarios) y del mismo autor "Brújula" en *Amauta*, 26 (setiembre-octubre 1929): 84-85.
[36] Luis Monguió, *La poesía postmodernista peruana* (Berkeley/Los Angeles: University of California Press, 1954): 251. Sobre el tema, cfr. A. Arias Larreta, "Fundamento y fines de la poesía social peruana. Lírica narrativa y épica revolucionaria" en *Cultura Universitaria*, 8-9-10 (Caracas, julio-diciembre 1948): 103-107; Alfonso Molina, *Antología de la poesía revolucionaria del Perú*, 3ª edición (Lima: América Latina, 1966): 170.

Dorich, Julián Petrovick, Esteban Pavletich, César A. Miró Quesada y César Vallejo, aunque su poesía de este signo pertenece ya a la década del 30. Otros poetas predominantemente nativistas o indigenistas tienen marcadas notas sociales: Alejandro Peralta, Guillermo Mercado, Abraham Arias, Mario Florián ...

Con gran pasión revolucionaria, aunque sin el talento lírico de Vallejo ni la inteligencia brillante que Mariátegui canaliza en el ensayo, Magda Portal y Serafín Delmar escriben poesía social y teorizan sobre ella, con una concepción dogmática e instrumental del arte, también de base marxista. Ambos escritores deben exiliarse en Méjico, donde reciben influencia del estridentismo. Sus teorizaciones sobre el arte y sobre el aspecto que nos ocupa —la relación entre las dos vanguardias— se publican en Perú (en las revistas nombradas) pero también en Méjico y en Costa Rica. Analizaremos algunos aspectos de sus teorías a través de la documentación que aporta el *Repertorio Americano*, de San José de Costa Rica.

• *El testimonio contradictorio del* **Repertorio Americano**, *de San José de Costa Rica*

El *Repertorio Americano* apareció en San José de Costa Rica desde el 1º de setiembre de 1919 hasta febrero-marzo de 1957. Fue su fundador y director Joaquín García Monge. Según datos de Carter,[37] fue publicado irregularmente (Años 1-36, tomos 1-49, Nº 1-1176) y con subtítulos variables.[38]

En el período por mí consultado (1924-1930) el subtítulo era: *Semanario de Cultura Hispánica. De Filosofía y Letras, Artes, Ciencias y Educación, Misceláneas y Documentos*. Fue una revista al servicio de la integración cultural de España y de Hispanoamérica, de espíritu ecléctico, tanto en arte como en política.

Diversos pensadores y ensayistas europeos —particularmente españoles— e hispanoamericanos, publican sus ideas sobre la entidad cultural de América (problema que se plantea muy frecuentemente en esta década), así como sus concepciones políticas y económicas.[39] A medida que avanzamos hacia la década del treinta, se incrementan las

---

[37] Boyd G. Carter, *Las revistas literarias de Hispanoamérica: breve historia y contenido* (México: De Andrea, 1959): 134-136.

[38] El del Tomo I, *Antología de la Prensa Castellana y Extranjera*; el del Tomo II, *Revista de la Prensa Castellana y Extranjera*; del Tomo III, *Semanario de la Prensa Castellana y Extranjera*; del Tomo IV, *Semanario de Cultura Hispánica*; a partir del Tomo XL, *Cuadernos de Cultura Hispánica*.

[39] Carter resume el contenido y orientación de la revista: "*Secciones y énfasis*: artículos sobre escritores de Hispano América y de otros países: reimpresión de escritos de ilustres muertos; poesías; ensayos; cuentos; notas sobre personas eminentes, libros, movimientos literarios e intelectuales; puntos de vista sobre la política, economía, sociología, etc.; en suma una fuente enciclopédica de datos sobre el desarrollo literario, cultural, social, económico y político de Latino América y del mundo entero debida tanto a los escritos originales como a los reproducidos de otras publicaciones. *Títulos de alcance general*: Reminiscencias sobre José Asunción Silva; Amado Nervo; Epica (y la novela); Rudyard Kipling y los niños; Los galicismos; El ciudadano en la escuela; El centenario de Edgar Allan Poe; Francia y Costa Rica; La cultura y los peligros de la especialidad; La escuela normal de París y su nuevo director, G. Lanson; La obra de Juan Ramón Jiménez; Influencia de Víctor Hugo en la América Latina; Antagonismo de la inteligencia y la emoción; Cuba, Varona y Martí; Antonio Machado, el poeta de Castilla; Lo que la opinión americana debe saber en el caso Haya de la Torre; Heroísmo y ensueño de Jorge Isaacs; A propósito de la Exposición '33 artistas de las Américas'; Se puede gobernar sin estadística, etc.". *Op. cit.*, 134-135.

colaboraciones antiyanquis, las que apoyan la reforma universitaria y las revoluciones de ideología marxista.

La simple lectura de los índices nos muestra la presencia de escritores de heterogéneas nacionalidades e ideologías: los españoles Gabriel Alomar, Eduardo Gómez de Baquero (Andrenio), Azorín, Guillermo de Torre, Ramón Gómez de la Serna, Benjamín Jarnés, Ramiro de Maeztu, José Ortega y Gasset, Miguel de Unamuno; los uruguayos Horacio Quiroga y Carlos Sabat Ercasty; los argentinos Alberto Gerchunoff, Roberto Giusti, Arturo Capdevila y Leopoldo Lugones; los cubanos Juan Marinello y Felix Lizaso; los chilenos Joaquín Edwards Bello y Gabriela Mistral; los mejicanos Jaime Torres Bodet, José Vasconcelos y Alfonso Reyes; los peruanos Alberto Guillén, José Carlos Mariátegui, Blanca Luz Brum de Parra del Riego, César Vallejo, José Santos Chocano y Víctor Raúl Haya de la Torre; los colombianos Luis Vidales, Baldomero Sanín Cano, el costarricense Max Jiménez; el dominicano Pedro Henríquez Ureña; el venezolano Rufino Blanco-Fombona; el ecuatoriano César Arroyo; el hondureño Rafael Heliodoro Valle, entre otros.

El propósito de integrar culturalmente a los distintos países del ámbito hispánico mueve a transcribir artículos aparecidos en publicaciones de las más diversas latitudes: *Amauta* de Lima; *El Norte* de Trujillo, Perú; *Renovación, La Cruz del Sur*, de Montevideo; *El Mercurio, Atenea*, de Chile; *Revista de Revistas, Diario de Yucatán, Excelsior*, de México; *La Vida Literaria, La Nación, Síntesis, Babel, Nosotros*, de Buenos Aires; *Revista de Avance* de La Habana; *ABC, La Gaceta Literaria, La Voz, La Libertad*, de Madrid, entre otras.[40]

En otras oportunidades se transcriben poemas o fragmentos de libros recientemente aparecidos o por aparecer,[41] pero también se publican numerosas colaboraciones especiales e inéditas, de autores de procedencia internacional.

La función cultural cumplida por el *Repertorio Americano* y por su fundador ha sido destacada por eminentes intelectuales:[42] "A lo largo de muchos años ... parece que hubiera tomado a su cargo ... el mantener y vigilar la estructura nerviosa que relacione entre sí a nuestras repúblicas hermanas" (Alfonso Reyes). "Sabemos todos que el *Repertorio* constituye elemento indispensable, por fidedigno, para el conocimiento de la vida y personalidad de estos países (Arturo Zum-Felde).[43]

Por estas características el *Repertorio Americano* se convierte en una fuente interesante para la historia de la poesía de vanguardia en este período. Seleccionaré, pues, los documentos relacionados con la óptica particular enunciada. Aunque he revisado la colección a partir de 1924, es el período comprendido entre 1927 y 1930 el que ofrece mayor documentación en orden al fin propuesto.

---

[40] Me refiero al período 1924-1930.
[41] *La hora de las ventanas iluminadas* (1926) de Jorge Carrera Andrade, *Suenan timbres* (1926) de Luis Vidales, *Hora y 20* (1927) de Carlos Pellicer, *Jazz* (1927?) "tomito a publicar" de G. Castañeda de Aragón.
[42] Cfr. Varios autores: "El mensaje de García Monge" en *Cuadernos Americanos* (México, vol. 67, Nº 1, enero 1953): 93-156.
[43] Citado por B. Carter, *op. cit.*, 135-136.

- *Concepto y función del vanguardismo poético según el R.A.*

Aunque hemos hablado de un "eclecticismo" en el *R.A.*, se observa que la influencia marxista se va acrecentando en número e intensidad con el transcurrir de la década.

Circunscribiendo nuestra óptica al vanguardismo poético, observamos que la selección de autores, de antologías y de artículos con él relacionados, salvo contadas excepciones, están animadas por la concepción o —más aún— la mística marxista. Los autores que documentan con más frecuencia la poesía vanguardista son los peruanos Magda Portal y Serafín Delmar (seudónimo de Reynaldo Bolaños). Ambos, en la línea de la poesía política "usaron —dice Enrique Anderson Imbert— de la poesía como de un instrumento: es decir, ellos estaban más acá de la poesía".[44] En la misma línea ideológica de los autores mencionados, se encuentra Mariblanca Sabas Alomá que envía colaboraciones desde La Habana.

Serafín Delmar publica artículos sobre poetas peruanos y mexicanos. En "Interpretación social del arte en América" (T. XVII, N° 8, 25 agosto 1928), 122, afirma:

> Un pequeño grupo de poetas en el Perú propugnamos desde hace 2 años la concepción marxista revolucionaria del poema ... Conscientes de que una buena obra persuade más que 50 agitadores, además, luchamos contra la literatura de clase pequeña burguesa, individualista, y la nuestra de frente único, revolucionaria y de multitud, orientada hacia un cierto neo-nacionalismo continental, la hemos extendido por todos los pueblos de América.

En otro párrafo destacable del artículo, defiende la eficacia de la función cumplida por los intelectuales revolucionarios, a veces desdeñados por su falta de "practicidad":

> No es tolerable. La táctica realista impone más comprensión. ¿Acaso ignoran que la revolución es un ideal? Entiendo que nosotros dentro de la revolución y en este momento, ocupamos el primer puesto de avanzada. El pensamiento antecede a la acción.

Manifiesta además su desprecio por un arte individualista, arte de metáforas, "arte puro". Finalmente enuncia las etapas del arte en América: feudal, burgués y proletario. El primero corresponde a la época colonial . El segundo, encauzado en élites, abarca el romanticismo, naturalismo, parnasianismo, simbolismo ... (Asunción Silva, Chocano, Darío, Herrera y Reissig ...). De él surge, a su vez, un arte pequeño burgués, individualista y anárquico que trae consigo los gérmenes de su disolución. Corresponde a los vanguardismos de la década del veinte: creacionismo, maquinismo, estridentismo, ultraísmo, simplismo (Huidobro, Parra del Riego, Maples Arce, Borges, Alberto Hidalgo). Surge por fin:

---

[44] *Historia de la literatura hispanoamericana*, Tomo II (México-Buenos Aires: Fondo de Cultura Económica, 1961): 187. Obviamente, tampoco los vanguardistas del "runrún" o de la tontería, del "anticonvencionalismo" —tan pronto convencional—, de la estridencia o de la sorpresa banal, alcanzaron la poesía. Solamente la lograron unos pocos auténticos poetas, auténticos vanguardistas, cuyos nombres hoy perduran, más allá de las ideologías e, incluso, más allá del "ismo" (que en muchos casos marca sólo un período de su evolución poética).

...un arte de liberación, con contenido social, que adopta forma definitiva de producción colectiva. Y éste es nuestro arte ... Solamente tras del nuestro se dibuja el arte proletario, aspiración justa de las masas oprimidas; pero para esto es menester, inevitablemente, que se realice la justicia social.

La literatura de vanguardia se presenta pues como "un arte pequeño burgués" en una etapa evolutiva que precede al "arte proletario". La ideología marxista, apriorísticamente, proyecta su esquema sobre la historia literaria, que es en realidad mucho más compleja y que puede y debe ser valorada desde muchas otras ópticas, fundamentalmente desde el punto de vista del logro estético, expresivo de todas las facetas humanas (que no se agotan en lo político-social) y en interrelación con su contexto estético-cultural o histórico.

Conceptos semejantes sobre la función de la poesía de vanguardia expresa Magda Portal en sus artículos sobre "El nuevo poema y su orientación hacia una estética económica".[45] El adjetivo "económica" parece incongruente. Se puede inferir que, según la concepción del materialismo marxista, las manifestaciones estéticas están totalmente condicionadas por las estructuras económicas y deben llegar a estar al servicio de una estructura económica marxista.

La autora desprecia los aportes de la colonización española, aunque —paradójicamente— se esté expresando en su lengua. "El arte, en poder de una minoría —dice—, reproducía al espíritu de la clase dominadora".[46] La independencia política no mejora el aflorar del arte americano (que es identificado con el arte indígena). Los grandes escritores que van surgiendo, con amplia influencia europea, son "descastados": Rubén Darío, Herrera y Reissig, Rodó, Eguren, Franz Tamayo. Salvo algún esporádico ejemplo de "mestizaje cultural" (José Hernández, Silva Vadlés, Pereda, Oribe), se sigue cultivando un arte purista, individualista, estetizante, "un arte burgués": "Sólo el sacudimiento universal de la Gran Guerra —y su consecuencia inmediata, la Revolución Rusa— avientan a nuestros países cálidos vientos de nuevas inquietudes". (*Ibid.*)

Todas estas inquietudes, según la autora, traen como consecuencia nuevas formas estéticas: "el arte responde a su época y es la interpretación en belleza de los fenómenos sociológicos" (*Ibid.*, 228). La generación de poetas que metaforiza o canta a la máquina (Neruda, Parra del Riego, Juan Marín) constituye un puente hacia la "estética económica". Maples Arce es el primero —opina— que en sus *Poemas interdictos* "comprende la belleza de la masa anónima en sus oscuras realizaciones".[47] En este caso se reconoce que la adscripción al vanguardismo estético puede ser puente hacia el "vanguardismo social".

En el artículo: "Vanguardismo",[48] Mariblanca Sabas Alomá proclama la misión subversiva del arte:

---

[45] 1ª parte en *R.A.*, Tomo XVII, N° 15, 20 octubre 1928, 227-228; 2ª parte en *R.A.*, Tomo XVII, N° 16, 27 octubre 1928, 245-247; 3ª parte en *R.A.*, Tomo XVII, N° 17, 4 noviembre 1928.
[46] Tomo XVII, N° 15, 20 octubre 1928, 227.
[47] En Tomo XVII, N° 16, 27 octubre 1928, 245.
[48] En *R.A.*, Tomo XVI, N° 23, 16 junio 1928, 359, artículo reproducido de *Atuei*, La Habana.

Prende, en el cerebro y en el espíritu del hombre NUEVO americano, la idea de DESTRUIR hasta los cimientos el edificio de la sociedad actual porque SABE PLENAMENTE que bajo sus aleros solamente impiedad, iniquidad, injusticia, abuso, se cobijan ... En la vanguardia de este gran movimiento de preparación revolucionaria, formamos los intelectuales, artistas y obreros conscientes de nuestra RESPONSIBILIDAD HISTÓRICA.

Se aplica luego a clarificar la noción de "vanguardismo": no tienen derecho a ser considerados poetas vanguardistas quienes "persiguen meras estridencias de formas" sino quien es "el RENOVADOR de las ideas". "Dos caminos: el arte burgués para los afeminados; el arte HUMANO, enraizado en las entrañas del dolor proletario, para los hombres de espíritu fuerte".

Sin embargo, la autora que tan nítidamente esquematiza "las dos vanguardias", publica un "Poema de la mujer aviadora que quiere atravesar el Atlántico"[49] en donde aúna su compromiso ideológico con rasgos que ella atribuye al vanguardismo frívolo: "supresión de puntuaciones y máyusculas... con traviesas innovaciones en la arquitectura del poema":[50]

POEMA DE LA MUJER AVIADORA
QUE QUIERE ATRAVESAR EL ATLÁNTICO

Mujer
    Mujer aviadora que quieres
atravesar de un salto
               el atlántico
Mujer
    enredada en el motor una
               bandera roja
y una canción
        COMUNISTA

para que se limpie de toda mácula
        la ambición
    que te lanza a la conquista
de la distancia
          enorme

Mujer
    no asciendas por coquetería
asciende porque el clamor intenso de
               los hombre que sufren
te preste sus alas

Mujer
      tiende sobre la vastedad marina
                    que

---

[49] En *R.A.*, Tomo XVI, N° 14, 14 abril 1928, 218.
[50] "Vanguardismo", *loc. cit.*, 359.

```
              S
              E
              P
              A
              R
              A
   dos                              continentes
       el arco fraternal que una en un mismo
                        anhelo de
                                 JUSTICIA
   a América
           y a
                Europa
   Mujer
         desde una altura de 2.000 metros
   deja caer sobre el mar
                 y sobre la tierra
       LA  NUEVA  PALABRA
                             así veremos en la noche
                    un zig
              zag
                    guear
   d e   e s t r e l l a s   j u b i l o s a s
   Mujer
           esconde en la cabina de tu aeroplano el
                                  GRITO
       —santo-y-seña de la América joven—

       A N T I M P E R I A L I S M O
```

La autora —tal vez intuitivamente y a pesar de aplicar en la teoría el esquema que enfrenta las dos vanguardias— capta que la subversión de las formas tradicionales puede servir a la subversión ideológica o social.

Los puntos de vista que acabamos de reseñar tienen su cuota de atractiva verdad (la necesidad de lograr una más justa distribución de los bienes en Latinoamérica, la exhortación a resistir el manipuleo imperialista ...) y su cuota de confusión (reduccionismo sociológico de la creación artística y de la función del arte, que puede conducir a la interpretación empobrecida o distorsionada de las obras literarias, o a la creación de un seudo arte panfletario o a la negación misma del arte).

Un inteligente artículo de Miguel de Unamuno puntualiza las carencias de esta concepción. Se trata de la respuesta a la encuesta: "¿Existe una literatura proletaria?" que realiza *Le Monde* de París[51]. Las preguntas son las siguientes:

---

[51] Reproducido en *R.A.*, Tomo XVII, N° 22, 8 diciembre 1928, 338, transcripto de *Amauta*, Lima.

1º *¿Cree Ud. que la producción artística y literaria sea un fenómeno puramente individual? ¿No piensa Ud. que pueda y deba ser el reflejo de las grandes corrientes que determinan la evolución económica y social de la Humanidad?*
2º *¿Cree Ud. en la existencia de una literatura y de un arte expresivos de las aspiraciones de la clase obrera? ¿Cuáles son, según Ud., sus principales representantes?*

Unamuno responde sensatamente que no hay manifestación del espíritu humano que sea un fenómeno puramente individual ni puramente social. El individuo no existe sin sociedad, ni la sociedad sin individuos. Concluye su respuesta a la primera pregunta rechazando un reduccionismo sociológico:

> La producción artística y literaria, refleja, sin duda, las grandes corrientes que determinan la evolución económica y social de la humanidad, pero refleja, igualmente, y mejor, los eternos deseos del alma individual, el anhelo de verdad, el anhelo de sueño consolador, el anhelo de amor y el anhelo de inmortalidad. Refleja las aspiraciones del hombre, en cuanto individuo humano, y estas aspiraciones, comunes al rico y al pobre, al amo y al esclavo, al grande y al pequeño, son las más universales, pues no hay nada más universal que lo individual (...) El verdadero poeta, dirigiéndose a una masa de hombres, no se dirige a la masa sino a cada uno de ellos. (*Ibid.*)

Con respecto a si existe o no un arte que exprese las aspiraciones de la clase obrera, responde Unamuno que cree poco en las clases y en las castas: "... creo que cada uno lleva en sí el tirano y el esclavo, el verdugo y la víctima" (*Ibid.*). Y concluye:

> Aun suponiendo que la historia sea el juego de la lucha de clases, el arte, la literatura, la poesía, están por encima —o si se quiere por debajo— de esta lucha, y unen a los combatientes en la fraternidad humana. Una obra de arte que vosotros llamáis burguesa, emocionará e interesará a aquellos que vosotros llamáis proletarios, si es una buena obra de arte, y una obra de arte que vosotros llamáis proletaria emocionará e interesará a aquellos que vosotros llamáis burgueses y les enseñará a los unos y a los otros a ser hombres y ser hombres es vivir en función del destino final de la humanidad (*Ibid.*).

En síntesis, el *R.A.* documenta la hipótesis de la existencia de dos vanguardias literarias, formulada desde una óptica marxista. Según ella, el vanguardismo estético es un arte pequeño burgués, individualista, anárquico y, por lo mismo, efímero. Existe, en cambio, un vanguardismo literario que no persigue meras estridencias de forma sino que procura la revolución social. La adhesión al esquema no puede ocultar ciertas contradicciones. Por ejemplo, Serafín Delmar considera a Maples Arce como un representante del arte burgués e individualista (art. cit.). Contradictoriamente, en otro artículo, califica a los *Poemas interdictos* como "un grito de incendio proletario".[52] Magda Portal considera a Maples el primer intérprete "de la masa anónima" y lo ve, junto con otros poetas de la generación metaforizante e iconoclasta, como un puente hacia la otra vanguardia. Mariblanca Sabas Alomá que enfrenta las dos vanguardias en la teoría, las funde en la práctica.

---

[52] Serafín Delmar, "Poetas de la revolución mexicana" en *R.A.*, Tomo XV, Nº 24, 31 diciembre 1927, 379.

- *Boedo y Florida: ¿dos trincheras?*

Es casi insoslayable, cuando se historia la literatura argentina de los años 20, aludir dicotómicamente a los grupos de Boedo y Florida: dos núcleos combativos, dos trincheras, dos modos de entender el arte, dos vanguardias: "Florida" la frívola y "Boedo", la comprometida con el cambio social. El esquema es cómodo, didáctico, sistematiza de algún modo la realidad compleja y vital de aquella época y por ello ha tenido fortuna en la historiografía literaria. ¿Hasta qué punto es verdadero? ¿Es justa la caracterización meramente lúdica que se hace de la obra de los martinfierristas? ¿Existía Boedo como grupo cuando se generó la célebre polémica o se fue configurando cuando los poetas aglutinados por las publicaciones vanguardistas comenzaban a dispersarse? Aún admitiendo la coexistencia de dos grupos, uno relacionado con las revistas del "martinfierrismo", otro relacionado con las revistas de intención predominantemente social[53] y con la editorial Claridad,[54] ¿eran núcleos irreconciliables, tanto en lo que se refiere a relaciones personales como a las posturas estéticas? ¿Hasta qué punto la rigidez del esquema no resulta un eco de las teorías estéticas ligadas con el marxismo, difundidas por múltiples canales, que —si bien no estaban aún bien definidas— ya influían en la concepción de críticos importantes y de grupos de escritores "proletarios", que proponían el modelo realista y ya desconfiaban de las vanguardias? ¿el célebre esquema no fue acentuando su rigidez *a posteriori*, cuando ya la doctrina estética mencionada era para muchos un axioma?

Todo empezó con aquella polémica surgida en las páginas mismas de la revista *Martín Fierro*, cuando Roberto Mariani la califica como órgano periodístico de centro y agrega: "Los que estamos en la extrema izquierda revolucionaria y agresiva, no tenemos dónde volcar nuestra indignación, (...) no tenemos donde gritar nuestro evangélico afán de justicia humana".[55] Critica además la excesiva adhesión de los martinfierristas a Leopoldo Lugones,[56] señala la adhesión de este grupo a modelos extranjeros y su divorcio con el criollismo sugerido por el título de la revista (crítica —como la anterior— inexacta) y afirma que más cerca de los temas nacionales están "aquellos que en literatura hacen labor llamada *realista*", aludiendo así, probablemente a la narrativa de orientación social de escritores como Elías Castelnuovo, Leonidas Barletta o a la suya propia ....[57]

---

[53] H. Lafleur, S. Provenzano, F. Alonso, *Las revistas literarias argentinas; 1893-1967*, 2ª edición (Buenos Aires: CEAL, 1968): 59-175; Nélida Salvador, *Revistas argentinas de vanguardia; 1920-1930* (Buenos Aires: Facultad de Filosofía y Letras, 1962).
[54] Situada en la calle Boedo, dirigida por Antonio Zamora. Sus redactores eran socialistas, comunistas y anarquistas.
[55] R. Mariani, "*Martín Fierro* y yo" en *Martín Fierro* (Buenos Aires: Año I, N° 7, 25 julio 1924).
[56] Crítica que no responde a la verdad. Lugones fue satirizado y desvalorizado durante por representantes del grupo, particularmente por L. Marechal y por Borges (cfr. N° 26, 32, entre otros). Sólo posteriormente Borges reconocerá al Lugones del *Lunario sentimental* como prefigurador de las metáforas ultraístas (y aun esta misma afirmación es negada por Raúl González Tuñón en *La literatura resplandeciente*).
[57] Los narradores de esta tendencia, se formaban en desordenadas lecturas de Bakunin, Marx, Lenin, Kropotkin, Tolstoy, Chejov, Gogol, Dostoievski, Andreiev, Gorki, Anatole France, etc. La influencia del realismo y del naturalismo (de Balzac a Zola) marcó a estos autores.

Evar Méndez, director de *Martín Fierro*, responde destacando la apertura de *MF* a todos cuantos quieren publicar en él, incluidos Ganduglia, Olivari y Mariani: "No creemos que el señor Mariani tenga quejas de nuestra hospitalidad, pues le hemos publicado, y en lugar preferente, un artículo cuyo único mérito consistía en atacarnos"; señala que los redactores de la nueva publicación: *Extrema Izquierda*[58] "realizan la paradoja, tan frecuente en las revoluciones sociales, de ser conservadores en materia de arte, y se nutren — ¡todavía!— de Biblioteca Sempere y naturalismo zoliano".[59]

En estos dos artículos se diseña, entre "burlas y veras", el germen del esquema que el mismo Mariani formula en 1927:

Florida	Boedo
Vanguardia	Izquierda
Ultraísmo	Realismo
Martín Fierro y *Proa*	*Extrema Izquierda, Los Pensadores* y *Claridad*
La greguería	El cuento y la novela
La metáfora	El asunto y la composición
Ramón Gómez de la Serna	Fedor Dostoievski[60]

Hasta aquí, Mariani en 1927. Podríamos completar las dos columnas con notas que se desprenden de los documentos ya citados y de la abundante bibliografía posterior sobre el tema y así reelaboraríamos, con leves circunstancias locales, el esquema internacional y mencionado *supra* (cosmopolitas/ nacionales o americanistas; formalistas/ contenidistas; elitistas/ populistas; individualistas/ sociales, etc.).

La polémica finaliza con una breve réplica de Mariani: "Yo no he hablado, en nombre de ningún grupo (...) yo he hablado por mí. Y he hablado con precisión realista y no con vagas ondulaciones futuristas".[61]

En varios números posteriores de *MF* aparecen artículos que comentan la publicación de revistas o libros relacionados con "Boedo", así como versos satíricos hacia Castelnuovo, Barletta y otros.[62] De todos ellos, dos nos parecen destacables. El primero es "Párrafos sobre

---

[58] De *Extrema Izquierda* (Buenos Aires), aparecieron sólo tres números, entre agosto de 1924 y diciembre del mismo año, con colaboraciones de Elías Castelnuovo, Leonidas Barletta y Lorenzo Stanchina. En el Nº 8-9 de *Martín Fierro* (agosto-setiembre 1924) se la saluda: "Apareció *Extrema Izquierda*. ¡Salutte! Muy realista, muy, muy humana. Sobre todo esto: hay en sus páginas un realismo exuberante; el léxico que zarandean sus redactores es de un extremado realismo: masturbación prostitución, placas safilíticas (sic), piojos, pelandrunas, que lo parió, etc. etc. ... ¡Muy, muy realista!"
[59] Evar Méndez (La Redacción). "Suplemento explicativo de nuestro *Manifiesto*. A propósito de ciertas críticas" en *MF*, Año 1, 8-9 (agosto-setiembre 6 de 1924).
[60] "La extrema izquierda" en *Exposición de la actual poesía argentina* (1922-1927), organizada por Pedro-Juan Vignale y César Tiempo (Buenos Aires: Minerva, 1927): X-XI. El mismo artículo había aparecido en *Claridad*, 9 (Buenos Aires, marzo 1927), con el título "Ellos y nosotros".
[61] Roberto Mariani, "Polémica" en *MF*, Año I, Nº 10-11, setiembre-octubre 9 de 1924.
[62] Se hace referencia a *Los Pensadoros* en *MF*, Año II, Nº 14-15; cfr. "Fedor Eliaeff Castelnuovoff" y "A Leonidas Barletta" en Año II, Nº 16, mayo 5 de 1925; Santiago Ganduglia, "Cuentos de la oficina" en *MF*, Año II, Nº 19, julio 18 de 1925; "Parnaso satírico" en *MF*, Año II, 22 (setiembre 10 de 1925).

la literatura de Boedo", de Santiago Ganduglia, en donde ya asume la existencia de Boedo como grupo: "Literariamente el grupo Boedo pertenece a la extrema derecha. El fenómeno no es exclusivo de nuestro país. *Clarté* está vinculada a las peores manifestaciones artísticas de reacción; y Lunacharsky acaba de entregar el teatro ruso a los elementos derechistas ..."[63]

Por otra parte, todo el artículo expresa una valoración negativa de los seis volúmenes editados por "la extrema izquierda" en "Los Nuevos",[64] colección de obras narrativas publicadas por la Editorial Claridad.

Estos son los principales testimonios que se desprenden de la consulta de *MF*: una polémica que envuelve a muy pocas personas (E. Méndez, R. Mariani, quien afirma actuar a título personal) algunas críticas firmadas por S. Ganduglio, algunos versos satíricos que sugieren la "rusificación" de Castelnuovo ("Fedor Elieff Castelnuovoff") o el dedicado "A Leonidas Barletta", firmado por Raúl González Tuñón.[65]

Paralelamente, la revisión de las revistas de la izquierda política, por ejemplo *Claridad*, no permite inferir la existencia de un grupo literario consolidado en 1927. Por el contrario, el suelto "Dios los cría y ellos se juntan",[66] en contra del diario *Crítica*, muestra enfrentamientos entre los redactores de *Claridad* y varios de los escritores de izquierda, frecuentemente asociados con "Boedo" (los hermanos G. Tuñón, Nicolás Olivari, Roberto Arlt ...). Se encuentra, sí, algún eco de la polémica de *MF*[67] y algunos comentarios contra la vanguardia artística.

Nuestro análisis de los documentos es en gran parte coincidente con las conclusiones de Nélida Salvador, de cuyo cuidadoso estudio de las revistas de la década surgió un libro básico para la interpretación del vanguardismo en la Argentina.[68] Dice en su "Mito y realidad de una polémica literaria: Boedo-Florida":

> Con repetida frecuencia suele acudirse (...) a la contraposición de los términos "*Boedo-Florida*" para definir dos actitudes antagónicas y aparentemente irreconciliables cuyas

---

[63] En *MF*, Año II, N° 26, diciembre 29 de 1925. Antes había dicho S. Ganduglia, al comentar *Cuentos de la oficina*, de R. Mariani, que ese libro "coloca a Mariani, en primer término entre los escritores nuestros que conciben el arte como un medio de agitación y de relación social. Guyan: *El arte desde el punto de vista sociológico*, Tolstoy: *Qué es el arte*". (Art. cit.).
[64] Ellos son: *Cuentos de la oficina*, de R. Mariani, *Versos de la calle*, de Alvaro Yunque, *Malditos*, de Elías Castelnuovo, *Tinieblas*, de E. Castelnuovo, *Tangarupá* de E. Amorín y *Los pobres*, de L. Barletta..
[65] Cfr. Nota 52.
[66] En *Claridad*, 8 (Buenos Aires, febrero 1927).
[67] El artículo ya citado de R. Mariani, "Ellos y nosotros". Cfr. también de José Julio, "Una exposición de arte de vanguardia ilustrado por Marinetti" en N° 2, agosto 1926 y "El infantilismo de vanguardia" en N° 6, diciembre 1926 (con pullas para Norah y Jorge L. Borges y para Marechal). Sin embargo, se filtra algún eco vanguardista, como el poema de Rolando Martel, "1917" en N° 12 (N° 134), mayo 1927 o el ensayo de Israel Zeitlin, "Poesía y humanidad", N° 7, enero 1927, que menciona a Maiakovski y a Esenin. En la revista *Los Pensadores*, antecesora de *Claridad* (de allí la doble numeración de esta última) hay varias críticas al grupo vanguardista (N° 115, 118, 119). Destacamos entre ellas la de Luis Emilio Soto, "Izquierda y vanguardia literaria", *LP*, 115 (noviembre 1925): 5.
[68] *Revistas literarias de vanguardia*, edición citada.

implicaciones —con intención polémica y a menudo partidista— se pretende prolongar hasta la actualidad, como si aquel enfrentamiento circunstancial de dos núcleos de escritores hubiera sido un hito liminar de nuestra literatura.[69]

El cuidadoso examen de las revistas *MF, Proa* e *Inicial* (Florida) muestra la heterogeneidad de estas publicaciones, que amalgamaron dispares tendencias (si bien, obviamente, fueron vehículo del vanguardismo), que acogieron a numerosos escritores de izquierda (Mariani, los González Tuñón, N. Olivari, E. Amorin, P. Vignale, Aristóbulo Echegaray entre otros). Por otra parte, las revistas documentan que el espíritu jovial de los representantes de una y otra tendencia los reunía con frecuencia. Si bien, como observa Nélida Salvador, la hospitalidad, heterogeneidad y apertura eran mayores en las revistas relacionadas con la vanguardia poética que en aquellas de posición política izquierdista. El pluralismo ideológico y estético de las revistas martinfierristas hace que los historiadores deban ubicar "en ambas corrientes o en ninguna"[70] a Raúl González Tuñón quien formó parte del grupo Florida y sin embargo, por la temática social de su poesía, así como por su ideología revolucionaria, se relaciona con los poetas sociales. Análoga observación habría que hacer con Enrique González Tuñón, Roberto Arlt y otros.

Cerremos estas consideraciones con algunas opiniones de los protagonistas. Borges, ya en 1928 afirmaba: "Demasiado se conversó de Boedo y Florida, escuelas inexistentes".[71] Con respecto a la polémica de *MF*, que generó esta interpretación de la realidad literaria, dirá más tarde que fue un juego con el que pretendieron imitar las guerrillas literarias de Francia.[72] De sus declaraciones surge que, no sólo la iniciativa de la polémica, sino también los "rótulos" fueron inventados por los escritores izquierdistas. Dice Borges, refiriéndose a estas "escuelas": "que la primera se dijo ser de Boedo y que a la segunda le dijeron ser de Florida". Y más adelante agrega: "los de Florida debieron esa cortesana designación a una habilidad de sus adversarios". Testimonio coincidente da el boedista Elías Castelnuovo en 1930: "yo bauticé a los de Florida. Los de Florida se llamaron así porque así les pusimos nosotros. Ni siquiera les dejamos escoger nombre".[73] Y fue Zamora quien mando pintar un gran letrero con la inscripción: *Boedo contra Florida*.[74]

En síntesis: encontramos en la década del 20 una serie de revistas y de obras literarias (predominantemente narrativas) que inspiradas en preocupaciones de índole político-social, ven en el arte un instrumento de cambio y movilización. Esta literatura, con

---

[69] En *Sur*, 283 (Buenos Aires, julio-agosto 1963): 68.
[70] Carlos Giordano, "Boedo y el tema social" en *Historia de la literatura Argentina* (Buenos Aires: CEAL, 1980): 33 (1ª edición 1968). Capítulo 64.
Otros críticos, como Juan Carlos Ghiano, Adolfo Prieto, Emilio Carilla, Natalio Kisnerman y Guillermo Ara coinciden en examinar críticamente la hipótesis de las dos escuelas antagónicas.
[71] "La inútil discusión de Boedo y Florida" en *La Prensa*, 1928, citado por C. Giordano, *op. cit.*, 34.
[72] Jorge L. Borges-Ernesto Sabato, *Diálogos* (Buenos Aires: Emecé, 1976): 16-17.
[73] En *La Prensa* (Buenos Aires, 1928), citado por C. Giordano, *Op. cit.*, 30-31.
[74] Alberto Pineta, *Verde memoria; tres décadas de literatura y periodismo en una autobiografía* (Buenos Aires: Zamora, 1962): 99.

antecedentes varios es la Argentina,[75] cobra especial impulso en la década que estudiamos, si bien, más que un grupo consolidado, configura una tendencia temática e intencional.[76] Aunque esta tendencia literaria se manifestó en esta década preferentemente en prosa narrativa realista-naturalista, otros géneros y estilos, incluida la vanguardia, eran potencialmente aptos para su expresión (y —de hecho— lo fueron). El rótulo de "Boedo" no puede abarcar la totalidad de las manifestaciones literarias de tema social, que lo desbordan en cuanto a los límites cronológicos y en cuanto a los géneros y estilos que le sirven de cauce.

La vanguardia fue un movimiento literario y vital con gran pujanza en Buenos Aires durante la década, generalmente conocido por la crítica literaria como "martinfierrismo", aunque se ha generalizado también el nombre de "grupo Florida".[77] Si bien por su espíritu lúdico, juvenil, humorístico, antisolemne y anticonvencional pudo dar imagen de "frivolidad", influyó en mayor o menor medida en los libros tempranos de jóvenes escritores que ya prefiguraban en ellos su notable obra futura. *Fervor de Buenos Aires* de Borges, *Días como flechas* de Marechal, *Alcándara* de Bernárdez, *El violín del diablo* de Raúl González Tuñón, por citar sólo algunos libros, nada tenían de frívolos, pues anticipaban ya mundos poéticos muy ricos y profundos. Por otra parte, el pluralismo del movimiento martinfierrista ("Florida") podía muy bien albergar y brindar medios y canales expresivos al pensamiento de izquierda ("Boedo").

Con todo, y a pesar de estas salvedades, el esquema "Boedo-Florida" ganó un lugar irreversible en nuestra historiografía literaria, a veces por prejuicios ideológicos, muchas otras por el afán de sistematización didáctica.

- *Aportes para el diseño de la poética de Raúl González Tuñón, a la luz de la teoría de "las dos vanguardias"*

Me propongo en las siguientes páginas contribuir a la descripción e interpretación de la poética de Raúl González Tuñón, confrontándola con las teorías literarias soviéticas sobre el vanguardismo. Me centraré para ello en el importante testimonio dado por el autor en su colección de ensayos *La literatura resplandeciente* (1976),[78] en donde asedia desde

---

[75] En el siglo XX: Florencio Sánchez, Roberto Payró, Evaristo Carriego, Alberto Ghiraldo, José de Maturana, Federico Gutiérrez, Juan P. Calou, Manuel Gálvez, entre otros. Cfr. C. Giordano, *op. cit.*, que aporta un listado con la bibliografía básica sobre el tema. De las obras críticas aparecidas posteriormente, mencionemos: David W. Foster, *Social Realism in the Argentine Narrative* (Chapel Hill: North Carolina Studies in the Romance Languages and Literatures, 1986); Christopher Towne Leland, *The Last Happy Men: the Generation of 1922, Fiction and the Argentine Reality* (Syracuse: Syracuse University Press, 1986).

[76] Al menos en la época de la polémica con *MF*.

[77] Algunos autores o grupos evolucionaron hacia la vanguardia también en provincias (Santiago del Estero, Rosario, Catamarca, Mendoza, etc.). Véase mi: "Notas sobre la literatura de vanguardia en Mendoza: el grupo *Megáfono*" en *Revista de Literaturas Modernas*, 18 (Mendoza: Facultad de Filosofía y Letras, Universidad Nacional de Cuyo, 1985): 189-210.

[78] (Buenos Aires: Boedo-Sibalda, 1976): 238. En adelante *LLR*. La publicación es póstuma.

distintos ángulos el fenómeno literario. Hay en este libro una óptica de madurez, que, si bien no presenta grandes fisuras con los textos que configuran su poética en etapas más tempranas,[79] busca superar en una síntesis concepciones de la poesía parciales, cuando no reduccionistas.

Si bien podemos extraer definiciones de su credo estético en su obra poética y en reportajes, particularmente en el realizado por Horacio Salas,[80] es —sin duda— *La literatura resplandeciente* el testimonio más completo de sus ideas y sentires sobre la poesía. La reflexión y la polémica literaria son el hilo conductor que da coherencia y organicidad a una colección de ensayos aparentemente heterogéneos (crónicas e imágenes de diversos momentos literarios y de autores muy dispares, pertenecientes a la literatura argentina o a la universal, frecuentados personalmente o por amorosas lecturas).

Si bien en la introducción al libro y en notas varias se preocupa por explicitar su conocimiento sobre los puntos de vista de las teorías estéticas marxistas,[81] tiene con respecto a ellos una actitud selectiva y argumenta contra lo que llama "la ceguera sectaria de izquierda", aludiendo así, según se desprende de toda la argumentación posterior, al arte basado en consignas y exclusiones.

A partir de dos datos biográficos: la pertenencia de G. Tuñón al movimiento martinfierrista en la década del 20 y su comprometida adhesión al comunismo soviético, mi hipótesis de trabajo es que —para una cabal comprensión de esta poética— es preciso leer entre líneas la confrontación entre las dos tendencias existentes en las teorías literarias soviéticas con respecto a la valoración del vanguardismo artístico. Mi objetivo en este análisis no es el diseño total de una poética, sino de aquellos aspectos de la misma que atañen al esquema dicotómico de "las dos vanguardias".

Raúl González Tuñón y "las dos vanguardias". Raúl González Tuñón (1905-1974), vinculado con el Partido Comunista, conocedor de las teorías artísticas marxistas, da testimonio desde diversos ángulos, el vital y el conceptual, de la fusión posible entre "las dos vanguardias", la poética y la política.

En "Crónica de Florida y Boedo (Informe de un actor y testigo)",[82] evoca aquella experiencia autobiográfica, la de sus días martinfierristas y destaca la índole vital e inconformista de este movimiento, así como su amplitud: "Y éste fue (un movimiento) sin fórmulas, con horizontes, sin dogmas, con empuje, sin teorías, con intención, como si se hubiera adoptado la premisa vital de Goethe: 'Gris es toda teoría, sólo el árbol de la vida es verde y alegre'".[83] Recuerda que la mayor parte de sus integrantes se pronunciaron políticamente apoyando la candidatura de Irigoyen "considerada progresista",[84] con lo cual

---

[79] Numerosos poemas y ensayos, como "Por la calle, en constante exaltación lírica", "La luna con gatillo", "Camarada Tuñón", el prólogo a *La rosa blindada* o la "Entrada a este libro" en *La luna con gatillo* ...
[80] Horacio Salas, *Conversaciones con Raúl González Tuñón* (Buenos Aires: La Bastilla, 1975): 183.
[81] G. Tuñón, "La literatura resplandeciente" en *LLR*, 9-10. Allí dice que asistió a los congresos internacionales de intelectuales en París (1935), Valencia y París (1937) y Taschkent (1958) y menciona a Freville y Benjamín Goriely, entre otros.
[82] En *LLR*, 15-37.
[83] *Ibid.*, 20.
[84] *Ibid.*, 21.

refuta tácitamente el *slogan* que define a los martinfierristas como "progresistas en arte, reaccionarios en política".[85]

Si bien se refiere "a las dos trincheras" y reconoce la existencia de dos grupos o movimientos ("Florida", identificado con la vanguardia artística y "Boedo", con la literatura de intención social) sostiene que no estaban tan alejados como se ha creído y recuerda con simpatía la propuesta humorística de Arturo Cancela de fundir a los presuntos bandos bajo el denominador común de FLOREDO.[86] Todo el artículo de González Tuñón es un interesante testimonio de aquel período y de su cálido sentimiento de pertenencia a "Florida",[87] si bien afirma haber contado con muy buenos amigos en "Boedo".[88] El poeta une así, por su experiencia y por su ideología, los "espacios" de Florida y Boedo, en forma vital. Su poesía en esta década, aunque tenga algún rasgo de preocupación social, no es aún revolucionaria, no es aún un "mauser de palabras" o una "rosa blindada" o "luna con gatillo" o "canciones del frente" o "himnos de pólvora". La expresión literaria vanguardista sí se pondrá en ferviente servicio de la temática socio-política en la creación posterior, valga como ejemplo la alianza entre combatividad izquierdista y avanzada estética, presente en la revista *Contra*, por él dirigida en 1933,[89] o los libros vinculados con la guerra civil española. Esta alianza no será, sin embargo, exclusiva y excluyente de otros temas y formas.[90]

Pero aquí nos interesa su reflexión poética, su teoría de la poesía que, al conciliar su adhesión a las vanguardias literarias con su ideología política, lo inscribe en la línea de Maiakovski y del LEF en Rusia y de los surrealistas en Francia y zonas de influencia.

En *La literatura resplandeciente*, González Tuñón da pruebas de conocer muy bien la problemática que se plantea a la política cultural soviética con respecto a la vanguardia.

En su artículo "Crónica de Maiakovsky y otros poetas vinculados a la Revolución Rusa", en el que expresa su admiración por el futurista ruso, está ya haciendo una opción por aquel que "fue rechazado por el sombrío León Trotzki y exaltado por Stalin". Refiriéndose a la postura de Lenin a este respecto, dice: "El genial jefe de la Revolución formuló algunos juicios contrarios a los impacientes y apasionados escritores y artistas de la vanguardia de entonces, desconociendo la calidad de revulsivo —por lo menos— de esas tendencias modernas que se enfrentaban a los seguidores de recetas transitadas, de fórmulas conformistas. De sobrevivir, el maestro hubiera revisado algunas de esas críticas, no lo dudamos".[91]

---

[85] En otra parte dice: "Y aseguro que la mayor parte de los que entonces alborotábamos el mundillo literario y artístico, no éramos reaccionarios políticamente". *Ibid.*, 17.
[86] *Ibid.*, 27.
[87] "Se llamó Florida a *nuestro* movimiento ...", *Ibid.*, 23 ; el subrayado es nuestro.
[88] *Ibid.*, 24. G. Tuñón define este período martinfierrista como previo a su "militancia activa", pero ya tenía ideas de izquierda, absorbidas en su hogar.
[89] Su contenido ha sido analizado por Beatriz Sarlo en "La revolución como fundamento", *Una modernidad periférica: Buenos Aires 1920-1930* (Buenos Aires: Ediciones Nueva Visión, 1988): 121-153.
[90] En "Camarada Tuñón" afirma: "Canté en todos los tonos, usé todos los ritmos" en la antología *Diálogo de un hombre con su tiempo* (Buenos Aires: Hoy en la Cultura, 1965).
[91] *LLR*, 96.

En otro capítulo: "Crónica de César Vallejo", vuelve sobre el tema, recuerda una discusión con el poeta peruano: "Vallejo hizo una ardiente defensa de Trotzki. Discutí con bastante calor con él, recordándole, entre otras cosas, la defensa que Stalin hizo de Maiakovski enfrentando a los sectarios".[92] Allí alude además al cerrado dogmatismo de Zdhanov en cuanto al sútil complejo de arte y literatura, a las intrigas de Beria y a la decisión final de Stalin, exaltando a Maiakovski.

Recordemos además que el poeta argentino rinde su homenaje al ruso en el prólogo a *La rosa blindada* (1935) en donde transcribió estas palabras del historiador de la literatura soviética Benjamín Goriely: "En sus poemas [Maiakovski] demostró que hay épocas [...] en que es necesario tratar de llegar a todos los hombres y aclararles el profundo sentido de los acontecimientos históricos que ellos viven". González Tuñón no duda de la función que cumple esta poesía al servicio de la revolución.

Esta opción por una figura y un estilo debatido en el seno de la política cultural rusa, sirve de estímulo a la reflexión literaria del poeta. En todas sus afirmaciones y negaciones hay un tácito debate pero, curiosamente, no parecen ser sus oponentes las poéticas no marxistas sino algunos postulados del "realismo socialista", guía para la creación y la crítica literaria soviéticas. Trataremos de ordenar y agrupar en *items* algunas reflexiones de Tuñón relacionadas con nuestro tema.

La experimentación vanguardista y el realismo literario. Claridad y hermetismo. En un párrafo anteriormente citado, González Tuñón destaca la función revolucionaria que puede tener la experimentación vanguardista. Fundamenta esta afirmación en la experiencia histórica rusa: muchos epígonos de la poesía clásica y academicista emigraron después de la Revolución de Octubre; "los futuristas, los cubistas, los *suprematistas* se quedaron (...) odiaban la sociedad burguesa y veían en la revolución una salida".[93] Opina, además, coincidiendo con Palmiro Togliatti, que es saludable descubrir o ir al encuentro de nuevas visiones, de nuevos elementos. Hay razones que aconsejan no poner frenos a la indagación y a la creación: "... determinada búsqueda formal aunque momentáneamente se manifieste estéril o negativa y como tal puede ser denunciada, podrá aparecer mañana como una etapa que fue necesario atravesar para llegar a nuevas y más profundas formas de expresión, y por lo tanto, a un progreso de toda la creación artística".[94]

En cambio descalifica a "los sectarios" que exigían a Maiakovski lo que ellos entendían por revolucionario: una poesía epidérmica, de simple propaganda en su realismo directo, o aferrada a preceptivas tradicionales congeladas. Algunos ejemplares de esta postura —dice— sobreviven, como Kamenev; también —agrega— "tenemos epígonos criollos".[95] G. Tuñón se define con respecto a los tópicos marxistas, que solicitan a la literatura un ineludible *realismo crítico*, cuyos "principios estéticos-ideológicos se deben a la demanda social de reflejar objetivamente la realidad y poner al descubierto las injusticias y contradicciones en la sociedad explotadora"[96] o un realismo socialista que "requiere analizar

---

[92] *LLR*, 64.
[93] "Crónica de Maiakovski ...", *LLR*, 96.
[94] Palmiro Togliatti, citado por R. González Tuñón, "Crónica de Florida ...", *LLR*, 37.
[95] "Crónica de Maiakovski ...", *LLR*, 99.
[96] A. Ziz, *op. cit.*, 228.

a fondo los procesos de la realidad social a través del prisma del ideal comunista (...) exhortando a cada miembro de la sociedad a participar activamente en la transformación revolucionaria de la realidad".[97] Esta literatura debe ser, según sus teóricos, clara e inteligible para que pueda llegar a lectores de todos los niveles culturales. González Tuñón opina que "no hay poesía oscura o clara, hay poesía, simplemente arte".[98] No acepta tampoco el realismo obligatorio: "a veces el poeta se fuga [de la realidad] para recrearla, inventarla, y esto está muy bien cuando logra el poema".[99]

Supera la dicotomía arte puro, arte por el arte y arte de propaganda, optado sencillamente por el arte, "que cuando es auténtico no es ni ha sido jamás evasión, sino reflejo, y aún invención".[100] Propugna un realismo que considere los matices infinitos de la realidad, que no desdeñe la fantasía creadora,[101] lo que él llama "realismo romántico".[102] En su teoría y en su obra coexisten el poeta social y el poeta lírico; él mismo dijo: "en mí coexisten las dos constantes que existen en mi obra y en mi vida: la poesía como diálogo del hombre con su tiempo y como aventura total del espíritu, continúan configurando nuestra actitud, al margen de todo sectarismo".[103]

Formalismo y contenidismo. Con respecto al reproche de "formalismo" hecho con frecuencia por críticos marxistas a las vanguardias poéticas, afirma que "la crítica de los excesos formalistas ocasionales (...) no alcanza a los que siempre se preocuparon por una mayor y más lúcida consustanciación de fondo y forma".[104] Este es, precisamente, el caso del mismo Tuñón. En refutación a afirmaciones de Roger Pla, quien hablando de la literatura con tema social incluye a González Tuñón en esa tendencia y lo define como "más preocupado por el contenido", el poeta refuta: "Siempre nos preocuparon forma y fondo por igual",[105] y señala la presencia de notas sociales en *El violín del diablo*, su libro de la época martinfierrista, notas que se definen con mayor fuerza en la obra posterior, siempre con búsqueda expresiva y formal.[106] Afirma finalmente, confrontando tácitamente sus expresiones con los modelos del realismo socialista: "Creemos que aún las más directas se oponen al simplismo revolucionario, a esa poesía realista muy ceñida a métricas tradicionales estrictas y al margen del versolibrismo y el juego metafórico funcional".[107]

En otra parte se pregunta si es cierta la reiterada afirmación de que a los de Florida les interesaba más la forma que el contenido, como a los del grupo de Boedo les interesaba el contenido más que la forma. Esto es discutible, responde, y en algunos casos se armonizó "en el hallazgo de una fórmula consustancial, sino entonces, andando el tiempo".[108]

---

[97] *Ibid.*
[98] "Crónica de Maiakovski ...", *LLR*, 93.
[99] "Crónica de Florida ...", *LLR*, 36.
[100] "La literatura resplandeciente", *LLR*, 10.
[101] "Los pequeños burgueses temen a la *política* y los zurdos huyen de la adorable fantasía", dice en "Del cuaderno de apuntes de Juancito Caminador", *LLR*, 142.
[102] Cfr. "Del cuaderno de apuntes de Juancito Caminador", *LLR*, 150-151.
[103] En H. Salas, *Op. cit.*, 96.
[104] "Crónica de Florida ...", *LLR*, 36.
[105] *Ibid.*, 23.
[106] *Ibid.*, 23.
[107] *Ibid.*, 27.
[108] *Ibid.*, 18.

Defensa de la metáfora: En replica a un artículo que satiriza a los "novisensibles" y a su experimentación con la metáfora, G. Tuñón hace la defensa de esta forma expresiva: "Y no hay que subestimar la metáfora (...). Es preciso recordar que la imagen es una base principal del poema, y hoy la eluden ciertos prosipoetas que, éstos sí, escapan a la realidad: no dicen nada".[109] De paso —y tácitamente— refuta la acusación de "elitismo" hecha a los vanguardistas que privilegian la metáfora: "Ya se sabe que la metáfora es una remota creación del pueblo; hombres del pueblo fueron los primeros que hablaron en sentido figurado ...."[110] Advierte, no obstante que "del talento del creador" depende la eficacia de su uso: "... no se trata de abrumar con metáforas, hasta el barroquismo; hay un problema funcional, de equilibrio, de síntesis expresiva". Del valor que él atribuye a las imágenes en la lírica, surge un nuevo argumento para defender el martinfierrismo: "Por tales razones su rescate fue uno de los aciertos de esa heterogénea promoción, mal llamada capilla literaria". Y concluye: las experiencias de los grupos literarios "no deben subestimarse, como hacen sectarios de derecha o izquierda", entre estos últimos Carlos A. Brocato, autor del artículo que refuta.[111]

Lo cosmopolita y lo nacional. González Tuñón sigue refutando varios lugares comunes de la crítica influida por las premisas del realismo socialista en su adaptación criolla. No es exacto —dice— que "sólo los muchachos de Boedo pujaban por una literatura que no estuviera ajena a los problemas nacionales".[112] Ya en páginas anteriores había hablado del criollismo del grupo.[113] Es cierto que la pasión por las realidades nacionales se daba en argentinos cosmopolitas y abiertos a lecturas de extranjeros. Descubrir a Villon y a Walt Whitman, afirma, "era y es absolutamente necesario (...) Una seria cultura supone conocer a muchos más, de todas partes, no únicamente a los valores nacionales".[114]

Objeta así G. Tuñón falsas generalizaciones de la crítica boedista y posboedista, con sustento en la polémica iniciada por Roberto Mariani en su "Martín Fierro y yo", particularmente en el apartado final "O extranjeros, o argentinos".[115] González Tuñón, como Mariátegui, no ve incompatibilidad entre el americanismo y el cosmopolitismo cultural.

Individualismo-compromiso social. Con respecto a esta dicotomía, presentada como irreconciliable por el "realismo socialista", afirma citando a Erenburg: "Lo social y lo individual deben entrelazarse íntimamente en el corazón del poeta".[116] Y en otra parte dice: "... un poema refleja casi siempre estados de ánimo, hay un terreno inalienable en la conciencia del poeta y todas las formas son válidas para el auténtico creador",[117] defendiendo así, no sólo la motivación creadora individual, sino también la libertad poética con respecto a preceptivas.

---

[109] *Ibid.,* 21.
[110] *Ibid.,* 36.
[111] *Ibid.,* 36.
[112] *Ibid.,* 35.
[113] *Ibid.,* 26.
[114] *Ibid.,* 35.
[115] Roberto Mariani, "Martín Fierro y yo" en *Martín Fierro* (Buenos Aires, 4 julio 1924).
[116] "Crónica de Florida ...", *LLR,* 37.
[117] "Crónica de Maiakovski ...", *LLR,* 92.

Finalmente, y a mucha distancia temporal de la época martinfierrista, dice pensar ahora como entonces: "Decididamente comprometido con la época en que vivo, mas no a la manera sectaria, cerrada; recibiendo ocasionales sugerencias del contorno social, del país y del mundo, respondo también al compromiso con mi propia imaginación, con mi oficio. Una voluntad, en fin, siempre al servicio de la conciencia libre".[118]

En síntesis, con respecto al tema central que nos ocupa, González Tuñón, si bien habla en *La literatura resplandeciente* de "las dos trincheras" (Florida y Boedo, la vanguardia artística y la vanguardia social), las funde, las interrelaciona en una síntesis que es —ante todo— vital. En efecto, su iniciación literaria juvenil se hace en Florida y su opción política es marcada por la Rusia soviética. Del doble discurso que es dable observar en las teorías y en la práctica estética rusa, Tuñón opta por aquella que es más afín con su biografía personal y artística, la que ve en la poesía vanguardista de Maiakovski un paradigma revolucionario, la que adhiere al surrealismo aún cuando Breton rompiera con la ortodoxia soviética. Salvo algún muy ocasional acto de distanciamiento,[119] Tuñón no abjurará de su vanguardismo de la década del 20, el del movimiento literario y vital martinfierrista y el del surrealizante libro *La calle del agujero en la media* (1929). En sus libros de mayor contenido social, como los vinculados con la guerra civil española, expresará su propósito de ser "un poeta revolucionario" (prólogo a *La rosa blindada*, 1936) pero por esa época también escribirá *blues* y dará origen a algunos de los caprichos de Juancito Caminador, según él mismo testimonia.[120]

González Tuñón sintetizará vanguardia política marxista y vanguardia poética en parte de su creación y fundamentará con la reflexión teórica de su madurez sus opciones vitales y estilísticas. En última instancia, hay en su poética madura una afirmación de la libertad creadora.

El interés mayor de su testimonio consiste en que es revelador de un debate con respecto al vanguardismo literario que se desarrolló en el seno mismo del marxismo y que ocasionó incoherencias y contradicciones, no sólo en el interior de la Unión Soviética, sino en todo el radio de su influencia cultural, incluida Hispanoamérica. El hecho de que estas reflexiones de G. Tuñón sean posteriores a la época de mayor dogmatismo y conflicto, no le restan valor. La argumentación desde el bagaje intelectual de su madurez, le da una perspectiva que permite clarificación y balance.

---

[118] "Crónica de Florida ...", *LLR*, 37.
[119] Este tuvo lugar en el momento de mayor presión dogmática del realismo socialista y antes de la política definición "pro-Maiakovski" de Stalin, que atribuyó al poeta ruso "la paternidad" del realismo socialista. En "Crónica de Boedo ...", *LLR*, 18, G. Tuñón se retracta de lo afirmado por él en el prólogo a *El otro lado de la estrella* (Buenos Aires-Montevideo: Sociedad Amigos del Libro Rioplatense, 1934) con respecto a la presunta ausencia de inquietud social de los martinfierristas: "Yo mismo lo afirmé más tarde con cierta ligereza sectaria".
[120] Horacio Salas, *op. cit.*, 96.

IX

EL "HOMBRE ENTERO" HISPANOAMERICANO EN EL FRISO DE LOS VANGUARDISMOS LITERARIOS

A partir de las calas realizadas en las expresiones del vanguardismo hispanoamericano en la década del 20, realizaremos una síntesis —no exhaustiva— de nuestras observaciones. El propósito es contribuir al diseño e interpretación global del fenómeno, con una intención predominante: la de señalar las peculiaridades que los autores hispanoamericanos imprimen al fenómeno internacional de las vanguardias. Quedan fuera de esta síntesis algunos otros aportes efectuados en los capítulos anteriores, como los deslindes terminológicos y conceptuales, datos sobre contextos y autores, observaciones en el campo del estilo y de la interpretación textual. Acentuaré, en cambio, en este balance la óptica comparatista, dentro del *corpus* por mí delimitado y de los objetivos y pautas métodológicas enunciadas en el "prólogo".

- *Rasgos diferenciales del vanguardismo hispanoamericano*

1. *El mestizaje cultural*

La caracterización que hace Arturo Uslar Pietri de "Lo criollo en la literatura" ha sido para nosotros de gran utilidad en orden al análisis de las diversas facetas de los vanguardismos hispanoamericanos. El ensayista venezolano señala que "la literatura hispanoamericana nace mezclada e impura e impura y mezclada alcanza sus más altas expresiones".[1] Cuando se pretende historiar nuestras literaturas, descubrimos la dificultad para delimitar tendencias, escuelas, movimientos, ya que en ellas "nada termina y nada está separado. Todo tiende a superponerse y a fundirse: lo clásico con lo romántico; lo antiguo con lo moderno; lo popular con lo refinado; lo racional con lo mágico; lo tradicional con lo exótico".[2]

Uslar Pietri identifica criollismo con mestizaje y concede a este rasgo más importancia que a otros con los que se ha tratado de caracterizar a la literatura hispanoamericana. Es verdad que ninguna cultura del pasado o del presente se cierra sobre sí misma. En todas se ha dado y se da el trasvasamiento y el intercambio. Pero el fenómeno se intensifica en

---

[1] Arturo Uslar Pietri, "Lo criollo en la literatura" en *Cuadernos Americanos*, 1 (enero-febrero, 1950): 271.
[2] *Ibid.*, 271.

Hispanoamérica por la peculiaridad de la colonización española que condujo al mestizaje racial, por las posteriores políticas inmigratorias, que condujeron al "crisol de razas" (la "raza cósmica" de Vasconcelos) y —sobre todo— por la historia cultural de Hispanoamérica, hecha de sucesivos encuentros: lo español con lo indígena, lo africano, lo europeo moderno. Encuentros de culturas en diversos grados de evolución histórica, encuentros de axiologías muy diversas, etc., conducentes a un grado superlativo de *mestizaje cultural*, que está en la base de muchas riquezas pero también de muchas polaridades y de algunas agonales escisiones íntimas del ser americano, de algunos conflictos que se han formulado dicotómicamente como "civilización y barbarie", "racionalidad e irracionalidad", "vocación del espíritu y vocación telúrica" (el continente pre-espiritual del "tercer día de la Creación", según Keyserling), "historicidad y naturaleza ahistórica,[3] "la vocación del ser (europea) y la vocación del *estar* (indígena)" ...

Este marco conceptual, que destaca las tendencias abarcadoras o sintetizadoras del talante americano, que subraya el fenómeno del mestizaje cultural en Hispanoamérica, coincide con nuestras observaciones con respecto al vanguardismo poético.

Es conveniente recordar que el ultraísmo español es ya un movimiento complejo y sintetizador, "un vértice de fusión ... a donde afluyen todas las tendencias estéticas mundiales de vanguardia".[4]

El fenómeno vanguardista, que presentaba ya el carácter de un movimiento complejo en España, se complejiza más aún en Hispanoamérica. La comunidad de lengua y las estrechas relaciones culturales entre España y América determinan que el ultraísmo se difunda en la mayor parte de los países del nuevo mundo. Sin embargo, como ya lo señalaron enfáticamente los polemistas "del meridiano", el meridiano cultural de América no pasa sólo por Madrid. Viajes de americanos a Europa y de europeos a América, lecturas múltiples y otras formas de contacto cultural hacen que los escritores reciban la influencia de los "ismos" por varias vías. Valga como ejemplo la gravitación del imaginismo anglosajón, que había sido casi nula en España y que —sin embargo— influye en la expresión de importantes poetas mejicanos, nicaragüenses, ecuatorianos ...

A este contacto múltiple con los "ismos" europeos se suma el mestizaje con los sustratos locales (negrismo, indigenismo, nativismo ...) mestizaje que —a pesar del propósito de excluir lo sentimental, explícito en manifiestos y declaraciones—, se liga frecuentemente con el sentimiento de lo cotidiano, del paisaje próximo, humilde o imponente, de los dolores sociales, y se acentúa al aproximarse la década del 30 hasta encaminarse en un "neo-romanticismo" y en un surrealismo.

La tarea de determinar cuáles fueron las tendencias vanguardistas en Hispanoamérica se complica, pues, por los factores apuntados, por la diversidad geográfica: una veintena de países con distintos ritmos histórico-literarios. Hemos tratado de distinguir, sin embargo, ciertas líneas directrices en la complejidad del movimiento. Recordamos, en primer lugar, que en América se debatía entonces, como se debate todavía, el problema de la identidad cultural. La lectura de las revistas literarias de la época nos ha permitido rastrear las

---

[3] Dicotomía que dio lugar a una polémica entre los pensadores argentinos Ernesto Grassi y Carlos Astrada.
[4] Guillermo de Torre, *Literaturas europeas de vanguardia* (Madrid: Caro Raggio, 1925): 48.

contradicciones predominantes: por una parte la necesidad de indagar en el "ser nacional", en el "ser americano" y de afianzarlo; por otra parte, la curiosidad intelectual, la necesidad de "estar atentos al movimiento intelectual del mundo", de recibir "los mensajes de cinco continentes".⁵

Esta polaridad: "cultura nacional" o "cultura americana" en contraposición con el cosmopolitismo o internacionalismo cultural se refleja también en el distinto modo de refractar los "ismos". He considerado que, sin pretender agotar el tema, se pueden distinguir diversos matices americanos en la expresión del vanguardismo en general.

Hay, en primer lugar, una captación mimética, imitación sin creatividad o con escasa originalidad personal, sin tonalidad o con escasa tonalidad americana, de temas y recursos expresivos fraguados en Europa y —en menor medida— en los Estados Unidos, que confiere a muchas manifestaciones vanguardistas en Hispanoamérica un carácter "internacional", intercambiable (el predominio de la imagen-greguería que quiere ser novedosa, la actitud anticonvencional, el humor, la temática del futurismo, por ejemplo, uniformizan poemas y manifiestos de las más variadas latitudes).

En un segundo grado de esta actitud receptiva, ya se imprime a los poemas la tónica personal y americana: es el caso de la dirección "cosmopolita" de nuestra vanguardia, que podemos ejemplificar con la producción del argentino Oliverio Girondo, particularmente en sus dos primeros libros. Girondo señala en el manifiesto de *Martín Fierro* "que en nuestra calidad de latinoamericanos poseemos el mejor estómago del mundo, un estómago ecléctico, libérrimo, capaz de digerir y de digerir bien, tanto unos arenques septentrionales o un kous kous oriental, como una becasina cocinada en llama o uno de esos chorizos épicos de Castilla".⁶

Esta tendencia del hispanoamericano a la apertura cultural, a la asimilación de los más variados estímulos provenientes de la cultura universal, ha sido señalada también por los críticos, entre ellos por Federico de Onís, como expresión de su cosmopolitismo nativo, de su flexibilidad para absorber todo lo extraño sin dejar de ser él mismo.⁷

Entre otros ensayistas que han reflexionado sobre la idiosincrasia cosmopolita del hispanoamericano, Rodolfo Borello hace notar —con asombro— que todavía hoy, en pleno siglo XX, en la era del especialismo y del cientificismo, en el siglo de la división del trabajo, cuando la experiencia nos ha enseñado que es imposible saberlo todo, persiste en nuestra América uno de los ideales más poderosos y utópicos del Renacimiento y del siglo XVIII, el del "hombre universal" —los intelectuales hispanoamericanos aún creen posible y necesario poseer una formación cultural que comprenda una visión de la tradición americana, de la tradición europea y universal y de la plural problemática del hombre. Como observa Borello, este constante estar abierto a todos los vientos del espíritu es una de las utopías más poderosas y constantes de Hispanoamérica.⁸

---

⁵ Véase "Programa", la *Pluma*, 1 (Montevideo, agosto 1927): 9.
⁶ "Manifiesto de Martín Fierro", *Martín Fierro*, 4 (Buenos Aires, segunda epoca, año 1, 15 mayo 1924): 1.
⁷ Véase Federico de Onís, "Sobre el concepto del modernismo" en Homero Castillo (Editor), *Estudios críticos sobre el modernismo* (Madrid: Gredos, 1968): 39.
⁸ Rodolfo Borello, "¿Es Borges un autor hispanoamericano?" en Saul Yurkievich (coordinador), *Identidad cultural de Iberoamérica en su literatura*, edición citada, 244.

• *El cosmopolitismo: diversos sentidos y niveles del viaje en las obras vanguardistas*

La actitud cosmopolita que acabamos de describir, se manifiesta, a su vez, dentro del fenómeno vanguardista, en dos formas: por una parte, en la ya señalada apertura a los estímulos culturales internacionales. Por otra parte, en la temática viajera, en el "sentido planetario del arte", con antecedentes en Whitman, en Valery Larbaud, en Apollinaire, Cendrards, Morand y Philippe Soupault. El yo lírico, en los poemas de esta temática, se siente ciudadano del mundo y nos brinda pantallazos, instantáneas de ciudades y sitios visitados.

Varios son los poetas vanguardistas hispanoamericanos que adoptan esta actitud vital y espiritual y esta temática. Citemos como ejemplos representativos a Vicente Huidobro, en algunos de sus poemas (por ejemplo "Expres "), a Joaquín Edwards Bello (cfr. "París", en su *Metamorfosis* de 1921) y a Oliverio Girondo con sus *Veinte poemas para ser leídos en el tranvía* (1922) y con sus *Calcomanías* (1925).

En el caso de este poeta, la fusión de cosmopolitismo y vanguardismo se logra en la estructura simultaneísta del poema y del conjunto de poemas que constituye cada libro, en el montaje cubista de las perspectivas viajeras, en la ruptura de las secuencias temporales y geográficas en orden a crear el efecto de una estructura simultánea y ubicua, en la imagen-greguería o inusual.[9]

Un precursor del cosmopolitismo vanguardista es Ricardo Güiraldes, quien ya en *El cencerro de cristal* (1915), particularmente en su apartado "Viajar", anticipa no sólo la temática viajera, sino algunas técnicas simultaneístas. Su particular fusión de cosmopolitismo y vanguardia culminará en *Xaimaca* de 1923. En ambos textos queda develado el más profundo sentido del cosmopolitismo güiraldiano: la búsqueda de infinito o de trascendencia, el afán de totalidad, más allá de los límites del espacio y del tiempo. El viajar por tierras y mares, el "desandar horizontes", canaliza y simboliza el viaje interior que va desde la experiencia de lo vario, diverso y múltiple a la unión con el Todo. La *proa* vanguardista (de la revista *Proa*, del poema "Proa") es búsqueda de renovación literaria y es viaje metafísico, deseo de encuentro y fusión con el cosmos, con el Todo.

El cosmopolitismo y su dimensión trascendente, no se contradicen en Güiraldes —ni en otros escritores de la vanguardia histórica hispanoamericana— con el sentimiento de arraigo ni con la intención de tomar posesión, por medio de la palabra poética, de los territorios y realidades del continente. La vocación regionalista *es compatible* con la vocación a un cosmopolitismo universal y a la comunión totalizadora.

Otros autores y textos vanguardistas muestran que la experimentación expresiva de la vanguardia sirve también a un afán de totalidad: el simultaneísmo cosmopolita de "Expres", de Vicente Huidobro presenta claramente dos vectores semánticos paralelos: aquel que expresa el poderío que las estrategias literarias creacionistas-simultaneístas brindan al poeta para dominar tiempo y espacio —aunando así la concepción demiúrgica del poeta creacionista con la intensificación metafísica del simple cosmopolitismo— y aquel eje

---

[9] Por ejemplo: "El sol pone una ojera violácea en el alero de las casas, apergamina la epidermis de las camisas ahorcadas en medio de la calle" ("Croquis sevillano" en *Veinte poemas*...) o: "La mañana se pasea en la playa empolvada de sol" ("Croquis en la arena", *Ibid.*).

semántico que confiesa el sentimiento de caducidad, soledad, alejamiento, finitud (voz del otro yo del poeta demiurgo).

Análoga dualidad encontramos en *Días como flechas* (1926) de Marechal. Este autor descubre en la concepción vanguardista del poeta-pequeño Dios un modo de señorear sobre el tiempo y el espacio, sobre la vida y la muerte, sobre el espíritu y la materia. Sus poemas están fundados en una *poética*, en una implícita concepción de la esencia y función de la poesía y del poeta, bajo la cual se transparentan los textos de Huidobro sobre el tema. En *Días como flechas*, el poeta cubista-creacionista intenta vencer, en el espacio del poema, el terror cósmico experimentado ante la inmensidad inabarcable del espacio y ante la función corrosiva del tiempo, tal como se experimentan en la realidad extra-lingüística.

Las estrategias literarias vanguardistas utilizadas son similares —no idénticas— a las que hemos descrito en función del cosmopolitismo: 1. la "visión", que confiere dimensión cósmica al poeta demiurgo, instantánea capacidad de desplazamiento (como la que la teología atribuye a los cuerpos celestes), visión aérea y abarcadora; 2. la presentación "simultaneísta" de realidades que en la experiencia extralingüística se presentan sucesivas en el tiempo y separadas en el espacio; 3. la imagen "creacionista" que asocia realidades distantes "en la unidad gozosa del poema". Por todo ello el poeta puede decir:

> Todo está bien, yo soy un poco dios,
> en esta soledad,
> en este orgullo de hombre que ha tendido a las horas
> una ballesta de palabras.
> ("Nocturno 2")

El libro explora las posibilidades de la poética cubista-creacionista para la cual el poeta puede crear *mundos autónomos* por medio de la palabra poética, no sujetos a las leyes causales, espaciales, temporales del acontecer vivenciado por el hombre. Pero la indagación marechaliana en esta obra de juventud lo lleva a la conclusión de que, de la palabra presuntamente autosuficiente, surge el clamor de su insuficiencia. Si todo Borges está en *Fervor...*, todo —o casi todo— Marechal está en *Días como flechas*: el poeta que reflexiona sobre la poesía, el americanista, el argentinista, el populista, el metafísico, el religioso... El tránsito por el caos germinal del libro vanguardista *Días como flechas* lleva al desarrollo de todas sus posibilidades, organizadas después del "llamado al orden" posvanguardista en una poesía y prosa neobarrocas, riquísimas de sentido, plasmadas en los cuatro géneros literarios básicos.

La *poesía autónoma* de Marechal, como también la de Huidobro, si bien explora la posibilidad de producir el objeto verbal inmanente y no referencial, hace referencia a la sed humana de unidad y de totalidad espacio-temporal, y por ello se asocia con el cosmopolitismo y con la metafísica.

El viaje abarcador se textualiza en Güiraldes, Huidobro o Marechal en un plano de lucidez intelectual o consciente, creando atmósferas poéticas luminosas (la metáfora de la luz —que es clave para la comprensión de *Xaimaca*— da su tono a la poesía de Huidobro y está presente en Marechal).[10] En cambio, en *Tentativa del hombre infinito* (1926) de Pablo Neruda, la búsqueda se realiza por los oscuros cauces de la creación surrealista. El viaje de Neruda, de evidente tono nocturno, es una experimentación que fusiona tiempos diversos y pone en contacto distintos espacios por medio del lenguaje desarticulado "ma non troppo" de un surrealismo parcialmente vigilado. En *El hondero entusiasta* (de publicación posterior pero de gestación anterior a *Tentativa*...) el poeta se había propuesto escribir "una poesía epopéyica que se enfrentará con el gran misterio del universo y también con las posibilidades del hombre".[11] Esta intención subyace también en *Tentativa*.... El "viajero inmóvil" zarpa en la ciudad-barco (Santiago) para realizar un viaje por la noche de lo irracional ("adonde el sueño avanza trenes") que aúna el pasado y el presente, Temuco y Santiago, estrellas australes y honduras subconscientes, el cosmos y el propio interior. El libro expresa una frustrada tentativa de viaje a la totalidad por las insuficientes vías del amor, y de la poesía y de la indagación subconsciente. Neruda adecua a la intención semántica la experimentación poética de índole surrealista que incluye —entre otros rasgos— la perspectiva visionaria, la imaginación sin freno, el asombro cósmico, las asociaciones extrañantes, el versículo, la hipérbole, el significado mítico de metáforas y símbolos, el balbuceo, la supresión de transiciones, la alternancia brusca de personas gramaticales, la supresión de mayúsculas y signos de puntuación, la enumeración caótica, la yuxtaposición de espacios, de tiempos, de figuras, la inclusión de lo fantástico y lo onírico, la ruptura de las convenciones del "buen tono" ...

Tentativa... es expresión de una búsqueda poética cuyo acicate creador fue, según Neruda, "el secreto y ambicioso deseo de llegar a una poesía aglomerativa en que todas las fuerzas del mundo se juntaran y se derribaran".[12] El libro expresa un proceso en donde lo psicológico, lo poético, lo cósmico y lo espiritual se interactúan, en donde las experiencias se superponen y coexisten, en donde no rigen los principios lógicos de la progresión temporal, de la delimitación espacial, de la contradicción excluyente. Neruda intenta una visión completa del acontecer propio y del mundo. Intento utópico, propio de su desmesura o de la desmesura americana, que aspira a la realización y a la expresión del "hombre pleno". Hay en él un serio intento de captar ese punto "suprarreal" del espíritu desde donde, al decir de Breton "la vida y la muerte, lo real y lo imaginario, el pasado y el futuro, lo transmisible y lo intrasmisible, lo alto y lo bajo dejan de percibirse contradictoriamente".[13]

El surrealismo encuentra sustrato fértil en aspectos de la identidad cultural hispanoamericana: las tendencias irracionalistas, magicistas, míticas y simbolizantes, la desmesura, la exacerbación del sentimiento, la coexistencia de tendencias aparentemente contrarias tales como el telurismo y el espiritualismo; el localismo y el cosmopolitismo; lo natural y lo sobrenatural; lo arcaico o antiguo y lo moderno; lo pasado y lo presente ...

---

[10] Por ejemplo, dice Marechal en "Canto en la grupa de una mañana": "¡Hoy ha resucitado entre dos noches / la primera mañana del mundo!" ... "¡Mi alegría se vuela / y hace temblar el gajo reciente de la luz!" (*Días como flechas*).
[11] Pablo Neruda, "Algunas reflexiones improvisadas sobre mis trabajos" en *OC*, II, 3ª edición (Buenos Aires: Losada, 1967): 1116.
[12] *Ibid.*, 1118.
[13] André Breton, "Segundo manifiesto del surrealismo", 1930.

Junto al amplio cosmopolitismo universalista descripto, hemos visto que el espíritu iconoclasta y experimentador de las vanguardias, se aclimata, se "mestiza" con caracteres locales. De esta alianza resultan algunas direcciones del vanguardismo entre las cuales nombraré —y sin pretender con ello agotar la caracterización de este movimiento complejo— el vanguardismo criollista, el vanguardismo indigenista, el vanguardismo negrista, el vanguardismo revolucionario ...

Vanguardismo y criollismo. La alianza entre vanguardismo y criollismo, neocriollismo o nativismo puede rastrearse en varios países hispanoamericanos. Sin embargo, dos de los países donde dicha fusión se da con mayor intensidad y representatividad son Argentina y Uruguay.

El criollismo de este período tiene sus antecedentes en las tendencias criollistas del siglo XIX, posteriores a las independencias políticas hispanoamericanas y relacionadas con la dirección del romanticismo que valoriza el "color local" como elemento estético. Inserto en un "novomundismo" más amplio, el "neocriollismo" de la década del 20 intenta incorporar a la literatura las peculiaridades nacionales, incluso las urbanas. Borges es el poeta más representativo de esta vertiente criolla de la vanguardia, fenómeno, curioso de aclimatación o "torsión nacional" de un movimiento literario internacional que en sus postulados teóricos es enemigo de toda circunstanciación. Los tres libros poéticos borgeanos aparecidos en la década adoptan, por una parte, las técnicas literarias del vanguardismo, aunque muy personalizadas.[14] Por otra parte, buscan expresar el alma de Buenos Aires y desde ella el alma argentina. A partir del suburbio, del compadrito, del malevo y de algunos otros símbolos, Borges crea una mitología porteña que —a su vez— sustenta sus teorizaciones sobre el tiempo, sobre la realidad o irrealidad del universo y otras constantes de su mundo literario, ya perfectamente configuradas en sus libros de iniciación.

En su interesante artículo "El tamaño de mi esperanza", se dirige Borges a los criollos "que en esta tierra se sienten vivir y morir, no a los que creen que el sol y la luna están en Europa".[15] Más adelante exhorta a pensar y a escribir las realidades nacionales: "Nuestra realidá vital es grandiosa y nuestra realidá pensada es mendiga".[16] Finalmente define el criollismo que él desea, no un criollismo nostálgico, sino uno "que sea conversador del mundo y del yo, de Dios y de la muerte".[17] Se trata, pues, de un "criollismo" universalista, que no excluye lo metafísico.

El mismo Borges ironiza, años más tarde, sobre estos dos intentos de su poesía de los años veinte: ser moderno y ser argentino: "Yo me impuse esa obligación del todo superflua. Ser moderno es ser contemporáneo, ser actual; todos fatalmente lo somos ... no hay obra que

---

[14] Veamos un poema breve en el que se funden motivos criollistas (la vihuela), símbolos borgeanos (los espacios, el poniente) y las imágenes de cuño ultraísta y creacionista: "La vihuela / ya no dice su amor en tu regazo. / El silencio que vive en los espejos / ha forzado su carcel. / La oscuridad es la sangre / de las cosas heridas. / En el poniente pobre / la tarde mutilada / rezó un Avemaría de colores". (*Fervor de Buenos Aires*).
[15] Jorge Luis Borges, *El tamaño de mi esperanza* (Buenos Aires: Proa, 1926): 5.
[16] *Ibid.*, 8-9.
[17] *Ibid.*, 9.

no sea de su tiempo".[18] Razonamiento análogo aplica a su intención criollista: "Olvidadizo de que ya lo era, quise también ser argentino".[19] El ultraísmo y el criollismo de los jóvenes poetas del grupo martinfierrista, pasan, aunque no sin dejar frutos.

Vanguardismo e indigenismo. Guillermo de Torre ha apuntado que los "ismos" en algunos países del Pacífico, particularmente en el Perú, se colorean con el matiz indigenista y se cargan de intenciones políticas e ideológicas. Aclaremos que —como en el caso del nativismo rioplatense—, no todas las manifestaciones vanguardistas peruanas se tiñen de indigenismo, pero sí que ésta es una dirección importante.

El tema indio había estado presente en las literaturas hispanoamericanas, con diversos matices, desde las crónicas de la conquista. El romanticismo introduce un indianismo que, en sus raíces europeas, está teñido de exotismo y de espíritu de evasión. El indigenismo, en cambio, es la tendencia literaria que denuncia la opresión social del indio y procura su reivindicación.

Esta tendencia en la poesía peruana de este período combina, pues, la exaltación del indio y la protesta por su situación social con las técnicas vanguardistas y las formas lingüísticas de raíz indígena, hasta el punto de que algunos poemarios de la época incluyen un glosario. La fecha de su aparición como grupo o tendencia en el Perú puede situarse alrededor de 1926, año en que aparecen los libros *Ande*, de Alejandro Peralta, *Ccoca*, de J. Mario Chavez y *Falo*, de Emilio Arrnaza.

Hemos centrado nuestra observación en algunos poemas indigenistas de *Cantos del arado y de las hélices* (1929), de César Alfredo Miró Quesada, libro que, por su heterogeneidad, no se cita habitualmente entre los poemarios indigenistas. Hemos considerado, sin embargo, que los poemas de esta tendencia allí incluidos son muy representativos del repertorio ideológico y temático del indigenismo de la época, así como de su expresión vanguardista.

En "poema keswa para la fiesta del Inti" se expresa la esperanza de que una revolución próxima permita al indio la posesión de la tierra; se presenta al habitante andino, su raza, su hábitat, sus costumbres, su lengua. El indio aparece en su estrecha relación con la montaña y con la tierra, en concordancia total con la caracterización que de él hiciera Mariátegui. Hay un marcado contraste entre la penosa situación actual de desposeimiento, y la de una situación futura, de posesión y alegría. El puente entre ambas es una revolución de signo marxista.

"Kipucamayo" es también un canto esperanzado en la mañana simbólica de la revolución, pero el poema ilustra otros matices de la doctrina indigenista vigente en la época: la condena al gamonalismo, al catolicismo —o al clericalismo—, a la conquista y a la colonización hispánica. Los mensajes de ambos poemas se expresan con códigos vanguardistas.

Vanguardismo y poesía negrista. La poesía negrista, negroide, afro-americana o mulata es poesía de contraste y asimilación de culturas, expresión del hombre de color o del blanco que lo interpreta, a través de las modificaciones ambientales sufridas por el trasplante

---

[18] Prólogo a *Luna de enfrente*, fechado el 25 de agosto de 1969 en *Obras completas* (Buenos Aires: Emecé, 1974): 55; 10ª impresión en offset 1979.
[19] *Ibid.*, 55.

y volcada en el molde de las lenguas europeas naturalizadas en América. Entre los principales motivos de esta poesía figuran la imitación de bailes africanos o de sonidos de instrumentos, la fusión de creencias mágicas con elementos religiosos católicos, la exaltación de la belleza de la mujer negra o mulata, el conflicto de sangres en el mulato o el drama de la esclavitud o de la discriminación racial. Desde el ángulo formal, la poesía negrista se caracteriza, predominantemente, por su riqueza en el plano rítmico-fónico.

En la década del veinte se produce el encuentro en América entre poesía negrista y vanguardismo. Influye en este fenómeno la moda europea del negrismo artístico, manifiesta a partir del cubismo pictórico. Lo que era exótico en París es motivo raigal en Montevideo, en Cuba o en Puerto Rico. Nombremos a Ildefonso Pereda Valdés, a Luis Palés Matos, a Ramón Guirao.

Hemos seleccionado para nuestro análisis la poesía negrista de Palés Matos, que tiene sustentación programática en el diepalismo, particularmente en lo que se refiere al uso de la onomatopeya y otros aspectos del nivel textual fónico lingüístico. Una tendencia vanguardista a la expresión sintética, a la búsqueda de un lenguaje puro, alógico, mágico, que permitiría la religazón con los orígenes, converge en Palés Matos con las características fónicas de la tradición poética negrista. Otras convergencias vanguardistas-negristas se dan en los textos comentados: el retorno a los modelos primitivos, la búsqueda ritual de los orígenes, la exaltación de lo elemental, las imágenes planetarias o las audaces y desjerarquizadoras ...

Vanguardismo y poesía social. Ya Menéndez y Pelayo había observado que la originalidad de la literatura Hispanoamericana se manifiesta en la poesía descriptiva, inspirada en la contemplación de la imponente naturaleza y en la *poesía política*, inspirada en la vida enérgica de las conquistas, en las revueltas, en las luchas políticas ... En esta línea, varios críticos y ensayistas han observado como uno de los rasgos definidores de nuestras literaturas, su ancilaridad: "y es que la literatura (hispanoamericana) está predominantemente concebida como instrumento. Lleva generalmente un propósito que va más allá de lo literario. Está determinada por una causa y dirigida a un objeto que están fuera del campo literario. Causa y objeto que pertenecen al mundo de la acción".[20] Esta tendencia al compromiso con las realidades conflictivas nacionales y continentales, se manifiesta en todos los géneros (ensayo, crónica, narrativa, teatro) y también en la poesía.

En la década que nos ocupa, la poesía social, que se orienta a producir un cambio en las estructuras político-sociales de Hispanoamérica, se caracteriza por su exaltación de la revolución como medio de cambio, por una marcada denuncia del imperialismo norteamericano, por su frecuente alianza con las diversas tendencias de la ideología marxista.

Los "ismos" de la década del 20 se entrecruzan también con esta poesía. Hemos visto que el indigenismo y el neo-negrismo tienen también connotaciones sociales. Los cubanos Regino Pedroso y Mariblanca Sabas Alomá, los peruanos Serafín Delmar y Magda Portal, entre otros, escriben poemas de intención revolucionaria. Sin embargo, frente a estos documentos literarios, se levanta el divorcio entre la realidad y el esquema: me refiero a la

---

[20] A. Uslar Pietri, "Lo criollo en la literatura", 276.

famosa hipótesis de "las dos vanguardias" que enfrenta dicotómicamente una vanguardia estetizante, burguesa, que persigue "el arte por el arte" y otra vanguardia más conservadora en los medios expresivos, pero comprometida con los problemas sociales del continente. Este esquema, proveniente de una tendencia teórica dentro del marxismo, lleva a algunos autores a situaciones contradictorias. Por ejemplo la ya citada Mariblanca Sabas Alomá teoriza contra la vanguardia estética burguesa pero publica poemas de exaltación comunista con módulos formales ultraístas. Otros escritores superan el debate surgido dentro de estas teorizaciones estéticas, reconociendo en la poesía vanguardista un factor de cambio social (Mariátegui, entre otros) o admitiendo la libertad artística, que no desdeña la fantasía creadora (Raúl González Tuñón).

2. *La coexistencia de estilos. Inserción del vanguardismo en el proceso literario hispanoamericano*

Como hemos visto, las tendencias sintéticas americanas se manifiestan también en el plano temporal. América siente al tiempo como "la fusión o integración de las formas pasadas, las cuales no necesitan morir para que vivan las presentes".[21] Este fenómeno de fusión de escuelas o estilos literarios pasados y presentes determina extraños anacronismos: en el momento que nos ocupa, por ejemplo, se asocia un espíritu retrospectivo, exaltador de las raíces indígenas o criollas, con las técnicas expresivas vanguardistas (Güiraldes, Borges, Vallejo ...).

El vanguardismo hispanoamericano madura en un proceso literario interno de carácter posmodernista, proceso no insularizado sino en permanente diálogo con los procesos literarios de Europa y Estados Unidos y permeable —además— a los influjos que provienen de otras culturas (Africa, Oriente, influjos que llegan a veces a través de la misma Europa).

Ese proceso literario interno se inicia ya en la segunda etapa de la poesía rubendariana, por vías desretorizantes tanto en lo temático como en lo formal: prosaísmo, humorismo, sencillismo (con la incorporación a la creación literaria de lo ínfimo, lo urbano, lo suburbano, lo cotidiano, lo familiar ...); temática social; temática americana, espiritualismo. En este proceso, el vanguardismo histórico, (que tiene su máxima eclosión en la década del 20, aunque con anticipos en los años anteriores y prolongaciones en los primeros años de la década del 30) puede verse en perspectiva como una intensificación de tendencias, aunque sus protagonistas lo vivieron como una ruptura rebelde y provocativa con respecto a la herencia rubendariana.

Este proceso estético tiene condicionamientos más amplios: una crisis espiritual de los valores que organizan la cultura, la cosmovisión vigente, crisis que todo lo cuestiona, incluso las formas de expresión artística. Por otra parte, actúan los factores socio-políticos ya señalados (crecimiento del poder hegemónico de los Estados Unidos, toma de conciencia, por parte de los latinoamericanos, de las alianzas del poder mundial, irrupción e influjo de la revolución rusa).

---

[21] Federico de Onís, *España en América* (Río Piedras: Universidad de Puerto Rico, 1955). Citado por Guillermo de Torre, *Claves de la literatura hispanoamericana* (Buenos Aires: Losada, 1968) 42.

Las manifestaciones vanguardistas de la década coexistieron con manifestaciones afines al modernismo, no sólo en el ámbito literario general, sino en un mismo autor y hasta en un mismo texto. Algunos de los autores que hemos analizado dan ejemplo de esta coexistencia: Güiraldes (desde el *Cencerro de cristal* hasta *Don Segundo Sombra*); Palés Matos, en quien se funden destrezas rítmicas adquiridas en el modernismo con estrategias vanguardistas y modos de expresión lorquianos; Mariano Brull, en cuyos *Poemas en menguante* se alternan poemas con influjos cubistas-creacionistas-ultraístas, con otros que recepcionan tendencias que en Europa pertenecen a un momento posterior de la evolución poética: las de la poesía pura representada por Válery o Jorge Guillén.

Estos autores y textos evidencian esa peculiar manera de asumir estilos o escuelas o movimientos literarios, que es propia del arte hispanoamericano. En ellos conviven en una síntesis, confluencia o superposición, modos de expresión que en Europa pudieron ser más netamente evolutivos. Como observa Onís: "el americano de todos los tiempos (...) no puede renunciar a ningún pasado sino que necesita salvarlo integrándolo al presente, que es así una síntesis de todos los tiempos".[22]

Razones o mecanismos de recepción y recreación análogos harán que los "ismos" de la década del 20 mantengan extraordinaria vitalidad posterior, particularmente el surrealismo, que en algunos países brota y en otros rebrota en décadas posteriores y se empeña en sobrevivir hasta muy avanzado el siglo (pienso, por ejemplo, en el surrealismo argentino, que aparece en 1928 con la revista *Qué*, resurge con extraordinaria vitalidad con los poetas de la generación del 40 y sigue marcando tantas expresiones posteriores).

En síntesis: los vanguardismos literarios hispanoamericanos de la década del 20, cuando son examinados en su conjunto o —como en nuestro caso— a través de un "muestreo" significativo, permiten ver el rostro plural de la cultura americana que integra —a veces con fisuras que constituyen sus más hondos conflictos— componentes muy diversos: lo indígena, lo ibérico, lo africano, lo europeo moderno. El mestizaje no sólo racial sino —sobre todo— espiritual, integra polaridades que se encarnan también en las manifestaciones vanguardistas. Estas —en su conjunto— muestran esa vocación integradora y universalista de la inteligencia americana. La expresión de lo local o regional no excluye lo universal. El asombro ante lo telúrico próximo, la expresión de un entorno cotidiano, el afincamiento en sus peculiaridades, el "adentrismo", no excluyen un cosmopolitismo e internacionalismo. La captación poética vanguardista de caracteres y problemas que se originan en la mezcla de razas y culturas (indianismo, indigenismo, negrismo literarios) se articula con la instrumentación de los textos literarios al servicio de las causas político-sociales. La poesía política de vanguardia convive (a veces en un mismo autor, como González Tuñón) con la poesía concebida "como aventura total del espíritu". La gratuidad del poema lúdico y deportivo no desplaza al poema comprometido con el cambio social.

La concepción del poema vanguardista como ente de lenguaje absoluto, con existencia autónoma, es desbordada insistentemente en Hispanoamérica. Los signos reclaman por sus conexiones con el referente, con el aquí y el ahora, pero también con un Absoluto del cual el absoluto del poema es sucedáneo o reflejo. Los vanguardistas hispanoamericanos

---

[22] Federico de Onís, *Luis Palés Matos (1898-1959). Vida y obra. Bibliografía. Antología. Poesías inéditas* (San Juan de Puerto Rico: Ateneo Puertorriqueño, 1960) 55-56.

también inquieren por el sentido del hombre en el mundo. Para ello exploran las penumbras del subconsciente o buscan transmitir la emoción de las noches estelares que hablan de infinito o descubren en la realidad niveles de significacón míticos y simbólicos.

Los vanguardismos hispanoamericanos —observados como en un friso— cumplen con la noble misión asimiladora, recreadora e integradora de elementos dispares que postulara Alfonso Reyes para la inteligencia americana en la utopía de la *Última Tule*. El "hombre entero" americano se visualiza en la pluralidad de estas expresiones, cohesionadas por el común denominador vanguardista. El "hombre entero" al que tienden las propuestas movilizadoras de Eugenio María de Hostos, de José Martí, de José E. Rodó, de José Vasconcelos, de Pedro Henríquez Ureña y de otros humanistas. El "hombre pleno" que subyace en nuestros íntimos desasosiegos y fracasos pero también en muchos de nuestros logros.

DOCUMENTOS

Esta selección de manifiestos y textos programáticos o polémicos del vanguardismo hispanoamericano fue concebida como un complemento de la primera parte del libro, como apoyo documental y ampliación de cada uno de los capítulos, si bien estos textos pueden admitir, por su complejidad semántica, otra clasificación.

A lo largo de los años que hemos dedicado a la recolección e interpretación de los documentos, algunos de ellos han sido reeditados, otros continúan siendo casi inhallables. En ambos casos consideramos útil brindarlos en su conjunto y organizados según el criterio que hemos adoptado.

En general hemos respetado la grafía de los originales, salvo algunas erratas obvias.

X

DEFINICIONES, MANIFIESTOS, TEXTOS PROGRAMÁTICOS

La nueva literatura peruana

Esto de inventariar, con riqueza de detalles, un movimiento que ha tomado, en poco tiempo, considerable amplitud, aunque no intensidad, es cosa realmente difícil. Córrese, por un lado, el riesgo de aletargar a los lectores haciendo labor de acopio, minuciosa y prolija, con inclusión de fechas, nombres y acontecimientos; o de pecar por defecto emprendiendo una rápida y viviente revisión en la que se destaquen tan sólo los principales actores y los hechos más importantes del proceso vanguardista. Colocado entre ambos caminos, me decido, sin embargo, por lo segundo.

Mas, antes de hacer pasar por el ecran de esta página la movida e irreverente película de nuestro esfuerzo de avanzada y de inventariar sus resultados conviene detenerse —para los lectores que ignoran el contenido esencial del movimiento y sus pretensiones renovadoras— en la discriminación de los pocos principios o módulos cardinales que han informado el nuevo espíritu de creación y los nuevos procedimientos.

Como este artículo no tiene los alcances de un estudio, dejo de lado toda divagación periférica y me inhibo de realizar una exposición detallada de los distintos idearios estéticos que abarca el fecundo y complejo panorama moderno, muchos de los cuales han tenido un destino efímero o han servido meramente de plataforma para nuevas teorizaciones. El tema es complicado y arduo y merecería su abarcamiento total seguramente las dimensiones de un libro.

Contrayéndose el presente esbozo a la filmación rápida del movimiento lírico entre nosotros, conviene pues, enfocar la atención hacia lo que representa el verso nuevo en su doble aspecto: *espíritu* y *expresión*.

No vamos a analizar aquí las causales que determinaron la eclosión revolucionaria en los dominios de la inteligencia como instrumento de arte. Queden éstas para los sociólogos de la fenomenología artística y para los críticos científicos del movimiento. Apuntaremos solamente, como cosa sabida, que la erección del nuevo espíritu creativo aparece vinculado a un gran acontecimiento histórico: la guerra mundial que cancela integramente el pasado y pinta sobre el mundo una nueva aurora de reverberantes proyecciones porvenitistas. Es en esos días de locura fraticida que el hombre descubre su nuevo destino y lleva su mensaje redentor a los más profundos sectores de la inteligencia y de la vida. Muere una época y un mundo y surgen los audaces sembradores de ideas en el arte como en la ciencia, en política como en filosofía. Los nuevos evangelios estéticos se propagan entonces con velocidad luminosa. Se derrumba en el cerebro de los hombres el régimen caduco de las normas antiguas y la poesía —cumbre de la revolución estética mundial— afirma su señorío paradigmático sobre las demás artes. Sea que la nueva pintura (cubismo, expresionismo, etc.), como creen algunos, haya influido en la teorización inaugural de los nuevos postulados poéticos, sea que el fenómeno se haya realizado a la inversa, lo cierto es que las distintas escuelas literarias surgidas antes del año 20 en Europa marcan el nivel más alto del espíritu revolucionario artístico y suscitan mucho más que las innovaciones pictóricas y musicales la escandalosa y escandalizada atención del mundo.

La acción revolucionaria presenta dos faces: una demoledora y otra constructiva. Análisis iconoclasta y creación auroral. Se levanta una redentora guillotina y, entre carcajadas de humorismo y gritos de irreverencia, se decapita el yo estético antiguo y con él la vieja poesía hinchada de retórica y purulenta de esclavitud. No sólo se propugna el advenimiento de una nueva creación sino que se revoluciona, en su infraestructura, el espíritu del hombre como sujeto productor de arte y como comprendedor. Se renueva de raíz la dinámica funcional de la inteligencia frente a la creación estética y, simultáneamente, se plantean las nuevas leyes normativas del hecho artístico.

Primer momento. Se analiza con brutal ferocidad el organismo del verso antiguo (esclavo de la rutina, de la farsa, del adorno, de la música, de la superfluidad decorativa, de la "inspiración", de la pintura, de la arquitectura, del gusto burgués, de la manía autobiográfica del poeta, de las palabras bonitas, etc., etc.). Segundo momento. Se levanta sobre sus ruinas el luminoso rascacielo del verso moderno desde cuya cúspide se puede contemplar todo el panorama de la genial audacia innovatriz del hombre artista. Para llegar a este resultado se han abierto todas las válvulas de creación del espíritu y se ha realizado la gran tarea emancipadora: la liberación de la poesía de todo lo que no era poesía y su encumbramiento a los planos de la belleza pura. Los nuevos libertadores, vale decir, los nuevos guillotinadores, tangibilizan al mismo tiempo sus doctrinas en hechos estéticos de ejemplarizante sabor auroral, y se reparten entonces por el mundo los nuevos credos con velocidad tal que, por primera vez en la historia, produce asombro su propagación casi simultánea en los centros civilizados acreditando que preexistía al movimiento una conciencia común, anhelosa de renovación, en los nuevos espíritus creadores.

Todas las escuelas —dadaísmo, creacionismo, sincronismo, futurismo, surrealismo, ultraísmo, etc.—, lo primero que hacen es batir el récord de la acción combativa renegando del pasado y sembrando con júbilo alboreante nuevos caminos, cósmicos en el universo del arte. Coincidentes en la actitud demoledora, los nuevos estetas y polemistas, se separan en los rumbos plasmadores de la nueva poética. Unos se contraen a revolucionar el espíritu acribillándolo de negaciones y escepticismo como los bellos insurgentes dadás; otros se contraen a la explotación estética de un mundo recién descubierto, el mundo subconsciente y el de los sueños, como los surrealistas; otros polarizan sus fuerzas intelectuales preconizando la consecución de un nuevo cosmos de belleza distinto del cosmos real, como los creacionistas; otros, en fin, como los ultraístas y futuristas ubican su atención en lo relativo a la técnica formal, vigorizando a vez el sentido de la vida con inyecciones de alegría deportiva y loando las tres potencias de la época: juventud, máquina y velocidad. Cada escuela, en suma, se agita por su lado en arribar a esta meta ideal: POESÍA NUEVA igual POESÍA PURA.

Los nombres de estos audaces independizadores, de estos descubridores geniales, Colones y Bolívares del verso, están en el corazón de todos los vanguardistas del mundo. Se llaman Tristán Tzara, Apollinaire, Max Jacob, Reverdy, Aragón, Soupault, Marinetti, Picabia, Cendrars, Cocteau, etc. Ellos han explayado el horizonte temático de la poesía, han cambiado de eje a la actividad literaria, han dado muerte a la sensibilidad enfermiza del pasado, han contemporaneizado el verso haciéndolo hijo ardiente de la época, han pulverizado toda supervivencia de racionalismo en el poema, han suprimido el grillete del metro, la falsa decoración de la rima; abolido los nexos superfluos, fracturado para siempre las cadenas del verso tiranizado por las limitantes exigencias lógicas y gramaticales; y le han dado una bella libertad absoluta, construyéndole sólo con materiales de poesía pura, con sus materiales eternos, que la retórica anciana había vestido de palabras inútiles y de andrajos llamativos.

El movimiento que acabamos de esquematizar pertenece, como se sabe, racial y geográficamente a Francia. Sus gestores más calificados son de allí o, por lo menos, son hijos espirituales de su realidad ambiental. Quiere decir que mientras Rusia, la estupenda Rusia de Andreiev y Lenin realizaba su revolución vital y política, Francia acaudillaba la revolución del espíritu por los caminos del arte, suscitando en el mundo entero el magno prodigio: el nacimiento de hombres nuevos liberados de la paquidérmica piel del pasado.

En América el fenómeno del contagio vanguardista adopta caracteres únicos. Raza joven y elástica, raza ansiosa de lo nuevo y con posibilidades de realización realmente geniales, asimila los flamantes ideários penetrándolos de su fuerza creadora y transformándolos en su sangre como la luz se transforma en la geometría transparente de un prisma. Se produce, pues, una nueva creación, una recreación de los valores importados. Pertenece a América el parto de la palabra VANGUARDIA, que ha centralizado en sus 10 letras todas las direcciones del movimiento europeo (...).

FEDERICO BOLAÑOS

En *La Pluma*, Año III, Vol. X (febrero 1929): 73-77.

MANIFIESTO DEL ULTRA

Existen dos estéticas: la estética de los espejos y la estética activa de los prismas. Guiado por la primera, el arte se transforma en una copia de la objetividad del medio ambiente o de la historia psíquica del individuo. Guiado por la segunda, el arte se redime, hace del mundo su instrumento, y forja —más allá de las cárceles espaciales y temporales— su visión personal.

Esta es la estética del Ultra. Su volición es crear: es imponer facetas insospechadas al universo. Pide a cada poeta una visión desnuda de las cosas, limpia de estigmas ancestrales; una visión fragante, como si ante sus ojos fuese surgiendo aururalmente el mundo. Y, para conquistar esta visión, es menester arrojar todo lo pretérito por borda. Todo: la recta arquitectura de los clásicos, la exaltación romántica, los microscopios del naturalismo, los azules crepúsculos que fueron las banderas líricas de los poetas del novecientos. Toda esa vasta jaula absurda donde los rituales quieren aprisionar al pájaro maravilloso de la belleza. Todo, hasta arquitectar cada uno de nosotros su creación subjetiva.

Por lo arriba expuesto habrá visto el lector que la orientación ultraica no es, no puede ser nunca patrimonio —como se ha querido suponer— de un sector afanoso de arbitrariedades que encubran malamente su estulticia. Los ultraístas han existido siempre: son los que, adelantándose a su era, han aportado al mundo aspectos y expresiones nuevas. A ellos debemos la existencia de la evolución, que es la *vitalidad de las cosas*. Sin ellos seguiríamos girando en torno a una luz única, como las falenas. El Greco, con respecto a sus demás coetáneos, resultó también ultraísta, y así tantos otros. Nuestro credo audaz y *consciente* es *no tener credo*. Es decir, desechamos las recetas y corsés absurdamente acatados por los espíritus exotéricos. *La creación por la creación*, puede ser nuestro lema. La poesía ultraica tiene tanta cadencia y musicalidad como la secular. Posee igual ternura. Tiene tanta visualidad y tiene más imaginación. Pero lo que sí modifica es la modalidad estructural. En ese punto radica una de sus más esenciales innovaciones. La sensibilidad, la sentimentalidad son eternamente las mismas. No pretendemos rectificar el alma, ni siquiera la naturaleza. Lo que renovamos son los medios de expresión.

Nuestra ideología iconoclasta, la que dispone a los filisteos en nuestra contra, es precisamente la que nos enaltece. *Toda gran afirmación necesita una gran negación*, como dijo, o se olvido de decir, el compañero Nietzsche... Nuestros poemas tienen la contextura escueta y decisiva de los marconigramas.

Para esta obra de superación adicionamos nuestro esfuerzo al que realizan las revistas ultraicas *Grecia, Cervantes, Reflector* y *Ultra*.

JACOBO SUREDA - FORTUNIO BONANOVA -
JUAN ALOMAR - JORGE LUIS BORGES

En *Baleares* (Palma de Mallorca, febrero 1921).

PROCLAMA

NAIPES I FILOSOFÍA

Barajando un mazo de cartas se puede conseguir que vayan saliendo en un enfilamiento más o menos simétrico. Claro que las combinaciones así hacederas son limitadas i de humilde interés. Pero si en vez de manipular naipes, se manipulan palabras, palabras imponentes i estupendas, palabras con entorchados i aureolas, entonces ya cambia diametralmente el asunto.

En su forma más enrevesada i difícil, se intenta hasta explicar la vida mediante esos dibujos, i al barajador lo roturamos filósofo. Para que merezca tal nombre, la tradición le fuerza a escamotear todas las facetas de la existencia menos una, sobre la cual asienta todas las demás, i a decir que lo único verdadero son los átomos o la energía o cualquier otra cosa ...

¡Como si la realidad que nos estruja entrañablemente, hubiera menester muletas o explicaciones!

SENTIMENTALISMO PREVISTO

En su forma más evidente i automática, el juego de entrelazar palabras campea en esa entabillada nadería que es la literatura actual. Los poetas sólo se ocupan de cambiar de sitio los cachivaches ornamentales que los rubenianos heredaron de Góngora —las rosas, los cisnes, los faunos, los dioses griegos, los paisajes ecuanimes i enjardinados— i engarzar millonariamente los flojos adjetivos *inefable, divino, azul,* misterioso. ¡Cuánta socarronería i cuanta mentira en ese manosear de ineficaces i desdibujadas palabras, cuánto miedo altanero de adentrarse verdaderamente en las cosas, cuanta impotencia en esa vanagloria de signos ajenos! Mientras tanto los demás líricos, aquellos que no ostentan el tatuaje azul rubeniano, ejercen un anecdotismo gárrulo, i fomentan penas rimables que barnizadas de visualidades oportunas venderán después con un gesto de amaestrada sencillez i de espontaneidad prevista.

ANIQUILOSAMIENTO DE LO LIBRE

I unos i otros señoritos de la cultura latina, gariteros de su alma, se pedestalizan sobre las marmóleas leyes estéticas para dignificar ejercicio tan lamentable. Todos quieren realizar obras apelmazadas i perennes. Todos viven en su autobiografía, todos creen en su personalidad, esa mescolanza de percepciones entreveradas de salpicaduras de citas, de admiraciones provocadas i puntiaguda lirastenea. Todos tienden a la enciclopedia, a los aniversarios i a los volúmenes tupidos. El concepto histórico de la vida muerde sus horas. En vez de concederle a cada instante su carácter suficiente i total, los colocan en gerarquías prolijas. Escriben dramas i novelas abarrotadas de encrucijadas espirituales, de gestos culminantes i de apoteosis donde se remansa definitivamente el vivir. Han inventado ese andamiaje literario —la estética— según la cual hay que preparar las situaciones i empalmar las imágenes i que convierte lo que debiera ser ágil i brincador en un esfuerzo indigno i trabajoso. Idiotez que les hace urdir un soneto para colocar una línea, i decir en doscientas páginas lo cabedero de dos renglones. (Desde ya puede asegurarse que la novela, esa cosa maciza engendrada por la superstición del yo, va a desaparecer, como ha sucedido con la epopeya i otras categorías dilatadas.)

U
L
T
R
A

Nosotros los ultraístas en esta época de mercachifles que exhiben corazones disecados i plasman el rostro en carnavales de muecas queremos desanquilosar el arte. Lícito i envidiable como cualquier otro placer es el que motivan las palabras eficazmente trabadas, más hai que convenir en lo absurdo de honrar los que le venden, traficando con flacas ñoñerías i trampas antiquísimas.

Nuestro arte quiere superar esas martingalas de siempre i descubrir facetas insospechadas al mundo. Hemos sintetizado la poesía en su elemento primordial: la metáfora, a la que concedemos una máxima independencia, más allá de los jueguitos de aquellos que comparan entre sí cosas de forma semejante, equiparando con un circo a la luna. Cada verso de nuestros poemas posee su vida individual i representa una visión inédita. El Ultraísmo propende así a la formación de una mitología emocional i variable. Sus versos que excluyen la palabrería i las victorias baratas conseguidas mediante el despilfarro de palabras exóticas, tienen la contextura decisiva, de los marconigramas.

LATIGUILLO

Hemos lanzado PRISMA para democratizar esas normas. Hemos embanderado de poemas las calles, hemos iluminado con lámparas verbales vuestro camino, hemos ceñido vuestros muros con enredaderas de versos. Que ellos, izados como gritos, vivan la momentánea eternidad de todas las cosas, i sea comparable su belleza dadivosa i transitoria a la de un jardín vislumbrado a la música desparramada por una abierta ventana y que colma todo el paisaje.

GUILLERMO DE TORRE - EDUARDO GONZÁLEZ LANUZA
GUILLERMO JUAN - JORGE LUIS BORGES

En *Ultra*, 21 (Madrid, 1 enero 1922) y *Prisma. Revista Mural*, 2 (Buenos Aires, marzo 1922).

PRÓLOGO

UN ANTIQUISIMO CUENTERO DE CUYO nombre no quiero acordarme (es de Cervantes ese festejado melindre y se lo devuelvo en seguida) cuenta que en los principios de la era cristiana salió del mar una gran voz, un evangelio primitivo y final, y anunció a la gentilidad que el dios Pan había muerto. Tanto me gusta suponer que las cosas elementales participan en las del alma y son sus chasques o lenguaraces o nuncios, que hoy querría hablarles a todos con la voz salobre del mar y la incansable de los ríos y la enterrada de los pozos y la extática de los charcos, para decirles que se gastó el rubenismo ¡al fin, gracias a Dios!

El rubenismo fue nuestra añoranza de Europa. Fue un suelto lazo de nostalgia tirado hacia sus torres, fue un largo adiós que rayó el aire del Atlántico, fue un sentirnos extraños y descontentadizos y finos. Tiempo en que Lomas de Zamora versificaba a Chipre y en que solemnizaban los mulatos acerca de Estambul, se descompuso para dicha de todos. Quede su eternidá en las antologías: queden muchas estrofas de Rubén y algunas de Lugones y otras de Marcelo del Mazo y ninguna de Rojas ... Hay otro verso rubenista hoy en pie: la suspirosa Rosaleda que con su cisnerío y su indolencia esconde el duro sentimiento del barrio en que don Juan Manuel fué temible.

El europeo faústico de Spengler —el reverenciador de lo lejano en el espacio y de lo indeciso en el tiempo, el arcaizante o progresista que sólo entiende el hoy arrimándolo a un antenoche o al mes que viene— tuvo una torpe reducción al absurdo en el rubenista de aquí. Ninguno de ellos se atrevió a suponer que ya estaba en la realidá: todos buscaron una vereda de enfrente donde alojarse. Para Rubén, esa vereda fue Versalles o Persia o el Mediterráneo o la pampa, y no la pampa de bañaos y días largos, sino la Pampa triptolémica, crisol de razas y lo demás. Para Freyre fueron las leyendas islándicas y para Santos Chocano, el Anahuac de don Antonio de Solís. En cuanto a Rodó, fué un norteamericano, no un yanqui pero si un catedrático de Boston, relleno de ilusiones sobre latinidad e hispanidad. Lugones es otro forastero grecizante, verseador de vagos paisajes hechos a puro arbitrio de rimas y donde basta que sea azul el aire en un verso para que al subsiguiente le salga un abedul en la punta. De la Storni y de otras personas que han metrificado su tedio de vivir en esta ciudá de calles derechas, sólo diré que el aburrimiento es quizá la única emoción impoética (irreparablemente impoética, pese al gran Pío Baroja) y que es también, la que con preferencia ensalzan sus plumas. Son rubenistas vergonzantes, miedosos.

Desde mil novecientos veintidós —la fecha es tanteadora: se trata de una situación de conciencia que ha ido definiéndose poco a poco— todo eso ha caducado. La verdad poetizable ya no está sólo allende el mar. No es difícil ni huraña: está en la queja de la canilla del patio y en el Lacroze que rezonga una esquina y en el claror de la cigarrería frente a la noche callejera. Esto, aquí en Buenos Aires. En Méjico, el compañero Maples Arce apura la avenida Juárez en un trago de gasolina; en Chile, Reyes ensalza el cabaret y el viento del mar, un vientre negro y de suicidio, que trae aves marinas en su envión y en el cual las persianas de Valparaíso están siempre golpeándose.

Las dos alas de esta poesía (ultraísmo, simplismo: el rótulo es lo de menos) son el verso suelto y la imagen. La rima es aleatoria. Ya don Francisco de Quevedo se burló de ella por la esclavitud que impone el poeta; ya otro más poderoso Quevedo, Milton el puritano, la tachó de invención de una era bárbara y se jactó de haber devuelto al verso su libertad antigua, emancipándole de la moderna sujeción de rimar ("modern bondage of riming"). Estas ilustres opiniones las sacó a relucir, para que nuestro desdén de la rima no se juzgue a puro capricho y a torpeza de mozos. Sin embargo, mi mejor argumento es el empírico de que las rimas ya nos cansan. Para cualquiera de nosotros, estos versos blancos de Garcilaso son entero y grato arquetipo de musicalidad.

>   Corrientes aguas, puras, cristalinas
>   Árboles que os estáis mirando en ellas,
>   Verde prado de fresca sombra lleno ...

Su autor, empero, con esa asidua observación de la rima que hubo en su siglo, escribió, en seguida otras líneas que entonces eran necesarias para cumplir la estrofa, esto es, el pleno halago musical, y hoy la rebajan singularmente:

>   Aves que aquí sembráis vuestras querellas,
>   Yedra que por los árboles caminas
>   torciendo el paso por su verde seno,

> Yo me vi tan ageno
> Del grave mal que siento
> Que de puro contento ...

y lo que subsigue.

Quiero inscribir alguna observación acerca de la imagen. La imagen (la que llamaron traslación los latinos, y los griegos tropo y metáfora) es, hoy por hoy, nuestro universal santo y seña. Desde esas noches incansables en que el calaverón frailuno Quevedo holgaba con la lengua española, no han sucedido porretadas de imágenes, pleamares y malones de metáforas, asemejables a los que en este libro verás. Desde la travesura y brujería de Macedonio Fernández hasta el resplandor de Juicio Final que altiveció los versos de Piñero, desde las firmas acertadas de Hidalgo hasta el rebaño de vehemencia bíblica que Brandán rige bien, hay obtenciones de expresión inauditas. El idioma se suelta. Los verbos intransitivos se hacen activos y el adjetivo sienta plaza de nombre. Medran el barbarismo, el neologismo, las palabras arcaicas. Frente al provincianismo remilgado que ejerce la Academia (dentro de lo universal español tan provincia es Castilla como Soriano y tan casero es hablar de los cerros de Ubeda como de donde el Diablo perdió el poncho) nuestro idioma va adinerándose. No es de altos ríos soslayar la impureza, sino aceptarla y convertirla en su envión. Así lo entendieron los hombres del siglo diez y siete: así lo comprendió Saavedra que se burló de quienes endeblecen nuestra lengua por mantenerla pura, así don Luis de Góngora que al decir de su primer prologuista) huyó de la sencillez de nuestra habla, así el agringado Cervantes que se jactó del cauce de dulzura que abrió en nuestro lenguaje, así ese díscolo Quevedo que sacó voces del latín y del griego y aun de la germanía, así el precursor de ellos, Fray Luis de León, que hebraizó tan pertinazmente en sus traslados bíblicos ... No hemos nosotros de ser menos.

Esta que nos ciñe es la realidá, es "una" realidá. Junto a nosotros están la Vida y la Muerte y las levantaremos con versos.

> I el que en tal güeya se planta,
> Debe cantar cuando canta
> Con toda la voz que tiene.

JORGE LUIS BORGES

En *Índice de la nueva poesía americana* (Buenos Aires: Inca, 1926): 14-18.

ULTRAÍSMO

Antes de comenzar la explicación de la novísima estética, conviene desentrañar la hechura del rubenianismo y anecdotismo vigentes, que los poetas ultraístas nos proponemos llevar de calles y abolir. Y no hablo del clasicismo, pues el concepto que de la lírica tuvieron la mayoría de los clásicos —esto es, la urdidura de narraciones versificadas y embanderadas de imágenes, o el sonoro desarrollo dialéctico de cualquier intención ascética o jactancioso rendimiento amatorio— no campea hoy en parte alguna. En lo que al rubenianismo atañe, puedo señalar desde ya un hecho significativo. Los iniciales compañeros de gesta de Rubén van despojando su labor de las habituales topificaciones que signan esa tendencia, y realizando aisladamente obras desemejantes Juan Ramón Jiménez propende así a una suerte de psicologismo confesional y abreviado; Valle-Inclán gesticula su incredulidad jubilosa en versos pirueteros; Lugones se olvida de Laforgue y las metáforas formales para encaminarse a los paisajes sumisos. Pérez de Ayala ensancha en su prosa recia y palpable la tradición de Quevedo, y el cantor de *La tierra de Alvargonzález* se ha encastillado en un severo silencio. Ante esa divergencia actual de los comenzadores, cabe empalmar una expresión de Torres Villaroel y decir que, considerado como cosa viviente, capaz de forjar belleza nueva o de espolear entusiasmos, el rubenianismo se halla a las once y tres cuartos de su vida, con las pruebas terminada para esqueleto. Esto lo afirmo, pese a la numerosidad de monederos falsos del arte que nos imponen aún las oxidadas figuras mitológicas y los desdibujados y lejanos epítetos que prodigara Darío en muchos de sus poemas. La belleza rubeniana es ya una cosa madurada y colmada, semejante a la belleza de un lienzo antiguo, cumplida y eficaz en la limitación de sus métodos y en nuestra aquiescencia al dejarnos herir por sus previstos recursos; pero por eso mismo, es una cosa acabada, concluida, anonadada. Ya sabemos que manejando palabras crepusculares, apuntaciones de colores y evocaciones versallescas o helénicas, se logran determinados efectos, y es porfía desatinada e inútil seguir haciendo eternamente la prueba.

Por cierto, muchos poetas jóvenes que aseméjanse inicialmente a los ultraístas en su tedio común ante la cerrazón rubeniana, han hecho bando aparte, intentando rejuvenecer la lírica mediante las anécdotas rimadas y el desaliño experto. Me refiero a los sencillistas, que tienden a buscar poesía en lo común y corriente, y a tachar de su vocabulario toda palabra prestigiosa. Pero éstos se equivocan también. Desplazar el lenguaje cotidiano hacia la literatura, es un error. Sabido es que en la conversación hilvanamos de cualquier modo los vocablos y distribuimos los guarismos verbales con generosa vaguedad ... El miedo a la retórica —miedo justificado y legítimo— empuja a los sencillistas a otra clase de retórica vergonzante, tan postiza y deliberada como la jerigonza académica, o las palabrejas en lunfardo que se desparraman por cualquier obra nacional, para crear el ambiente. Además, hay otro error más grave en su estética. Ni la escritura apresurada y jadeante de algunas fragmentarias percepciones ni los gironcillos autobiográficos arrancados a la totalidad de los estados de conciencia y malamente copiados, merecen ser poesía. Con esa voluntad logrera de aprovechar el menor ápice vital, con esa comezón continua de encuadernar el universo y encajonarlo en una estantería, sólo se llega a un sempiterno espionaje del alma propia, que tal vez resquebraja e histrioniza al hombre que lo ejerce. ¿Qué hacer entonces? El prestigio literario está en baja; los intelectuales temen que los socaliñen con palabras bonitas e inhiben su emotividad ante el menor alarde oratorio; las enumeraciones de Whitman y su compañerismo vehemente nos parecen lejanos, legendarios; los más acérrimos partidarios del susto vocean en balde derrumbamientos y apoteosis. ¿Hacia qué norte emproar la lírica?

El ultraísmo es una de tantas respuestas a la interrogación anterior.

El ultraísmo lo apadrinó inicialmente el gran prosista sevillano Rafael Cansinos-Asséns, y en sus albores no fue más que una voluntad ardentísima de realizar obras noveles e impares, una resolución de incesante sobrepujamiento.

Así lo definió el mismo Cansinos: "El ultraísmo es una voluntad caudalosa que rebasa todo límite escolástico. Es una orientación hacia continuas y reiteradas evoluciones, un propósito de perenne juventud literaria, una anticipada aceptación de todo módulo y de toda idea nuevos. Representa el compromiso de ir avanzando con el tiempo".

Estas palabras fueron escritas en el otoño de 1918. Hoy, tras dos años de variadísimos experimentos líricos ejecutados por una treintena de poetas en las revistas españolas *Cervantes* y *Grecia* —capitaneada esta última por Isaac del Vando Villar— podemos precisar y limitar esa anchurosa y precavida declaración del maestro. Esquematizada, la presente actitud del ultraísmo es resumible en los principios que siguen:

1. Reducción de la lírica a su elemento primordial: la metáfora.
2. Tachadura de las frases medianeras, los nexos y los adjetivos inútiles.
3. Abolición de los trebejos ornamentales, el confesionalismo, la circunstanciación, las prédicas y la nebulosidad rebuscada.
4. Síntesis de dos o más imágenes en una, que ensancha de ese modo su facultad de sugerencia.

Los poemas ultraicos constan, pues, de una serie de metáforas, cada una de las cuales tiene sugestividad propia y compendiza una visión inédita de algún fragmento de la vida. La desemejanza raigal que existe entre la poesía vigente y la nuestra es la que sigue: en la primera, el hallazgo lírico se magnifica, se agiganta y se desarrolla; en la segunda, se anota brevemente. ¡Y no creáis que tal procedimiento menoscabe la fuerza emocional! "Más obran quintaesencias que fárragos", dijo el autor del *Criticón* en sentencia que sería inmejorable abreviatura de la estética ultraísta. La unidad del poema la da el tema común intencional u objetivo sobre el cual versan las imágenes definidoras de sus aspectos parciales. Escuchad a Pedro Garfias:

> Andar
> con polvo de horizontes en los ojos
> tendida la inquietud a la montaña.
> Y desgranar los siglos
> rosarios de cien cuentas
> sobre nuestra esperanza.

Y a estos otros:

ROSA MÍSTICA

> Era ella
>   Y nadie lo sabía
> Pero cuando pasaba
> Los árboles se arrodillaban
> Y en su cabellera
>   Se trenzaban las letanías.
> Era ella,
>   Era ella.
> Me desmayé en sus manos
> como una hoja muerta.

Sus manos ojivales
    que daban de comer a las estrellas
Por el aire volaban
Romanzas sin sonido
Y en su almohada de pasos
Yo me quedé dormido

                              GERARDO DIEGO

VIAJE

Los astros son espuelas
que hieren los ijares de la noche
En la sombra, el camino claro
es la estrella que dejó el Sol
de velas desplegadas
Mi corazón como un albatros
siguió el rumbo del sol

                              GUILLERMO JUAN

PRIMAVERA

La última nieve sobre tus hombros
¡oh amada vestida de claro!
    El último arco-iris
hecho abanico entre tus manos.
Mira:
El hombre que mueve el manubrio
enseña a cantar a los pájaros nuevos
    La primavera es el poema
        de nuestro hermano el jardinero.

                              JUAN LAS

EPITALAMIO

Puesto que puedes hablar
no me digas lo que piensas
Tú corazón
    envuelve
        tu carne.
Sobre tu cuerpo desnudo
mi voz cosecha palabras.
Te traigo de Oriente el Sol
para tu anillo de Bodas

En el hecho que espera
una rosa se desangra.

Heliodoro Puche

CASA VACÍA

Toda la casa está llena de ausencia.
La telaraña del recuerdo
pende de todos los techos.

En la urna de las vitrinas
están presos los ruiseñores del silencio.

Hay preludios dormidos
que esperan la hora del regreso.

El polvo de la sombra
se pega a los vestidos de los muros.
En el reloj parado
se suicidaron los minutos.

Ernesto López-Parra

La lectura de estos poemas demuestra que sólo hay una conformidad tangencial entre el ultraísmo y las demás banderías estéticas de vanguardia. La exasperada retórica y el bodrio dinamista de los poetas de Milán se hallan tan lejos de nosotros como el zumbido verbal, las enrevesadas series silábicas y el terco automatismo de los sonámbulos del Sturm o la prolija baraúnda de los unanimistas franceses ... Además de los nombres ya citados de poetas ultraístas, no hay que olvidar a J. Rivas Panedas, a Humberto Rivas, a Jacobo Sureda, a Juan Larrea, a César A. Comet, a Mauricio Bacarisse y a Eugenio Montes. Entre los escritores que, enviándonos su adhesión han colaborado en las publicaciones ultraístas, bástame aludir a Ramón Gómez de la Serna, a Ortega y Gasset, a Valle-Inclán, a Juan Ramón Jiménez, a Nicolás Beauduin, a Gabriel Alomar, a Vicente Huidobro y a Maurice Claude. En el terreno de las revistas la hoja decenal *Ultra* reemplaza actualmente a *Grecia* e irradia desde Madrid las normas ultraicas. En Buenos Aires acaba de lanzarse *Prisma*, revista mural, fundada por E. González Lanuza, Guillermo Juan y el firmante. De real interés es también el sagaz estudio antológico publicado en el número 23 de *Cosmópolis* por Guillermo de Torre, brioso polemista, poeta y forjador de neologismos. Un resumen final. La poesía lírica no ha hecho otra cosa hasta ahora que bambolearse entre la cacería de efectos auditivos o visuales, y el prurito de querer expresar la personalidad de su hacedor. El primero de ambos empeños atañe a la pintura o a la música, y el segundo se asienta en un error psicológico, ya que la personalidad, el yo, es sólo una ancha denominación colectiva que abarca la pluralidad de todos los estados de conciencia. Cualquier estado nuevo que se agregue a los otros llega a formar parte esencial del yo, y a expresarle: lo mismo lo individual que lo ajeno. Cualquier acontecimiento, cualquier percepción, cualquier idea, nos expresa con igual virtud; vale decir, puede añadirse a nosotros ... Superando esa inútil terquedad en fijar verbalmente un yo vagabundo que se transforma en cada instante, el ultraísmo tiende a la meta principal de toda poesía, esto es, a la transmutación de la realidad palpable del mundo en realidad interior y emocional.

Jorge Luis Borges

En *Nosotros*, 151 (Buenos Aires, XXXIX, diciembre 1921): 466-471.

CARACTERÍSTICAS DE LA NUEVA LITERATURA

El movimiento que se desarrolla hoy en las letras no es una tendencia "superreal" nacida por generación espontánea, ni ha comenzado después de la guerra, como ciertos críticos bisoños lo afirman. Es la prolongación de la gran corriente iniciada a principios del siglo XIX, encaminada a libertar el arte literario de las limitaciones de las retóricas y la tiranía de los modelos y a darle mayor libertad, más honda sinceridad, personalidad más marcada. Fue primeramente el romanticismo que, eclipsado durante algunos años por la reacción del realismo naturalista y del Parnaso, resurgió en seguida con el simbolismo. Después de una nueva reacción, la del neoclasicismo y de la tendencia socializante, renació aún varios años antes de la guerra, y constituye hoy lo que se llama literatura de vanguardia. Los movimientos que han interrumpido tal corriente han sido, sin embargo, eficaces; el realismo naturalista ha destruido lo que el romanticismo tenía de falso: la sensiblería y la declamación, y la reacción contra el simbolismo ha abolido lo que en esté tendencia había de artificial: el refinamiento ficticio y la lengua relajada. Pero la corriente evolutiva debía seguir su curso.

Como todo movimiento en formación, la literatura nueva aparece a primera vista sumamente compleja, anárquica, contradictoria. Empero, si se la considera con atención, se consigue determinar sus características. Estas son, como siempre, de dos clases: trascendentes y ocasionales. Las primeras me parecen ser las siguientes: a) *Primitivismo*. Tendencia a dejar la tradición del Renacimiento, del clasicismo, del academismo para reasumir la tradición de la antigüedad primitiva, de la Edad Media, del arte popular. Es decir, el deseo de cambiar las normas bellas pero estrechas, por otras menos perfectas, pero más fecundas. b) *Psicología integral*. Designio de traducir, al mismo tiempo que los sentimientos y las ideas, los fenómenos no menos importantes de lo inconsciente. Esto es, el propósito de interpretar simultáneamente el mundo visible y el mundo oculto. c) *Fantasía*. Amor de lo extraordinario, de la sorpresa, de lo fantástico, de los colores enteros. Lo cual es el deseo de libertar la literatura de las disciplinas científicas del siglo XIX, para acercarla a la poesía eterna. d) *Humorismo o ironía*. Voluntad de considerar la vida desinteresadamente o desde un ángulo tan agudo que nos haga verla en sugestiva deformación. Esto es, la afirmación de que, ante el misterio del mundo que la ciencia no ha conseguido esclarecer, no queda más que la sonrisa o la risa. e) *Técnica* del *"horror de la literatura", de la imagen inédita y de la rapidez*. Resolución de desembarazarse de los oropeles, de abolir la repetición, de renunciar a todo inútil desarrollo. Es decir, el designio de dar al arte literario mayor pureza y poder sugestivo. f) *Internacionalismo o cosmopolitismo*. Curiosidad por los pueblos o las cosas que están más allá de nuestro horizonte. Lo cual no es más que la afirmación de la confraternidad humana, de la simpatía del hombre por el hombre, sobre las divisiones convencionales de razas y patrias. Las características ocasionales, son a veces la exageración de las trascendentes, otras el resultado de las novedades del instante fugaz. Son: el afán por las cosas o las actividades mecánicas, máquinas, muñecos, cinematógrafo, automovilismo, aviación y otros deportes; la técnica de la forma geométrica a la manera cubista, del estilo artificiosamente oscuro, de la suplantación de la pintura por el esquema; el designio de convertir el arte en simple juego de conceptos, de palabras, o de tipografía; el snobismo o la adoración de la moda, y el gusto por los asuntos del gran mundo o por los protagonistas millonarios; el exhibicionismo y el mercantilismo, en fin. El movimiento de reacción, que fatalmente ha de venir, acabará con estos caracteres efímeros, pero los otros, algunos al menos, resurgirán dentro de algún tiempo, enriquecidos.

Francisco Contreras

En *revista de avance*, 12, (Año 1, 30 setiembre 1927): 311 y 322, y en "Ricardo Güiraldes y la literatura de vanguardia" (fragmento inicial), *Martín Fierro*, 42, (Año 3, junio-julio 1927): 9-10.

MANIFIESTO DE *MARTÍN FIERRO*

Frente a la impermeabilidad hipopotámica del "honorable público".

Frente a la funeraria solemnidad del historiador y del catedrático, que momifica cuanto toca.

Frente al recetario que inspira las elucubraciones de nuestros más "bellos" espíritus y a la afición al ANACRONISMO y al MIMETISMO que demuestran.

Frente a la rídicula necesidad de fundamentar nuestro nacionalismo intelectual, hinchando valores falsos que al primer pinchazo se desinflan como chanchitos.

Frente a la incapacidad de contemplar la vida sin escalar las estanterías de las bibliotecas.

Y sobre todo, frente al pavoroso temor de equivocarse que paraliza el mismo ímpetu de la juventud, más anquilosada que cualquier burocrata jubilado:

"MARTÍN FIERRO" siente la necesidad imprescindible de definirse y de llamar a cuantos sean capaces de percibir que nos hallamos en presencia de una NUEVA sensibilidad y de una NUEVA comprensión, que, al ponernos de acuerdo con nosotros mismos, nos descubre panoramas insospechados y nuevos medios y formas de expresión.

"MARTÍN FIERRO" acepta las consecuencias y las responsabilidades de localizarse, porque sabe que de ello depende su salud. Instruido de sus antecedentes, de su anatomía, del meridiano en que camina: consulta el barómetro, el calendario, antes de salir a la calle a vivirla con sus nervios y su mentalidad de hoy.

"MARTÍN FIERRO" sabe que "todo es nuevo bajo el sol" si todo se mira con unas pupilas actuales y se expresa con un acento contemporáneo.

"MARTÍN FIERRO", se encuentra, por eso, más a gusto, en un transatlántico moderno que en un palacio renacentista, y sostiene que un buen Hispano-Suiza es una OBRA DE ARTE muchísimo más perfecta que una silla de manos de la época de Luis XV.

"MARTÍN FIERRO" ve una posibilidad arquitectónica en un baúl "Innovation", una lección de síntesis en un "marconigrama", una organización mental en una "rotativa", sin que esto le impida poseer —como las mejores familias— un álbum de retratos, que hojea, de vez en cuando, para descubrirse al través de un antepasado ... o reirse de su cuello y de su corbata.

"MARTÍN FIERRO" cree en la importancia del aporte intelectual de América, previo tijeretazo a todo cordón umbilical. Acentuar y generalizar, a las demás manifestaciones intelectuales, el movimiento de independencia iniciado, en el idioma, por Rubén Darío, no significa, empero, que habremos de renunciar, ni mucho menos finjamos desconocer que todas las mañanas nos servimos de un dentífrico sueco, de unas toallas de Francia y de un jabón inglés.

"MARTÍN FIERRO", tiene fe en nuestra fonética, en nuestra visión, en nuestros modales, en nuestro oído, en nuestra capacidad digestiva y de asimilación.

"MARTÍN FIERRO" artista, se refriega los ojos a cada instante para arrancar las telarañas que tejen de contínuo: el hábito y la costumbre. ¡Entregar a cada nuevo amor una nueva virginidad, y que los excesos de cada día sean distintos a los excesos de ayer y de mañana! ¡Esta es para él la verdadera santidad del creador! ... ¡Hay pocos santos!

"MARTÍN FIERRO" crítico, sabe que una locomotora no es comparable a una manzana y el hecho de que todo el mundo compare una locomotora a una manzana y algunos opten por la locomotora, otros por la manzana, rectifica para él, la sospecha de que hay muchos más negros de lo que se cree. Negro el que exclama ¡colosal! y cree haberlo dicho todo. Negro el que necesita encandilarse con lo coruscante y no está satisfecho si no lo encandila lo coruscante. Negro el que tiene las manos achatadas como platillos de balanza y lo sopesa todo y todo lo juzga por el peso. ¡Hay tantos negros! ...

"MARTÍN FIERRO" sólo aprecia a los negros y a los blancos que son realmente negros o blancos y no pretenden en lo más mínimo cambiar de color.

¿Simpatiza Ud. con "MARTÍN FIERRO"?
¡Colabore Ud. en "MARTÍN FIERRO"!
¡Suscríbase Ud. a "MARTÍN FIERRO"!

En *Martín Fierro*, 4 (Buenos Aires, Año I, 15 mayo 1924): 1-2. Fue redactado por Oliverio Girondo, aunque apareció sin firma.

VANGUARDISMO

I.

Parece que ya va siendo pertinente afilar la palabra "vanguardia" con ese ISMO de militancia. Porque, elementalmente considerado, todo ISMO es como una proa en que se juntan, fortalecen y afinan las cuadernas de un velero social. Indica, por lo pronto, la profesionalización, la corporización militante de una actitud que, habiendo sido en su comienzo vaga y dispersa, ha logrado alistar muchedumbre de secuaces apasionados y determinar un amplio estado de conciencia. ISMO vale tanto como decir éxito de una acción, o por lo menos, de un llamamiento. Es el gallardete que se le pone a un intento doctrinal; es lo que da, a ciertas concepciones históricas, dejo de clarín. Protestantes o románticos, por ejemplo, no fueron nada en tanto no lograron formar Protestantismo o Romanticismo, categorías.

Ya lo de vanguardia a secas pertenece a un trivium dejado atrás. El vocablo, con ser tan metafóricamente expresivo, señala una época de proposiciones, de tanteos, de entusiasmos apostólicos y aislados. Pero ya aquella actitud petulante de innovación, aquel gesto desabrido hacia todo lo aquiescente, lo estático, lo prodigioso de tiempo, aquella furia de novedad que encarnaron Marinetti, Picasso, Max Jacob, han formado escuela. Terminó la prédica de los manifiestos. La cruzada es hoy de milicia no digamos organizada, pero sí copiosa y resuelta, con sus campamentos y sus juntas de oficialidad.

Ahora bien: cuando esto sucede, cuando las actitudes individuales de excepción se convierten en avances gregarios de minorías, ya no es posible tolerar más la vaguedad inicial de doctrina. Vaguedad; es decir, puras negaciones o simples sugerencias positivas. El ISMO es un compromiso múltiple que exige su credo diáfano: una responsabilidad a la cual le urge precisar sus condiciones.

Se me dirá que no es posible que se forme legión en torno de una incertidumbre. Pero, sobre que la historia nos tiene harto demostrado lo contrario, basta recordar la calidad ingenua y confiada de los entusiasmos del grupo. El individuo aislado es exigente de concreciones: en compañía no lo es, porque siempre presume que su camarada ve claro lo que a él se le figura borroso. Esta confianza, este vago sentido de complementación es lo que hace tan peligrosas a las multitudes, capaces siempre de ensorberbecerse y airarse por un mito que sus componentes, uno a uno, no sabrían sustentar. Más que las concepciones claras, más que las netas convicciones, han contagiado siempre su lirismo las meras actitudes de reacción o de discrepancia, por cuanto ellas tienen de redentor de la rutina, es decir, de mera innovación. La simple novedad es, para muchos espíritus sensibles, una entelequia. De aquí que resulte de veras habitual que todo movimiento renovador, como los sistemas astrales, comience por una nebulosa.

Pero a la postre, repito, nutrido el movimiento, por lo mismo que gana su extensión cosmopolita lo que pierde en contactos y en sugestiones personales de confianza, se impone la urgencia de definirlo, de formular su teoría.

Ya he apuntado que decir "la innovación, la novedad", así sin más, equivale a posponer el problema con un vocablo. Porque en seguida cabe preguntar: ¿Y qué tipo de novedad es ésta? ¿Novedad absoluta, relativa? ¿Novedad de esencia, o de formas? ¿Qué cosa es, en fin de cuentas, lo nuevo? ¿Qué busca, qué se propone esta muchachada del día que hace pinturas vulgarmente tenidas por "feas", música ingrata a tanto oídos, literatura ininteligible para muchos espíritus?

Contra la pretensión de los jóvenes que clamamos por un arte nuevo, se opondrá siempre, con ademán poderosamente escéptico y peligrosa fuerza de simpatía, la vieja convicción de que nihil novum sub sole. ¿Cómo contestarla?

En faenas sucesivas, quisiera aventurar un ensayo de solución a este problema que punza a cada instante la probidad de nuestras conciencias, pues nada hay tan intelectualmente angustioso como una adhesión espiritual que no acertamos a cohonestar racionalmente.

II. La fisonomía de las épocas

¿Cuál es la razón de ser del vanguardismo? ¿Cómo se explica y justifica esta inquietud renovadora que todas las generaciones han conocido en algún grado, y con particular intensidad, a lo que parece, las generaciones jóvenes de hoy?

Es casi un axioma histórico, no poco en boga actualmente, el que establece que cada época tiene una morfología, una fisonomía peculiar. Ciertos grandes acontecimientos, generalmente suscitados por la concentración de fuerzas sociales de índole muy diversa, han tenido la virtud de alterar las costumbres, las actividades, las preocupaciones de una ancha porción de humanidad. Tales, para la civilización occidental, el Cristianismo, la invasión de los bárbaros, el Renacimiento —con su secuela religiosa, la Reforma, y su secuela política, el descubrimiento de América. El tiempo que media entre estas profundas variaciones es lo que, más o menos convenida y conscientemente, solemos llamar una época. La nuestra, como ya veremos, es el clímax de la que se inició a comienzos del pasado siglo, con la Revolución Industrial, acontecimiento más ligado de lo que se suele advertir con su concomitante, la Revolución Francesa, y con su natural reactivo el Romanticismo, erupciones a mi ver del mismo foco volcánico.

Pues bien: parece un hecho de corriente observación que cada una de esas épocas presenta, más allá y por debajo de todas sus visicitudes intestinas, una sorprendente homogeneidad de contenido, una obvia "solidaridad consigo misma", según la frase de Ortega y Gasset. Sus aparentes contradicciones, sus incertidumbres, sus cismas y rebeldías son las reacciones naturales contra esa unidad cardinal de conciencia por parte de las fuerzas conservadoras, añorantes de lo anterior, o bien por las fuerzas propulsoras, acuciosas de lo venidero. Así mirada, resulta pues toda época de un estado mayoritario de conciencia —es decir, de ideología y de sensibilidad— defendiéndose de dos minorías inconformes: una, primeriza y recalcitrante, que quiere volver sobre lo andado; otra, más adelantada y postrera, que pifia contra la rienda que la modera.

Este drama tan evidente, esta guerra civil de las épocas, es el hervor que las salva de estancamiento, la oscilación que les mantiene su ritmo e impide tanto la precipitación como la inercia estériles.

Pero lo que importa ahora advertir es que, en el fondo de esos períodos históricos, hay siempre un gesto, un estilo, un ritmo preponderantes que influyen sobre todas las formas no-deliberadas de conducta; y digo no-deliberadas, para excluir por el momento las manifestaciones que toman su origen y pergenio en la volición individual, como el pensamiento y el arte, señaladamente. Las instituciones de carácter espontáneo, las costumbres, las diversiones, las modas, los prejuicios o creencias gregarias, las maneras sociales, las faenas utilitarias y hasta el lenguaje, contraen por la coetaneidad un parentesco que les da inequívoco aire de familia. Unas cuantas fracciones comunes marcan la semejanza. El Cristianismo introduce, o por lo menos fomenta en el vivir cotidiano un sentido provisional de la existencia terrena, sentimientos de abnegación y de piedad, filosofías renunciadoras que, en la misma medida en que tonifican los espíritus, debilitan la contextura social de la época y facilitan la conquista de los bárbaros; éstos, a su vez, traen un culto de la fuerza, una ingenuidad primitiva y un sentido militante y jerárquico que dictan el feudalismo e imponen un cariz orgánico y pugnaz a la misma Iglesia humilde de Cristo. El Renacimiento y la Reforma vuelven por el albedrío espiritual del individuo, por los fueros de la curiosidad, de la especulación, de la aventura —que también es una suerte de especulación geográfica— y auspician así el descubrimiento y conquista de América. Ya a fines del Siglo XVIII, la Revolución Industrial, poniendo súbitamente de manifiesto las maravillosas posibilidades de lucro en la indagación de la materia y en el rigor de los métodos de explotación, impone una subida estima de la utilidad, de la eficacia, de la economía y del llamado sentido práctico; y esa estima, atacada sin cesar desde el Romanticismo por las fuerzas renovadoras, se extiende hasta nuestro tiempo y le imprime su sello histórico a la época en que vivimos.

Si se admite como cierto que todas las producciones indeliberadas, esto es, inconscientes de cada época, asumen, por modo más o menos ostensible, esa fisonomía común, ¿se podrá decir lo mismo de las actividades deliberadas, de las que, como las formas normativas de la cultura, son en gran medida una creación de la voluntad individual? El pensador en su gabinete, el artista en su taller, ¿se conforman también con el espíritu o conciencia de la época? ¿Asumirá su obra, por lo menos, algún parentesco formal con ella?

Me parece evidente que la respuesta envuelve una cuestión de hecho. Unos pensadores y artistas se conforman, se mueven en ritmo con su tiempo; otros no. Pero aquí estamos ya en presencia de uno de los puntos cardinales que urge aclarar. Lo que realmente importa decidir a todo hombre de conciencia responsable es si su faena intelectual o artística, sus criterios, su tipo de sensibilidad deben o no serle fiel al momento histórico en que se producen, y en caso de que tal cosa se conceda, cómo ha de evidenciarse esa simpatía con la época.

Una aclaración previa se impone, sin embargo, con pareja urgencia. Esa fidelidad a discutir no es lo que habitualmente y con justificado menosprecio llamamos conformismo. No se trata de precisar si el hombre de espíritu creador debe o no estar de acuerdo con determinadas doctrinas o actitudes privadas de la época; sino hasta que punto ha de revelar su obra una preocupación con el sentido general de su tiempo y una asimilación a sus formas expresivas más características. Pues claro se está que un pensador o un artista puede vibrar al unísono con la cadencia más honda y más amplia de la época y, no obstante, o tal vez por eso mismo, mantenerse sordo a ciertas fanfarrias incidentales. Una época se caracteriza tanto por sus nuevas formas de acción como por las reacciones, también nuevas, que aquellas provocan. ¿Quién dudará de que Vigny, romántico por excelencia, fue un poeta muy de su hora? Mas lo fue, no porque compartiese el sórdido egoísmo de la burguesía maquinista que la Revolución Industrial endiosó; antes, precisamente, porque abominó de ella con tan austera elocuencia. Sin embargo, el opulento John Bell de su drama Chatterton era tan "romántico", históricamente, como el mismo poeta del triste destino. ¿No aspiraban aquellos industriales incipientes de 1800 a un *laissez faire* económico, con el mismo espíritu histórico con que la gente de *Hernani* a un *laissez faire* artístico? ¿No eran ambas actitudes, cada una a su manera, una reacción contra el *ancien régime* en lo que respectivamente les concernía?

Pero esquivemos los tentadores meandros de la divagación y retornemos a nuestro punto de mira. Sentado sin esfuerzo que cada época tiene una fisonomía peculiar, trátese de esclarecer ahora si existe lo que, en términos siempre gratos, pudiera llamarse "un imperativo categórico del tiempo"; es decir, si el pensador, el artista, el obrero intelectual han de ser representativos hasta en sus inconformidades. El intento en la próxima faena será, pues, averiguar en qué se funda racionalmente la presunta obligación del hombre de espíritu creador a "marchar con su época".

III. El imperativo temporal

Entre *pompiers* y académicos, de un lado, y vanguardistas o sencillamente, "nuevos", de otro, anda hoy el juego. Diríase mejor: el drama.

Porque realmente hay un tono de áspera pugnacidad en el conflicto entre unos y otros. Un acento patético en el rezongar de los "pasadistas" que se defienden; un timbre de irritación y de insolencia en los innovadores que atacan. Y, desde luego, la voz sentimentalmente más conmovedora es la de los primeros, trémolo airado o dolorida reticencia de quienes se sienten víctimas de una injusticia, mártires de una fidelidad. Lo que les lastima no es tanto la urgencia innovadora del más juvenil ejército, cuanto las negaciones y desprecios absolutos que esgrime contra ellos. "¿Qué cosa es ser nuevo?" —se dicen desesperadamente— "¿Por qué ha de haber novedad en el arte, que es eterno; en la sensibilidad, que está siempre hecha de los mismos sentidos, de los mismos nervios?". "Y, sobre todo: por qué no somos tan dignos artistas los fieles a las normas establecidas como estos cultivadores de lo feo y de lo arbitrario? ¿Por qué es *malo* ser como Velázquez y *bueno* ser como Picasso?"

Las preguntas son ingenuas, simplistas, llevan su obvia derrota en sí; pero también su respetabilidad, por cuanto son sinceras. Nada se logra, desde el punto de vista de la inteligencia, con desdeñarlas petulantemente; lo urbano, lo justo y lo racional es contestarlas respetuosamente o, por lo menos, hacer el intento de ello.

Respetuosamente... He ahí algo difícil. Estamos atravesando —lo dijo ha poco entre nosotros el pensador español Fernando de los Ríos— una crisis del respeto. Cunden vientos de revolución política, social, cultural sobre la faz del mundo; y toda revolución es, genéricamente, una acumulada falta de respeto que toma la ofensiva. Lo que diferencia más externamente a "pasadistas" y "vanguardistas" es que aquellos conservan todavía sus respetos, y éstos, no. Los no-nuevos, por respetar, respetan hasta sus mismos enemigos. Tales comedimiento y cortesía hacen su estado de ánimo todavía más simpático al mero espectador. Su transigencia es lección de la Historia, maestra de humildad. No desconocen ellos que el progreso de la cultura ha estribado en una larga serie de innovaciones más o menos espaciadas, y que todo innovador genuino fue, como diría Carlyle, primero cañoneado y luego canonizado. Esta vicisitud reiterada, clásica, es impresionante. Ante ella, conscientes de ella, los conservadores más inteligentes no pueden menos que preguntarse, como los fieles maridos engañados: "¿Será verdad, Dios mío?" —pregunta angustiosa, en cuya entraña palpita la incertidumbre de si los arbitrarios y "chiflados" de hoy no serán los clásicos de mañana. La duda acaba por conducirles a la admisión del posible mérito contrario; es decir, al respeto.

No ocurre así con los nuevos. Revolucionarios al fin, son intransigentes a raja tabla y a macha martillo. Aceptan o niegan de plano; y las más osadas son sus negaciones. En su furor nihilista, tachan de huera o falsa toda la obra del pasado. Repudian hasta a los mismos dioses; no se salvan de ellos sino, a lo sumo, aquellos que, como el Greco o Stendhal, tuvieron algo de nuncios o de precursores. Los demás: ¡académicos! ¡*pompiers*!

Ya dejo indicado que hay que disculpar esta falta de respeto, explicándosela. La mesura es fruto de la paz. Lo que hace tan abominable la guerra es que no puede haberla sin extremos de ensañamiento y de injusticia: es una ilusión hipócrita eso que los grandes cohonestadores políticos llaman "guerra justa".

Ni son excepción al exceso de violencias las luchas de la cultura; pero a quien pretenda situarse, con mirada filosófica, por ~ima del combate, no le será lícito compartir la saña de los combatientes ni en el juicio siquiera; antes le incumbe señalar su exceso y su improcedencia. Hay que decir bien claro, pues, que ser nuevo no es —ni para ser nuevo se exige— la negación o el menosprecio de toda la obra prestigiada por el elogio de los siglos. A lo sumo, será tolerable la desestimación de los que, en nuestro tiempo, quieran repetirla. Pero Velázquez y Beethoven seguirán siendo inmarcesibles y ejemplares artistas, cualesquiera rumbos tome el arte en lo futuro.

Ahora bien: lo que nos propusimos decidir es si tales viejos maestros deben seguir dictando, hoy día y para siempre, las normas a sus artes respectivas, o si, por el contrario, hay que limitarse a admirarlos como cumbres zagueras y lejanas, siguiendo en seguida nuestro camino inexplorado. Esa pregunta lleva implícita esta otra, que concreta ya la fase presente de nuestro propósito: ¿Es lícito hacer arte como el de otras épocas, o resulta por el contrario, imperativo que nuestra obra traduzca la fisonomía peculiar del tiempo que vivimos?

Contestaré escuetamente mi sentir. La manera vieja es lícita y justificable; pero ya no es ni fecunda ni vitalmente interesante. Siempre será grato, a no dudarlo, encontrar un hombre de retina tan sensible, de mano tan diestra, de espíritu tan sobrio que pinte como Velázquez, es decir, que *reproduzca*, aunque no la renueve, la emoción estética de asombro ante la fidelidad objetiva que Velázquez nos dio. Superar esta fidelidad sería punto menos que imposible. Artista tan egregiamente dotado no pasaría de ser un simple reiterador, con una posibilidad de innovación meramente temática, de interés sólo para los espíritus infantiles que buscan en el arte la fruición anecdótica contra la cual ya nos precavía Teófilo Gautier. Pero ya ese arte, en lo esencial reproductivo, consabido, mimético y tradicional, no nos comunicará sino, a lo sumo, una subalterna delectación en la técnica; estará vacío de todo mensaje y, por consiguiente, no nos moverá vitalmente. Cuando más noble, el placer que de él derivemos será puramente platónico, como el que nos infunden las bellas ruinas o, más justamente, los remansos campestres en que la Naturaleza se nos presenta *absoluta*, tal cual, desligada de todo artificio y trajín humanos. Y así como estas visiones rurales tienen un encanto perenne para los espíritus no combativos, que gustan retirarse del "mundanal ruido", así como una cumbre nevada será siempre un ápice de sereno contento para todo hombre sensible, el "Esopo" o la "Quinta Sinfonía" vivirán inexpugnablemente en las reservas de nuestra predilección. Pretender lo contrario supone negar una experiencia demasiado reiterada y substanciosa para estimarla cosa de sugestión, pensar que las revoluciones pueden ser absolutamente endógenas, sin vinculación con el pasado, cuando resulta indudable que toda revolución no es sino el clima dramático de una larga evolución.

El arte viejo será siempre un tónico; pero —toléreseme el farmacopeísmo— no pasará de ser un tónico reconstituyente, y al arte hay también derecho de exigirle una tonicidad *estimulante*. No sólo ha de devolvernos la vieja vida; sino también prepararnos para la nueva: hacernos llevadera, es decir, inteligible, la vida de nuestro tiempo. Esto, claro está sólo lo puede lograr el arte nuevo de cada época, el arte que traduce el ritmo y las preocupaciones de su actualidad; el arte que, sin haber pasado aún por los alambiques seculares que lo acendran en esencia eterna, se nos da agrio y picante, como vino de lagar, con todos sus fermentos primerizos y todas sus impurezas. ¿Por qué es ese arte más estimulante y, por ende, más fecundo?

Sabido es que todo problema vital es un problema de adaptación. Este principio cardinal es tan viejo y está ya tan generalmente admitido como cierto, que resultaría ocioso substanciarlo. Adaptarse a la circunstancia más real es vivir; desinteresarse de ella u oponérsele es caducar. ¿Qué razón puede haber para que el arte, como forma plástica o como forma de pensamiento, se sustraiga a esa ley biológica? Todas las actividades individuales o colectivas del hombre se enderezan, más o menos conscientemente, a realizar ese propósito instintivo de adaptación como norma de supervivencia. El arte también ha de aspirar, pues, a la plasmación, en formas tan expresivas como sea posible, de lo circunstante —o si se quiere— de la impresión esencial que deja lo circunstante. Su fórmula es: *la mayor cantidad de actualidad real en la menor cantidad de lenguaje*. Y no importa que ese lenguaje sea descriptivo o arbitrario: lo que importa es que tenga una verdadera elocuencia propia. Una pierna monstruosa de Picasso o de Epstein logra su finalidad actualizante y emocional tan bien o mejor que una pierna fidelísima de academia. Aquella, aparte su superior elocuencia plástica, nos dice más claramente, aunque con más arbitraria referencia a lo externo, el sentido de la época desmesurada que vivimos.

Mas no anticipemos el momento de sugerir como se expresa la fidelidad del arte nuevo a nuestro tiempo. Resumamos por hoy diciendo que el arte es, cardinal, aunque no exclusivamente, un medio de adaptación biológica mediante el cual nos percatamos mejor de lo coetáneo y circunstante. El artista de temple revolucionario, de sentido político, *hará*, por imperativo interno de su curiosidad, ese arte nuevo o de interpretación temporal. Pero siempre habrá artistas puramente contemplativos que acudirán a las inspiraciones absolutas o naturales. La lucha entre *pompiers* e innovadores será tan eterna como la de burgueses y románticos. Contra el mandato de cada época, que exige al arte su tributo de comprensión y de expresión, habrá siempre el oído sordo de los ineptos y el oído displicente de los que entienden que es el arte refugio, y no cuartel.

Jorge Mañach

Apareció en tres partes en *1927 revista de avance*, 1 (La Habana, Año I, 15 marzo 1927): 2-3; *1927 revista de avance*, 2 (Año I, 30 marzo 1927): 18-20; *1927 revista de avance*, 3 (Año I, 15 abril 1927): 42-44.

EL MOMENTO

Nadie, con preocupación por las batallas ideológicas y estéticas —cruentas batallas en que la sangre mana con lentitud perversa— puede dejar de advertir la significación e interés del *momento cubano*.

Nuestro beatífico quietismo, la criolla rutina, ese "mirar en choteo" las corrientes que inquietan al mundo, han sido suplantados en los últimos tiempos por inteligente curiosidad y —al fin!— por apasionada pugna entre lo que viene y lo que quiere quedarse.

Si cupiese alguna duda sobre la inminencia del combate definitivo, bastaría señalar algunos síntomas indiscutibles. Sería prueba plena observar la organización precipitada de los representativos de lo viejo, sus esfuerzos heroicos por unirse en una última trinchera; la actitud de transacción ladina de los "viejos verdes del arte", prontos a vestir el ropaje a la moda, olvidando que la calentura no está en la ropa; la apelación angustiosa al sentido común y al aplauso de "toda la escala social" y sobre eso y antes que todo eso, flotando sobre estas aguas estancadas, el dominador común: —no entendemos.

Las escaramuzas libradas hasta ahora, dan muestra de lo que ha de ser desde hoy la pugna. los defensores del *ne-varietur*, salvo excepciones contadísimas, se han encastillado en la burla vacua y con frecuencia incivil, cuando no en consideraciones de conmovedor simplismo. Han surgido de sus escondites, donde dormitaban a la sombra del conformismo criollo, el clérigo espeso de cuerpo y de entendimiento, que pide de los guardadores del orden y de la honesta sociedad cristiana, castigo ejemplar para los nuevos heréticos y fuego inquisitorial y purificador para la obra vitanda; el escritor, a quien la indolencia dejó en Lamartine y la falta de voluntad en reportero, que advierte a su clientela —lamentablemente numerosa— la inconsistencia de un arte que no puede calibrarse en el tranvía ni mientras se "sacrifica" un vals romántico; el poeta que a vueltas de "cocinar" el mismo asunto con ingredientes ya desechados, toma por testigo de su valer al vulgo culto, que aplaude la musiquilla fácil del consonante esperado y agradece que se le prive de complicaciones y honduras innecesarias; el pintor que, ante la corriente auténticamente nueva pide contenido trascendente y sinceridad plena, levanta las pueriles banderas de la "belleza única" y de la "belleza eterna".

Hasta hoy hemos oído en la lejanía la tempestad. El viento renovador parece ya ciclón insular. Como hace un siglo —noche de capas españolas y chalecos rojos en el Teatro Français— los que sufren la espantable sensación de que la tierra les huye de los pies, gritan a nombre de la cordura y de lo establecido. Los que se aperciben para la batalla de Hernani limpian el coraje.

Pero, el romanticismo llegó a nosotros en la somnolencia de una colonia demasiado atenta a bocoyes y negradas y fue, además, algo que se nos entró muy hecho a la medida por la puerta de la enmohecida comprensión. En ambiente lejano lo absorbieron, por lo común, nuestras más presentables mediocridades y salvo algunos casos de auténtica virtualidad, de aquella revolución patética, sólo se nos acomodó como una casa propia, lo artificialmente declamatorio y el lagrimeo inacabable. Existen razones para creer que alcanzaremos más alto rango en esta revolución novísima. Su mayor significado constituye su fuerza esencial. Sin entrar por las escabrosas y hoy transitadas veredas del contenido humano en la nueva labor, y sin sustanciar si su manifestación obedece a causas de decadencia o a causas de fuerte vitalidad, es innegable que responde a una actitud sincerísima, a una necesidad espiritual de los tiempos que vivimos. En el "nuevo espíritu" hay algo más trascendente que lo que penetran muchos de sus afortunados cultivadores y su intención va más allá de la línea y del verso que ponen espanto en los campamentos académicos.

Sería pueril sostener, como han hecho algunos, que la "fatalidad" del arte nuevo, su condición de "precipitado" de nuestro tiempo, queda evidenciada por la universalidad que su cultivo va adquiriendo. Países tributarios de lo europeo, toda nueva postura estética e ideológica que adopta París, inquieta más o menos efímeramente nuestras repúblicas miméticas. Y el nuevo credo va interesando a todas las minorías, no como moda destinada a una vida breve, ni como nueva manera de agradar al público que paga lo que está a sus precarios alcances comprensivos, sino como concepción nueva de la vida misma en cuanto ésta es sustentáculo de toda obra de honda y durable influencia.

La juventud, que ha acogido con tan gran entusiasmo la *nueva verdad*, ha de revestirse desde hoy de serenidad y perspicacia, no sólo para descubrir en el enemigo la maniobra habilidosa, sino para rechazar la legión de los que, sin tener nada que decir ni dentro de la nueva forma ni dentro de la forma vieja, se apropian de la flamante retórica —ya hay retórica vanguardista— tomando para su obra insincera lo que hay en toda nueva manera, por alta y trascendente que sea, de externo y circunstancial.

Felicitémosnos con todas las potencias del alma de que el gran momento sea llegado. Apercibámosnos para que pronto nos enorgullezca si no una literatura y una plástica originalmente nuevas y esencialmente cubanas, al menos, un honrado aporte de elementos vernáculos a las modalidades actuales y una marcha que nos ponga rápidamente al compás con las verdaderas vanguardias de las más afortunadas latitudes.

Juan Marinello

En *revista de avance*, 10 (La Habana, Año 1, 30 agosto 1927).

ULTRAÍSMO

¡Lírica hora creatiz y demiúrgica! En sus minutos, el poeta ultraísta lanza su evohé augural con palabras fragantes, y poseso del espasmo nunista, imbuido de la belleza en torno, va dibujando inconexamente, en rasgos expresionistas, sus rápidas percepciones, con un lenguaje límpido y barnizado de metáforas audaces: En cuadros esquemáticos que vibran simultáneamente, por la superposición de planos visuales y múltiples sensaciones. La imagen —protoplasma primordial del nuevo substratum lírico— se desdobla y se amplía hasta el infinito en los poemas creados de la modalidad ultraísta. El poeta aspira a construir un orbe nuevo en cada poema, sintetizando en él la esencia depurada del lirismo.

Guillermo de Torre

En *Proa*,1 (Buenos Aires, Año 1, agosto 1922): 4.

ANDAMIOS DE LA NUEVA ESTÉTICA

Entregarse febril y exaltado en la marcha de las palabras; se trota, se galopa, se corre a veces; y por fin, el momento en que centellean bajo nuestros ojos todos los caminos del mundo; la impulsividad exasperada —el arte nuevo— crea y expande.

Algunas palabras se juntan —un poco lustra-botas, quizás— y de inmediato convienen en jugar a la metáfora.

Juego inútil, ¿verdad? Sí. Tan inútil como vuestros juegos, hombres sesudos. Son "juegos", y por ellos perdéis vuestra fortuna o quedáis ricos de la noche a la mañana.

¿Qué es esta maniobra verbal que el arte nuevo denomina metáfora? Un claroscuro, en cierta atmósfera dinámica, del seno del cual percibimos ademanes extraños que sólo la sugerencia puede interpretar.

En la metáfora —equilibrada o loca— siempre se cruzan saludos para la niña boba del alma.

Una imagen se aproxima a otra, riñen un instante en pugilato de sombra o luz, y ya tenemos movilizada la metáfora, surgente la intención, dilatada la sugerencia.

La metáfora es la fruta que madura en el árbol del arte nuevo. La pulpa nos la entrega la sugerencia, jugosa, ácida, nutritiva.

Esquemática es la realización estética actual. Lo que viste nuestra reserva, el sobrentendido, lo amigable del silencio, lo desnuda la sugerencia, esa dama voluptuosa, atrevida, libre de escrúpulos y, por eso mismo, calumniada como ninguna.

El presente sonríe un poco del pasado; el porvenir espera mucho menos del presente. He aquí una carretera real por donde transita infatigablemente la nueva estética.

Se crea por dinámica, por velocidad, por instinto. La alquimia anímica transfigura el esfuerzo y nace la rosa poliédrica de la metáfora.

RICARDO TUDELA

En *Vida Andina* (Mendoza, Argentina, 14 enero 1928): 9.

CONTRA EL SECRETO PROFESIONAL

La actual generación de América no anda menos extraviada que las anteriores. La actual generación de América es tan retórica y falta de honestidad espiritual, como las anteriores generaciones de las que ella reniega. Levanto mi voz y acuso a mi generación de impotente para crear o realizar un espíritu propio, hecho de verdad, de vida, en fin, de sana y auténtica inspiración humana. Presiento desde hoy un balance desastroso de mi generación, de aquí a unos quince o veinte años.

Estoy seguro de que estos muchachos de ahora no hacen sino cambiar de rótulos y nombres a las mentiras y convenciones de los hombres que nos precedieron. La retórica de Chocano, por ejemplo, reaparece y continúa, acaso más hinchada y odiosa, en los poetas posteriores. Así como en el romanticismo, América presta y adopta actualmente la camisa europea del llamado "espíritu nuevo", movida de incurable descastamiento histórico. Hoy, como ayer, los escritores de América practican una literatura prestada, que les va trágicamente mal. La estética, —si así puede llamarse esa grotesca pesadilla simiesca de los escritores de América—, carece allá, hoy tal vez más que nunca, de fisonomía propia. Un verso de Neruda, de Borges o de Maples Arce, no se diferencia en nada de uno de Tzara, de Ribemont o de Reverdy. En Chocano, por lo menos, hubo el barato americanismo de los temas y nombres. En los de ahora ni eso.

Voy a concretar. La actual generación de América se fundamenta en los siguientes aportes:

1) Nueva ortografía. Supresión de signos puntuativos y de mayúsculas (Postulado europeo, desde el futurismo de hace veinte años, hasta el dadaísmo de 1920).

2) Nueva caligrafía del poema. Facultad de escribir de arriba abajo como los tibetanos o en círculo o al sesgo, como los escolares de kindergarten; facultad, en fin, de escribir en cualquier dirección, según sea el objeto o emoción que se quiera sugerir gráficamente en cada caso. (Postulado europeo desde San Juan de la Cruz y de los benedictinos del Siglo XV, hasta Apollinaire y Baudouin).

3) Nuevos asuntos. Al claro de luna sucede el radiograma. (Postulado europeo, en Marinetti como en el sinoptismo poliplano).

4) Nueva máquina para hacer imágenes. Sustitución de la alquimia comparativa y estática, que fue el nudo gordiano de la metáfora anterior, por la farmacia aproximativa y dinámica de lo que se llama "rapport" en la poesía d'après-guerre. (Postulado europeo, desde Mallarmé, hace cuarenta años, hasta el superrealismo de 1924).

5) Nuevas imágenes. Advenimiento del poleaje inestable y casuístico de los términos metafóricos, según leyes que están sistemáticamente en oposición con los términos estéticos de la naturaleza. (Postulado europeo, desde el precursor Lautréamont, hace cincuenta años hasta el cubismo de 1914).

6) La nueva conciencia cosmogónica de la vida. Acentuación del espíritu de unidad humana y cósmica. El horizonte y la distancia adquieren insólito significado, a causa de las facilidades de comunicación y movimiento que proporciona el progreso científico e industrial. (Postulado europeo, desde los trenes estelares de Laforgue y la fraternidad universal de Hugo, hasta Romain Rolland y Blaise Cendrars).

7) Nuevo sentimiento político y económico. El espíritu democrático y burgués cede la plaza al espíritu comunista integral. (Postulado europeo, desde Tolstoi, hace cincuenta años, hasta la revolución superrealista de nuestros días).

En cuanto a la materia prima, al tono intangible y sutil, que no reside en preceptivas ni teorías, del espíritu creador, éste no existe en América. Por medio de las nuevas disciplinas estéticas que acabo de enumerar, los poetas europeos van realizándose más o menos, aquí o allá. Pero en América todas esas disciplinas, a causa justamente de ser importadas y practicadas por remedo, no logran ayudar a los escritores a revelarse y realizarse, pues ellas no responden a necesidades peculiares de nuestra psicología y ambiente, ni han sido concebidas por impulso genuino y terráqueo de quienes las cultivan. La endósmosis, tratándose de esta clase de movimientos espirituales, lejos de nutrir, envenena.

Acuso, pues, a mi generación de continuar los mismos métodos de plagio y de retórica, de las pasadas generaciones, de las que ella reniega. No se trata aquí de una conminatoria a favor del nacionalismo, continentalismo ni de raza. Siempre he creído que estas etiquetas están fuera del arte, y que cuando se juzga a los escritores en nombre de ellas, se cae en grotescas confusiones y peores desaciertos. Aparte de que ese Jorge Luis Borges, verbigracia, ejercita un fervor bonaerense tan falso y epidérmico como lo es el latinoamericanismo de Gabriela Mistral y el cosmopolitismo a la moda de todos los muchachos americanos de última hora.

Al escribir estas líneas, invoco otra actitud. Hay un timbre humano, un latido vital y sincero, al cual debe propender el artista, a través de no importa qué disciplinas, teorías o procesos creadores. Dése esa emoción, seca, natural, pura, es decir, prepotente y eterna y no importan los menesteres de estilo, manera, procedimiento, etc. Pues bien. En la actual generación de América nadie logra dar esa emoción. Y tacho a esos escritores de plagio grosero, porque creo que ese plagio les impide expresarse y realizarse humana y altamente. Y los tacho de falta de honradez espiritual, porque al remedar las estéticas extranjeras, están conscientes de este plagio y sin embargo, lo practican, alardeando, con retórica lenguaraz, que obran por inspiración autóctona, por sincero y libre impulso vital. La autoctonía no consiste en decir que es autóctono, sino en serlo efectivamente, aún cuando no se diga (...)

CÉSAR VALLEJO

En *Variedades* (Lima, 7 mayo 1927), reproducido en *Literatura y arte; textos escogidos* (Buenos Aires: Ediciones del Mediodía, 1966): 33-37.

POESÍA NUEVA

1927 no ha conocido todavía la angustia de la falta de material inédito. Si alguna vez toma ideas y emociones de otros veneros, lo hace porque estima que aquellas deben tener su repercusión en Cuba. Así ahora con esta admirable página de César Vallejo, unas de las cabezas más agudamente pensativas de la joven América nuestra. El siguiente ensayo se publicó en la fraternal revista *Amauta* de Lima.

Poesía nueva ha dado en llamarse a los versos cuyo léxico está formado de las palabras "cinema, motor, caballos de fuerza, avión, radio, jazz band, telegrafía sin hilos", y en general, de todas las voces de las ciencias e industrias contemporáneas, no importa que el léxico corresponda o no a una sensibilidad auténticamente nueva. Lo importante son las palabras. Pero no hay que olvidar que esto no es poesía nueva ni antigua, ni nada. Los materiales artísticos que ofrece la vida moderna, han de ser asimilados por el espíritu y convertidos en sensibilidad. El telégrafo sin hilo, por ejemplo, está destinado, más que a hacernos decir "telégrafo sin hilos", a despertar nuevos temples nerviosos, profundas perspicacias sentimentales, amplificando videncias y comprensiones y densificando el amor; la inquietud entonces crece y se exaspera y el soplo de la vida, se aviva. Esta es la cultura verdadera que da el progreso; este es su único sentido estético, y no el de llenarnos la boca con palabras flamantes. Muchas veces un poema no dice "cinema", poseyendo, no obstante, la emoción cinemática, de manera obscura y tácita, pero efectiva y humana. Tal es la verdadera poesía nueva.

En otras ocasiones el poeta apenas alcanza a cambiar hábilmente los nuevos materiales artísticos y logra así una imagen o un "rapport" más o menos hermoso y perfecto. En este caso, ya no se trata de una poesía nueva a base de palabras nuevas como en el caso anterior, sino de una poesía nueva a base de metáforas nuevas. Mas también en este caso hay error. En la poesía verdaderamente nueva pueden faltar imágenes o "rapports" nuevos, —función ésta de ingenio y no de genio—, pero el creador goza o padece allí una vida en que las nuevas relaciones y ritmos de las cosas se han hecho sangre, célula, algo, en fin, que ha sido incorporado vitalmente en la sensibilidad.

La poesía nueva a base de palabras o de metáforas nuevas, se distingue por su pedantería de novedad y, en consecuencia, por su complicación y barroquismo. La poesía nueva a base de sensibilidad nueva es, al contrario, simple y humana y a primera vista se la tomaría por antigua o no atrae la atención sobre si es o no moderna. Es muy importante tomar nota de estas diferencias.

César Vallejo

En *1927: revista de avance*, 9 (La Habana, Año I, 15 agosto 1927): 225 y en *Amauta*, 3 (Lima, noviembre 1926): 17. El texto había aparecido antes en *Favorables-Paris-Poema*,1 (París, julio 1926): 14.

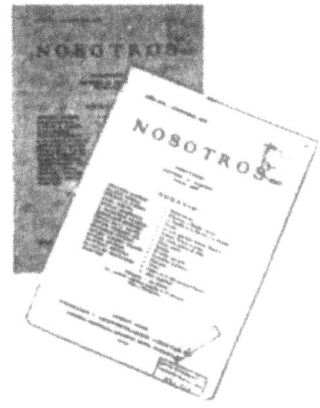

Revistas argentinas vinculadas en mayor o menor medida con las vanguardias. La portada de *Proa* corresponde a la segunda época de la revista. *Nosotros*, si bien no vanguardista, difundió el programa ultraísta y variadas noticias de estos movimientos.

XI

POESÍA AUTÓNOMA, CONCEPCIÓN DEL POETA, COSMOPOLITISMO

AQUEL MALDITO TANGO

Vigo puente para la Argentina
        Quimera Mina
    criadero de mujeres pezones
    para formar nuevas naciones

        gelatina de Su Majestad Británica
        triunfante por la mecánica
        los ingleses comen cemento,
        pero no son biliosos.

      A la Argentina
¡La culpa fue de aquel maldito tango!

SE RUEGA HACER VISAR SUS PASAPORTES
        EN EL CONSULADO

VACUNA ELECTROCUCIÓN LEVILLIER

H.M.S.   "Caraculiambro"
    rascacielos de Londres en agua española
        dominador de la ola
ostras quisquillas percebes y centollas
        para fortificar el alma
calderas del barco y calderón de la barca
        rincones románticos del transatlántico
pañuelitos ventiladores ¡Madre!
            BOCINA
    Luggage wanted on board
B. DECK C. DECK 1ª, 2ª, 3ª
        SMOKING   ROOM
    Inglés que viaja para sudar

Eça de Queiroz levanta el telón
campanita de oro
Luisa "El Paraíso" Basilio perfumado
mechero a gas "Tavares"

ACUARELA

quien no vio Lisboa no vio *coisa boa*
repica el convento en laderas nacimiento

---

del cielo iluminado cayó un fado
habló Paiva Conceiro
tembló todo hasta el Aveiro

---

jugos gástricos conserva eructo
TODOS LOS PASAJEROS AL COMEDOR
lluvia de sal *smashed potatoes* etiqueta
estallido *La Bohème* intestinos cordero.

CARACULIAMBRO tiene un gran periscopio
un oficial colorado encumbra al sol
todas las personas que viajan leen a Núñez de Arce
Misa Cristo traje de luces
Canonización de la señora que besa al oficialito.

San Vicente pedazo de sol
Gran Mogol del mar hirviente
rocas lunares colmillos de los mares
hombres tiburones sin calzones.

Pega un salto el vapor
¡Gran sensación!
es la línea del Ecuador
construida por Napoleón.

---

　　　　　el agua de América
　　　　　profunda y esférica

　　　　　Rosbif faisanes perdices
¿Estamos aquí
　　　　　　　o en PICADILLY?
　　　　　inroíbles misses
　　　　　millonarios felices
　　　　　Jazz band dancing
un brasilero baila en el palo mayor
　　　　y en el pobre pasaje de tercera
　　　　uno que escapaba de la milicia
　　　　se murió de ictericia.

Fosforescencias verdinegras cádaver pirata
　　　　cielo escupe estrella verde
señora Lina D'Albuquerque Barroso Concavez Prado
　　　　tetas escaparate

　　　　　Hálito caliente del Amazonas
　　　　　　echa al agua las mariposas
　　　　　　y el pajarito Perereca
　　　　　en el mar de manteca
　　　　juega un pez redondo con cara de mona
　　　　la hélice del vapor es el ventilador
　　　　　　　　del ECUADOR
Todos los tiburones se asoman la noche de fiesta
　　　　　　ORQUESTA

　　　　　El mar se paró
Las estrellas del Norte cayeron al agua

　　　　　Brasil fabuloso
Recife — Bahía — Río — Matto Grosso
　　　　　Tiradentes
　　　　historias tremendas de serpientes

riqueza que se ve
millones de kilómetros cuadrados en mi taza de café
Revolución francesa de las nubes
Brasil fantástico y fecundo
joyería del mundo

"Vem ca" mulata bronce fuego
mulata con un poco de barro
diente de oro y collar de plata
negrita que sabe canciones
y se pone la liga de las naciones
en la pierna de chocolate.

RUA   DO   OUVIDOR
FAZENDAS PRETAS

Burdel colección de insectos
mariposa colita de sapo
negro que se abanica con su propia joyería

Río de Janeiro ópera inmensa
encajes del cielo sinfonías de montañas
todas las piedras finas de coloraciones extrañas
en la bahía extensa
capital lírica y feérica
ojos abiertos de la bruna América
Monte Carlo cocotte de Guanabara
con toaleta rara

---

un grillo arriba del Corcovado
canta la canción nacional
y bailan fox trot en los acorazados
sólidamente anclados
marineros   calzones   colorados

BULEVAR DE CARTON

abajo en el palacio do Cattete
       disparan un cohete
se mezclaron todas las razas en una gran paila de palo
       con café y bananas

———————

Los brasileros son cultos y simpáticos
       asequibles y democráticos
            no existe en Río el indio amanerado

    — SERIEDAD   PROFESIONAL —
como un pavo trufado en el banquete municipal
las mujeres son dulces y graciosas
       se visten con alas de insectos melosos
y echan resina blanca por los pechitos de raso

———————

El inglés que viajaba para sudar, se quedó en Petrópolis

———————

Otra vez el mar ... EL MAR ... EL MAR.
       yo no creo en el mar
¡Cómo ha podido liquidarse tanta tierra!

———————

            Montevideo
            no es feo
    sociológicamente da lecciones a las naciones
el presidente juega a la pelota y anda con patines de ruedas
       por las veredas
    con libros de Rodó y versos de Minelli González
SE RUEGA A LOS PASAJEROS DE PRIMERA REUNIRSE EN EL SALÓN
PARA LA VISITA DEL DOCTOR

En Buenos Aires la mar deja de funcionar
       al vapor le raspan la quilla
       para sacarle mariscos y quisquilla
todo el pasaje de tercera se viste de primera comunión
Vendedor ambulante noticias de Puyrredón
todas las razas una sola larva
       RECEPTACULO   INMENSO

CADERAS   DEL   MUNDO
Transiciones
profundas   evoluciones
gallegos transformación Agua de Colonia
Fantasía   multimillonaria
imitación urbe   luminaria
Avenida de Mayo Rivadavia Cangallo
¡La culpa fue de aquel tango maldito!
Bulevar compadrito
Y EL JOCKEY CLUB EN LAS FIESTAS DE MAYO
ELEGIRA PRESIDENTE UN JOVEN CABALLO.

Argentina fue poblada por españoles fieros
que corretearon al indio hasta el gran Chaco
AVESTRUCES
LANZA   PAMPA   MACUZÁ
ayer parió a Sarmiento hoy a Ingenieros
reacciona siempre contra el criollo macaco

chiripá   guitarra   de   calabaza
SIBERIA   TROPICAL
frente a la aristocracia seca está el cientista
y hasta el presidente un poco espiritista
un argentino moderno dijo la verdad
ARGENTINA LIBRE ARGENTINA FUERTE
América para la humanidad

La pampa día siete de la creación

gana de no hacer nada
Extensión   extensión   extensión
ahoga idea revolución
GARIBALDI   VAQUERO
CINE   MARÍA   GUERRERO

JACQUES EDWARDS

En *Metamorfosis* (1921). Citamos por la reedición facsimilar (Santiago de Chile: Nascimento, 1979): 27-37.

ARTE POÉTICA

Que el verso sea como una llave
Que abra mil puertas.
Una hoja cae; algo pasa volando;
Cuanto miren los ojos creado sea,
Y el alma del oyente quede temblando.

Inventa
mundos nuevos y cuida tu palabra;
El adjetivo, cuando no da vida, mata.

Estamos en el ciclo de los nervios.
El músculo cuelga,
Como recuerdo, en los museos;
Mas no por eso tenemos menos fuerza:
El vigor verdadero
Reside en la cabeza.

Por qué cantáis la rosa, ¡oh Poetas!
Hacedla florecer en el poema;

Sólo para nosotros
viven todas las cosas bajo el Sol.

El poeta es un pequeño Dios.

Vicente Huidobro

En *El espejo de agua* (¿1916?). Reproducido en *Obras Completas*, Tomo I (Santiago de Chile: A. Bello, 1976): 219.

LA CREACIÓN PURA

Ensayo de estética

El entusiasmo artístico de nuestra época y la lucha entre las diferentes concepciones individuales o colectivas resultantes de este entusiasmo, han vuelto a poner de moda los problemas estéticos, como en tiempos de Hegel y Schleiermacher.

No obstante, hoy debemos exigir mayor claridad y mayor precisión que las de aquella época, pues el lenguaje metafísico de todos los profesores de estética del siglo XVIII y de comienzos del XIX no tiene ningún sentido para nosotros.

Por ello debemos alejarnos lo más posible de la metafísica y aproximarnos cada vez más a la filosofía científica.

Empecemos por estudiar las diferentes fases, los diversos aspectos bajo los que el arte se ha presentado o puede presentarse.

Estas fases pueden reducirse a tres, y para designarlas con mayor claridad, he aquí el esquema que imaginé:

Arte inferior al medio (*Arte reproductivo*).
Arte en armonía con el medio (*Arte de adaptación*).
Arte superior al medio (*Arte creativo*).

Cada una de las partes que componen este esquema, y que marca una época en la historia del arte, involucrará un segundo esquema, también compuesto de tres partes y que resume la evolución de cada una de aquellas épocas:

Predominio de la inteligencia sobre la sensibilidad.
Armonía entre la sensibilidad y la inteligencia.
Predominio de la sensibilidad sobre la inteligencia.

Al analizar, por ejemplo, el primer elemento del primer esquema —es decir, el Arte reproductivo—, diremos que los primeros pasos hacia su exteriorización los da la Inteligencia, que busca y ensaya. Se trata de reproducir la naturaleza, y la Razón intenta hacerlo con la mayor economía y sencillez de que el artista es capaz.

Se dejará a un lado todo lo superfluo. En esta época, cada día hay que resolver un nuevo problema y la Inteligencia debe trabajar con tal ardor que la sensibilidad queda relegada a segundo plano, como supeditada a la Razón.

Pero pronto llega la segunda época: los principales problemas ya se hallan resueltos, y todo lo superfluo e innecesario para la elaboración de la obra ha sido cuidadosamente desechado. La sensibilidad toma entonces su puesto cerca de la Inteligencia y barniza a la obra de cierto calor que la hace menos seca y le da más vida que en su primer período. Esta segunda época marca el apogeo de un arte.

Las generaciones de artistas que vienen luego han aprendido este arte por recetas, se han habituado a él y son capaces de realizarlo de memoria; no obstante, han olvidado las leyes iniciales que lo constituyeron y que son su esencia misma, no viendo más que su lado externo y superficial, en una palabra: su apariencia. Ellos ejecutan las obras por pura sensibilidad, y hasta se puede decir que maquinalmente, pues el hábito hace pasar del consciente al inconsciente. Con ello empieza la tercera época; es decir, la decadencia.

Debo decir que en cada una de estas etapas toman parte varias escuelas; así, en la etapa del arte reproductivo tenemos el arte egipcio, chino, griego, el de los primitivos, el Renacimiento, el clásico, el romántico, etc. La historia del arte entera está llena de ejemplos que atestiguan lo dicho.

Es evidente que hay, en estas diversas etapas, artistas en los que una facultad predomina sobre la otra; pero la generalidad sigue fatalmente el camino aquí trazado.

Toda escuela seria que marca una época empieza forzosamente por un período de búsqueda en el que la Inteligencia dirige los esfuerzos del artista. Este primer período puede tener como origen la sensibilidad y la intuición; es decir, una serie de adquisiciones inconscientes. Partiendo siempre de la base que todo pasa primero por los sentidos. Pero esto sólo ocurre en el instante de la gestación, que es un trabajo anterior al de la producción misma y como su primer impulso. Es el trabajo en las tinieblas, pero al salir a la luz, al exteriorizarse, la Inteligencia empieza a trabajar.

Es un error bastante difundido el creer que la intuición forma parte de la sensibilidad. Para Kant, no puede haber en ésta una intuición intelectual. Por el contrario, Schelling dice que sólo la intuición intelectual puede sorprender la relación de unidad fundamental que existe entre lo real y lo ideal.

La intuición es conocimiento *a priori* y sólo entra en la obra como impulso; es anterior a la realización y en contados casos ocupa un lugar en el curso de esta última.

De todos modos, la intuición no se halla más cerca de la sensibilidad sino que brota de un acuerdo rápido que se establece entre el corazón y el cerebro, como una chispa eléctrica que de pronto surgiera iluminando el fondo más oscuro de un receptáculo.

En una conferencia que di en el Ateneo de Buenos Aires, en julio de 1916, decía que toda la historia del arte no es sino la historia de la evolución del Hombre-Espejo hacia el Hombre-Dios, y que al estudiar esta evolución uno veía claramente la tendencia natural del arte a separarse más y más de la realidad preexistente para buscar su propia verdad, dejando atrás todo lo superfluo y todo lo que puede impedir su realización perfecta. Y agregue que todo ello es tan visible al observador como puede serlo en geología la evolución del *Paloplotherium* pasando por el *Anquitherium* para llegar al caballo.

Esta idea del artista como creador absoluto, del Artista-Dios, me la sugirió un viejo poeta indígena de Sudamérica (aimará) que dijo: "El poeta es un dios, no cantes a la lluvia, poeta, haz llover". A pesar de que el autor de estos versos cayó en el error de confundir al poeta con el mago y creer que el artista para aparecer como un creador debe cambiar las leyes del mundo, cuando lo que ha de hacer consiste en crear su propio mundo, paralelo e independiente de la naturaleza.

La idea de que la verdad del arte y la verdad de la vida están separadas de la verdad científica e intelectual, viene sin duda desde bastante lejos, pero nadie lo había precisado y demostrado tan claramente como Schleiermacher cuando decía, a comienzos del siglo pasado, que "la poesía no busca la verdad o, más bien, ella busca una verdad que nada tiene en común con la verdad objetiva".

"El arte y la poesía sólo expresan la verdad de la conciencia singular".[1]

Es preciso hacer notar esta diferencia entre la verdad de la vida y la verdad del arte; una que existe antes del artista, y otra que le es posterior, que es producida por éste.

El confundir ambas verdades es la principal fuente de error en el juicio estético.

Debemos poner atención en este punto, pues la época que comienza será eminentemente creativa. El Hombre sacude su yugo, se rebela contra la naturaleza como antaño se rebelará Lucifer contra Dios, a pesar de que esta rebelión sólo es aparente, pues el hombre nunca estuvo más cerca de la Naturaleza que ahora que ya no busca imitarla en sus apariencias, sino hacer lo mismo que ella, imitándola en el plano de sus leyes constructivas, en la realización de un todo, en el mecanismo de la producción de nuevas formas.

Veremos en seguida cómo el hombre, producto de la Naturaleza, sigue en sus producciones independientes el mismo orden y las mismas leyes que la Naturaleza.

No se trata de imitar la Naturaleza, sino que hacer como ella; no imitar sus exteriorizaciones sino su poder exteriorizador.

Ya que el hombre pertenece a la Naturaleza y no puede evadirse de ella, debe obtener de ella la esencia de sus creaciones. Tendremos, pues, que considerar las relaciones que hay entre el mundo objetivo y el Yo, el mundo subjetivo del artista.

---

[1] *Aesthetik*, 55-61.

El artista obtiene sus motivos y sus elementos del mundo objetivo, los transforma y combina, y los devuelve al mundo objetivo bajo la forma de nuevos hechos. Este fenómeno estético es tan libre e independiente como cualquier otro fenómeno del mundo exterior, tal como una planta, un pájaro, un astro o un fruto, y tiene, como estos, su razón de ser en sí mismo y los mismos derechos e independencia.

El estudio de los diversos elementos que ofrecen al artista los fenómenos del mundo objetivo, la selección de algunos y la eliminación de otros, según la conveniencia de la obra que se intenta realizar, es lo que forma el Sistema.

De este modo, el sistema del arte de adaptación es distinto del del arte reproductivo, pues el artista perteneciente al primero saca de la Naturaleza otros elementos que el artista imitativo, ocurriendo igual cosa con el artista de la época de creación.

Por tanto el sistema es el puente por donde los elementos del mundo objetivo pasan al Yo o mundo subjetivo.

El estudio de los medios de expresión con que estos elementos ya elegidos se hacen llegar hasta el mundo objetivo, constituye la Técnica.

En consecuencia, la técnica es el puente que se halla entre el mundo subjetivo y el mundo objetivo creado por el artista.

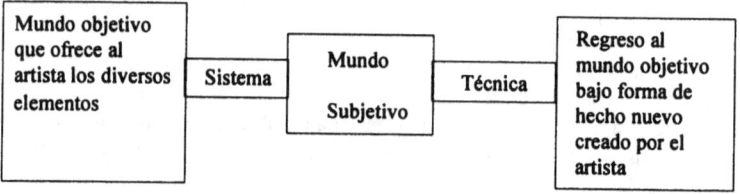

Este nuevo hecho creado por el artista es precisamente el que nos interesa y su estudio, unido al estudio de su génesis, constituye la Estética o teoría del Arte.

La armonía perfecta entre el Sistema y la Técnica es la que hace el Estilo; y el predominio de uno de estos factores sobre el otro da como resultado la Manera.

Diremos, pues, que un artista tiene estilo cuando los medios que emplea para realizar su obra están en perfecta armonía con los elementos que escogió en el mundo objetivo.

Cuando un artista posee buena técnica pero no sabe escoger en forma perfecta sus elementos o, por el contrario, cuando los elementos que emplea son los que más convienen a su obra pero su técnica deja que desear, dicho artista no logrará jamás un estilo, sólo tendrá una manera.

No nos ocuparemos de aquellos cuyo sistema está en desacuerdo absoluto con la técnica. Estos no pueden entrar en un estudio serio del arte, aunque sean la gran mayoría, alegren a los periodistas y sean la gloria de los salones de falsos aficionados.

Deseo antes de terminar este artículo aclarar un punto: casi todos los sabios modernos quieren negarle al artista su derecho de creación, y se diría que los propios artistas le temen a esa palabra.

Yo lucho desde hace bastante tiempo por el arte de creación pura y esta ha sido una verdadera obsesión en toda mi obra. Ya en mi libro *Pasando y pasando*, publicado en enero de 1914, dije que al poeta debe interesarle "el acto creativo y no el de la cristalización".[2]

Son precisamente estos científicos que niegan al artista el derecho de creación quienes deberían más que nadie otorgárselo.

¿Acaso el arte de la mecánica no consiste también en humanizar a la Naturaleza y no desemboca en la creación?

Y si se le concede al mecánico el derecho de crear, ¿por qué habría de negársele al artista?

Cuando uno dice que un automóvil tiene 20 caballos de fuerza, nadie ve los 20 caballos; el hombre ha creado un equivalente a éstos, pero ellos no aparecen ante nosotros. Ha obrado como la Naturaleza.

El Hombre, en este caso, ha creado algo, sin imitar a la Naturaleza en sus apariencias sino obedeciendo a sus leyes internas. Y es curioso comprobar cómo el hombre ha seguido en sus creaciones el mismo orden de la Naturaleza, no sólo en el mecanismo constructivo sino también en el cronológico.

El Hombre empieza por ver, luego oye, después habla y por último piensa. En sus creaciones, el hombre siguió este mismo orden que le ha sido impuesto. Primero inventó la fotografía, que consiste en un nervio óptico mecánico. Luego el teléfono, que es un nervio auditivo mecánico. Después el gramófono, que consiste en cuerdas vocales mecánicas, y, por último, el cine, que es el pensamiento mecánico.

Y no sólo en esto, sino que en todas las creaciones humanas se ha producido una selección artificial exactamente paralela a la selección natural, obedeciendo siempre a las mismas leyes de adaptación al medio.

Uno encuentra esto tanto en la obra de arte como en la mecánica y en cada una de las producciones humanas.

Por ello yo decía en una conferencia de Estética, en 1916, que una obra de arte "es una nueva realidad cósmica que el artista agrega a la Naturaleza, y que ella debe tener, como los astros, una atmósfera propia y una fuerza centrípeta y otra centrífuga. Fuerzas que le dan un equilibrio perfecto y la arrojan fuera del centro productor".

Ha llegado el momento de llamar la atención de los artistas acerca de la creación pura, sobre la que se habla mucho, pero nada se hace.

Vicente Huidobro

Apareció en francés "La création pure. Essai d'esthétique" en Rev. *L'Esprit Nouveau* (París, abril 1921). También en *Saisons choisies* (París, "La Cible", 1921): s.p. Lo transcribimos de *Obras Completas*, Tomo I, edición citada: 718-722.

---

[2] *Pasando y pasando*, crónicas y comentarios (Santiago de Chile: Imprenta Chile, 1914): (N. del T.).

EL CREACIONISMO

El creacionismo no es una escuela que yo haya querido imponer a alguien; el creacionismo es una teoría estética general que empecé a elaborar hacia 1912, y cuyos tanteos y primeros pasos los hallaréis en mis libros y artículos escritos mucho antes de mi primer viaje a París.

En el número 5 de la revista chilena *Musa Joven*, yo decía:

> El reinado de la literatura terminó. El siglo veinte verá nacer el reinado de la poesía en el verdadero sentido de la palabra, es decir, en el de creación, como la llamaron los griegos, aunque jamás lograron realizar su definición.

Más tarde, hacia 1913 o 1914, yo repetía casi igual cosa en una pequeña entrevista aparecida en la revista *Ideales*, entrevista que encabezaba mis poemas. También en mi libro *Pasando y pasando*, aparecido en diciembre de 1913, digo, en la página 270, que lo único que debe interesar a sus poetas es el "acto de la creación", y oponía a cada instante este acto de creación a los comentarios y a la poesía *alrededor de*. La obra creada contra la cosa cantada.

En mi poema *Adán*, que escribí durante las vacaciones de 1914 y que fue publicado en 1916, encontraréis estas frases de Emerson en el Prefacio, donde se habla de la constitución del poema:

> Un pensamiento tan vivo que, como el espíritu de una planta o de un animal, tiene una arquitectura propia, adorna la naturaleza con una cosa nueva.

Pero fue en el Ateneo de Buenos Aires, en una conferencia que di en junio de 1916, donde expuse plenamente la teoría. Fue allí donde se me bautizó creacionista por haber dicho en mi conferencia que la primera condición del poeta es crear; la segunda crear, y la tercera, crear.

Recuerdo que el profesor argentino José Ingenieros, que era uno de los asistentes, me dijo durante la comida a que me invitó con algunos amigos después de la conferencia: "Su sueño de una poesía inventada en cada una de sus partes por los poetas me parece irrealizable, aunque usted lo haya expuesto en forma muy clara e incluso muy científica".

Casi la misma opinión la tienen otros filósofos en Alemania y dondequiera yo haya explicado las mismas teorías. "Es hermoso, pero irrealizable".

¿Y por qué habrá de ser irrealizable?

Respondo ahora con las mismas frases con que acabé mi conferencia dada ante el grupo de Estudios Filosóficos y Científicos del doctor Allendy, en París, en enero de 1922:

> Si el hombre ha sometido para sí a los reinos de la naturaleza, el reino mineral, el vegetal y el animal, ¿por qué razón no podrá agregar a los reinos del universo su propio reino, el reino de sus creaciones?

El hombre ya ha inventado toda una fauna nueva que anda, vuela, nada, y llena la tierra, el espacio y los mares con sus galopes desenfrenados, con sus gritos y sus gemidos.

Lo realizado en la mecánica también se ha hecho en la poesía. Os diré qué entiendo por poema creado. Es un poema en el que cada parte constitutiva, y todo el conjunto, muestra un hecho nuevo, independiente del mundo externo, desligado de cualquiera otra realidad que no sea la propia, pues toma su puesto en el mundo como un fenómeno singular, aparte y distinto de los demás fenómenos.

Dicho poema es algo que no puede existir, sino en la cabeza del poeta. Y no es hermoso porque recuerde algo, no es hermoso porque nos recuerde cosas vistas, a su vez hermosas, ni porque describa hermosas cosas que podamos llegar a ver. Es hermoso en sí y no admite términos de comparación. Y tampoco puede concebírselo fuera del libro.

Nada se le parece en el mundo externo; hace real lo que no existe, es decir, se hace realidad a sí mismo. Crea lo maravilloso y le da vida propia. Crea situaciones extraordinarias que jamás podrán existir en el mundo objetivo, por lo que habrán de existir en el poema para que existan en alguna parte.

Cuando escribo: "El pájaro anida en el arco iris", os presento un hecho nuevo, algo que jamás habéis visto, que jamás veréis, y que sin embargo os gustaría mucho ver.

Un poeta debe decir aquellas cosas que nunca se dirían sin él.

Los poemas creados adquieren proporciones cosmogónicas; os dan a cada instante el verdadero sublime, este sublime del que los textos nos presentan ejemplos tan poco convincentes. Y no se trata del sublime excitante y grandioso, sino de un sublime sin pretensión, sin terror, que no desea agobiar ni aplastar al lector: un sublime de bolsillo.

El poema creacionista se compone de imágenes creadas, de situaciones creadas, de conceptos creados no escatima ningún elemento de la poesía tradicional, salvo que en él dichos elementos son integrantes inventados, sin preocuparse en absoluto de la realidad ni de la veracidad anteriores al acto de realización.

>   El océano se deshace
>   Agitado por el viento de los pescadores que silban

presento una descripción creada; cuando digo: "Los lingotes de la tempestad", os presento una imagen pura creada, y cuando os digo: "Ella era tan hermosa que no podía hablar", o bien "La noche está de sombrero", os presento un concepto creado (...)

Hay en el hombre una dualidad que se manifiesta en todos sus actos, dos corrientes paralelas en las que se engendran todos los fenómenos de la vida.

Todo ser humano es un hermafrodita frustrado. Tenemos un principio o una fuerza de expansión, que es femenina, y una fuerza de concentración, que es masculina.

En ciertos hombres, domina una en detrimento de la otra. En muy pocos aparecen ambas en perfecto equilibrio.

En el fondo, es en esto donde hallaremos soluciones para el eterno problema de románticos y clásicos.

Todo sigue en el hombre a esta ley de dualidad. Y si llevamos en nosotros una fuerza centrífuga, también tenemos una fuerza centrípeta.

Poseemos vías centrípetas, vías que nos traen como antenas los hechos que ocurren a sus alrededores (audición, visión, sensibilidad general), y poseemos vías centrífugas, que semejan aparatos de emisiones y nos sirven para emitir nuestras ondas, para proyectar el mundo subjetivo en el mundo objetivo (escritura, palabra, movimiento).

El poeta, como todos los hombres, tiene dos personalidades, que no son, hablando con propiedad, dos personalidades, sino por el contrario la personalidad en singular, la única verdadera.

La personalidad total se compone de tres cuartos de personalidad innata y de un cuarto de personalidad adquirida.

La personalidad innata es la que Bergson llama yo fundamental; la otra es el yo superficial.

También Condillac distinguía entre un yo pensante y un yo autómata.

En el creacionismo proclamamos la personalidad total.

Nada de parcelas de poetas.

El infinito entero en el poeta, el poeta integro en el instante de proyectarse.

La obra de arte tiene como cuna estos dos elementos, que también constituyen una dualidad paralela: la sensibilidad, que es el elemento afectivo, y la imaginación, que es el elemento intelectual.

En el dictado automático, la sensibilidad ocupa mayor espacio que la imaginación, pues el elemento afectivo se halla mucho menos vigilado que el otro.

En la poesía creada, la imaginación arrasa con la simple sensibilidad (...)

En la época de la revista *Nord-Sud*, de la que fui uno de los fundadores, todos teníamos más o menos la misma orientación en nuestras búsquedas, pero en el fondo estábamos bastante lejos unos de otros.

Mientras otros hacían buhardas ovaladas, yo hacía horizontes cuadrados. He aquí la diferencia expresada en dos palabras. Como todas las buhardas son ovaladas, la poesía sigue siendo realista. Como los horizontes no son cuadrados, el autor muestra algo creado por él.

Cuando apareció *Horizon carré*, he aquí como explique dicho título en una carta al crítico y amigo Thomás Chazal:

> Horizonte cuadrado. Un hecho nuevo inventado por mí, que no podría existir sin mí. Deseo, mi querido amigo, englobar en este título toda mi estética, la que usted conoce desde hace algún tiempo.
> Este título explica la base de mi teoría poética. Ha condensado en sí la esencia de mis principios.
> 1º Humanizar las cosas. Todo lo que pasa a través del organismo del poeta debe coger la mayor cantidad de su calor. Aquí algo vasto, enorme, como el horizonte, se humaniza, se hace íntimo, filial gracias al adjetivo CUADRADO. El infinito anida en nuestro corazón.
> 2º Lo vago se precisa. Al cerrar las ventanas de nuestra alma, lo que podía escapar y gasificarse, deshilacharse, queda encerrado y se solidifica.
> 3º Lo abstracto se hace concreto y lo concreto abstracto. Es decir, el equilibrio perfecto, pues si lo abstracto tendiera más hacia lo abstracto, se desharía en sus manos o se filtraría por entre los dedos. Y si usted concretiza aún más lo concreto, éste le servirá para beber vino o amoblar su casa, pero jamás para amoblar su alma.
> 4º Lo que es demasiado poético para ser creado se transforma en algo creado al cambiar su valor usual, ya que si el horizonte era poético en sí, si el horizonte era poesía en la vida, al calificársele de cuadrado acaba siendo poesía en el arte. De poesía muerta pasa a ser poesía viva.

Las pocas palabras que explican mi concepto de la poesía, en la primera página del libro de que hablamos, os dirán qué quería hacer en aquellos poemas. Decía:

> Crear un poema sacando de la vida sus motivos y transformándolos para darles una vida nueva e independiente. Nada de anecdótico ni de descriptivo. La emoción debe nacer de la sola virtud creadora.
> Hacer un poema como la naturaleza hace un árbol.

En el fondo, era exactamente mi concepción de antes de mi llegada a París: la de aquel acto de creación pura que hallaréis, como una verdadera obsesión, en cualquier parte de mi obra a partir de 1912. Y aún sigue siendo mi concepción de la poesía. El poema creado en todas sus partes, como un objeto nuevo.

Debo repetir aquí el axioma que presenté en mi conferencia del Ateneo de Madrid, en 1921, y últimamente en París, en mi conferencia de la Sorbona, axioma que resume mis principios estéticos: "El Arte es una cosa y la Naturaleza otra. Yo amo mucho el Arte y mucho la Naturaleza. Y si aceptáis las representaciones que un hombre hace de la Naturaleza, ello prueba que no amáis ni la Naturaleza ni el Arte".

En dos palabras y para terminar: los creacionistas han sido los primeros poetas que han aportado al arte el poema inventado en todas sus partes por el autor.

He aquí, en estas páginas acerca del creacionismo, mi testamento poético. Lo lego a los poetas del mañana, a los que serán los primeros de esta nueva especie animal, el poeta, de esta nueva especie que habrá de nacer pronto, según creo. Hay signos en el cielo.

Los casi-poetas de hoy son muy interesantes, pero su interés no me interesa.

El viento vuelve mi flauta hacia el porvenir.

VICENTE HUIDOBRO

"Le créationisme" en M*anifestes* (Paris: Editions de la Revue Mondiale, 1925): 31-50. Reproducimos su traducción de *Obras Completas*, edición citada: 731-740. Parte de este manifiesto había aparecido en París, en 1921 (véase *Ibid.*, 718-722).

NON SERVIAM

Y he aquí que una buena mañana, después de una noche de preciosos sueños y delicadas pesadillas, el poeta se levanta y grita a la madre Natura: *Non serviam*.

Con toda la fuerza de sus pulmones, un eco traductor y optimista repite en las lejanías: "No te serviré".

La madre Natura iba ya a fulminar al joven poeta rebelde, cuando éste, quitándose el sombrero y haciendo un gracioso gesto, exclamó: "Eres una viejecita encantadora".

Ese *non serviam* quedó grabado en una mañana de la historia del mundo. No era un grito caprichoso, no era un acto de rebeldía superficial. Era el resultado de toda una evolución, la suma de múltiples experiencias.

El poeta, en plena conciencia de su pasado y de su futuro, lanzaba al mundo la declaración de su independencia frente a la naturaleza.

Ya no quiere servirla más en calidad de esclavo.

El poeta dice a sus hermanos: "Hasta ahora no hemos hecho otra cosa que imitar al mundo en sus aspectos, no hemos creado nada. ¿Qué ha salido de nosotros que no estuviera antes parado ante nosotros, rodeando nuestros ojos, desafiando nuestros pies o nuestras manos?".

"Hemos cantado a la naturaleza (cosa que a ella bien poco le importa). Nunca hemos creado realidades propias, como ella lo hace o lo hizo en tiempos pasados, cuando era joven y llena de impulsos creadores".

"Hemos aceptado, sin mayor reflexión, el hecho de que no puede haber otras realidades que las que nos rodean, y no hemos pensado que nosotros también podemos crear realidades en un mundo nuestro, en un mundo que espera su fauna y su flora propias. Flora y fauna que sólo el poeta puede crear, por ese don especial que le dio la misma Madre Naturaleza a él y únicamente a él".

Non serviam. No he de ser tu esclavo, madre Natura; seré tu amo. Te servirás de mí; está bien. No quiero y no puedo evitarlo; pero yo también me serviré de ti. Yo tendré mis árboles que no serán como los tuyos, tendré mis montañas, tendré mis ríos y mis mares, tendré mi cielo y mis estrellas.

Y ya no podrás decirme: "Ese árbol está mal, no me gusta ese cielo ..., los míos son mejores".

Yo te responderé que mis cielos y mis árboles son los míos y no los tuyos y que no tienen por qué parecerse. Ya no podrás aplastar a nadie con tus pretensiones exageradas de vieja chocha y regalona. Ya nos escapamos de tu trampa.

Adiós viejecita encantadora; adiós, madre y madrastra, no reniego ni te maldigo por los años de esclavitud a tu servicio. Ellos fueron la más preciosa enseñanza. Lo único que deseo es no olvidar nunca tus lecciones, pero ya tengo edad para andar sólo por estos mundos. Por los tuyos y por los míos.

Una nueva era comienza. Al abrir sus puertas de jaspe, hinco una rodilla en tierra y te saludo muy respetuosamente.

Vicente Huidobro

En *Obras Completas*, edición citada: 715-716.

LA POESÍA

(Fragmento de una conferencia leída en el Ateneo de Madrid, el año 1921).

Aparte de la significación gramatical del lenguaje, hay otra, una significación mágica, que es la única que nos interesa. Uno es el lenguaje objetivo que sirve para nombrar las cosas del mundo sin sacarlas fuera de su calidad de inventario; el otro rompe esa norma convencional y en él las palabras pierden su representación estricta para adquirir otra más profunda y como rodeada de un aura luminosa que debe elevar al lector del plano habitual y envolverlo en una atmósfera encantada.

En todas las cosas hay una palabra interna, una palabra latente y que esta debajo de la palabra que las designa. Esa es la palabra que debe descubrir el poeta.

La poesía es el vocablo virgen de todo prejuicio; el verbo creado y creador, la palabra recién nacida. Ella se desarrolla en el alba primera del mundo. Su precisión no consiste en dominar las cosas, sino en no alejarse del alba.

Su vocabulario es infinito porque ella no cree en la certeza de todas sus posibles combinaciones. Y su rol es convertir las probabilidades en certeza. Su valor está marcado por la distancia que va de lo que vemos a lo que imaginamos. Para ella no hay pasado ni futuro.

El poeta crea fuera del mundo que existe el que debiera existir. Yo tengo derecho a querer ver una flor que anda o un rebaño de ovejas atravesando el arco iris, y el que quiera negarme este derecho o limitar el campo de mis visiones debe ser considerado un simple inepto.

El poeta hace cambiar de vida a las cosas de la Naturaleza, saca con su red todo aquello que se mueve en el caos de lo innombrado, tiende hilos eléctricos entre las palabras y alumbra de repente rincones desconocidos, y todo ese mundo estalla en fantasmas inesperados.

El valor del lenguaje de la poesía está en razón directa de su alejamiento del lenguaje que se habla. Esto es lo que el vulgo no puede comprender porque no quiere aceptar que el poeta trate de expresar sólo lo inexpresable. Lo otro queda para los vecinos de la ciudad. El lector corriente no se da cuenta de que el mundo rebasa fuera del valor de las palabras, que queda siempre un más allá de la vista humana, un campo inmenso lejos de las fórmulas del tráfico diario.

La Poesía es un desafío a la Razón, el único desafío que la razón puede aceptar, pues una crea su realidad en el mundo que ES y la otra en el que ESTA SIENDO.

La Poesía está antes del principio del hombre y después del fin del hombre. Ella es el lenguaje del Paraíso y el lenguaje del Juicio Final, ella ordeña las ubres de la eternidad, ella es intangible como el tabú del cielo.

La Poesía es el lenguaje de la Creación. Por eso sólo los que llevan el recuerdo de aquel tiempo, sólo los que no han olvidado los vagidos del parto universal ni los acentos del mundo en su formación, son poetas. Las células del poeta están amasadas en el primer dolor y guardan el ritmo del primer espasmo. En la garganta del poeta el universo busca su voz, una voz inmortal.

El poeta representa el drama angustioso que se realiza entre el mundo y el cerebro humano, entre el mundo y su representación. El que no haya sentido el drama que se juega entre la cosa y la palabra, no podrá comprenderme.

El poeta conoce el eco de los llamados de las cosas a las palabras, ve los lazos sutiles que se tienden las cosas entre sí, oye las voces secretas que se lanzan unas a otras palabras separadas por distancias inconmensurables. Hace darse la mano a vocablos enemigos desde el principio del mundo, los agrupa y los obliga a marchar en su rebaño por rebeldes que sean, descubre las alusiones más misteriosas del verbo y las condena en un plano superior, las entreteje en su discurso, en donde lo arbitrario pasa a tomar un rol encantatorio. Allí todo cobra nueva fuerza y así puede penetrar en la carne y dar fiebre al alma. Allí coge ese temblor ardiente de la palabra interna que abre el cerebro del lector y le da alas y lo transporta a un plano superior, lo eleva de rango. Entonces se apoderan del alma la fascinación misteriosa y la tremenda majestad.

Las palabras tienen un genio recóndito, un pasado mágico que sólo el poeta sabe descubrir, porque el siempre vuelve a la fuente.

El lenguaje se convierte en un ceremonial de conjuro y se presenta en la luminosidad de su desnudez inicial ajena a todo vestuario convencional fijado de antemano.

Toda poesía válida tiende al último límite de la imaginación. Y no sólo de la imaginación, sino del espíritu mismo, porque la poesía no es otra cosa que el último horizonte, que es, a su vez, la arista en donde los extremos se tocan, en donde no hay contradicción ni duda. Al llegar a ese lindero final el encadenamiento habitual de los fenómenos rompe su lógica, y al otro lado, en donde empiezan las tierras del poeta, la cadena se rehace en una lógica nueva.

El poeta os tiende la mano para conduciros más allá del último horizonte, más arriba de la punta de la pirámide, en ese campo que se extiende más allá de lo verdadero y lo falso, más allá de la vida y de la muerte, más allá del espacio y del tiempo, más allá de la razón y la fantasía, más allá del espíritu y la materia.

Allí ha plantado el árbol de sus ojos y desde allí contempla el mundo, desde allí os habla y os descubre los secretos del mundo.

Hay en su garganta un incendio inextinguible.

Hay además ese balanceo de mar entre dos estrellas.

Y hay ese *Fiat Lux* que lleva clavado en su lengua.

VICENTE HUIDOBRO

Prólogo a *Temblor del cielo* (Madrid: Plutarco, 1931). Lo reproducimos de *Obras completas*, edición citada: 716-717. Hemos encontrado una crónica de la conferencia a la cual remite el subtítulo, en la revista *Ultra*, 20 (Madrid, 15 diciembre 1921). Por ella sabemos que Huidobro pronunció una disertación bajo el título "Estética moderna" en el Ateneo de Madrid, en la primera quincena de diciembre de 1921. Según esta reseña, el contenido de la conferencia coincide en realidad con el del manifiesto "La creación pura. Ensayo de Estética". Cfr. mi artículo: "Huidobro en España" en *Revista Iberoamericana*, 106-107 (Pittsburgh, enero-junio 1979): 40-41. Véase también la revista *Poesía*, 30-31-32 (Madrid: Ministerio de Cultura, 1989): 158: *Número monográfico dedicado a Vicente Huidobro*, coordinado, documentado y supervisado por René de Costa.

PRÓLOGO

A los verdaderos poetas, fuertes y puros,
a todos los espíritus jóvenes, ajenos a bajas
pasiones, que no han olvidado que fue mi
mano la que arrojó las semillas.

NO HAY RUTA EXCLUSIVA, NI UNA POEsía escéptica de ella misma. ¿Entonces? Buscaremos siempre.

En estremecimientos dispersos mis versos son guitarra y sin inquietud, la cosa así concebida lejos del poema, robar la nieve al polo y la pipa al marino.

Algunos días después me di cuenta de que el polo era una perla para mi corbata.
¿Y los exploradores?
Convertidos en poetas cantaban de pie sobre las olas derramadas.
¿Y los poetas?
Convertidos en exploradores buscaban cristales en la garganta de los ruiseñores.
Y por esto: Poeta = Globe trotter sin oficio activo, Globe trotter = Poeta sin oficio pasivo.

Sobre todo, es necesario cantar o simplemente hablar sin equívoco obligatorio, sino con algunas olas disciplinadas.

Ninguna elevación ficticia, únicamente la verdadera, que es orgánica. Dejemos el cielo a los astrónomos y las células a los químicos.

El poeta no es siempre un telescopio transformable en su contrario, y si la estrella se desliza hasta el ojo por el interior del tubo, no es mediante un "lift" sino gracias a una lente imaginativa.

Nada de máquinas ni de moderno en sí. Nada de golf-stream ni de cocteles, porque el golf-stream y los cocteles se han vuelto más maquinaria que las locomotoras o las escafandras y mucho más modernos que New York y los catálogos.

Milán ... Ciudad ingenua, virgen fatigada de los Alpes, virgen sin embargo.
Y EL GRAN PELIGRO DEL POEMA ES LA POESÍA.

Entonces yo os digo busquemos más lejos, lejos de la máquina y de la aurora, tan distante de New York como de Bizancio. No agreguéis poesía a lo que sin necesidad de vosotros la tiene. Miel sobre miel empalaga. Dejad secar al sol los penachos de las fábricas y los pañuelos de los adioses. Poned vuestros zapatos al claro de la luna y luego hablaremos, y sobre todo no olvidéis que el Vesubio a pesar del futurismo está lleno de Gounod.

¿Y lo imprevisto?

A pesar de que podría ser muy bella una cosa que se presenta con la imparcialidad de un gesto nacido del azar y no buscado, debemos condenarlo, porque está más cerca del instinto y es más animal que humano. El azar es bueno cuando los dados nos dan cinco ases o al menos cuatro reinas. Fuera de eso debemos excluirlo.

Nada de poemas tirados a la suerte. Sobre la mesa del poeta no hay un tapiz verde.
Y si el mejor poema puede formarse en la garganta, es porque la garganta es el justo medio entre el corazón y la cabeza.

Haced la poesía, pero no la pongáis en torno de las cosas. Inventadla.
El poeta no debe ser el instrumento de la Naturaleza, sino convertir a la Naturaleza en su instrumento. He ahí toda la diferencia con las viejas escuelas.

Y he aquí ahora que él os trae un hecho nuevo, simple en su esencia, independiente de todo otro fenómeno externo, una creación humana, muy pura y trabajada por el cerebro con una paciencia de ostra.

¿Es un poema u otra cosa?
Poco importa.
Poco importa que la criatura sea varón o mujer, abogado, ingeniero o biólogo, con tal que ella exista.

Vive e inquieta, aun quedando en el fondo tranquilo. Quizá no sea el poema habitual, pero es un poema sin embargo.

Así, primer efecto del poema, transfiguración de nuestro Cristo cotidiano, catástrofe ingenua, los ojos desmesurados al borde de las palabras que corren, el cerebro desciende al pecho y el corazón sube a la cabeza, sin perder sus facultades esenciales. En fin, revolución total. La tierra gira en sentido inverso y el sol se levanta por el occidente.

¿Dónde estás?

¿Dónde estoy?

Los puntos cardinales se han perdido en el montón, como los ases de un juego de cartas.

Después, se acepta o se rechaza, pero la ilusión ha tenido asientos cómodos, el fastidio ha encontrado un buen tren y el corazón se ha vertido como un buen frasco.

(La aceptación o el rechazo no tienen ningún valor para el poeta verdadero, porque él sabe que el mundo camina de derecha a izquierda y los hombres de la izquierda hacia la derecha. Es la ley del equilibrio).

Y luego, es mi mano la que os ha guiado, os ha mostrado los paisajes que quiso y ha hecho brotar un arroyo de un almendro sin darle una lanzada en el costado.

Y cuando los dromedarios de vuestra imaginación querían dispersarse, yo los detuve en seco, mejor que un ladrón en el desierto.

¡Nada de paseos indecisos!

Esto es neto, esto es claro. Ninguna interpretación personal.

La bolsa no quiere decir el corazón, ni la vida los ojos.

Cada verso es el vértice de un ángulo que se cierra y no de un ángulo que se abre a los cuatro vientos.

El poema, tal como aquí se presenta, no es realista sino humano.

No es realista, pero se vuelve realidad.

Realidad cósmica, con una atmósfera propia, y que tiene seguramente tierra y agua; como agua y tierra tienen todos los mundos que se respetan.

No busquéis jamás en estos poemas el recuerdo de cosas vistas, ni la posibilidad de ver otras.

Un poema es un poema, como una naranja es una naranja y no una manzana.

No encontraréis en él cosas que existen de antemano ni contacto directo con los objetos del mundo externo.

El poeta no debe imitar la Naturaleza, porque no tiene derecho a plagiar a Dios.

Encontraréis aquí lo que no habéis encontrado en ninguna parte: el Poema.

Una creación del hombre.

Y de todas las fuerzas humanas la que más nos interesa es la fuerza creadora.

VICENTE HUIDOBRO

En *Índice de la nueva poesía americana*, edición citada: 10-14. Este "Prólogo" es la versión castellana, realizada por su autor, del "Manifeste peut-être", publicado en *Création* (Paris, febrero 1924); en *Manifestes* (Paris: Editions de la Revue Mondiale, 1925) y en Rev. *Amauta*, 6 (Lima, 1 diciembre 1926): 2-3. La versión que transcribimos tiene leves variantes con respecto a la recogida en las *Obras completas*, edición citada: 751-753.

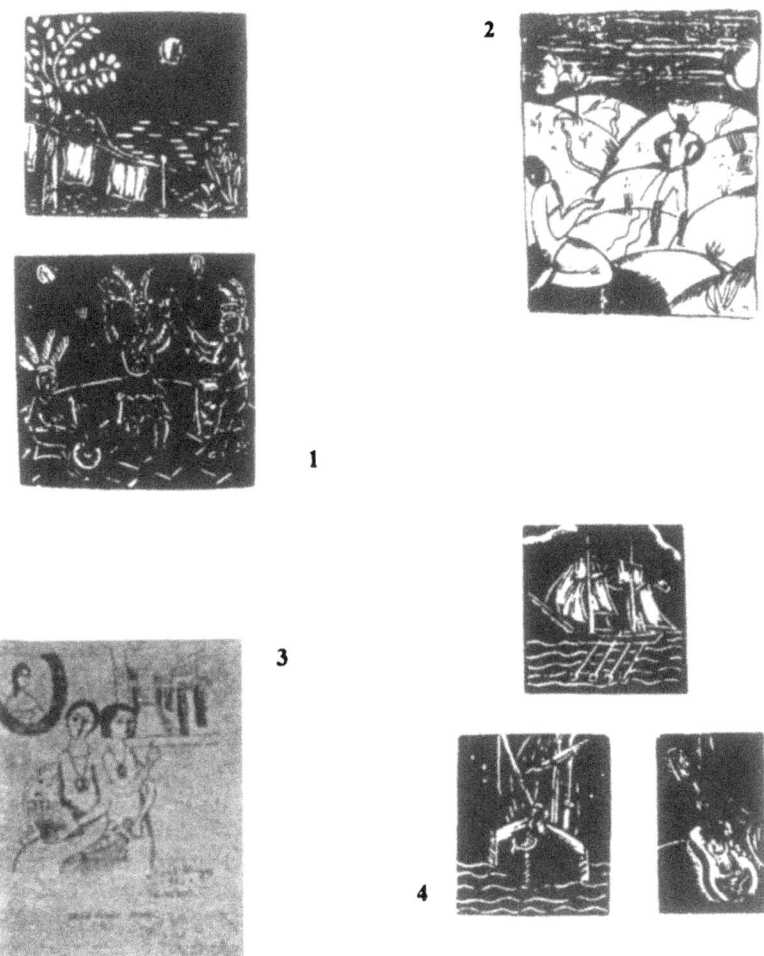

Ilustraciones publicadas en revistas de vanguardia. **1** y **4** "Linoleums de María Clemencia", en *La Cruz del Sur*, 33-34, Montevideo, 1930. **2**. En *revista de avance*, 2, Cuba, 30 de marzo de 1927. **3**. En *Proa*, 8 (2ª época), Buenos Aires, marzo 1925.

XII

LA EXPERIMENTACIÓN SURREALISTA

EL BALANCE DEL SUPRARREALISMO

Ninguno de los movimientos literarios y artísticos de vanguardia de Europa occidental ha tenido, contra lo que baratas apariencias pueden sugerir, la significación y el contenido histórico del suprarrealismo. Los otros movimientos se han limitado a la afirmación de algunos postulados estéticos, a la experimentación de algunos principios artísticos.

El "futurismo" italiano ha sido, sin duda, una excepción de la regla. Marinetti y sus secuaces pretendían representar, no sólo artística sino también política, sentimentalmente, una nueva Italia. Pero el "futurismo" que, considerado a distancia, nos hace sonreír, por este lado de su megalomanía histrionesca, quizás más que por ningún otro, ha entrado hace ya algún tiempo en el "orden" y la academia; el fascismo lo ha digerido sin esfuerzo, lo que no acredita el poder digestivo del régimen de las camisas negras, sino la inocuidad fundamental de los futuristas. El futurismo ha tenido también, en cierta medida, la virtud de la persistencia. Pero, bajo este aspecto, el suyo ha sido un caso de longevidad, no de continuación ni desarrollo. En cada reaparición, se reconocía al viejo futurismo de anteguerra. La peluca, el maquillaje, los trucos, no impedían notar la voz cascada, los gestos mecanizados. Marinetti, en la imposibilidad de obtener una presencia continua, dialéctica, del futurismo, en la literatura y la historia italianas, lo salvaba del olvido, mediante ruidosas *rentrées*. El futurismo, en fin, estaba viciado originalmente por ese gusto de lo espectacular, ese abuso de lo histriónico — tan italianos, ciertamente, y ésta sería tal vez la excusa que una crítica honesta le podría conceder— que lo condenaban a una vida de proscenio, a un rol hechizo y ficticio de declamación. El hecho de que no se pueda hablar del futurismo sin emplear una terminología teatral, confirma este rasgo dominante de su carácter.

El "suprarrealismo" tiene otro género de duración. Es verdaderamente, un movimiento, una experiencia. No está hoy ya en el punto en que lo dejaron, hace dos años, por ejemplo, los que lo observaron hasta entonces con la esperanza de que se desvaneciera o se pacificara. Ignora totalmente al suprarrealismo quien se imagina conocerlo y entenderlo por una fórmula, o una definición de una de sus etapas. Hasta en su surgimiento, el suprarrealismo se distingue de las otras tendencias o programas artísticos y literarios. No ha nacido armado y perfecto de la cabeza de sus inventores. Ha tenido un proceso. Dadá es nombre de su infancia. Si se sigue atentamente su desarrollo, se le puede descubrir una crisis de pubertad. Al llegar a su edad adulta, ha sentido su responsabilidad política, sus deberes civiles, y se ha inscrito en un partido, se ha afiliado a una doctrina.

Y, en este plano, se ha comportado de modo muy distinto que el futurismo. En vez de lanzar un programa de política suprarrealista, acepta y suscribe el programa de la revolución concreta, presente: el programa marxista de la revolución proletaria. Reconoce validez en el terreno social, político, económico, únicamente, al movimiento marxista. No se le ocurre someter la política a las reglas y gustos del arte. Del mismo modo que en los dominios de la física, no tiene nada que oponer a los datos de la ciencia; en los dominios de la política y la economía juzga pueril y absurdo intentar una especulación original, basada en los datos del arte. Los suprarrealistas no ejercen su derecho al disparate, al subjetivismo absoluto, sino en el arte; en todo lo demás, se comportan cuerdamente y esta es otra de las cosas que los diferencian de las precedentes, escandalosas variedades, revolucionarias o románticas, de la historia de la literatura.

Pero nada rehusan tanto los suprarrealistas como confinarse voluntariamente en la pura especulación artística. Autonomía del arte, sí; pero, no clausura del arte. Nada les es más extraño que la fórmula del arte por el arte. El artista que, en un momento dado, no cumple con el deber de arrojar al Sena a un *Flic* de M. Tardieu, o de interrumpir con una interjección un discurso de Briand, es un pobre diablo. El suprarrealismo le niega el derecho de ampararse en la estética para no sentir lo repugnante, lo odioso del oficio de Mr. Chiappe, o de los anestesiantes orales del pacifismo de los Estados Unidos de Europa. Algunas disidencias, algunas defecciones han tenido, precisamente, su origen en esta concepción de la unidad del hombre y el artista. Constatando el alejamiento de Robert Desnos, que diera en un tiempo contribución cuantiosa a los cuadernos de La Révolution Surréaliste, André Breton dice que "él creyó poder entregarse impunemente a una de las actividades más peligrosas que existen, la actividad periodística, y descuidar, en función de ella, de responder a un pequeño número de intimaciones brutales, frente a las cuales se ha hallado el suprarrealismo avanzando en su camino: marxismo o antimarxismo, por ejemplo".

A los que en esta América tropical se imaginan el suprarrealismo como un libertinaje, les costará mucho trabajo, les será quizás imposible admitir esta afirmación: que es una difícil, penosa disciplina. Puedo atemperarla, moderarla, sustituyéndola por una definición escrupulosa: que es la difícil, penosa búsqueda de una disciplina. Pero insisto, absolutamente, en la calidad rara —inasequible y vedada al snobismo, a la simulación— de la experiencia y del trabajo de los suprarrealistas (...).

André Breton hace, en el segundo manifiesto del suprarrealismo, el proceso de los escritores y artistas que habiendo participado en este movimiento, lo han renegado más o menos abiertamente. Bajo este aspecto, el manifiesto tiene algo de requisitoria y no ha tardado en provocar contra el autor y sus compañeros de equipo violentas reacciones. Pero en esta requisitoria hay lo menos posible de cuestión personal. El proceso a las apostasías y a las deserciones tiende, sobre todo, en esta pieza polémica, a insistir en la difícil y valerosa disciplina espiritual y artística a que conduce la experiencia suprarrealista. "Es remarcable —escribe Breton— que abandonados a ellos mismos, y a ellos solos, los hombres que nos han puesto un día en la necesidad de prescindir de su compañía, han perdido pie en seguida y han debido, luego, recurrir a los expedientes más miserables para retornar en gracia cerca de los defensores del *orden*, grandes partidarios todos del nivelamiento por la cabeza. Es que la fidelidad sin desfallecimiento a los empeños del suprarrealismo supone un desinterés, un desprecio de los riesgos, un rehusamiento a la conciliación, de los que, a la larga, pocos hombres se revelan capaces. Aunque no quedara ninguno de todos aquellos que primero han medido en él su chance de significación y su deseo de verdad, el suprarrealismo viviría" (...).

La misma honradez, el mismo escrúpulo se constataba en apreciaciones como las que nos introducen en este balance del suprarrealismo, precisando que "no ha tendido a nada tanto como a provocar, desde el punto de vista intelectual o moral, una crisis de conciencia de la especie más general y más grave y que sólo la obtención o la no-obtención de este resultado puede decidir de su logro o de su fracaso histórico". "Desde el punto de vista intelectual —dice Breton— se trataba, se trata todavía de probar por todos los medios, y de hacer reconocer a todo precio, el carácter ficticio de las viejas antinomias destinadas hipócritamente, a prevenir toda agitación insólita de parte del hombre; aunque sea dándole una idea indigente de sus medios, desafiándolo a escapar en una medida válida a la coacción universal". No se puede aprobar —justamente por las razones por las que se adhiere a esta definición, a este precisamiento del suprarrealismo como una experiencia— las frases que siguen: "Todo mueve a creer que existe un punto del espíritu, desde el cual la vida y la muerte, lo real y lo bajo, cesan de ser percibidos contradictoriamente. Y bien, en vano se buscaría a la actividad suprarrealista otro móvil que la esperanza de determinación de este punto".

El espíritu y el programa del suprarrealismo no se expresan en éstas ni en otras frases ambiciosas, de intención *épatante* y ultraísta. El mejor pasaje tal vez del manifiesto es aquel otro en que, con un sentido histórico del romanticismo, mil veces más claro del que alcanzan en sus indagaciones a veces tan banales los eruditos de la cuestión romanticismo-clasicismo, André Breton afirma la filiación romántica de la revolución suprarrealista. "En la hora en que los poderes públicos, en Francia, se aprestan a celebrar grotescamente con fiestas el centenario del romanticismo, nosotros decimos que ese romanticismo del cual queremos históricamente pasar hoy por la cola —pero la cola a tal punto prensil— por su esencia misma reside en 1930 en la negación de esos poderes y de esas fiestas. Que tener cien años de existencia es, para él, estar en la juventud y que lo que se ha llamado, equivocadamente, su época heroica, no puede ser considerada sino como el vagido de un ser que comienza solamente a hacer conocer su deseo, a través de nosotros y que, si se admite que lo que ha sido pensado antes de él —clásicamente— era el bien, quiere incontestablemente *todo el mal*.

Pero las frases de gusto dadaísta no faltan en el manifiesto que tiene en esos pasajes — "yo demando la ocultación profunda, verdadera del suprarrealismo", "ninguna concesión al mundo", etc.— una entonación infantil que, en el punto a que ha llegado históricamente este movimiento, como experiencia e indagación, no es ya posible excusarle.

José Carlos Mariátegui

En *Variedades* (Lima, 19 de febrero y 5 de marzo de 1930). Recogido en la colección de ensayos de J.C.M. *El artista y la época*, 4ª edición (Lima: Amauta, 1970): 45-52.

NO SE HACER EL CANTO DE LOS DÍAS

no sé hacer el canto de los días
sin querer suelto el canto la alabanza de las noches
pasó el viento latigándome la espalda alegre saliendo de su huevo
descienden las estrellas a beber al océano
tuercen sus velas verdes grandes buques de brasa
para qué decir eso tan pequeño que escondes canta pequeño
los planetas dan vuelta como husos entusiastas giran
el corazón del mundo se repliega y se estira
con voluntad de columna y fría furia de plumas
oh los silencios campesinos claveteados de estrellas
recuerdo los ojos caían en ese pozo inverso
hacia donde ascendía la soledad de todos los ruidos espantados
el descuido de las bestias durmiendo sus duros lirios
preñé entonces la altura de mariposas negras mariposa medusa
aparecían estrépitos humedad nieblas
y vuelto a la pared escribí
oh noche huracán muerto resbala tu oscura lava
mis alegrías muerden tus tintas
mi alegre canto de hombre chupa tus duras mamas
mi corazón de hombre se trepa por tus alambres
exasperado contengo mi corazón que danza
danza en los vientos que limpian tu color
bailador asombrado en las grandes mareas que hacen surgir el alba

PABLO NERUDA

En *Tentativa del hombre infinito* (Santiago de Chile: Nascimento, 1926).

PEQUEÑO ESFUERZO DE JUSTIFICACIÓN COLECTIVA

Justificación de esta revista: Buscar en la expresión la evidencia de nuestra propia y oculta estructura (palabra, espejo del hombre) y quizás también algo como una necesidad irresistible de pensar en voz alta.

Justificación de nosotros: Seres atraídos hacia sí mismos por una extraordinaria fuerza centrípeta.

Definidos exteriormente como inestables (igual y alternativa repulsión por el movimiento y por la inmovilidad, por la acción y la inacción) nosotros hemos acudido a la única manera de existir en densidad (es decir sin disolvernos) que es la introspección. Este vocablo no lo entendemos como planteamiento de problemas estériles, sino como una manera de dejarse poseer por uno mismo, estando lo consciente puramente dedicado a revelar por el signo de cada palabra una profunda realidad constitutiva.

En esta actitud se distinguen dos partes:
1º placer de una ilimitada libertad expansiva;
2º posibilidad de conocernos (especie de método psicoanalítico, pero en el cual no partimos de ningún prejuicio sobre nuestra propia estructura).

De lo ya dicho se desprende que nosotros contemplamos la vida (esos mil choques de la realidad exterior) con el mismo desasimiento que observamos para el resto del mundo. Sin embargo guardamos para ella como para éste una consideración cortés como a posibles signos que en circunstancias imprevistas pudieran servir para explicarnos.

Si desvalorizamos la vida es por la evidencia de un destino. Vomitamos incontenibemente sobre todas las formas de resignación a ese destino (cualidad máxima del espíritu burgués) y miramos con simpatía todos esos aspectos de una liberación voluntaria o involuntaria: enfermedad, locura, suicidio, crimen, revolución. Pero esto no pasa de ser una revolución moral. En realidad, estamos decididos a no intentar nada fundamental fuera de nosotros.

Cada uno busca en sí mismo. Esta vereda de orientación es casi lo único que nos reúne y quizás un poco de simpatía (ese deseo de ser más que un individuo, deseo de ser muchos).

Justificación de nuestra expresión: Toda palabra está en el corazón mismo de los problemas del ser. Es decir, que para un hombre determinado, su misterio toma la forma de sus signos).

Justificación del nombre de la revista: interrogación primera y máxima, desnuda de todos los ornamentos ortográficos, reducida a su pura esencia verbal.

ALDO PELLEGRINI

En *Qué*, 1 (Buenos Aires, noviembre 1928).

AUTOPSIA DEL SUPERREALISMO

La inteligencia capitalista ofrece, entre otros síntomas de su agonía, el vicio del cenáculo. Es curioso observar como las crisis más agudas y recientes del imperialismo económico — la guerra, la racionalización industrial, la miseria de las masas, los cracs financieros y bursátiles, el desarrollo de la revolución obrera, las insurrecciones coloniales, etc.— corresponden sincrónicamente a una furiosa multiplicación de escuelas literarias, tan improvisadas como efímeras. Hacia 1914, nacía el expresionismo (Dvorak, Fretzer). Hacia 1915, nacía el cubismo (Apollinaire, Reverdy). En 1917 nacía el dadaísmo (Tzara, Picabia). En 1924, el superrealismo (Breton, Ribemont-Dessaignes). Sin contar las escuelas ya existentes: simbolismo, futurismo, neosimbolismo, unanimismo, etc. Por último, a partir de la pronunciación superrealista, irrumpe casi mensualmente una nueva escuela literaria. Nunca el pensamiento social se fraccionó en tantas y tan fugaces fórmulas.

Nunca experimentó un gusto tan frenético y una tal necesidad por estereotiparse en recetas y clisés, como si tuviese miedo de su libertad o como si no pudiese producirse en su unidad orgánica. Anarquía desagregación semejantes no se vio sino entre los filósofos y poetas de la decadencia, en el ocaso de la civilización grecolatina. Las de hoy, a su turno, anuncian una nueva decadencia del espíritu: el ocaso de la civilización capitalista.

La última escuela de mayor cartel, el superrealismo, acaba de morir oficialmente.

En verdad, el superrealismo, como escuela literaria, no representaba ningún aporte constructivo. Era una receta más de hacer poemas sobre medida, como lo son y serán las escuelas literarias de todos los tiempos. Más todavía. No era ni siquiera una receta original. Toda la pomposa teoría y el abracadabrante método del superrealismo, fueron condenados y vienen de unos cuantos pensamientos esbozados al respecto por Apollinaire. Basados sobre estas ideas del autor de *Caligramas*, los manifiestos superrealistas se limitaban a edificar inteligentes juegos de salón relativos a la escritura automática, a la moral, a la religión, a la política.

Juegos de salón —he dicho e inteligentes también: cerebrales— debiera decir. Cuando el superrealismo llegó, por la dialéctica ineluctable de las cosas, a afrontar los problemas vivientes de la realidad —que no dependen precisamente de las elucubraciones abstractas y metafísicas de ninguna escuela literaria— el superrealismo se vio en apuros. Para ser consecuentes con lo que los propios superrealistas llamaban "espíritu crítico y revolucionario" de este movimiento, había que saltar al medio de la calle y hacerse cargo, entre otros, del problema político y —económico de nuestra época. El superrealismo se hizo entonces anarquista, forma ésta la más abstracta, mística y cerebral de la política y la que mejor se avenía con el carácter ontológico por excelencia y hasta ocultista del cenáculo. Dentro del anarquismo, los superrealistas podían seguir reconociéndose, pues con él podía convivir y hasta consustanciarse el orgánico nihilismo de la escuela.

Pero, más tarde, andando las cosas, los superrealistas llegaron a apercibirse de que, fuera del catecismo superrealista, había otro método revolucionario, tan "interesante" como el que ellos proponían: me refiero al marxismo. Leyeron, meditaron y, por un milagro muy burgués de eclecticismo o de "combinación" inextricable, Breton propuso a sus amigos la coordinación y síntesis de ambos métodos. Los superrealistas se hicieron inmediatamente comunistas.

Es sólo en este momento —y no antes ni después que el superrealismo adquiere cierta trascendencia social. De simple fábrica de poetas en serie, se transforma en un movimiento político militante y en una pragmática intelectual realmente viva y revolucionaria. El superrealismo mereció entonces ser tomado en consideración y calificado como una de las corrientes literarias más vivientes y constructivas de la época.

Sin embargo, este concepto no estaba exento de beneficio de inventario. Había que seguir los métodos y disciplinas superrealistas ulteriores, para saber hasta qué punto su contenido y su acción eran en verdad y sinceramente revolucionarios. Aún cuando se sabía que aquello de coordinar el método superrealista con el marxismo, no pasaba de un disparate juvenil o de una mistificación provisoria, quedaba la esperanza de que, poco a poco, se irían radicalizando los flamantes e imprevistos militantes bolcheviques.

Por desgracia, Breton y sus amigos, contrariando y desmintiendo sus estridentes declaraciones de fe marxista, siguieron siendo, sin poderlo evitar y subconscientemente, unos intelectuales anarquistas incurables. Del pesimismo y desesperación superrealistas de los primeros momentos —pesimismo y desesperación que, a su hora pudieron motorizar eficazmente la conciencia del cenáculo— se hizo un sistema permanente y estático, un módulo académico. La crisis moral e intelectual que el superrealismo se propuso promover y que (otra falta de originalidad de la escuela) arrancara y tuviera su primera y máxima expresión en el dadaísmo, se anquilosó en psicopatía de bufete y en clisé literario, pese a las inyecciones dialécticas de Marx y a la adhesión formal y oficiosa de los inquietos jóvenes al comunismo. El pesimismo y la desesperación deben ser siempre etapas y no metas. Para que ellos agiten y fecunden el espíritu, deben desenvolverse hasta transformarse en afirmaciones constructivas. De otra manera, no pasan de gérmenes patológicos, condenados a devorarse a sí mismos. Los superrealistas, burlando la ley del devenir vital, se academizaron, repito, en su famosa crisis moral e intelectual y fueron impotentes para excederla y superarla con formas realmente revolucionarias, es decir, destructivo-constructivas. Cada superrealista hizo lo que le vino en gana. Rompieron con numerosos miembros del partido y con sus órganos de prensa y procedieron en todo, en perpetuo divorcio con las grandes directivas marxistas. Desde el punto de vista literario, sus producciones siguieron caracterizándose por un evidente refinamiento burgués. La adhesión al comunismo no tuvo reflejo alguno sobre el sentido y las formas esenciales de sus obras. El superrealismo se declaraba, por todos estos motivos, incapaz para comprender y practicar el verdadero y único espíritu revolucionario de estos tiempos: el marxismo. El superrealismo perdió rápidamente la sola prestancia social que habría podido ser la razón de su existencia y empezó a agonizar irremediablemente.

A la hora en que estamos, el superrealismo —como movimiento marxista— es un cadáver. (Como cenáculo meramente literario —repito— fue siempre, como todas las escuelas, una impostura de la vida, un vulgar espanta-pájaros). La declaración de su defunción acaba de traducirse en dos documentos de parte interesada: el Segundo Manifiesto Superrealista de Breton y el que, con el título de *Un cadáver*, firman contra Breton, numerosos superrealistas, encabezados por Ribemont-Dessaignes. Ambos manifiestos establecen, junto con la muerte y descomposición ideológica del superrealismo, su disolución como grupo o agregado físico. Se trata de un cisma o derrumbe total de la capilla, el más grave y el último de la serie ya larga de sus derrumbes.

Breton, en su Segundo Manifiesto, revisa la doctrina superrealista, mostrándose satisfecho de su realización y resultados. Breton continúa siendo, hasta sus postreros instantes, un intelectual profesional, un ideólogo escolástico, un rebelde de bufete, un dómine recalcitrante, un polemisma estilo Maurras, en fin, un anarquista de barrio. Declara, de nuevo, que el superrealismo ha triunfado, porque ha obtenido lo que se proponía: "suscitar, desde el punto de vista moral e intelectual, una crisis de conciencia". Breton se equivoca. Si, en verdad, ha leído y se ha suscrito al marxismo, no me explico cómo olvida que, dentro de esta doctrina, el rol de los escritores no está en suscitar crisis morales e intelectuales más o menos graves o generales, es decir, en hacer la revolución *por arriba*, sino, al contrario, en hacerla *por abajo*. Breton olvida que no hay más que una sola revolución: la proletaria y que esta revolución la harán los obreros con la acción y no los intelectuales con sus "crisis de conciencia". La única crisis es la crisis económica y ella se halla planteada —como hecho y no simplemente como noción o como "diletantismo"— desde hace siglos. En cuanto al resto del Segundo Manifiesto, Breton lo dedica a atacar con vociferaciones e injurias personales de policía literario, a sus antiguos cofrades, injurias y vociferaciones que denuncian el carácter burgués y burgués de íntima entraña, de su "crisis de conciencia".

El otro manifiesto titulado *Un cadáver*, ofrece lapidarios pasajes necrológicos sobre Breton. "Un instante —dice Ribemont-Dessaignes— nos gustó el superrealismo: amores de juventud, amores, si se quiere, de domésticos. Los jovencitos están autorizados a amar hasta a la mujer de un gendarme (esta mujer está encarnada en la estética de Breton). Falso compañero, falso comunista, falso revolucionario, pero verdadero y auténtico farsante, Breton debe cuidarse de la guillotina: ¡qué estoy diciendo! No se guillotina a los cadáveres".

"Breton garabateaba —dice Roger Vitrac. Garabateaba un estilo de reaccionario y de santurrón, sobre ideas subversivas, obteniendo un curioso resultado, que no dejó de asombrar a los pequeños burgueses, a los pequeños comerciantes e industriales, a los acólitos de seminario y a los cardíacos de las escuelas primarias".

"Breton —dice Jacques Prevert— fue un tartamudo y lo confundió todo: la desesperación y el dolor al hígado, la Biblia y los Cantos de Maldoror, Dios y Dios, la tinta y la mesa, las barricadas y el diván de madame Sabatier, el marqués de Sade y Jean Lorrain, la Revolución Rusa y la Revolución superrealista ... Mayordomo lírico, distribuyó diplomas a los enamorados que versificaban y, en los días de indulgencia, a los principiantes en desesperación".

"El cadáver de Breton —dice Michel Leiris— me da asco, entre otras causas, porque es el de un hombre que vivió siempre de cadáveres".

"Naturalmente —dice Jacques Rigaut— Breton hablaba muy bien del amor, pero en la vida era un personaje de Courteline".

Etc., etc., etc.

Sólo que estas mismas apreciaciones sobre Breton, pueden ser aplicadas a todos los superrealistas sin excepción, y a la propia escuela difunta. Se dirá que éste es el lado clownesco y circunstancial de los hombres y no el fondo histórico del movimiento. Muy bien dicho. Con tal de que este fondo histórico exista en verdad, lo que, en este caso, no es así. El fondo histórico del superrealismo es casi nulo, desde cualquier aspecto que se lo examine.

Así pasan las escuelas literarias. Tal es el destino de toda inquietud que, en vez de devenir austero laboratorio creador, no llega a ser más que una mera fórmula. Inútiles resultan entonces los reclamos tonantes, los pregones para el vulgo, la publicidad en colores, en fin, las prestidigitaciones y trucos del oficio. Junto con el árbol abortado, se asfixia la hojarasca.

Veremos si no sucede lo propio con el populismo, la novísima escuela literaria que, sobre la tumba recién abierta del superrealismo, acaba de fundar André Therive y sus amigos.

París, febrero de 1930.

César Vallejo

En *Nosotros*, 250 (Buenos Aires, marzo 1930): 342-347 y en *Amauta*, 30 (Lima, abril-mayo 1930): 44-47.

Algunos manifiestos y polémicas de la vanguardia. El "Manifiesto del Ultra" que reproducimos apareció en *Baleares*, Palma de Mallorca, febrero 1921.

XIII

POESÍA PURA Y POESÍA DE VANGUARDIA

POEMA 38

Esta palabra no del todo dicha
a lengua huir del diálogo, quebrada.
Rebotando entre filos: afilada
en angular precepto de desdicha.

De sentido y sentires acosada
urgida del pretexto de su dicha
así vive, y desvívese entredicha
en boca de sentido desbocada.

Su don —arcano de inquietud— excita
voluble en el renuncio que la anuncia
silencio de Babel que al verbo irrita.

Y si el Abecedario la denuncia:
frente al agravio de la letra escrita
en interrogaciones se pronuncia.

MARIANO BRULL

En *Poemas en menguante* (París: Le Moil et Pascaly, 1928).

LA POESÍA INTRANSFERIBLE

I.

El arte es hallazgo por sobre todas las cosas. Nos ponemos en libertad —aproximación dionisíaca del subconsciente— y todo nuestro dinamismo creador caldéase en pos de una posesión superior. Ignoramos nuestra intensidad hasta que no se sensibiliza en carne y alma toda la fuerza de que somos capaces. De esta manera ocurre el hallazgo que es fervor, madurez, éxtasis estético, vivencia en velocidad, resonancia y plenitud de intuición.

El arte nuevo, debido a ello, exige interpretacion, no definición. Toda definición tiene por base el concepto. Hoy queremos curarnos, tanto como nos sea posible, y sobre todo en estética, de la tiranía de la razón. Hemos padecido larguísima enfermedad de sensatez; por ello, aunque parezca paradoja, debemos retornar al reino instintivo de la desnudez intuitiva, si es que queremos ser equilibrados, fuertes, ahondadores, integrales. Una demanda ineludible del camino soleado, espiritualmente higiénico, el cual ha de aromar los músculos del pensamiento nuevo, los intentos de nueva realidad, el sentido vital del arte.

A este impulso, queremos preguntarnos: ¿se puede definir "eso" que llamamos poesía? Debemos convenir que no. La poesía es siempre anterior y ulterior a toda definición. Caraterízase, en su automatismo, por una ondulación brumosa que endominga nuestro interior con sugerencias suprasensibles. De ahí esa actitud para acercar zonas vedadas de los desconocido, esa multitud de matices que se rizan en círculos y planos inexistentes; de ahí también su recóndito poder de polarizar rumores musicales difusos e imprecisos, cuyas ondas suelen allegar imprevisible material de acendrada calidad lírica.

Es menester recogernos, no obstante, en todo aquello que no ha sido destituido por la soberanía vital. Poesía, en su gracia pura y esencial, es una evasión de todo contacto exterior. De fuera no puede provenir su vibración matinal y el colorido dichoso que disfrutamos en la hondura de nuestra intimidad; por eso poco o nada tienen que ver con esa sensación los tonos verbales objetivos o subjetivos. La gracia poética es un estado de fluidez inefable, más recóndito cuanto más intenso. Todo el desgarramiento lírico de nuestro tiempo —que persigue, como nunca, cauces de equilibrio— sangra por este admirable esfuerzo de desnudar nuestra poesía. Las almas tienen ahora —otra gracia de depuración— la religiosidad de su desnudez. Somos dueños de una sobrerrealidad, de la cual proyéctanse mundos fecundísimos sobre el arte que vamos conquistando. Pero nuestro arte, malgrado toda la desazón que nos cuesta, es todavía una impotencia, sobre todo si lo juzgamos arrimándolo a la soberanía de la presencia poética pura. Apenas transparenta nuestros raptos de transporte íntimo y el goce de diáfana y certera tonicidad estética que resplandece en lo hondo del silencio lírico.

II.

Con todo nuestro deber primordial es interpretar nuestra oculta fruición estética; de esa interpretación han de surgir nuevas capacidades de expresión, aún dando por descontado las crecientes imposibilidades que nos cercan. Anhelamos, como nunca, la afinación de nuestra máquina creadora; y lo anhelamos para sumergirla en las cisternas luminosas de la poesía huraña, limpia e inmaterial. Pero desde ya tenemos la obligación de hacer algún distingo para entendernos. Ante todo, separar bien la poesía del poema. Hasta ahora no hemos hecho sino vivir en lamentables confusiones. La poesía —estado de advenimiento sigiloso puro— no es el poema ni los medios artísticos de que nos valemos para fabricarlo. ¿No afirma reiterada y atrevidamente Vicente Huidobro, el prestigioso poeta chileno, que "el mayor enemigo del poema es la poesía, y el mayor enemigo de la poesía es el poema". En esas y otras percepciones tenemos la interpretación de la separatividad de esas dos realidades. La poesía se aisla por su propia potencia subjetiva, huidiza e inasible; el poema nace y vive por obra del poder de recepción esquemática, del acercamiento y combinación de los elementos rítmicos, del grado de expansión sugerente, emotiva y placentera del hombre-artista. El poema contiene reflejos del estado auténtico y esencial de la poesía; ésta es por sí misma y en sí y, al derivarse hacia planos humanos, desprende de su contenido integral ciertos efluvios magnéticos de trascendencia artística. Por eso disentimos con Paul Valery y Jorge Guillén, cuando afirman que "no hay más poesía que la realizada en el poema", discrepando también con ellos al no aceptar un "estado inefable que se corrompe al realizarse, y que por milagro atraviesa el cuerpo poemático". El poema es una comunicación artística con evidentes soportes humanos; la poesía puede prescindir de la realidad verbal o conceptual, puesto que es un ejercicio en potencia de ciertos fenómenos trascendentes, con marcada repercusión en la sensibilidad lírica. El poema reclama y busca materiales condicionados, porque son principal atributo de su fuerza expresiva los vehículos sensoriales que dinamiza la razón estética de la vida; la poesía elabora esa razón estética y obtiene su misterioso influjo de virtualidad cósmica, penetrándose a sí misma hasta las amplias comarcas del reino donde la palabra y el interés carecen de necesidad vital.

III.

Ahora bien, si la polémica entre poesía pura y poesía-razón no ha aportado a nuestra ignorancia mayores acontecimientos valorativos e intuitivos, en cambio, por obra de esa misma expectativa, tenemos conciencia de todas las limitaciones que nos cercan. Esto, aunque algunos se sonrían irónicamente, es también una fuerza. Por eso nos conforta el saber que lo que llamamos poesía pura es el más alto ideal del sueño artístico que podemos proponernos. En esto estamos con Paul Valéry: "Nada tan puro puede coexistir con las condiciones de la vida. Nosotros atravesamos solamente la idea de la perfección como la mano corta impunemente la llama, pero la llama es inhabitable y las miradas de la más alta serenidad están desiertas ... La poesía absoluta no puede proceder más que por maravillas excepcionales". Posteriormente, siempre en este camino de clarividencia estética amplíase Valery sosteniendo que la poesía pura, así entendida, debe ser considerada como un límite al cual se puede tender, pero imposible de alcanzar en un poema más largo que un verso. Añade que se experimenta el deseo de no encontrar más que bellezas de esta clase, siendo natural que se haya intentado construir poemas con los elementos más preciosos que el hombre vislumbra en sus sueños.

Como vemos, ya no se niega la presencia sin razón de ese estado inefable, trascendente, que desciende o se promueve en el espíritu. Hay, en cierto modo, una coincidencia con lo que dice el abate Henri Bremond, cuando afirma que en todo estado de poesía pura existe una "realidad misteriosa". Cuando este famoso escritor sostiene que la gracia de poesía esencial se produce ajena a toda actividad de superficie: razón, imaginación, sensibilidad, etc., necesariamente comprendemos que la inefabilidad lírica es una plegaria profana o mística que el alma crea en los anchos o estrechos caminos de su redención. La tragedia espiritual de cada ser busca los resortes cósmicos que aviven la llama de combustión depuradora. En esa búsqueda, al provenir una efusión poética, necesariamente el alma se exalta y, aún suponiéndola dotada de los grandes instrumentos del genio, siempre se evaden de su captación los puros deleites del éxtasis que nos lleva a algo más grande y permanente que nosotros mismos.

IV.

Ahora subsiste un problema, puramente de actualidad estética: ¿humanizar? ¿deshumanizar?. Ni lo uno ni lo otro y ambas cosas a la vez. Necesidad creciente de equilibrio, madurez que nos grita, efusión que zigzaguea y aclara la selva psicológica. Ahora —un ahora de inescrutable hondura— tenemos al coadyuvador subconsciente. Equilibrio, perseguimiento de extraño y lúcido equilibrio. Oigamos a Pierre Mille: "La poesía no excluye la razón, es decir, lo consciente, pero ella tiene por objeto ascender lo inconsciente hasta lo consciente, y por un mágico recurso absorber lo consciente en lo inconsciente". Por eso, no obstante la distancia, vamos enfrentándonos con la pulpa nutricia de la poesía auténtica. Hemos llegado de alguna parte o, cuando menos, estamos en inminencia de llegar. Llegar —transparencia de fuerza— es crear. Penetrar, ascender, asir lo inasible. Un nuevo heroísmo artístico: ¡hallazgo en desnudez de presencia totalizadora!

Veníamos, en poesía, como dormidos en cosas que no nos satisfacían. De pronto, entre los desperezamientos de nuestro despertar, nos encontramos frente a frente con este sentido de la desnudez interna; merced a ello, el hombre tiene una nueva esperanza; la posibilidad de adiestrar sus esfuerzos artísticos e integralizar sus resonancias cósmicas por entre superadores vaivenes de presencia y ausencia de lo humano.

La poesía subsistirá en su recóndito estado de vibración astral. Pero algo lograremos evocar de esa fuga de nosotros mismos. ¿Acaso evocar no es crear? Cuanto elemento esencial poseen las cosas de necesidad poética, al acercarlos por la magia de la función depuradora a nuestra imaginación, ceden su presencia o fluido esotérico (el abate Bremond y Cocteau hablan también de ese fluido), de vital eficacia para la transparencia lírica pura. Nuestro verso, así, agitará sus ademanes imprecisos y brumosos de inestable sugerencia. En su esencia rítmica palpitará la poesía desnuda —reverberación—, cuyas imágenes y zigzags musicales nos concederán otra gracia: la secreta y resonante intimidad del lenguaje, cada vez más ingenuo y desnudo.

En este vago y difuso inexistir de sentimientos e imágenes, en esa fluctuación de ser y no ser entre plano y trasplano, busquemos la presencia inmaterial de la poesía omnipresente, limpia de toda digitación humana. Entonces —¡qué agrio encogimiento de hombros de los estacionarios!— comprenderemos por que la poesía pura es y será siempre intransferible.

Sin firma, muy probablemente escrito por Ricardo Tudela. En *Los Andes*, 2ª sección (Mendoza, Argentina, 28 setiembre 1930): 11. Este autor lideró un grupo de vanguardia en Mendoza. Véase mi "Notas sobre la literatura de vanguardia en Mendoza: el grupo *Megáfono*" en *Revista de Literaturas Modernas*, 18 (Mendoza: Facultad de Filosofía y Letras, Universidad Nacional de Cuyo, 1985): 189-210.

ALGUNAS SUGERENCIAS SOBRE LA NUEVA POESÍA

Reiteradamente han discutido estetas y críticos sobre la llamada poesía pura. Apenas si se han puesto de acuerdo sobre los lineamientos generales de la misma. En muchos casos han concluido por confesar que es lo indefinible; cuando más, alguno que otro ha esbozado su estructura exterior, ciertos pormenores anímicos y la certificación de que es lo inasible.

Desde ya declaramos que tampoco vamos a intentar apresarla en su cabal contenido y significación, porque la empresa reclama fuertes ahincos de cultura y una evasión sostenida de las preocupaciones cotidianas. En este ensayo damos solamente algunas sugerencias sobre lo que percibimos de ese nuevo estado poético, pensando que puedan constituir puntos de partida para espíritus más concentrados que el mío.

SENSIBILIDAD ADVERTIDA

En materia de arte, la sensibilidad resume todo punto de partida. Es el motor perceptivo y creador; mueve la máquina humana en sus actividades superiores y establece el ritmo de la capacidad intuitiva del alma. El temperamento, coincidencia fisio-psíquica, es la plasmación del proceso secreto de depuración de la sensibilidad. Por ella evoluciona el ser humano y da las señales más certeras de su cultura.

Si en algo ha ejercido importancia la sensibilidad es precisamente en el arte nuevo. Para percibir la calidad de la poesía pura y gustarla en todos sus matices recónditos, es necesario un proceso previo de advertencia de la sensibilidad; no porque se presuponga que ese arte sea patrimonio de exquisitos y privilegiados, sino porque, como intérprete y expresión de nuestro tiempo, lleva en sí elementos de naturaleza tan compleja que impone cierto desgarramiento del vehículo anímico. La poesía nueva, hay que decirlo, acusa, ante todo, una actitud de enfrentamiento con lo que teníamos más olvidado: el subconsciente. Es una guerra entre nuestros mundos superiores y el reflejo que vuelcan en el contorno de las cosas. La sensibilidad oficia, además, como intermediario del ser entre las imágenes y sus fugaces sugerencias; y es precisamente de esa labor de donde surge la nueva poesía y su estructura huidiza, de atisbos profundos, esquemática, deshumanizada.

LA PRESENCIA METAFÍSICA

La vida es una función incesante de creación. Lo es como expresión vital de los fenómenos objetivos y subjetivos; a la vez, como proceso de intuición en las proyecciones estéticas que se brinda a sí misma, con fines ulteriores impenetrables. De esa manera, la nueva poesía, aún descontando sus contorsiones y zonas obscuras, lucha por rebasar los límites humanos y ofrecerse, a veces inconscientemente, singulares porciones de la realidad cósmica.

Sé que se pensará de inmediato que esto es poesía metafísica. Convengo con ello. Toda verdadera poesía, sobre todo la que crea desinteresadamente, es poesía metafísica. No afirma ni postula. Tampoco tiene propósito definido. Es una vibración que, muchas veces sin sentido aparente, arrastra consigo, no obstante, valiosos elementos de trascendencia estética y espiritual. Pretender fijarla, por eso, en rieles de lógica es desvestirla de sus mejores recursos de magia. Tiene identidad y fragilidad de mariposa, de luz de estrella, de reflejos de cristal marino. Como todo, vive una hondura que perturba las sensibilidades distraídas y desconcierta a quienes no resisten el aire puro de las cumbres. Siendo un instante, concentra elementos de eternidad; y los concentra en el más representativo de los ejercicios del ser, entre tanteos del misterio y hallazgos emotivos superfísicos. De lo que infiérese que es poesía para pocos. La visión del nuevo artista, como ya lo apuntáramos, es esquemática; es decir, en función integral de espíritu. Tanto la emoción como el sentido van como a tientas en el mundo que crean. El alma, revuelta en su propia batalla, es escenario, drama y espectador. El espectáculo singularízase en que se lucha por conquistar lo esencial. Vuélase entre nieblas, con la intuición como piloto; y, al hacerlo, las alturas perfilan lejanías que se superponen en concéntrico recogimiento. Se tienen razones, pero no se utilizan; porque lo útil no es atmósfera en que pueda crecer la desnudez que se anhela. Es un dolor de presencia, gozoso, madurativo; contra la marea de las eventualidades verbales, persiste en penetrarnos y ser —ya sosegado el impulso, la nostalgia, el respiro intuitivo— la deleitosa y esclarecida potencia de auscultación y captación.

La inefable vaguedad

Debemos convenir en que la nueva poesía ha quintaesenciado recursos y procedimientos que eran privativos del simbolismo. Ante todo, la hegemonía de la sugerencia. Comencemos por conocer cómo se insinúa el estado poético en nosotros. Al respecto oigamos al abate Bremond: "No nos es necesario, para que el estado de poesía se inicie en nosotros, conocer el poema entero. Tres o cuatro versos, hallados al azar, y a veces unos simples fragmentos, habrán bastado para ello". Y agrega a continuación: "Para leer un poema como es debido, es decir, poéticamente, no basta, ni siempre es necesario, percibir el sentido". Luego expresa el abate que el sentido es un elemento intelectual y lógico, y que si, agregado a la "realidad misteriosa" de la poesía pura, aumenta, a veces, la significación poética del verso, otras disipa el encanto de lo inefable contenido en su comarca. Por eso ese escritor considera impuro —de impureza no real, sino metafísica— todo lo que en un poema ocupa o puede ocupar inmediatamente nuestras actividades de superficie: razón, imaginación, sensibilidad. En una palabra: todo lo que el poeta parece haber querido expresar o, en efecto, ha expresado.

Estas ideas del famoso abate concuerdan con algunas definiciones de uno de los más preclaros pontífices del arte nuevo: Paul Valery. ¿Cuál es la definición síntesis de este admirable escritor francés? Es muy difícil encontrarla. Con todo, cuando dijo que "la poesía era una vacilación entre el sentido y el sonido", quizás expresó la idea madre de toda su doctrina estética.

El drama recóndito

Pero la verdad es que la poesía pura sigue siendo una realización inaccesible. Paul Valery fue precisamente quien inventó el nombre de "poesía pura". Su poesía, o mejor dicho, su ideal de poesía, continúa ubicado a distancia infinita de toda captación humana. Él mismo se ha dado cuenta posteriormente de su lejanía, por lo cual, sin duda, ha dicho en más de una ocasión: "Poesía pura es todo lo que permanece en el poema después de haber eliminado todo lo que no es poesía". Para establecer de alguna manera lo que es poesía pura, debemos empezar por separar la poesía del poema: ¿No decía Vicente Huidobro que el poema era el mayor enemigo de la poesía? La poesía, hasta el instante que surge en el hombre, es una potencia sin ejercicio; es una vibración abstracta, sin sentido, pura, que puede morir si no encuentra terreno propicio para su desarrollo o prosperar si las condiciones le son favorables. La gracia poética es un estado de fluidez inefable, más recóndito cuanto más intenso. Sensibilizar esa efusión inefable —permítasenos la paradoja— es realizar el supremo sacrificio de creación estética que hoy llamamos poesía pura.

De manera decisiva volvemos a nuestro punto de partida. El fondo de la nueva poesía encierra un drama sobrehumano. Constituye la eterna expectación del ser, el flujo y reflujo de su presencia inapresable. Es, sin proponérselo, un dramático espectáculo de religiosidad; podría decirse que sitúa todo el desamparo cósmico del hombre, su alma matinal y las silenciosas resonancias que pueblan la intuición, el desvelo y la alegría.

Ya lo expresamos alguna vez: es el ideal que espejea nuestra ruta. El combate adquiere tanta eternidad como las realidades esenciales. Mientras avanzamos, seguirá siendo, a través de las mareas de la vida interna, el fervor intransferible de toda estética superior.

RICARDO TUDELA

En *Cuyo-Buenos Aires. Miraje Intelectual Sudamericano. Volante Mensual de Literatura, Arte y Crítica*, 7 (San Rafael, Mendoza-Argentina, 1931).

LA POESÍA PURA

He aquí una polémica de vivísima actualidad. Todo hombre de pluma —de sensibilidad estética advertida— preocúpase en estos momentos de penetrar los distintos aspectos de este interesante problema literario. La poesía pura —hay que decirlo alguna vez— ha desanquilosado el lirismo universal. Estetas, pensadores, críticos, etc., ávidos de penetrar la niebla del nuevo ambiente artístico del mundo, promueven toda clase de indagaciones en torno a la más vital y urgente de las cuestiones artísticas.

Debemos expresar que en arte, en general, y sobre todo en poesía, la discusión es interesantísima. Desde que el abate Henri de Bremond pronunciara su famoso discurso en el Instituto de Francia, el terreno artístico se ha abonado con toda clase de esfuerzos por interpretar la nueva necesidad estética de nuestro tiempo.

¿En qué consisten los principales elementos de interpretación del famoso abate? Oigamos al propio autor: "Comencemos —dice— por una experiencia que todos realizamos —por lo común sin advertirlo— cuando leemos un poema. No nos es necesario, para que el estado de poesía se insinúe en nosotros, conocer el poema por entero. Tres o cuatro versos, hallados al azar, y a veces unos simples fragmentos, habrían bastado para ello". Y agrega más adelante: "Para leer un poema como es debido, es decir, poéticamente, no basta, ni es siempre necesario, percibir el sentido". Continúa diciendo el abate que el sentido es un elemento intelectual y lógico, que si agregado a la "realidad misteriosa" de la poesía pura, aumenta, a veces, la significación poética de un verso, otras disipa el encanto de lo inefable contenido en él.

Si el abate Bremond considera impuro —de impureza no real, sino metafísica— todo lo que en un poema ocupa o puede ocupar inmediatamente nuestras actividades de superficie: razón, imaginación, sensibilidad; todo lo que el poeta parece haber querido expresar, o en efecto, ha expresado; todo lo que el análisis del gramático o del filósofo deriva del poema, todo lo que una traducción reserva. De ahí que considere como absurdo, como un monstruo, la poesía didáctica, aunque existan poetas y poemas de tal especie. El secreto de la poesía pura no puede ser solamente la música, como han pretendido muchos hasta ahora —continúa el eminente académico. Definir aquélla por ésta es como definir lo desconocido por lo desconocido. Además, si toda poesía es música verbal, toda música verbal no es poesía. La musicalidad de Bossuet equivale a la de Víctor Hugo. Es preciso, por consiguiente, advertir el matiz exacto y exclusivamente musical, por lo cual, de estas dos músicas, una sola, y a veces la menos armoniosa, es poesía. Pero lejos de considerar a la música de la expresión entre aquellas impurezas cuyo monopolio reivindica la prosa —ideas, imágenes, sentimientos—, el abate Bremond afirma, también, que tal música es inseparable de la poesía.

Pero la esencia de la poesía es otra. "Magia de recogimiento", como dicen los místicos, que nos invita a una quietud en la que debemos librarnos, activamente, a algo más grande y mejor que nosotros. La prosa, una fosforescencia viva y tornadiza, que nos lleva lejos de nosotros mismos. La poesía, un llamado del interior, "un peso confuso", como decía Wordsworth, un calor santo, según frase de Keats, un peso de inmortalidad sobre el corazón. ¿Hacia dónde quiere llevarnos ese peso sino hacia esos augustos retiros donde nos espera, donde nos llama una presencia más que humana? De creer a Walter Peter, "todas las artes aspiran a alcanzar la música". "No; todas aspiran, por los medios que le son propios —las palabras, las notas, los colores, las líneas— a alcanzar la plegaria". La plegaria en el más alto sentido, se entiende. "El hombre de las cavernas, si era hombre, hacía su plegaria. La poesía-plegaria que yo opongo a la poesía-razón es de todos los países y de todos los tiempos".

El abate Bremond confiesa, en su admirable pieza oratoria, que sus ideas sobre la poesía pura derivan de Paul Valery, hoy uno de los más nítidos pontífices del retorno hacia los contenidos poéticos esenciales.

¿Cuál es la definición síntesis de Valery sobre el lirismo puro? Es difícil encontrarla. Con todo, cuando dijo que poesía era una vacilación entre el sentido y el sonido, quizás sentó el eje de su doctrina teórica.

Para establecer de alguna manera lo que es poesía pura, debemos empezar por separar la poesía del poema. La poesía, hasta el instante en que surge en el hombre, es una potencia sin ejercicio; es una vibración abstracta, sin sentido, pura, que puede morir si no encuentra terreno propicio para su desarrollo o prosperar si las condiciones le son favorables. La gracia poética es un estado de fluidez inefable, más recóndito cuanto más intenso.

Desnudar la efusión inefable —permítasenos la paradoja— es realizar el supremo sacrificio de creación estética que hoy llamamos poesía pura.

En *Los Andes* (Mendoza, Argentina, 17 de agosto 1930): 10. Sin firma, aunque seguramente escrito por Ricardo Tudela, director de la Sección Literaria del diario *Los Andes*.

Revistas hispanoamericanas relacionadas con las vanguardias: *La Pluma* y *Pegaso*, de Montevideo, *revista de avance*, de Cuba.

XIV

VANGUARDISMO Y CRIOLLISMO

ASTERISCOS
(1)

A los problemas tácitos de la poesía, se ha agregado aquí, y podríamos asegurar que en América, el problema de lo nacional. Nunca se ha debatido tanto acerca de este punto ni se ha sentido casi con angustia como en la presente generación la falta de una tradición racial, única milenaria. ¿Qué es lo nacional?, ¿quién hace lo nacional? Nacional es "Martín Fierro", pero no es una aspiración nacional el gaucho. Nacional es Carriego, pero tampoco será una cardinal el suburbio. Sin embargo, con estos dos focos se ha iluminado, con vistas a la eternidad, por una parte, una retórica de espuelas y pampitas, ultimada a metáforas, como gato con relaciones, y por la otra una retórica fatalista, sentimental, hecha de espíritu de tangos a ratos bravucona y atropelladora, pero siempre ingenua como una milonguita. En las dos corrientes prima la anécdota, la relación, y otro es el camino de la poesía pura. La anécdota nacional dejó sentada la conclusión de categorías: que para ser rioplatense aferrándose a la letra gaucha o a la letra suburbana hay que ser, sobre todo, payador. Es decir, artista primario, juglar, cantaor. Podríamos ejemplificar con multitud; pero el ejemplo más sustantivo lo da Silva Valdez, en la otra banda.

Acaso la lección de "Martín Fierro" sea de lo épico, como la dio últimamente "Don Segundo Sombra" y como la dieron "Facundo" y "Guerra Gaucha". Toda literatura épica es nacional, pues vivimos una era de construcción. Walt Whitman como precursor de los rascacielos, imbuido de la moral utilitarista de Benjamin Franklin, es netamente norteamericano, y no lo es, en cambio, Edgar Poe. Creemos que el error, entre nosotros, ha sido y es de pretender seguir en las dos corrientes señaladas: el espíritu de los tipos y no el de los creadores; el espíritu del gaucho, simple y superficial, y no el de Hernández, constructor. En otro plano, exactamente, el caso de los románticos siguiendo a Werther y no a Goethe, a René y no a Chateaubriand.

(2)

Otro horizonte de lo nacional, acaso inédito aún: el folklore. Recientemente se hicieron varias publicaciones al respecto, algunas interesantes, como las de Jorge M. Fürt "Cancionero

Popular Rioplatense" y Alfonso Carrizo "Antiguos cantos populares argentinos". En prosa se ha registrado una verdadera invasión de escritores regionales, explotadores de una literatura costumbrista a lo Giovanni Verga o a lo Erkman-Chatrian —pero inferior en todo caso— a tal punto que no queda provincia que no sea epígrafe del libro pertinente. Es el refugio de los escritores impersonales que quieren guardar una individualidad aparente. Especulando con un sentido más artístico y más profundo del terruño dieron libros sobradamente representativos Horacio Quiroga y Benito Lynch, en primer término, luego: Ricardo Rojas, Juan Carlos Dávalos, y anteriormente, acaso, Joaquín V. González. En poesía las tentativas fueron contadas, y entre las contadas acaso la única efectiva sea la de Miguel A. Camino, con sus poemas de Lacar. Pero, es Camino un poeta de folklore, o un poeta que manipula folklore? Porque hay que delimitar: o se escribe "en" popular o "con" popular ... En el primer caso se respeta la forma dialectal del idioma aferrándose a los barbarismos lugareños en una construcción verista y fotográfica; en el otro, se recoge el espíritu vernáculo, lo que hay en él de rítmico, de espontáneo y de limpiamente humano, para una reconstrucción erudita, vale decir, de artista consciente.

Tentativas así hicieron, en España, los Machado, en Rusia: Essenine, y, en otro arte: Igor Stravinski y Rimski-Korsakov. Entre nosotros, es honesto confesar que no ha aparecido aún el artista de comprensión profunda y de grande talento, que elevara lo popular a categoría. Se ha tentado hacer arte guaraní, quechua, incásico, rematando en lo infantil y casi siempre en lo tristemente ridículo, carnavalesco y anacrónico. Son respetables por el momento y por esta misma crisis, aquellos que ensayen una poesía "en" popular dentro de cada provincia, pero con cierto sentido consciente de lo puramente artístico, por lo mismo que preparan y facilitan la tarea del que habrá de construir con ello una obra orgánica y definitiva.

Sin firma. En Pedro Juan Vignale y César Tiempo. *Exposición de la actual poesía argentina* (Buenos Aires: Ediciones Tres Tiempos, 1927): 245-247.

LA PAMPA Y EL SUBURBIO SON DIOSES

Dos presencias de Dios, dos realidades de tan segura eficacia reverencial que la sola enunciación de sus nombres basta para ensanchar cualquier verso y nos levanta el corazón con júbilo entrañable y arisco, son el arrabal y la pampa. Ambos ya tienen su leyenda y quisiera escribirlos con dos mayúsculas para señalar mejor su carácter de cosas arquetípicas, de cosas no sujetas a las contingencias del tiempo. Sin embargo, acaso les quede grande aquello de Dios y me convenga más definirlas con la palabra *totem*, en su acepción generalizada de cosas que son consustanciales de una raza o de un individuo. (*Totem* es palabra algorquina: los investigadores ingleses la difundieron y figura en obras de Spengler y de F. Graebner que hizo traducir Ortega y Gasset en su alemanización del pensar hispánico).

Pampa. ¿Quién dio con la palabra pampa, con esa palabra infinita que es como un sonido y su eco? Sé nomás que es de origen quichua, que su equivalencia primitiva es la de llanura y que parece silabeada por el pampero. El coronel Hilario Ascasubi, en sus anotaciones a *Los Mellizos de la Flor*, escribe que lo que el gauchaje entiende por pampa es el territorio desierto que está del otro lado de las fronteras y que las tribus de indios recorren. Ya entonces, la palabra pampa era palabra de lejanía. No solamente para ese dato lo hemos de aprovechar al coronel, sino para que recuerde unos versos suyos. Aquí va un manojito:

> Ansí la pampa y el monte
> a la hora del mediodía
> un disierto parecía
> pues de uno al otro horizonte
> ni un pajarito se vía

Y aquí va otro:

> Flores de suave fragancia
> toda la pampa brotaba,
> al tiempo que coronaba
> los montes a la distancia
> un resplandor que encantaba.

Esa dicción hecha de dos totales palabras *toda la pampa* es agradable junto a lo de las flores, pues es como si viéramos a la vez una gran fuerza y una gran mansedumbre, un infinito poderío manifestándose en regalos. Pero lo que me importa indicar es que en ambas coplas, la pampa está definida por su grandeza. ¿Habrá esa tal grandeza, de veras? Darwin la niega a pie juntillas y razona así su incredulidá: *En alta mar, estando los ojos de una persona a seis pies sobre el nivel del agua, su horizonte está a una distancia de dos millas y cuatro quintos. De igual manera, cuanto más aplanada es una llanura, tanto más va acercándose el horizonte a estos estrechos límites: cosa que, a mi entender, aniquila enteramente la grandeza que uno le imagina de antemano a una gran llanura.* Guillermo Enrique Hudson, muy criollero y nacido y criado en nuestra provincia, trascribe y ratifica esa observación (*The Naturalist in el Plata, 1892*). ¿Y a qué ponerla en duda? ¿Por qué no recibir que nuestro conocimiento empírico de la espaciosidá de la pampa le juega una *falsiada* a nuestra visión y la crece con sus recuerdos? Yo mismo, incrédulo de mí, que en una casa del barrio de la Recoleta escribo estas dudas, fui hace unos días a Saavedra, allá por el cinco mil de Cabildo y vi las primeras chacritas y unos ombúes y otra vez redonda la tierra y me pareció grandísimo el campo. Verdá que fui con ánimo reverencial y que como tanto Argentino, soy nieto y hasta bisnieto de estancieros. En tierra de pastores como está, es natural que a la campaña la pensemos con emoción y que su símbolo más llevadero —la pampa— sea reverenciado por todos.

Al cabal símbolo pampeano, cuya figuración humana es el gaucho, va añadiéndose con el tiempo el de las orillas: símbolo a medio hacer. Rafael Cansinos Assens (*Los Temas Literarios y su Interpretación*, página 21 y siguientes) dice que el arrabal representa líricamente una efusión indeterminada y lo ve extraño y batallador. Esa es una cara de la verdá. En este mi Buenos Aires, lo babélico, lo pintoresco, ha desgajado de las cuatro puntas del mundo, es decoro del Centro. La morería está en Reconquista y la judería en Talcahuano y en Libertad. Entre Ríos, Callao, la Avenida de Mayo son la vehemencia; Núñez y Villa Alvear los quehaceres y quesoñares del ocio mateador, de la criollona siesta zanguanga y de las trucadas largueras. Esos tangos antiguos, tan sobradores y tan blandos sobre su espinazo duro de hombría: *El Flete, Viento Norte, El Caburé* son la audición perfecta de esa alma. Nada los iguala en literatura. Fray Mocho y su continuador Félix Lima son la cotidianidá conversada del arrabal; Evaristo Carriego, la tristeza de su desgaño y de su fracaso. Después vine yo (mientras yo viva, no me faltará quién me alabe) y dije antes que nadie, no los destinos, sino el paisaje de las afueras: el almacén rosado como una nube, los callejones. Roberto Arlt y José S. Tailón son el descaro del arrabal, su bravura. Cada uno de nosotros ha dicho su retacito del suburbio; nadie lo ha dicho enteramente. Me olvidaba de Marcelo del Mazo que en la segunda serie de *Los Vencidos* (Buenos Aires, 1910) posee algunas páginas admirables, ignoradas con injusticia. En cuanto a la *Historia de arrabal* por Manuel Gálvez, es una paráfrasis de la letra de cualquier tango, muy prosificada y deshecha (Conste que no pienso tan mal de todas las letras de tango y que me agradan muchísimo algunas. Por ejemplo: esa inefabilísima parodia que hicieron del *Apache*, y la *Campana de Plata* de Linnig con su quevedismo sobre la luz del farol que sangra en la faca y ese apasionamiento de la muchacha herida en la boca que le dice al malevo: *Más grandes mis besos los hizo tu daga*).

Es indudable que el arrabal y la pampa existen del todo y que los siento abrirse como heridas y me duelen igual.

Somos unos dejados de la mano de Dios, nuestro corazón no confirma ninguna fe, pero en cuatro cosas si creemos: en que la pampa es un sagrario, en que el primer paisano es muy hombre, en la reciedumbre de los malevos, en la dulzura generosa del arrabal. Son cuatro puntos cardinales los que señaló, no unas luces perdidas. El Martín Fierro, el Fausto, el Santos Vega, el otro Santos Vega, el Facundo, miran a los primeros que dije; las obras duraderas de esta centuria mirarán a los últimos. En cuanto a las montañas o al mar, ningún criollo litoraleño ha sabido verlos y dígalo nuestra poesía. El asoleado puñadito de mar que hay en el Fausto no es intensidá, es espectáculo: es un vistazo desde la orilla, es leve y reluciente como el sereno sobre las hojas. De la riqueza infatigable del mundo, sólo, nos pertenecen el arrabal y la pampa. Ricardo Güiraldes, primer decoro de nuestras letras, le está rezando al llano; yo —si Dios mejora sus horas— voy a cantarlo al arrabal por tercera vez, con voz mejor aconsejada de gracia que anteriormente. Algo, como dijo uno que no era criollo (Ben Jonson - *The Poetaster*):

> That must and shall be sung high and aloof,
> Safe from the wolf's black jaw and the dull ass's hoof.

JORGE LUIS BORGES

En *Proa*, 15 (Buenos Aires, 2ª época, enero 1926): 14-17.

EL TAMAÑO DE MI ESPERANZA

A los criollos les quiero hablar: a los hombres que en esta tierra se sienten vivir y morir, no a los que creen que el sol y la luna están en Europa. Tierra de desterrados natos es ésta, de nostalgiosos de lo lejano y lo ajeno: ellos son los *gringos* de veras, autorícelo o no su sangre, y con ellos no habla mi pluma. Quiero conversar con los otros, con los muchachos querencieros y nuestros que no le achican la realidá a este país. Mi argumento de hoy es la patria: lo que hay en ella de presente, de pasado y de venidero. Y conste que lo venidero nunca se anima a ser presente del todo sin antes ensayarse y que ese ensayo es la esperanza. ¡Bendita seas, esperanza, memoria del futuro, olorcito de lo por venir, palote de Dios!

¿Qué hemos hecho los argentinos? El arrojamiento de los ingleses de Buenos Aires fue la primer hazaña criolla, tal vez. La Guerra de la Independencia fue del grandor romántico que en esos tiempos convenía, pero es difícil calificarla de empresa popular y fue a cumplirse en la otra punta de América. La Santa Federación fue el *dejarse vivir* porteño hecho norma, fue un genuino organismo criollo que el criollo Urquiza (sin darse mucha cuenta de lo que hacía) mató en Monte Caseros y que no habló con otra voz que la rencorosa y guaranga de las divisas y la voz póstuma del *Martín Fierro* de Hernández. Fue una lindísima volunta de criollismo, pero no llegó a pensar nada y ese su empacamiento, esa su siesta chúcara de gauchón, es menos perdonable que su Mazorca. Sarmiento (norteamericanizado indio bravo, gran odiador y desentendedor de lo criollo) nos europeizó con su fe de hombre recién venido a la cultura y que espera milagros de ella. Después ¿qué otras cosas ha habido aquí? Lucio V. Mansilla, Estanislao del Campo y Eduardo Wilde inventaron más de una página perfecta, y en las postrimerías del siglo la ciudá de Buenos Aires dio con el tango. Mejor dicho, los arrabales, las noches del sábado, las chiruzas, los compadritos que al andar se quebraban, dieron con él. Aún me queda el cuarto de siglo que va del novecientos al novecientos veinticinco y juzgo sinceramente que no deben faltar allí los tres nombres de Evaristo Carriego, de Macedonio Fernández y de Ricardo Güiraldes. Otros nombres dice la fama, pero yo no lo creo. Groussac, Lugones, Ingenieros, Enrique Banchs son gente de una época, no de una estirpe. Hacen bien lo que otros hicieron ya y ese criterio escolar de bien o mal hecho es una pura tecniquería que no debe atarearnos aquí donde rastreamos lo elemental, lo genésico. Sin embargo, es verdadera su nombradía y por eso los mencioné.

He llegado al fin de mi examen (de mi pormayorizado y rápido examen) y pienso que el lector estará de acuerdo consigo si afirmo la esencial pobreza de nuestro hacer. No se ha engendrado en estas tierras ni un místico ni un metafísico ¡ni un sentidor ni entendedor de la vida! Nuestro mayor varón sigue siendo don Juan Manuel: gran ejemplar de la fortaleza del individuo, gran certidumbre de saberse vivir, pero incapaz de erigir algo espiritual, y tiranizado al fin más que nadie por su propia tiranía y su oficinismo. En cuanto al general San Martín, ya es un general de neblina para nosotros, con charreteras y entorchados de niebla. Entre los hombres que andan por mi Buenos Aires, hay uno solo que está privilegiado por la leyenda y que va en ella como en un coche cerrado; ese hombre es Irigoyen. ¿Y entre los muertos? Sobre el lejanísimo Santos Vega se ha escrito mucho, pero es un vano nombre que va paseándose de pluma en pluma sin contenido sustancial, y así para Ascasubi fue un viejito dicharachero y para Rafael Obligado un paisano hecho de nobleza y para Eduardo Gutiérrez un malevo romanticón, un precursor idílico de Moreira. Su leyenda no es tal. No hay leyendas en esta tierra y ni un solo fantasma camina por nuestras calles. Ese es nuestro baldón.

Nuestra realidá vital es grandiosa y nuestra realidá pensada es mendiga. Aquí no se ha engendrado ninguna idea que se parezca a mi Buenos Aires, a este mi Buenos Aires innumerable que es cariño de árboles en Belgrano y dulzura larga en Almagro y desganada sorna orillera en Palermo y mucho cielo en Villa Ortúzar y proceridá taciturna en las Cinco Esquinas y querencia de ponientes en Villa Urquiza y redondel de pampa en Saavedra. *Sin embargo,*

América es un poema ante nuestro ojos: su ancha geografía deslumbra la imaginación y con el tiempo no han de faltarle versos, escribió Emerson el cuarenta y cuatro en sentencia que es como una corazonada de Whitman y que hoy, en Buenos Aires del veinticinco, vuelve a profetizar. Ya Buenos Aires, más que una ciudá, es un país y hay que encontrarle la poesía y la música y la pintura y la religión y la metafísica que con su grandeza se avienen. Ese es el tamaño de mi esperanza, que a todos nos invita a ser dioses y a trabajar en su encarnación.

No quiero ni progresismo ni criollismo en la acepción corriente de esas palabras. El primero es un someternos a ser casi norteamericanos o casi europeos, un tesonero ser casi otros; el segundo, que antes fue palabra de acción (burla del jinete a los chapetones, pifia de los muy de a caballo a los muy de a pie), hoy es palabra de nostalgia (apetencia floja del campo, viaraza de sentirse un poco Moreira). No cabe gran fervor en ninguno de ellos y lo siento por el criollismo. Es verdá que de enancharle la significación a esa voz —hoy suele equivaler a un mero gauchismo— sería tal vez la más ajustada a mi empresa. Criollismo, pues, pero un criollismo que sea conversador del mundo y del yo, de Dios y de la muerte. A ver si alguien me ayuda a buscarlo.

Nuestra famosa incredulidá no me desanima. El descreimiento, si es intensivo, también es fe y puede ser manantial de obras. Díganlo Luciano y Swift y Lorenzo Sterne y Jorge Bernardo Shaw. Una incredulidá grandiosa, vehemente, puede ser nuestra hazaña.

Buenos Aires, enero de 1926.

Jorge Luis Borges

En *Valoraciones*, 9 (La Plata, 1926): 222-226 y en *El tamaño de mi esperanza* (Buenos Aires, Proa, 1926).

NACIONALISMO Y VANGUARDISMO EN LA LITERATURA Y EN EL ARTE

I

En el terreno de la literatura y del arte, quienes no gusten de aventurarse en otros campos percibirán fácilmente el sentido y el valor nacionales de todo positivo y auténtico vanguardismo. Lo más nacional de una literatura es siempre lo más hondamente revolucionario. Y esto resulta muy lógico y muy claro.

Una nueva escuela, una nueva tendencia literaria y artística busca sus puntos de apoyo en el presente. Si no los encuentra perece fatalmente. En cambio las viejas escuelas, las viejas tendencias se contentan de representar los residuos espirituales y formales del pasado.

Por ende, sólo concibiendo a la nación como una realidad estática se puede suponer un espíritu y una inspiración más nacionales en los repetidores y rapsodas de un arte viejo que en los creadores o inventores de un arte nuevo. La nación vive en los precursores de su porvenir mucho más que en los supérstites de su pasado.

Demostremos y expliquemos esta tesis con algunos hechos concretos. Las aserciones demasiado generales o demasiado abstractas tienen el peligro de parecer sofísticas o, por lo menos, insuficientes.

II

He tenido ya ocasión de sostener que en el movimiento futurista italiano no es posible reconocer un gesto espontáneo del genio de Italia y que los iconoclastas que se proponían limpiar Italia de sus museos, de sus ruinas, de sus reliquias, de todas sus cosas venerables estaban movidos en el fondo por un profundo amor a Italia.

El estudio de la biología del futurismo italiano conduce irremediablemente a esta constatación. El futurismo ha representado, no como modalidad literaria y artística, sino como actitud espiritual, un instante de la conciencia italiana. Los artistas y escritores futuristas, insurgiendo estrepitosa y destempladamente contra los vestigios del pasado, afirmaban el derecho y la aptitud de Italia para renovarse y superarse en la literatura y en el arte.

Cumplida esta misión, el futurismo cesó de ser, como en sus primeros tiempos, un movimiento sostenido por los más puros y altos valores artísticos de Italia. Pero subsistió el estado de ánimo que había suscitado. Y en este estado de ánimo se preparó, en parte, el fenómeno fascista, tan acendradamente nacional en sus raíces según sus apologistas. El futurismo se hizo fascista porque el arte no domina a la política. Y sobre todo porque fueron los fascistas quienes conquistaron Roma. Más, con idéntica facilidad, se habría hecho socialista, si se hubiese realizado, victoriosamente, la revolución proletaria. Y en este caso, su suerte habría sido diferente. En vez de desaparecer definitivamente, como movimiento o escuela artística, (ésta ha sido la suerte que le ha tocado bajo el fascismo), el futurismo habría logrado entonces un renacimiento vigoroso. El fascismo, después de haber explotado su impulso y su espíritu, ha obligado al futurismo a aceptar sus principios reaccionarios, esto es a renegarse a sí mismo teórica y prácticamente. La revolución, en tanto, habría estimulado y acrecentado su voluntad de crear un arte nuevo en una sociedad nueva.

Esta ha sido, por ejemplo la suerte del futurismo en Rusia. El futurismo ruso constituía un movimiento más o menos gemelo del futurismo italiano. Entre ambos futurismos existieron constantes y estrechas relaciones. Y así como el futurismo italiano siguió al fascismo, el futurismo ruso se adhirió a la revolución proletaria. Rusia es el único país de Europa donde, como lo constata con satisfacción Guillermo de Torre, el arte futurista ha sido elevado a la categoría de arte oficial.

En Rusia esta victoria no ha sido obtenida a costa de una abdicación. El futurismo en Rusia ha continuado siendo futurismo. No se ha dejado domesticar como en Italia. Ha seguido sintiéndose factor del porvenir. Mientras en Italia el futurismo no tiene ya un sólo gran poeta en plena beligerancia iconoclasta y futurista, en Rusia Mayakowski, cantor de la revolución, ha alcanzado en este oficio sus más perdurables triunfos.

III

Pero para establecer más exacta y precisamente el carácter nacional de todo vanguardismo, tornemos a nuestra América. Los poetas nuevos de la Argentina constituyen un interesante ejemplo. Todos ellos están nutridos de estética europea. Todos o casi todos han viajado en uno de esos vagones de la Compagnie des Grands Exprès Européens que para Blaise Cendrars, Valery Larbaud y Paul Morand son sin duda los vehículos de la unidad europea además de los elementos indispensables de una nueva sensibilidad literaria.

Y bien, no obstante esta impregnación de cosmopolitismo, no obstante su concepción ecuménica del arte, los mejores de estos poetas vanguardistas siguen siendo los más argentinos. La argentinidad de Girondo, Güiraldes, Borges, etc. no es menos evidente que su cosmopolitismo. El vanguardismo literario argentino se denomina "martinfierrismo". Quien alguna vez haya leído el periódico de este núcleo de artistas, M*artín Fierro*, habrá encontrado en él al mismo tiempo que los más recientes ecos del arte ultramoderno de Europa, los más auténticos acentos gauchos.

¿Cuál es el secreto de esta capacidad de sentir las cosas del mundo y del terruño? La respuesta es fácil. La personalidad del artista, la personalidad del hombre, no se realiza plenamente sino cuando sabe ser superior a toda limitación.

IV

En la literatura peruana, aunque con menos intensidad, advertimos el mismo fenómeno. En tanto que la literatura peruana conservó su carácter conservador y académico, no supo ser real y profundamente peruana. Hasta hace muy pocos años, nuestra literatura no ha sido sino una modesta colonia de la literatura española. Su transformación, a este respecto como a otros, empieza con el movimiento "Colónida". En Valdelomar se dio el caso del literato en quien se juntan y combinan el sentimiento cosmopolita y el sentimiento nacional. El amor snobista a las cosas y a las modas europeas no sofocó ni atenuó en Valdelomar el amor a las rústicas y humildes cosas de su tierra y de su aldea. Por el contrario, contribuyó tal vez a suscitarlo y exaltarlo.

Y ahora el fenómeno se acentúa. Lo que más nos atrae, lo que más nos emociona tal vez en el poeta César Vallejo es la trama indígena, el fondo autóctono de su arte. Vallejo es muy nuestro, es muy indio. El hecho de que lo estimemos y lo comprendamos no es un producto del azar. No es tampoco una consecuencia exclusiva de su genio. Es más bien una prueba de que, por estos caminos cosmopolitas y ecuménicos, que tanto se nos reprochan, nos vamos acercando cada vez más a nosotros mismos.

JOSÉ CARLOS MARIÁTEGUI

En *Mundial* (Lima, 4 de diciembre de 1924). Reproducido en *Peruanicemos al Perú* (Lima: Amauta, 1970): 76-79.

BUENOS AIRES COMO TEMA POÉTICO

La incorporación de la ciudad como tema poético a la literatura, es una conquista del realismo. Ni seudo-clásicos, ni románticos, ni modernistas, entre otros, supieron ver y sentir la polifacética urbe, tan cargada de luz poética, en su dolor y en su esperanza.

Fuera de nosotros, no podemos olvidar aquellas "Canciones de los Bosques y de las Calles", del viejo Hugo, ni a Copée en sus "Humildes". Y después, Baudelaire y Whitman. Esto en pleno fervor romántico. Darío, en sus "Prosas Profanas", tan exótico ya viene anunciando lo que será el tema preferido de muchos poetas de hoy: hay allí una composición a Buenos Aires aunque todavía muy vaga para suponer que esta ciudad es su musa inspiradora. Atisbos así, también pueden hallarse, en rigor, entre nuestros románticos; pero, a éstos les interesa más el dolor que henchía sus propias almas que la vida de los hombres con quienes se cruzaban todos los días en las calles. Tal vez esto les parecía prosaico.

Después, los simbolistas y decadentes, ocupados en describir las regiones más exóticas de la tierra, con sus correspondientes emperadores, princesas, cortes, cisnes, grifos y dragones, no podían ver de ningún modo el intenso caudal poético que corría por las calles de esta ciudad americana. Ellos la menospreciaban; y ella en tanto, se iba convirtiendo en una de las grandes urbes *tentaculares*, al decir del exaltador del dinamismo urbano: el belga Verhaeren.

Al salir de aquella fiebre de exotismo, nuestra poesía, por natural reacción, ya observada en otras épocas y en otras literaturas, se hizo realista. Intentó expresarse con claridad y sencillez, (tanto que, en los imitadores se hizo prosaica y pueril). ¿Qué más justo que al querer emanciparse de los libros, la poesía se inspirase en la Vida? El poeta entonces abrió sus ojos, y aguzó sus oídos de hombre, y vio y oyó lo que en la ciudad ocurría, porque la ciudad era su medio, el de sus impresiones diarias. La pampa era un país de quimera, (la pampa tradicional) tanto como Golconda o la China. ¿Muchos habían visto un gaucho? ... ¿No sería esta una creación de la fantasía de nuestros románticos semi-guitarreros? ... Y la ciudad, conquistada por el sentido realista, se incorporó como tema poético.

Mucho tuvieron que ver en esto las nuevas ideas sociales, que comenzaron a irrumpir en nuestra ciudad no ya tranquila. La siesta colonial caía en desuso; la piqueta terminaba con las últimas casonas de techo de tejas. Y los hombres y vehículos se arremolinaban en las calles. A otros tiempos, otras preocupaciones. El problema social, con todos sus enconos, asomó su desmelenada y cejijunta cabeza; el dolor de los suburbios, se actualizó y se hizo verso.

En 1902 aparecía un librito en el que su autor, un joven de 18 años, Federico A. Gutierres, tocaba con insistencia y acierto el tema ciudadano. El libro era "Gérmenes", hoy agotado y desconocido. Gutierres, cuyo principal defecto en *Gérmenes* se hallaba en su grandilocuencia diazmironiana, sabe dar notas de intención que colorean de sarcasmos sus versos. Es el primero de los poetas argentinos que ve la ciudad. "Gente baja", "En la Opera", "Del Futuro", "Paseando", "Vanitas vanitatum" ... Más tarde, en libros dados a luz con intervalos muy grandes: "Entre el pueblo" y "Escuchando el Silencio", Federico A. Gutierres insistía en sus temas ciudadanos: esto cuando otros poetas más jóvenes —Evaristo Carriego entre ellos— habían hecho ya de la ciudad casi el exclusivo tema de sus poesías. No diré que el autor de "Gérmenes" sea el precursor de la actual poesía ciudadana, porque nuestros poetas ciudadanos de hoy —Fernández Moreno, Yunque, Girondo, Borges, Riccio ...— han aparecido, seguramente, como una consecuencia natural de su temperamento realista, de su original visión objetiva, en unos épica, en otros humorística. Gutierres fue, sí, el primero que viera la ciudad con visión de poeta. Y después de él, Carriego.

Tan intensa se ha hecho la sugestión de la urbe, que en casi todos los poetas posteriores a Darío está ella, aunque sea fugazmente. Hasta en Lugones, tan dado a dejarse influenciar por los literatos extranjeros, se encuentra a veces, esta visión de la urbe. Y en Banchs, tan subjetivo siempre. Y en todos casi, ya realizada o intentada solamente, se puede observar su presencia. Basta hojear una de las antologías modernas —la de Barreda, la de Morales y Novillo Quiroga, o la de Noé— y se la comprobará.

En un pintoresco libro últimamente aparecido: "Exposición de la actual poesía argentina" por Pedro Juan Vignale y César Tiempo, y en el que se dan 45 nombres de los poetas más inmediatos, se observa esto: 25 aportan temas ciudadanos.

Esta preponderancia significa mucho para que pueda pasar inadvertida. Si igual observación se hubiese hecho al aparecer Evaristo Carriego entre los poetas sus coetáneos, seguramente que otro hubiera sido el resultado de ella. Veinte años han sido suficientes para que la ciudad se apodere del numen de nuestra poesía. "Misas Herejes", con su capítulo de motivos suburbanos, y sobre todo sus "Poemas Póstumos", (1913) en donde están *La Canción del Barrio, La costurerita que dio aquel mal paso*, e *Interior*, señalan un momento decisivo. Carriego hace suyo el suburbio, mejor, un suburbio de Buenos Aires, porque esta cosmopolita y polianímica, parece otra ciudad de Palermo o la Boca, por ejemplo.

Después de él, Fernández Moreno, en "Ciudad" (1917) y Alvaro Yunque en "Versos de la Calle" (1924), se apoderarían con muy distinto temperamento, sentimental el uno y satírico el otro, de los mil y un temas riquísimos que la urbe brindaba a su observación aguda. Y ésta es inagotable, porque, a nuevos temperamentos, nuevas visiones. La ciudad fue desnudando su alma a medida que un nuevo poeta la descubría.

Se la ve, sino exclusivamente, como tema casi preponderante, en estos libros: "Fervor de Buenos Aires" y "Luna de enfrente" (Jorge Luis Borges), "Veinte Poemas para ser leídos en el tranvía" (Oliverio Girondo), "Prismas" (González Lanuza), "Un Poeta en la Ciudad" (Gustavo Riccio), "El Violín del Diablo" (González Tuñón), "La Musa de la Mala Pata" (Nicolás Olivari), "Caballitos de Ciudad" (Ángel Guido), "Poeta Empleadillo" (Aristóbulo Echegaray) y "Cielo de Aljibe" (Antonio A. Gil).

Buenos Aires no puede quejarse de que los poetas la olviden.

Buenos Aires, 1927.

Ernesto Morales

En *La Pluma*, 4 (Montevideo, enero 1928): 94-95.

NATIVISMO

Antes de contestar las preguntas de esta encuesta creo necesario decir qué es, en una opinión, el *nativismo*. Me llama singularmente la atención el poco acuerdo que vengo notando en la aplicación del término.

Las palabras *nativo, nativista, nativismo*, andan en muchas bocas y en papeles como antes andaban las de criollo, criollismo. Y observo que con frecuencia salvo raras excepciones, a lo que antes le llamaban criollo, ahora le llaman nativo. Opino que no es la misma cosa. Y entiendo que el *nativismo* es el movimiento que puede definirse de este modo: el arte moderno que se nutre en el paisaje, tradición o espíritu nacional (no regional) y que trae consigo la superación estética y el agrandamiento geográfico del viejo criollismo que sólo se inspiraba en los tipos y costumbres del campo. Que un movimiento así definido existe y se agranda y triunfa, tonto sería negarlo.

El criollismo es una cosa vieja y estática; el nativismo es una cosa nueva y en evolución. ¿Por qué confundir, entonces, términos representativos de dos aspectos de nuestro arte? Y por último, permítaseme un comentario sobre la última pregunta.

Creo que el modernismo[1] hay que encararlo cruzándolo con el nativismo. Uno sin el otro decaerán; apoyándose mutuamente, no. Nativismo sin renovación, sin antena receptora de los nuevos modos de sentir y de expresarse sería caer en el error de nuestro viejo criollismo que siempre le atravesó el pingo a todo lo nuevo. Al arte moderno hay que cruzarlo con lo típico para fortalecerlo, atarlo a la tierra no con un cabestro: con una raíz. Y tendremos un modernismo participando de lo nuestro y por ende, un nativismo evolucionado y en evolución, que no reniegue del presente y si es posible, que se sobre para mostrar la pasta del porvenir (...)

FERNAN SILVA VALDES

Publicado con el título "Contestando a la encuesta de *La Cruz del Sur* en *La Cruz del Sur*, 18 (Montevideo, Año 3, julio-agosto 1927): 4. Reproducido por Hugo Verani, *Las vanguardias literarias en Hispanoamérica* (Roma: Bulzoni Editore, 1986): 303-304.

---

[1] Modernismo equivale aquí a vanguardismo.

1. 2. 3. 4. Tapas y portadas de revistas hispanoamericanas vinculadas con las vanguardias: *Contemporáneos* de México, *Amauta* 5 (Lima, 1927) y *La Cruz del Sur* 7 (Montevideo, octubre de 1925).

XV

VANGUARDIA LITERARIA Y POESÍA NEGRISTA[1]

MANIFIESTO EUFORISTA[2]

¡A la juventud americana!

¿Revolución lírica? Sí; ajustamiento de una nueva lírica creadora de gestos seguros y potentes en nuestra literatura falsificada y rala. Hora es ya de acabar con el verso matiz que ha degenerado nuestra lírica y añoñado nuestras mentalidades. Fuera esa garrullería de sentimentalismos dulzones, y pasa tú, lírica eufórica, tempestad de luz, ráfaga cósmica, sacudiendo nuestros espíritus. ¡Acabemos de una vez y para siempre con los temas teatrales, preciosismos, camafeos, artificios! Cantemos a lo fuerte y lo útil, lo pequeño y potente. Fortalezcamos nuestras almas entumidas y tiremos una paralela al siglo literario. Aplastemos la idea absurda de antiguos ídolos que sólo han servido para proclamarnos débiles, fofos, ralos: Padilla, Gautier, Momo, Vidarte, Muñoz (orador hecho vate) De Diego (ocarina gritona).

Es la hora de gritar que en Puerto Rico se anuncia la aurora del siglo XX y que al rajarse el vientre preñado de la literatura salte el verso gritando: —"¡Agarremos al siglo; agarremos al siglo!"

El poeta debe ser para la humanidad un tónico y no un laxante. ¿Whitman, Marinetti, Ugarte, Verhaeren, dadaísmo? No. ¡Euforismo!

¡Juventud, es tu hora! Gritemos, destruyamos, creemos. ¡Creador!

¡Rompamos los moldes viejos, la tradición! Olvidemos el pasado; no tengamos ojos sino para el presente luminoso y para el futuro más luminoso aún. ¡Hagamos una nueva historia, una nueva tradición, un nuevo Pasado! ¡Y los que detrás vengan que destruyan

---

[1] En este capítulo transcribimos, además de los documentos relacionados estrictamente con el arte negro, los que ilustran el contexto vanguardista en su manifestación puertorriqueña.
[2] Sin que el hecho de la publicación que hacemos del Manifiesto Euforista suponga en modo alguno, que le demos nuestra solidaridad, publicamos el estridente documento, para que no puedan decir sus autores, jóvenes y apasionados poetas, que se les bloquea por el silencio, y de ello quieran deducir la razón suprema para mostrarse más iconoclastas.

como nosotros, que renueven! ¡Renovación, he ahí la clave!

¡Recordar es podrirse, entumecerse! ¡Cerremos nuestra memoria, máquina imitadora, loro estúpido, y abramos nuestra imaginación a hacer "cosas nuevas bajo el sol". Bienvenido el vértigo, el peligro y la locura.

Resumimos:

1.— Declaramos inútil los metros, pues creemos que la poesía no es sino síntesis de sentimiento y visión.
2.— Elevamos nuestra protesta contra el recuerdo y la mujer.
3.— Exaltamos el verso en la línea segura, el color chillón, el amor bárbaro y brutal, el vértigo, el grito y el peligro.
4.— Reconocemos un sentimiento hondo y fuerte en todo aquello que nos rodea, olvidado por estar a nuestro lado: en la miseria, en el dolor apagado y en las cosas comunes.
5.— Proclamamos el verso espontáneo, lleno de defectos, áspero y rudo, pero sincero.

¡Viva la máquina, la llave, la aldaba, la tuerca, la sierra, el marrón, el truck, el brazo derecho, el cuarto de hotel, el vaso de agua, el portero, la navaja, el delirium tremens, el puntapiés y el aplauso!

¡Vivan los locos, los atrevidos; los aeroplanos, las azoteas y el jazz band!

¡Abajo las mujeres románticas, el poeta melenudo, los niños llorones, los valses, la luna, las vírgenes y los maridos!

¡Madre locura, corónanos de centellas!

Tomás L. Batista
Vicente Palés Matos

En *El Imparcial* (San Juan de Puerto Rico, 1 de noviembre de 1922). Reproducido en Luis Hernández Aquino, *Nuestra aventura literaria. Los Ismos en la poesía puertorriqueña, 1913-1948*, 2ª edición (San Juan: Editorial Universitaria de Puerto Rico, 1966): 227-229.

EL ARTE NEGRO

Cuando la revista francesa *Action* hizo una encuesta sobre el Arte Negro, pidiendo a varios autores que sintetizaran en una frase concisa su opinión sobre los famosos fetiches y máscaras hoy tan a la moda, yo respondí:

Amo el Arte Negro, porque no es un arte de esclavos.

Se creyó ver en mi respuesta que yo pretendía hacer una frase de *esprit*. La paradoja o la voltereta parecía evidente. Los negros son esclavos, yo evadía el cuerpo con un simple salto.

Sin embargo, nada más lejos de mi espíritu que evadirme a una respuesta de frente. Bajo la apariencia de una paradoja, yo creo haber presentado la esencia de la estética negra.

Los negros no imitan directamente la naturaleza. En sus obras hay una mayor transposición que en el arte europeo, son menos esclavos del objeto que los artistas blancos.

Por lo tanto, mi respuesta era muy seria y tan de acuerdo con mi concepto estético general, que pocos años antes escribía en mi revista *Création* este aforismo para los nuevos poetas:

> No seamos instrumento de la naturaleza, sino hagamos de la naturaleza nuestro instrumento. O sea, en otras palabras: no hagamos un arte de esclavos, sino de amor.

Los negros, a pesar de su larga historia de esclavitud, son mucho menos esclavos que los blancos, por lo menos en lo que al arte se refiere.

Seguramente sus obras obedecen a leyes plásticas que conocen y que siguen con cierta fidelidad; pero como esas leyes son creadas por ellos, como son verdades de su espíritu y no imposiciones de verdades externas, ellos no son esclavos, pues no se puede ser esclavo de sí mismo.

Justamente ese mayor alejamiento de la realidad es lo que prueba que en sus obras entra mayor cantidad de arte que en las obras que permanecen pegadas al mundo real.

La verdad del arte empieza allí donde termina la verdad de la vida.

El Arte Negro está mucho más cerca de la creación que de la imitación. He ahí la razón de su importancia para mí y el porqué diez años antes que se pusiera de moda y que empezara a adornar los salones de la gente de *élite* y hasta los *boudoirs* de las grandes *cocottes*, yo empezaba mi colección y adornaba con ellos mi escritorio.

Para nosotros y para todos los artistas de la nueva generación, el Arte Negro tiene otra importancia harto menos banal que una simple moda. Es todo un principio estético, admirable de equilibrio y de proporciones, admirable en la justificación de sus volúmenes, de sus líneas y sus planos, admirable en la intención de sus relaciones y correspondencias.

Nada en ellos obedece al azar, todo está allí por una razón estética y una necesidad superior.

Ahora bien, ¿qué ha hecho la moda con el Arte Negro? En París el Teatro de los Campos Elíseos ha montado una revista negra que es una grotesca mistificación.

Han dado vuelta patas arriba las leyes básicas constitutivas del Arte Negro y nos quieren hacer tragar por Arte Negro un pastiche ridículo hecho por europeos que no tienen idea de lo que significa ese arte.

Y aquello que no debió haber salido jamás de nuestras capillas y de las manos de unos cuantos iniciados que lo amaban de veras porque de veras lo comprendía, es ahora el objeto de discusiones y entusiasmos de cualquiera dama aprensiva o señorita nerviosa.

Todos lo proclaman y nadie sabe por qué. Es la ridícula manía parisiense de imitar a los artistas. Después de la moda de los sulfuros de colores de 1830, que nosotros empezamos comprando a dos francos y que hace un año ya se vendían a seiscientos, ahora esas buenas gentes nos suben de precio los fetiches y las máscaras negras.

¿No se podría lanzar la moda de los fósforos tricolores?

VICENTE HUIDOBRO

Lo transcribimos de *Obras completas*, Tomo I, ediciónes citada, 820-821.

DECALOGO ATALAYISTA

Art. 1.— Empezaremos por decir que todo idiota es un antiatalayista, enemigo del movimiento mecánico actual y un ser anquilosado que si tiene narices, carece de cerebro.

Art. 2.— Más que el dodecaedro —figura de 12 facetas— el Atalayismo puede hablar de dos caras, las caras que tiene y las que no tiene. De ahí que el mentecato arrabalesco canadiense no lograra darnos en la cara, a pesar que es un superhombre. Poseemos los letreros de todas las ciudades del mundo. ¿Queréis saber? Londres es nuestra mesa, Berlín nuestra ventana, París nuestro balcón, Viena nuestra cama, Constantinopla nuestra camisa, Pekín nuestra peinilla y Nueva York nuestra corbata ... ¿Sobresalimos? Esa es la cuestión: sobresalir. Todo el que sobresale, dejó de ser pequeño. (También sobresale la naranja: señal de que dejó de ser naranja).

Art. 3.— Según un farfantón mediocrizante, teorizante de bullanguería, Atalayismo es un Pato que pesca lo que otros no consiguieron. Creo —no estoy casi seguro y pido perdón si me equivoco, a pesar de que ustedes, queridos señores, no son los llamados a criticar a un atalayista— que ser Pato es ser atalayista.

Art. 4.— El Pato del Atalayismo —ya muchos quisieran ser patitos de auroras y no amadisitos nervos— ha llegado a la vida con el pico muy largo y las alas muy hondas. De tal suerte provisto, al alargar el cuello picotea mundos desconocidos, y al extender las alas, perfora horizontes. Más tarde lo encontraréis en Argentina, Uruguay, Paraguay, Brasil, Colombia, Bolivia, Perú, Chile, Ecuador, Venezuela, América Central, México y los Estados Unidos, después en Europa y el Oriente, nadando como un solemne patito de Budha ...

Art. 5.— Aunque Atalayismo es un "Ismo" con un "Atalay" al frente, no penséis —pobres sentimentales de baratillo subliterario— que él —un hombre vestido de Pato— es uno de tantos trucos escolásticos de trascendencias de ayer. Recordar que Abismo no es una Escuela. No olvidéis que Atalayista es todo aquel que desea ser personal en este momento violento de nuestra literatura y nuestra política. Atalayismo es la doctrina de cada minuto. Es la juventud de Puerto Rico. Es la vida nuestra, mirada desde el Atalaya razonador de nuestras reales conquistas. Es el reverdecimiento de nuestros espíritus gastados por el afán de la cuchara y el plato de los municipios. Ser Atalayista, es ser patriota, y es ser Poeta. ¿Que explotó un neumático, anduvo un paralítico, un poeta famoso —v.g. La Hija del Caribe— se cura las quemaduras imitativas? Eso es Atalayismo; el momento que impera. Viejo latón que suena de la misma sensación que un piano nuevo. El chirrido de una puerta celosa que se abre es tan melodioso como el suspirar de una flauta. La rasgadura de un traje sensual es más hipnotizante que una sinfonía de Beethoven. El rebuzno de una bestia es más rotundo que una estrofa cesteriana, repleta de muecas saltimbanquistas. Es igual un Juan Caliente que una fusta, un ladrido que un arrullo.

Art. 6.— No pensamos los Atalayistas convertir a los mistagogos de la vieja religión. Sólo deseamos hacerle la obra caritativa de limpiar a los enfermos de las barrocas musiquitas. Ya saben mis amigos —Llorens Torres (hamaca y salcocho)— y uno muy atrevido que se atrevió a publicar creo que una especie de libreto que merece estar en la gloria apolillada de la Biblioteca Carnegie —ejemplar de malas bibliotecas—, Gaspar Gerena Bras —ambos ínfimos antonomásticamente— que el Atalayismo se vende en cápsulas, según reza uno de nuestros sabios calembures.

Art. 7.— Como el Atalayismo es movimiento —igual de tren que de idea, metamorfosis, aceleración, velocidad— no dudamos que con nuestras pastillas anti-catarral-sifilítico-tetánica atalayistas muchos enfermos andando cogidos de nuestras manos, como los bebés, sudarán la modorra que sobre ellos vomitaron los plectos damnificados de Musset y Silva, sin pensar en el mal que hacían. ¿Mal? No; en el bien que hacían. Porque si estos antropopitecos no existiesen, nosotros no tendríamos a quien limpiar. ¿Y dónde quedarían nuestras gracias doctorales?

Art. 8.— Reconociendo que la idiotez de estos dignísimos señores que honran nuestra literatura mediocre es tan ultraidiotizada, no esperamos contestaciones. Nos conformamos con dedicarles los manicomios de los museos y librerías y con anunciarles que los echaremos en las carreteras del olvido, prometiéndoles, además, que sólo nos ocuparemos de la Juventud Puertorriqueña, única fuerza que aprieta los cuatro mil puntos cardinales del Universo. —Qué los muertos entierren a sus muertos— gritó Cristo, cuando creyó dejar a los mundanos y a las rameras.

Graciany Miranda Archilla
Atalaya de los Dioses

En *El Tiempo* (San Juan de Puerto Rico, 1 octubre 1929): 8. Reproducido en Luis Hernández Aquino, *Op. cit.*, 250-252.

SEGUNDO MANIFIESTO EUFORISTA

¡A los poetas de América!

¿Poetas de América? Tal vez. Va nuestro segundo manifiesto a todos los que sientan en sus venas, aún caliente, la sangre primitiva de los antiguos y fuertes pobladores de nuestro continente. Que el Norte y el Sur extiendan sus manos a través de las Antillas, y tocándonos con sus dedos meñiques, griten: "¡Somos, existimos!"

Levantemos poetas, levantemos sobre la grande ruina del pasado la inmensa mole de una nueva literatura cantadora de la belleza útil y exaltadora de nuestra América.

Quédense a un lado Nervo, Rubén, Reissig, etc., que dieron al mundo una idea falsa de lo que vive en nosotros y laboraron con manos femeniles pequeños camafeos y dijes inútiles. Barramos de una vez y para siempre esa caterva de flautistas a la luz de la luna, sacudamos nuestros espíritus y que el verso, metal fundido y chorreante, nos bautice en el nombre de América.

Poetas jóvenes, a vosotros va nuestra exaltación. Pongamos nuestras estrofas en armonía con las cataratas del Niágara y que se abra la emoción como la boca del Orinoco. Pase el escalofrío de la cordillera andina en nuestros poemas, canten las locomotoras locas de vértigo que cruzan como relámpagos sobre las montañas y las lagunas, truenen las trucks, y salte, crudo y fuerte el salitre de nuestras costas a las estrofas masculinas. Abajo los poetas que beben en Londres y digieren en París.

Levantemos, poetas, levantemos la Torre de Babel de nuestro pensamiento y que las razas se fundan y que la lengua sea para cantar el verso que nace en el Yukón como el que palpite en las Pampas.

Tiremos cables de Polo a Polo, horademos las montañas; aviente la chispa encendida y que las grúas titánicas vayan a recoger estrellas al infinito. ¡Conquistemos la América!

1.— Proclamemos la grande República Eufórica Americana.
2.— Exaltemos la personalidad en la revolución lírica.
3.— Nos cantamos-cantamos al continente, uno, único.
4.— Auguramos el fenómeno de fusión pan-americano a través de las Antillas en nuestra lírica eufórica.
5.— Proclamamos la unidad de razas y de religiones: la inutilidad de las fronteras y de las lenguas.
6.— Apuntamos el fenómeno del superhombre, una mitad latino y otra mitad sajón, cuando se cumpla el pensamiento eufórico.

¡Norte y Sur, alistados al llamamiento; ericemos las bayonetas de nuestros versos y conquistemos la América literaria para América! Seremos.

Euforismo, tú has de trocar la inutilidad de nuestra literatura y de nuestras religiones y de nuestros sentimientos, por una nueva revelación literaria, una nueva religión, una nueva política, una nueva América, única y sola.

¡Poetas, alistaos al llamamiento! Seremos. ¡Seremos!

Vicente Palés Matos
Tomás L. Batista

En *El Imparcial* (San Juan de Puerto Rico, 16 de enero de 1923). Reproducido por Luis Hernández Aquino, *Op. cit.*, 231-232.

DEL NOISMO - GESTO

Incitación del grupo. ¡No!

Ja, ja, ja ... Heis el solo comentario que nos ocurre ahora que erguimos nuestra audacia joven frente al siglo. Carcajadas amplias para reblandecer la rigidez que mecaniza la vida circundante. Recias carcajadas para acompasar el ritmo innovador que se abre siempre que una generación ataca un tiempo nuevo en la sinfonía del progreso.

Tiempos son estos de renovación. Pero de renovación honda, intrahumana. Aspiramos a renovar la morfología del pensar literario, pero también las esencias, los valores. Y que al rajarse el vientre preñado de la literatura salte el verso gritando: "Agarremos el siglo. Agarremos el siglo".

Por eso alzamos nuestra hacha demoledora contra la literatura zonza, de gimoteos estériles; contra el verso afeminado; contra la prosa charlatana y mendaz; contra los pontífices del preceptismo; contra los importadores de "novedades"; contra la canalla literaria, inescrupulosa y venal; contra este espantoso sistema social que atrofia las iniciativas y enerva los talentos; contra el utilitarismo y la moral puritana; contra la seriedad, contra los dogmas.

Hora es ya de acabar con el verso matiz que ha degenerado nuestra lírica y añoñado nuestras mentalidades. ¡Fuera esa garrulería de sentimentalismos dulzones, y pasa tú, caballo desbocado, tempestad de luz, ráfaga cósmica, verso nuevo sacudiendo nuestros espíritus!

Demos un puntapié a esos temas teatrales de caseta de títeres, y pisoteemos con furor todo lo que sea preciosismo, camafeo, artificio. Tracemos una paralela de acero a nuestro siglo literario.

Frente a la ataraxia intelectiva que ennoblece los espíritus y que imprime a la vida sentidos de neto rutinarismo; frente a la estulticia de la mediocracia, que agrava cierta innegable venalidad congénita; frente a ese largo coro de imbeciloides que deifica a grafómanos sin más enjundia mental que un poco de audacia y un mucho de vanidad, frente a las neomanías, a las ideofobias y a las ideocracias, el NOISMO es a manera de un viejo rijoso, castigante y orientador, pleno de esencias y de músicas nuevas, y de un extraordinario dinamismo trascendente.

El NOISMO es un puñado de energía creadora.
Es un brazo fuerte de sembrador.
Es un grito en cinta de hondas reivindicaciones espirituales.

Es el gesto macho y fecundo de una juventud libre, anhelosa de agilizar el pensamiento, de afinar el cordaje de los centros estéticos, de dislocar el ritmo acromático y enfermizo de la vida contemporánea.

LECTOR, UNAS PALABRITAS AL OIDO

Nosotros mismos no sabemos lo que es el NOISMO.

El NOISMO no resuelve ningún problema estético, ni moral, ni social, ni político, ni económico. Estamos más allá del plano del sentido común. Desde cualquier punto de vista el NOISMO no significa nada. NOISMO es una palabra como otra cualquiera. Pero, usada por nosotros, y para dar nombre a nuestro grupo, ya cobra una significación propia. De ella hemos extraído, como del huevo de un mago, ideas, pautas, estéticas, energías, gestos, espejuelos, carcajadas, egolatría, sueño, mentiras, NOISMO, T. N. T., abreviaturas, versos, banderas bolcheviques ...

El NOISMO es una enfermedad, y se muere de NOISMO como se muere de beri-beri.

Se entra al NOISMO como a un circo donde se están exhibiendo fieras. El NOISMO es cuando el cielo se junte con la tierra. Nosotros aseguramos que el NOISMO ha hecho pensar más a ciertos poetas consagrados que a nosotros mismos.

Si nosotros dijéramos que somos los primeros intelectuales de América no habríamos cometido ninguna indiscreción. El NOISMO señala la época evolucionada de Puerto Rico, en todos sentidos.

El NOISMO no es una escuela literaria: es una imposición del Siglo. El NOISMO es una perpendicular que bisecta el ángulo obtuso de nuestras idiosincracias raciales. ¿Qué eso no es posible ni geométrica ni ideológicamente? Está usted equivocado. Ya no pensamos con Euclides. Además, hoy la ideología tiene forma de tirabuzón. ¿Entendió?

Poetas jóvenes, a vosotros va nuestra exaltación. Pongamos nuestra estética en armonía con las cataratas del Niágara y que se abra la emoción como la boca del Orinoco. Pase el escalofrío de la cordillera andina en nuestros poemas, canten las locomotoras locas de vértigo que cruzan en ráfagas de llamas, truenen los trucks, y salte crudo y fuerte el salitre de nuestras costas en las estrofas masculinas. ¡Levantemos la única Torre de Babel del Pensamiento!

He aquí que no hallamos la verdad. Hemos interrogado todos los pensadores de sabiduría, hemos aventurado todas las tentativas, y seguido todas las huellas, y ensayado todos los esfuerzos, y amontonado probabilidades. ¿Y para qué? Para agotar infructuosamente las energías nuevas sobre los problemas viejos. En vano, en vano hemos buscado la verdad con el único entusiasmo de los veinte años. Horadamos con amplia mirada inquisidora todas las verdades sin dar con la verdad. Tibias voluptuosidades de los momentos vividos sobre los senos sugerentes de una certidumbre, sonoros regocijos de las revelaciones, largas inquietudes calmadas por la tardía solución del grande Enigma. Nada de esto conocemos, ni por satisfacción refleja.

Fuera, nuestro insistente clamor no ha hallado eco, y se han perdido nuestras miradas en horizontes inasequibles. Sigamos, pues, las rutas interiores. Detengámonos a escuchar las voces que rumorean en los estratos más profundos del espíritu. Cerremos nuestra memoria, máquina imitadora, coro estúpido. Salomón, mago prodigioso, "se hacen cosas nuevas bajo el sol".

Busquemos nuestra verdad. Bastante tiempo nos habéis tenido pendientes de vuestros labios insinceros, ¡oh, filósofos!, hurgando nuestra curiosa inquietud sin darnos la clave, provocando nuestra sed sin enseñarnos la fuente. Menester nos es nacer de nuevo. Ahora vamos a crear nuestra lógica. Urge borrar lo sido, tachar el pasado, y afirmar sobre las nuevas arrogancias una vida nueva. No creer; dudar; negar. Pararse en medio de la multitud que sigue mansamente los caminos trillados y vencerla, y echarle encima la norma: ¡NO! ¡NO! ¡NO!

La duda es el nervio de nuestro pensamiento. Para nosotros todo prestigio consagrado ha de ser objeto de revisión; toda afirmación es contradictoria en su propia esencia; toda escuela es una capciosa telaraña; toda teoría, un alarde dialéctico; toda filosofía, un engaño sistematizado. En esta norma noísta profundiza su raigambre una egolatría hermética que nos empuja a crearnos una realidad nuestra, insertando en ella los aspectos delicuescentes de la vida, haciéndonos parte de su realidad, onda de su vibración, nota de su acorde. Creemos en la concepción nonista del universo. Pero no nos preocupamos de investigar cual es la substancia última, que imprime un sentido de unidad a todas las cosas, porque esa substancia fundamental es nuestra realidad, la única realidad posible. El mundo, ¡oh filósofos!, es nuestra Realidad. Por eso escribimos nuestro nombre con mayúscula, y el nombre de los demás con abreviatura. Hemos de ser. Porque somos los únicos, HEMOS DE SER.

La Estética Noísta no conoce límites en el tiempo ni el espacio. Lo cantamos todo, porque todo es nuestro, porque todo está en nosotros, porque lo hemos sido todo en el corazón, poliédrico de la vida: astro, hormiga, sueño, maldición, eternidad ...
Despleguemos a los catorce vientos del espíritu nuestra bandera de llamas.
Proclamemos la libertad de reír, de pensar, de soñar ...
Proclamemos la literatura áspera, ruda, pero sincera.
Proclamemos la grande República del Pensamiento
—¡Abajo las mujeres románticas, los perillanes "Balloon", el poeta melenudo, los niños llorones, los valses, la luna y los maridos!
¡Vivan los locos, los atrevidos, los aeroplanos, las azoteas, el jazz band, las coquetas y los vagos!
Exaltamos la personalidad en la revolución destructora. Nos queda mucho por hacer, más por rehacer, y todo por destruir. Si es preciso empezar ya, henos dispuestos. Un dinamismo martilleante nos muerde la carne hasta el hueso, una vibración de ala nos enciende el espíritu todo en energía. En cualquier sonido el anuncio convocador del clarín, en cualquier ruido el fragor incipiente de la grande batalla. Estamos hechos de acción. ¡Eh! ¿Por qué estáis ahí vosotros en una pasividad anquilosante, adormecidos por el tibio arrimo de las cosas viejas? ¡Ea! Despertad los miembros entumecidos. ¡Vamos a hacer la historia! Requerid la picota y aprestaos a demoler el desvencijado andamiaje de lo consagrado, pronto el brazo, desafiante la mirada, retador el gesto y un cálido entusiasmo en la audacia destructora.
¡Aquí estamos con nuestro grito y nuestros puños!
Hemos de ser. Porque somos los únicos, hemos de ser.
Seremos.
Ja, ja, ja ...

Año Primero de la Era Noísta.

SAMUEL R. QUIÑONES, VICENTE PALÉS MATOS,
VICENTE GEIGEL POLANO, EMILIO R. DELGADO
y otros NOISTAS

En *El Imparcial* (San Juan de Puerto Rico, 17 de octubre de 1922): 2. Reproducido por Luis Hernández Aquino, *Op. cit.*, 241-245.

EL HONDERO LANZO LA PIEDRA

La pupila diferenciadora del lector crítico debe observar que la modernidad en el arte del verso, es virtud poética distinta a la de novedad. Modernidad es la moda que pasa con la estación y la época; y novedad es el descubrimiento y la revelación de nuevos aspectos de las cosas. Más que el ser moderno, el poeta debe aspirar a ser eterno.

Estamos asistiendo a una revolución lírica que destruirá todo lo que hasta aquí se ha hecho. Hay que nacer de nuevo. La consigna es anteponer el verso rítmico al verso métrico.

Es sustituir la imagen indirecta por la imagen indirecta. La verdad está en la esencia y la potencia del poema, no en la metrificación, que puede llegar a ser un ejemplo de mecánica exterior, pero nunca una revelación de los fluidos psíquicos superiores del poeta. Porque debemos darnos cuenta —y es el momento de salir de nuestra ignorancia— de que no es amontonamiento de palabras lo que constituye la poesía, sino una sutil y cuidadosa enunciación de palabras que obedezcan a un estado de alma para dar aquellas imágenes que perfilan con exactitud el espíritu de las cosas, y que, al dejar el mundo de la nada para entrar en el mundo de las formas, resultan en todos los momentos de realización de la belleza, un pálido reflejo de lo visto o imaginado. Yo rompo la métrica y la rima, y agujereo el porvenir con mi grito, con mi grito de hondero que lanzo la piedra: ¡Abajo el soneto, esa pieza que fue flor de orfebrería y pensamiento en Darío, sol de imágenes y rarezas en Herrera Reissig, copa de magia en Lugones, y modelo de plasticidad en Guillermo Valencia; pero que, deformado por el pobre Francisco Villaespesa, ha quedado convertido luego en receptáculo de cuanto poetastro pare el Mundo ...!

A la poesía no le viene bien el verso métrico. Me hieden ya los cadáveres de Campoamor y Núñez de Arce. Me aburre el cacareo monótono de las diuturnas taravillas de corral. Me fastidia el perfume soso y frío de la rosa, el vuelo igual y barato de los pajaritos en las enramadas. Fuera la rosa, el clavel y la luna. Rompamos la vara de medir versos. Desmetriquemos y desrimemos. Fuera el sonsonete que nos hizo idiotas desde los días del colegio. Demos un puntapié al pasado, a la tradición, y a la muerte. Seamos niños ... Empecemos otra vez a ver las cosas con ojos infantiles, para que descubramos nuevos matices y ritmos. Sobre todo, descubramos nuevos ritmos. El ritmo es todo: la armonía, la correspondencia de las palabras y las ideas, la correspondencia del espíritu con el cuerpo menudo e inmenso del Cosmos.

La primera palabra de un poema —matriz, ritmo, esencia— tened presente que es y será el fin de la obra. Tono mayor o tono menor; poesía meridional o poesía septentrional; torbellino de imágenes y color o vaguedad de brumas; objetivismo crudo y áspero con máscara de luz; subjetivismo dulcemente filosófico y estético en la ventana persuasiva del silencio y las meditaciones, la obra del poeta sólo rendirá obediencias al ritmo, a la línea, al matriz, a lo esencial y substancial del círculo ultraterrenal en la concepción exacta del Universo. Las cosas quieren ser en amplitudes vertiginosas, aunque en un orden puro y libre como el de los astros. Desliteraturicémonos para caer en la Naturaleza. Ella oculta sus formas para el que no penetra en sus verdes reinos despojado de la faramalla retórica de los clásicos. El poeta es un ser próximo a la Naturaleza. Es un salvaje. Su espíritu se ilumina al sentir el roce húmedo y áspero del hocico de la bestia. Solo así traduce el secreto lenguaje musical de la tarde en que el grillo traspasa con su nota gris y persistente la torre carcomida del Parnaso. Desliteraturicémonos. Matemos el cisne y el ruiseñor. Yo proclamo el imperio de la rana, esa joya de porcelana verde prendida al seno oscuro de las charcas. Matemos la elocuencia, el tono mayor, lo grave, lo teatral, lo que se pavorealea en los pintarrajeados escenarios, donde la carátula humana se hincha en proporción a su imbecilidad y pedantería. Matemos el signo de admiración y la rimbombancia y la garrulería de los adjetivos puestos sin consciencia intelectual; matemos la lógica, las reglas y la mesura. Desnudémonos en el mar oloroso y fresco de las cosas y, sobre todo, seamos humildes con los muñecos que hacen la felicidad de los niños en el Guinol de la república del Domingo. Vivamos la vida simple, la vida anónima del buen zapatero que sólo levanta la cabeza para enhebrar la aguja al rayo del sol que traspasa el tragaluz de su covacha.

De este modo, el poeta arrojará en el camino la vieja carga de ripios y tópicos que hacen de su poesía un museo de reliquias históricas.

Olvidemos a Darío, a Herrera Reissig y a todos los que por estar encerrados en la cárcel del verso métrico y por no haberse desligado en absoluto de la tradición literaria, han pasado a ser clásicos, momias del Parnaso en telarañas.

Una mano nos llama entre la niebla. Detrás de las torres góticas están el rascacielos y el barrio con las banderas azules de las blusas y el ritmo cotidiano de las cosas triviales y maravillosas.

La poesía ha de ser síntesis, esencia, sensación, magia, todo en la dimensión sexta donde no alcanza más que la pupila creada para el matiz que se escapa y el oído formado para el sonido que no se oye ...

Seamos en la Naturaleza siguiendo el punto que indica, en su inmovilidad hierática, la pirámide hermana del río sagrado y el foco parpadeante de Sirio. Si la belleza está en lo absurdo, sigamos lo absurdo ...

Vivamos en la Naturaleza, pero no para copiarla ni para imitarla, sino para revelarla y plantar la Vida sobre la Nada y superar la Creación en su vértigo de esencias y formas.

E. RIBERA CHEVREMONT

Puerto Rico Ilustrado (San Juan de Puerto Rico, 12 de abril de 1924). Reproducido por Luis Hernández Aquino, *Op. cit.*, 233-235.

ACRACIA ATALAYISTA

Los atalayistas nos declaramos automedontes del carro del mundo —odiamos a los seres imbéciles que permiten ser guiados por otros— para lanzar nuestras bombas explosivas desde sus guardalodos hacia las ciudades tullidas, presididas por retoricistas enfermos, envueltos aún en las frisas carcomidas de la forma. Alrededor de nuestras cinturas tenemos apretadas correas de sol para fustigar a los erotomaníacos que bostezan todavía en las tibias faldas de amantes desconsoladas.

Queremos trazar una nueva ruta a tantos entes fosiles que tenemos en Puerto Rico, como, por ejemplo, L. Kotright, vendedor de hojas de patatas; Rafael Márquez, enfermero de galerías versíferas; Eugenio Astol, gran portador de bellezas en versos esqueléticos; Benítez Flores, esquizofrénico cruzrojista; a Juan A. Corretjer, péndulo que oscila entre el presente y el futuro con miras al pasado; a Vicente Géigel Polanco, poeta que, a pesar de sus altos vuelos, degolló a su musa; a Samuel R. Quiñones, abogado con sueños de poeta; a Juan Calderón Escobar, que se ahorcó de la primera cuerda de su lira —nosotros la quemamos, porque nuestra generación no la necesita—; los atalayistas no queremos abusar de los difuntos Dante, Anacreonte, Homero, Petrarca, Ovidio, Cervantes, Shakespeare, y Byron, etc.

Aunque sea poniendo las espadas el revolucionismo sobre sus pechos álgidos. Empujados por los puños transparentes de la época hemos trazado en Puerto Rico, un camino a seguir: el Atalayismo. Única rabiza artística que puede hacer despertar a nuestro pueblo de su sueño de cuatro siglos y medio. Nuestro hiparca atalayista Graciany Miranda Archilla, dice: "Puerto Rico antes de nosotros no había tenido poetas". Maravilloso acierto. Si afirmamos por ejemplo, que un versificador es un poeta, Puerto Rico ha tenido un millón de poetas. Ahora, si decimos que un poeta es un creador, un inventor, un constructor de mundos, se reafirma lo que dice nuestro hermano Archilla.

Un versificador no sabe más que hacer consonantes. ¿Podría un versificador darle a un río la forma de una estrella?

Y así, agarrados de las cabelleras de los huracanes de la libre emoción, retamos al universo desde las torres de nuestra Atalaya.

Ya hemos acariciado las risas eléctricas de los poetas nocturnos en los cuales los alambres conductores son frágiles cuerpos de mujer cargados de lascivia. Admiremos los postes eléctricos como si fueran princesas soñadoras. Admiremos sus collares de bombillas que son diamantes de seiscientos quilates, los cuales se nutren de la oscuridad.

Aún estamos en San Juan, y vemos que esta ciudad concupiscente se ciñe a su cintura los carros eléctricos como si fuesen cintas de brujas diabólicas. Parados en las esquinas, camisas de seda y guardapelos de raso hablan distintos idiomas. Hemos cogido la carretera que conduce de San Juan a Ponce por la costa, y de un terrible macetazo hemos roto la columna vertebral. Hemos tenido la hidalguía de romper los pesebres donde tantos cuadrúpedos —comedores de soledad— alimentaban su inercia malsana. Vamos atalayistas, quememos todo lo que sea antiguo, es decir, todo lo que enferme —según dijo Archipámpano de Zintar— para ponerle a nuestro siglo el traje de nuestro júbilo potente.

Abofeteemos con la risa de nuestros aplausos la cara de tantos seres paleolíticos, cobardes y adocenados. Riamos estridentemente hasta dejar sordos a tantos rumiantes platacantomios.

C. Soto Vélez
Atalaya de los Dioses

En *El Tiempo* (San Juan de Puerto Rico, 16 de setiembre de 1929): 4. Reproducido por Luis Hernández Aquino, *Op. cit.*, 248-249.

MANIFIESTO ATALAYISTA

Las nubes pirotécnicas de nuestra rebeldía contra el arcaísmo andrógino de las formas utilitarias hacen su explosión en los campos mefíticos del metro y de la rima, como petardos que destrozan rocas ingentes de siglos petrificados.

Queremos explotar la cantera del librepensamiento para construir nuevas carreteras por donde solamente pasen las máquinas incoercitivas de la electricidad, única diosa que acariciará las cúpulas de nuestro triunfo.

Nuestro intento es quemar las montañas embriagadas de penumbras académicas y de falsos ídolos que con sus tijeras olorosas a romanticismo despilfarran lentamente los encajes fosforescentes de la única literatura de porvenir que podría crearse en nuestra gastada Antilla, pisoteada aún por los espectros nostálgicos de extranjeros ociosos y faltos de salud espiritual.

La pólvora de nuestra sangre es suficiente para destruir las trincheras miasmáticas de los soldados cobardes que no se atreven a salir a pelear a campo raso con las bayonetas caladas de su honor y su civismo, por el sagrado encruzamiento de las ideas libertarias.

¡Abajo las cobardías!

Odiamos la belleza anémica creada por espíritus enfermos, porque ésta no sólo contagia, sino que destruye.

Encontramos más belleza en un cuadro donde fusilan a cien rebeldes que en uno donde se nos presenta un desnudo de mujer.

Amamos más el vértigo que nos produce una rosa abierta de velocidad que el que nos produjera el contoneo de una dapper mesalínica.

Pedimos con altivez de emperadores la destrucción de todo aquello que extenúe o que amilane.

Un descarrilamiento de trenes es diez mil veces más bello que los éxtasis de Santa Teresa.

Creemos que una ciudad ardiendo contiene más belleza que todos los museos del mundo. Pedimos a todo trance que las imprentas se abstengan de publicar libros ñoños o envueltos en las sábanas del pasado.

Renegamos de las revistas que den publicidad a literaturas fosilizadas o hueras, porque estas —las literaturas— solamente serán apariciones de siglos olvidados y por tanto son obsedentes al encaminamiento de una vida progresional.

Requerimos esto valientemente de todos los directores de periódicos y de revistas, porque en ellos se sostiene la columna salutífera de todo el electorado del país y porque son los más responsables del adelanto intelectual en cuanto a materia de exteriorización se trate.

Seremos sus enemigos más encarnizados y violentos si no actúan conforme a estas proposiciones, porque ellos son los preparadores, en cierto modo de armas de combate.

Los atalayistas pedimos el libérrimo poder de la acción porque ésta es la única que puede enroscarse a su cintura los cinturones de las estrellas.

Queremos sobre todas las cosas poner nuestros besos ardientes sobre los precipicios de la voluntad para cazar los relampagos diabólicos del peligro con los anzuelos estrellados de nuestros espíritus guerreros.

Estamos seguro que la juventud literaria puertorriqueña se anexaría a nosotros para dar el grito más rebelde que habrá de darse en los ciclos literarios de las Antillas.

C. Soto Vélez
Atalaya de los Dioses

En *El Tiempo* (San Juan de Puerto Rico, 12 de agosto de 1929): 4. Reproducido por Luis Hernández Aquino, *Op. cit.*, 246-247.

XVI

INDIGENISMO Y VANGUARDIA POÉTICA

NATIVISMO E INDIGENISMO EN LA LITERATURA AMERICANA

La corriente "indigenista" que caracteriza a la nueva literatura peruana, no debe su propagación presente ni su exageración posible a las causas eventuales o contingentes que determinan comúnmente una moda literaria. Tiene una significación mucho más profunda. Basta observar su coincidencia visible y su consanguinidad íntima con una corriente ideológica y social que recluta cada día más adhesiones en la juventud, para comprender que el indigenismo literario traduce un estado de ánimo, casi un estado de conciencia del Perú nuevo.

Este indigenismo, que está solo en un período de germinación —falta aún un poco para que dé sus flores y sus frutos— podría ser comparado, salvadas todas las diferencias de tiempo y de espacio, al "mujikismo" de la literatura rusa pre-revolucionaria. El "mujikismo" tuvo parentesco estrecho con la primera fase de la agitación social en la cual se preparó e incubó la revolución rusa. La literatura "mujikista" llenó una misión histórica. Constituyó un verdadero proceso del feudalismo ruso, del cual salió este inaplazablemente condenado. La socialización de la tierra, actuada por la revolución bolchevique, reconoce entre sus gérmenes espirituales la novela y la poesía "mujikista". Nada importa que al retratar el mujik —tampoco importa si deformándolo o idealizándolo— el poeta o el novelista ruso estuvieran muy lejos de pensar en la socialización.

De igual modo el "constructivismo" y el "futurismo" rusos, que se complacen en la representación de máquinas, rascacielos, usinas, etc., corresponde a una época en que el proletariado urbano, después de haber creado un régimen cuyos usufructuarios son hasta ahora los campesinos, trabaja por occidentalizar a Rusia, llevándola a un grado máximo de industrialismo y electrificación.

El indigenismo de nuestra literatura actual no está desconectado de los demás elementos nuevos de esta hora. Por el contrario, se encuentra articulado con ellos. El problema indígena tan presente en la política, la economía, y la sociología, no puede estar ausente de la literatura y del arte. Se equivocan gravemente quienes juzgándolo por la incipiencia o el oportunismo de pocos o muchos de sus corifeos, lo consideran, en conjunto, artificioso.

Tampoco cabe duda de su vitalidad por el hecho de que hasta ahora no ha producido una obra maestra. La obra maestra no florece sino en un terreno abonado por una anónima u oscura multitud de obras mediocres. El artista genial de una estirpe no es, ordinariamente, un principio, sino una conclusión. Aparece, normalmente, como el resultado de una experiencia.

Menos aún cabe alarmarse de esporádicas exageraciones. Ni unas ni otras encierran el secreto ni conducen la savia del hecho histórico. Toda afirmación necesita tocar sus límites extremos. Detenerse a especular sobre la anécdota es exponerse a quedar fuera de la historia.

Esta corriente indigenista de otro lado, encuentra un estímulo en la asimilación por nuestra literatura de elementos de cosmopolitismo. Ya he señalado la tendencia autonomista o nativista del vanguardismo en América. (En la nueva literatura argentina nadie se siente más "porteño" que Girondo y Borges, ni más "gaucho" que Güiraldes. En cambio, quienes como Larreta permanecen enfeudados al clasicismo español se revelan radical y orgánicamente incapaces de interpretar a su pueblo).

Otro acicate, en fin, en algunos, es el exotismo que a medida que se acentúan los síntomas de decadencia de la civilización occidental, invade la literatura europea. A César Moro, a Jorge Seoane y a los demás artistas que últimamente han emigrado a París, se les pide allá temas nativos, motivos indígenas. Nuestra escultora Carmen Saco ha llevado en sus estatuas y dibujos de indios el más válido pasaporte de su arte.

Este último factor exterior es el que decide a cultivar el indigenismo, —aunque sea a su manera y sólo episódicamente,— a literatos que podríamos llamar "emigrados", como Ventura García Calderón, a quienes no se puede atribuir la misma moda vanguardista artificiosa ni el mismo contagio de los ideales de la nueva generación que se supone en los literatos jóvenes que trabajan en el país.

Veamos ahora por que una corriente, nacionalista y revolucionaria al mismo tiempo, en la literatura peruana, tenía que ser definidamente indigenista y no genérica o integralmente criollista.

El criollismo no ha podido prosperar en nuestra literatura, como una corriente de espíritu nacionalista, ante todo porque el criollo no representa todavía la nacionalidad. Se constata, casi uniformemente, desde hace tiempo, que somos una nacionalidad en formación. Se percibe ahora, precisando ese concepto, la subsistencia de una dualidad de raza y de espíritu. En todo caso se conviene, unánimemente, en que no hemos alcanzado aún un grado elemental siquiera de fusión de los elementos reales que conviven en nuestro suelo y que componen nuestra población. El criollo no está netamente definido. Hasta ahora la palabra "criollo" no es casi más que un término que nos sirve para designar genéricamente una pluralidad, muy matizada, de mestizos. Nuestro criollo carece del carácter que encontramos por ejemplo, en el criollo argentino. El argentino es identificable fácilmente en cualquier parte del mundo: el peruano, no. Esta confrontación, es precisamente la que nos evidencia que existe ya una nacionalidad argentina, mientras no existe todavía, con peculiares rasgos, una nacionalidad peruana. El criollo presenta aquí una serie de variedades. El costeño se diferencia fuertemente del serrano. En tanto que en la sierra la influencia telúrica indigeniza al mestizo, casi hasta su absorción por el espíritu indígena, en la costa el predominio colonial mantiene el espíritu heredado de España.

En el Uruguay, la literatura nativista, nacida como en la Argentina de la experiencia cosmopolita, ha sido criollista, porque allí la población tiene la unidad que a la nuestra le falta. El nativismo, en el Uruguay, por otra parte, aparece como un fenómeno esencialmente literario. No tiene, como el indigenismo en el Perú, una subconsciente inspiración política y económica. Zum Felde, uno de sus suscitadores como crítico, declara que ha llegado ya la hora de su liquidación. "A la devoción imitativa de lo extranjero —escribe—, había que poner el sentimiento autonómico de lo nativo. Era un movimiento de emancipación literaria. La reacción se operó; la emancipación, fue, luego, un hecho. Los tiempos estaban maduros para ello. Los poetas jóvenes volvieron sus ojos a la realidad nacional. Y, al volver a ella sus ojos, vieron aquello que, por contraste con lo europeo, era más genuinamente americano: lo gauchesco. Mas, cumplida ya su misión, el tradicionalismo debe a su vez pasar. Hora es ya de que pase, para dar lugar a un americanismo lírico más acorde con el imperativo de la vida. La sensibilidad de nuestros días se nutre ya de realidades y de idealidades distintas. El ambiente platense ha dejado definitivamente de ser gaucho; y todo lo gauchesco —después de arrinconarse en los más huraños pagos— a pasando al culto silencioso de los museos. La vida rural del Uruguay está toda transformada en sus costumbres y en sus caracteres, por el avance del cosmopolitismo urbano".

En el Perú, el criollismo, aparte de haber sido demasiado esporádico y superficial, ha estado nutrido de sentimiento colonial. No ha constituido una afirmación de autonomía. Se ha contentado con ser el sector costumbrista de la literatura colonial sobreviviente hasta hace muy poco. Abelardo Gamarra es, tal vez la única excepción en este criollismo domesticado, sin orgullo nativo.

Nuestro "nativismo" —necesario también literariamente como revolución y como emancipación—, no puede ser simple "criollismo". El criollo peruano no ha acabado aún de emanciparse espiritualmente de España. Su europeización —a través de la cual debe encontrar, por reacción, su personalidad— no se ha cumplido sino en parte. Una vez europeizado, el criollo de hoy difícilmente deja de darse cuenta del drama del Perú. Es él precisamente el que, reconociéndose a sí mismo como un español bastardeado, siente que el indio debe ser el cimiento de la nacionalidad. (Valdelomar, criollo costeño, de regreso de Italia, impregnado de d'annunzianismo y de snobismo, experimenta su máximo deslumbramiento cuando descubre o más bien imagina la belleza del Inkario).

Mientras el criollo puro conserva generalmente el espíritu colonial, el criollo europeizado se rebela, en nuestro tiempo, contra ese espíritu, aunque sólo sea como protesta contra su limitación y su arcaísmo.

Claro que el criollo, diverso y múltiple, puede abastecer abundantemente a nuestra literatura —narrativa, costumbrista, folklorista, etc.—, de tipos y motivos. Pero lo que subconscientemente busca la genuina corriente indigenista en el indio, no es sólo el tipo o el motivo. Menos aún el tipo o el motivo pintoresco. El "indigenismo" no es aquí un fenómeno esencialmente literario, como el nativismo en el Plata. Sus raíces se alimentan de otro humus histórico. Los indigenistas que explotan temas indígenas por puro exotismo, —colaboran, conscientemente o no, en una obra política y económica de reivindicación— no de restauración ni de resurrección.

El indio no representa únicamente un tipo, un tema, un motivo, un personaje. Representa un pueblo, una raza, una tradición, un espíritu. No es posible considerarlo y valorarlo desde puntos de vista exclusivamente literarios, como un color o un aspecto característico nacional, colocándolo en el mismo plano que otros elementos etnográficos del Perú.

A medida que se le estudia, se averigua que la corriente indigenista no depende de simples factores sociales y económicos. Lo que da derecho al Indio a prevalecer en la visión del peruano de hoy es, sobre todo, el contraste y el conflicto entre su predominio demográfico y su servidumbre —no sólo inferioridad— social y económica. La presencia de tres millones de hombres de la raza autóctona en el panorama mental de un pueblo de cinco millones, no debe sorprender a nadie en una época en que este pueblo siente la necesidad de encontrar el equilibrio que hasta ahora le ha faltado en su historia.

José Carlos Mariátegui

En *La Pluma*, 1 (Montevideo, agosto 1927): 41-43. Incluido y ampliado en J.C.M. *7 ensayos de interpretación de la realidad peruana* (Lima: Amauta, 1928, 19ª edición, 1971): 327-346, bajo el título "Las corrientes de hoy. El indigenismo".

PRESENTACIÓN DE AMAUTA

Esta revista, en el campo intelectual, no representa un grupo. Representa, más bien, un movimiento, un espíritu. En el Perú se siente desde hace algún tiempo una corriente, cada día más vigorosa y definida, de renovación. A los fautores de esta renovación se les llama vanguardistas, socialistas, revolucionarios, etc. La historia no los ha bautizado definitivamente todavía. Existen entre ellos algunas discrepancias formales, algunas diferencias psicológicas. Pero por encima de lo que los diferencia, todos estos espíritus ponen lo que los aproxima y mancomuna: su voluntad de crear un Perú nuevo dentro del mundo nuevo. La inteligencia, la coordinación de los más volitivos de estos elementos, progresan gradualmente. El movimiento —intelectual y espiritual— adquiere poco a poco organicidad. Con la aparición de *Amauta* entra en una fase de definición.

Amauta ha tenido un proceso normal de gestación. No nace de súbito por determinación exclusivamente mía. Yo vine de Europa con el propósito de fundar una revista. Dolorosas vicisitudes personales no me permitieron cumplirlo. Pero este tiempo no ha transcurrido en balde. Mi esfuerzo se ha articulado con el de otros intelectuales y artistas que piensan y sienten parecidamente a mí. Hace dos años, esta revista habría sido una voz un tanto personal. Ahora es la voz de un movimiento y de una generación.

El primer resultado que los escritores de *Amauta* nos propusimos obtener es el de acordarnos y conocernos mejor nosotros mismos. El trabajo de la revista nos solidarizará más. Al mismo tiempo que atraerá a otros buenos elementos, alejará a algunos fluctuantes y desganados que por ahora coquetean con el vanguardismo, pero que apenas éste les demande un sacrificio, se apresurarán a dejarlo. *Amauta* cribará a los hombres de la vanguardia —militantes y simpatizantes— hasta separar la paja del grano. Producirá o precipitará un fenómeno de polarización y concentración.

No hace falta declarar expresamente que *Amauta* no es una tribuna libre abierta a todos los vientos del espíritu. Los que fundamos esta revista no concebimos una cultura y un arte agnóstico. Nos sentimos una fuerza beligerante, polémica. No le hacemos ninguna concesión al criterio generalmente falaz de la tolerancia de las ideas. Para nosotros hay ideas buenas e ideas malas. En el prólogo de mi libro *La Escena Contemporánea* escribí que soy un hombre con una filiación y una fe. Lo mismo puedo decir de esta revista, que rechaza todo lo que es contrario a su ideología así como todo lo que no traduce ideología alguna.

Para presentar a *Amauta* están demás las palabras solemnes. Quiero proscribir de esta revista la retórica. Me parecen absolutamente inútiles los programas. El Perú es un país de rótulos y etiquetas. Hagamos al fin alguna cosa con contenido, vale decir con espíritu. *Amauta* por otra parte no tiene necesidad de un proyecto; tiene necesidad tan solo de un destino, de un objeto.

El título preocupará probablemente a algunos. Esto se deberá a la importancia excesiva, fundamental, que tiene entre nosotros el rótulo. No se mire en este caso a la acepción estricta de la palabra. El título no traduce sino nuestra adhesión a la Raza, no refleja sino nuestro homenaje al Incaísmo. Pero especificamente la palabra *Amauta* adquiere con esta revista una nueva acepción. La vamos a crear otra vez.

El objeto de esta revista es el de plantear, esclarecer y conocer los problemas peruanos desde puntos de vista doctrinarios y científicos. Pero consideraremos siempre al Perú dentro del panorama del mundo. Estudiaremos todos los grandes movimientos de renovación — políticos, filosóficos, artísticos, literarios, científicos. Todo lo humano es nuestro. Esta revista vinculará a los hombres nuevos del Perú, primero con los de los otros pueblos de América, en seguida con los de los otros pueblos del mundo.

Nada más agregaré. Habrá que ser muy poco perspicaz para no darse cuenta de que al Perú le nace en este momento una revista histórica.

José Carlos Mariátegui

En *Amauta*, 1 (Año 1, setiembre 1926): 1.

NUESTRO PROGRAMA
REVISTA NGUILLATUN

HEMOS INICIADO la publicación de este periódico, al mismo tiempo que las gestiones para organizar un grupo del mismo nombre que esta hoja literaria. En otra época iniciamos un movimiento de ideas en favor de ciertas teorías literarias y estéticas que, en Europa, estaban en su más interesante período de gestación y frutecimiento. Nos impulsaba entonces sólo nuestro amor a un arte libre, en el cual hemos hallado mucha más satisfacción que en las exangües modalidades tradicionales. Por un momento, llegamos a vibrar sincrónicamente con los latidos evolucionistas de otras zonas intelectuales antípodas, en las cuales ya se han sucedido cada vez más nuevos acontecimientos de arte que han borrado la faz de aquel instante en el cual nosotros nos significamos. Como vuestra vitalidad literaria tiene, por varias razones, un ritmo más lento que la dinámica sucesión de estados de alma e intenciones de la vida europea, resulta que nos retrasamos cada vez más aún siendo modernos, con respecto a los más avanzados hechos de la cultura de otras naciones.

Fatalmente en nosotros se cristaliza siempre algo tarde la educación espiritual que nos ejemplifican las razas lejanas, esas poseedoras de la hermosa gracia de actuar dentro del foco luminoso del pensamiento contemporáneo, cada vez más complejo. Pero —y he aquí el primer punto reivindicativo de la arbitraria clasificación de infelices imitadores en que más de una vez se nos ha colocado— aunque siempre aparecemos como discípulos de los grandes países, nuestro mejor esfuerzo hoy tiende a crearnos una disciplina mental nacionalista, a cristalizar un programa ideológico nuestro pensando por cuenta propia. Como a pesar de ser un conglomerado étnico bastante difuso, constituimos una nación joven, este ideal está en vías de realizarse.

Mientras que actúan los factores raciales según las leyes superiores, necesitamos hacer de nuestra juventud una fuerza latente, una ondeante arbitrariedad que flamee frente a los ideales absurdos, para ayudar a la evolución natural. Necesitamos destruir todas las falsas tradiciones estéticas y filosóficas, para establecer la base de una tradición de arte nacionalista, inconfundiblemente nuestro. Y como en otra ocasión se nos tachó de europeizamiento y servilidad por el simple hecho de citar, en apoyo de nuestras concepciones personales, algunas teorías y fórmulas artísticas triunfantes en Europa, nada más justo, para descartar todo posible nuevo mal entendido, que empecemos ahora al revés de como iniciamos entonces nuestro movimiento. Esa otra manera de hacerlo es, recurrir a nuestra raza, en primer lugar. Si mediante la belleza literaria elevamos la significación vital de nuestra raza a un plano de idealismo, toda su expresión como entidad étnica constituirá el filón propio de un arte, que será criollo y universal a un mismo tiempo; que será nuestro color entre los colores del mundo; que será toda la humanidad hecha acontecimiento local nuestro ...

En fin, es llegada la hora de ponernos a la labor seriamente.

El programa de este periódico será múltiple; pero de esa multiplicidad se destacan algunos propósitos esenciales:

a) Dedicar sus páginas a estudiar los cantos, música, danzas, literatura y costumbres araucanas. Fomentar el gusto por las formas rudimentarias de las esculturas, fetiches, tejidos y demás objetos de adorno aborígenes; en una palabra, constituir en principal preocupación estética todos los aspectos del arte, en estado de larva, de los araucanos y fueguinos, grupos raciales que nos pertenecen de hecho. Por extensión, serán objeto de igual estudio todas las manifestaciones de arte aborigen de otras razas o tribus restantes de América del Sur, como los calchaquíes, chacos, cunzas, guaraníes, aymaraes, quechuas, incaicos, aztecas y caribes.

b) Estudiar, dilucidar en simplificadas exposiciones todas las teorías estéticas que engendraran la filosofía intuitiva de Bergson y la filosofía energetista de Kelvin, Mach y Oswald, a fines del siglo pasado, y que sólo han venido a fructificar en el plano literario en estos tiempos. Corrientes precursoras de la nueva espiritualidad, tales como el Simbolismo, Impresionismo, Cubismo y Expresionismo; corrientes vitalistas como el Futurismo, Nunismo y Paroxismo; corrientes destructoras, nihilizantes, como el Dadaísmo; corrientes de reconstrucción, como el Construccionismo, Activismo y Neo-Simbolismo Americano, serán objeto de particulares y documentados estudios.

Todo este Arco Iris ideológico no será un puro laberinto de erudición, sino un puente supremo para pasar desde nuestra atmósfera criolla —sea aquella de la época ulménica, o la de los días rituales de Santiago Antiguo y albores de la República— al encrespado piano de anhelos y experimentos que fueron los cuatro lustros que ya van corridos de este siglo.

Una vez realizada la coerción necesaria, este periódico, que tal vez se convierta en una revista copiosa, será el más fiel espejo refractor de nuestra temperatura intelectual. Desde ya, en su forma mínima presente, tiene la intención de planear su vuelo sobre atmósferas sudamericanas, y al través de ambos continentes.

Por un motivo o por otro —por su color nacionalista o por su valentía ideológica—, será amada esta hoja por las juventudes próximas o lejanas. Pues, en el fondo, el mismo anhelo de vitalidad literaria, el mismo ensueño que agita, en el escenario de sus ciudades humosas y puertos bruñidos, a los poetas, músicos, estetas y teorizantes libres de este siglo, es el que nos mueve a encomendar a la grupa del viento ésta nuestra débil hoja de alas grises, pájaro de invernadero intelectual ...

En: *Nguillatún. Periódico de Literatura y Arte Moderno*, 1 (Valparaíso, Año 1, 6 diciembre 1924). Reproducido por Nelson Osorio T., *Manifiestos, proclamas y polémicas de la vanguardia literaria hispanoamericana* (Venezuela: Biblioteca Ayacucho, 1988): 149-151.

LOS ESCOLLOS DE SIEMPRE

(...) Rodó dijo de Rubén Darío que no era el poeta de América, sin duda, porque Darío no prefirió como Chocano y otros, el tema, los materiales artísticos y el propósito deliberadamente americano en su poesía. Rodó olvidaba que para ser poeta de América, le bastaba a Darío la sensibilidad americana, cuya autenticidad, a través del cosmopolitismo y universalidad de su obra es evidente y nadie puede poner en duda (...)

La indigenización es acto de sensibilidad indígena y no de voluntad indigenista. La obra indígena es acto inocente y faltal del creador político o artístico, y no es acto malicioso, querido y convencional de cualquier vecino. Quiera que no quiera se es o no se es indigenista y no están aquí para nada, los llamamientos, las proclamas y las admoniciones en pro o en contra de estas formas de labor.

César Vallejo

En *Variedades* (Lima, 22 de octubre de 1927). Reproducido en *Literatura y arte; textos escogidos*, edición citada, 47-48.

XVII

VANGUARDISMO Y POESÍA SOCIAL

INTERPRETACIÓN SOCIAL DEL ARTE EN AMÉRICA

Un pequeño grupo de poetas en el Perú propugnamos desde hace 2 años la concepción marxista revolucionaria del poema, sin olvidarnos que el problema cultural difiere del problema político, aunque éste esté al servicio de aquél. Desde entonces nos hemos propuesto escribir otras. Conscientes de que una buena obra persuade más que 50 agitadores, además, luchamos contra la literatura de clase pequeña burguesa, individualista, y la nuestra de frente único, revolucionaria y de multitud orientada hacia un cierto neo-nacionalismo continental, la hemos extendido por todos los pueblos de América. Con este fin hemos fundado una literatura campesina, y la defendemos contra las tendencias y los grupos literarios que abiertamente, se inspiran en ideas reaccionarias. Cabe explicar la tendencia de nuestra literatura: como cosa social, no está subordinada a la realidad política de América, tiende a la captación ideal de nuestro designio grandioso de pueblo donde se funden todas las culturas del universo. Como arte no es el gesto lírico de una raza mestiza que todavía se siente indígena y que pasea estados emotivos en las leyendas incáica o azteca. No, no podemos hablar de una cultura indoamericana en países que todavía no se han independizado del feudalismo económico y del colonialismo espiritual a que están sometidos. Es fatal el proceso histórico de la evolución de los pueblos por etapas, por eso es simplista pensar en construir un arte propio, una ciencia, una cultura, sin base, marginándonos del Occidente —porque hay que comprender que debemos superar al pasado— América tiene que ser un crisol de culturas. De esta asimilación recién saldrá nuestra propia cultura. Se necesita ser poco visionario para no darse cuenta de una cosa tan fundamental. Bien, pero asimilar la cultura extranjera no quiere decir, servil copia, como creen por ejemplo algunos poetas que se roban versos de Mayakowski y le dan ciudadanía americana, o como el hecho de que algunos pintores imiten a Picasso, etc. en Buenos Aires o en la Habana, y que por este sólo hecho sea americano, o el caso de nuestros pensadores oscuros que no son sino máquinas parlantes de la filosofía alemana a través de España, para llamarse luego pensadores americanos. Nuestro arte no es de sensibilidad europea, ni aborigen; realizado en una época de fervor indoamericano, responde íntegramente a una concepción cósmica, con elementos propios de la raza, (el Instrumento). A la vez que sirve de agitación, registra la tragedia de 100 millones de hombres sometidos prácticamente al imperialismo económico yanqui. Nuestro arte no será instrumento político, para esto sobra talento, no es por individualismo. Nos sobra humanidad; somos antes que todo revolucionarios. No podemos sustraernos a un ciclo insurgente. El poeta, el artista verdadero no se improvisa, como creen algunos políticos de concepción unilateral, menos cuando sólo dogmatizan en cenáculos. Hay tan pocos poetas revolucionarios, conscientes de su histórica misión. Grandioso el país que los tenga. Estamos llenos de poetería feble, y éstos son los que resultan traidores, aunque quieran llamarse "revolucionarios poetas".

Nuestro arte es americano, legítimamente, su emoción está enraizada en la tierra y su palabra tiene el sonido del viento, por eso es también internacional, como es internacional y americano Diego Rivera que ha polarizado en sus manos el movimiento pictórico de todos los siglos y de todas las latitudes; como es americano Mariano Azuela en sus novelas *Malora* y *Los de abajo*; como es americano José Ingenieros, 3 revolucionarios y auténticos representativos; como ellos, en la juventud —ésta nuestra grandiosa esperanza positiva hay valores indiscutibles, y mal hacen los políticos en motejarlos desdeñosamente de "intelectuales", nada más que por manifiesta incapacidad de comprensión. Si no me equivoco llamaban así en Rusia Soviética a los leguleyos, a los profesores del zarismo, en general a los profesionales reformistas; ¿pero llamar en América "intelectual" a los escritores, más todavía identificados con el pueblo, en su mayor parte de ideología social definida, acaso porque carecen de practicismo político? No es tolerable. La táctica realista impone más comprensión. ¿Acaso ignoran que la revolución es un ideal? Entiendo que nosotros, dentro de la revolución y en este momento, ocupamos el primer puesto de avanzada. El pensamiento antecede a la acción.

Desde el primer momento abominamos un arte regional, limitado y falso por cuanto tiene como única finalidad la metaforización, bien individualista; comprendemos que todos tenemos que sentirnos útiles a la tarea común, como termómetros de sensibilidad que somos abarcamos mucho más de la realidad estética que nos rodea. Vemos muy claro el porvenir y comprendemos los peligros terribles de celestinaje del arte de metáfora o sea el "arte puro"; razón inobjetable para habernos sumado a la causa social del continente. El arte es la expresión genuina de los pueblos, y como tal tiene que ser revolucionario; por eso hemos puesto nuestro arte al servicio de la revolución. Esta corriente manifiesta en múltiples sectores del arte, ha tenido la virtud de que se nos tome en cuenta, no digo en los centros revolucionarios de Europa, sino hasta en la misma España, con ser ésta la antítesis de América.

Definitivamente planteada nuestra posición social, en su iniciación un tanto anarcoide, fue más tarde un frente que influyó a que muchos poetas nacionales se adhirieran, aunque no prácticamente por la prohibición que hay en el Perú al derecho de sindicalización. Cual sería nuestra sorpresa, cuando recibimos la adhesión franca de los poetas jóvenes de Bolivia, Chile, Ecuador, Uruguay, Colombia, Venezuela, para no citar sino a los países más afectados por el imperialismo yanqui en Sur América.

Nuestro problema es sustantivo y tenía que interesar como una nueva concepción de estética social, aunque económicamente no cumpla su rol histórico, por carecer la masa de preparación cultural, y sobre todo, hasta que los pueblos de Indoamérica no se unan y socialicen sus medios de riqueza y producción.

Son bien delineadas las etapas del arte en América; el feudal, el burgués, y últimamente el proletario.

El feudal tuvo su campo de acción durante la colonia y se inspiró en la dictadura de los señores (exaltación religiosa); este arte engendró un arte burgués, inspirado en compra y venta, encauzados en élites, el origen de su inevitable decadencia, (Romanticismo, Naturalismo, Parnasianismo, Simbolismo, Decadencia —Asunción Silva, Díaz Mirón y Chocano, Darío, Eguren, Herrera Reissig). Subdividiéndose a su vez en un arte pequeño burgués que es la realidad imperante en América individualista y anárquica, que trae consigo los gérmenes de su negación (Creacionismo, Maquinismo, Estridentismo, Ultraísmo, Simplismo —Huidobro, Parra del Riego, Maples Arce, Jorge Luis Borges, Alberto Hidalgo); precipitando un arte de liberación con contenido social, que adapta forma definitivamente de producción colectiva. Y, este es nuestro arte, de análisis, en pleno desarrollo, no solamente cultural, sino también económico, al revés del burgués, que es de síntesis imperialista. Solamente tras del nuestro, se dibuja el arte proletario, aspiración justa de las masas oprimidas; pero para esto es menester, inevitablemente, que se realice la justicia social.

México, D.F., 1928

SERAFÍN DELMAR

En *Repertorio Americano*, (XVII) 8 (25 agosto 1928): 122-123.

LA EXTREMA IZQUIERDA

I– Provisionalmente, y por razones de espacio y de comodidad explicativa, aceptemos sin discusión las diversas denominaciones o etiquetas de las dos tendencias o escuelas literarias que, hoy y aquí, más escándalo fabrican, y que se oponen la una a la otra en actitudes beligerantes

Florida	Boedo
Vanguardia	Izquierda
Ultraísmo	Realismo

Y como este procedimiento es cómodo y fácil, podríamos continuarlo hasta desfallecer por falta de argumentos:

"Martín Fierro" y	"Extrema Izquierda", "Los
"Proa"	Pensadores" y "Claridad"
La greguería	El cuento y la novela
La metáfora	El asunto y la composición
Ramón Gómez de la Serna	Fedor Dostoiewski

II– Aceptemos el término "realismo" a falta de otro más exacto y preciso, y a ver si nos entendemos. Solamente discutiendo con mala fe se explican los nombres de Zola y Gálvez que se nos arrojó como afrenta. El realismo en la literatura ha superado a Zola, y se ha desprendido de incómodas compañías (de la sociología principalmente y de la tesis y de los objetivos moralizadores) al mismo tiempo que se desarrollaba vigorosamente con aportes nuevos o rejuvenecidos, como el subconsciente.

III– No adherimos a la teoría del arte puro en el sentido estrecho, limitado y extraño que en Buenos Aires tiene, porque le descubrimos frivolidad y limitación. Para nosotros el arte es puro en cuanto no es tendencioso; y hoy ya no lo es. Es mal realismo el de Dicenta cuando compone un patrono asqueroso y un obrero con sentimientos de marqués. Nuestro realismo no es tendencioso; de modo que reivindicamos la pureza de nuestro arte. Lo que hay es que nuestro arte no lo independizamos del hombre; es su producto como la voz de la boca; y así como la voz dice tristeza o alegría, exaltación lírica o pesadumbre derrotista, del mismo modo nuestro arte expresa nuestras ideas y nuestros sentimientos.

IV– Tenemos una interpretación seria, trascendental, del arte. El ultraísmo —o lo que sea— no nos sirve; queremos algo que nos permita más grandes cosas. Para combinaciones y construcciones importantes como el poema, el paisaje, el cuento, etc., nos servimos, como de un elemento secundario, de la metáfora.

V– La metáfora, pues, es un material que sirve para componer fábricas literarias: cuentos, novelas, etc. No la despreciamos; seguimos creyendo que ha de estar subordinada al asunto, a la composición, etc.

VI– Mientras que todos los ultraístas se parecen entre sí con sus "ruidos que se suicidan" y sus "calles del recuerdo" y "el viento que se seca la cara en la tohalla turca de las paredes" y "los faroles que se ahorcan", los "realistas", en cambio, son más diferenciados entre sí, más ricos de variedad, y cada uno muestra características peculiares, lo que es fundamental en arte.

VII– El ultraísmo —o lo que sea— amenaza desterrar de su "arte puro" elementos tan maravillosos como el retrato, el paisaje, los caracteres, las costumbres, los sentimientos, las ideas, etc. Es una desventaja y una limitación.

En tan poco espacio no caben más razones. Y perdónenme la falta de pedantería por las ausentes citas de Croce, Lipps, etc.

Roberto Mariani

En Pedro Juan Vignale y César Tiempo, *Exposición de la actual poesía argentina (1922-1927)* (Buenos Aires: Minerva, 1927): x-xi.

"MARTÍN FIERRO" Y YO

Artículo de censura a MARTÍN FIERRO y su núcleo de redactores y colaboradores, no tenemos inconveniente en darlo a luz en nuestras columnas. No significa ello solidarizarnos con su doctrina y opiniones, que nos proponemos refutar, al mismo tiempo que insistiremos respecto de nuestra posición, en la cual nos afirmamos y no queremos variar, posición definida que, por lo visto, no resulta todavía clara para algunos, a pesar de nuestro editorial-programa del primer número, nuestro manifiesto del tercero, y la demostración, no por cierto completa, sino apuntada (como que estamos en los preliminares de la realización de un amplio programa), de cuanto queremos decir y hacer, evidenciada en los pocos números de esta segunda época de MARTÍN FIERRO, surgido en 1919 a impulso del sobresalto de la conciencia universal, y lógicamente adaptado al espíritu argentino del día y que denota la orientación de nuestros mejores intelectos jóvenes. Esta hospitalidad que ofrecemos gustosos a nuestro distinguido amigo y colaborador señor Mariani, es prueba, además, del designio de libertad en la expresión del pensamiento que inspira al grupo organizador de este periódico. —La Dirección.

La extrema izquierda

La extrema derecha literaria tiene sus periódicos, desde "La Nación" y "El Hogar" hasta el minúsculo semanario de barrio. El centro, —ni conservador ni revolucionario, pero más estático que dinámico—, posee en MARTÍN FIERRO un órgano eficaz. La izquierda cuenta con "Renovación".

Pero "Renovación" trae en todos los números un renovado elogio de José Ingenieros, y esto araña los ojos y pincha nuestro sistema nervioso.

Los que estamos en la extrema izquierda revolucionaria y agresiva, no tenemos donde volcar nuestra indignación, no tenemos donde derramar nuestra dulzura, no tenemos donde gritar nuestro evangélico afán de justicia humana. Por esto, y nada más que por esto, algunas gentes más o menos intelectuales, creen que toda la juventud argentina está orientada en la dirección que indican los periódicos del centro y de la derecha.

Y estas mismas gentes se asombran cuando aparece un autor como Elías Castelnuovo.
—Es una revelación —dicen—. Y éste, ¿de dónde sale?

Pues, señor: estaba en la izquierda, y no tenía abiertas hospitalariamente las planas de los periódicos vulgarizados y vulgarizadores. Ni acaso las quería abiertas así, de modo restringido y humillante.

Sin embargo, se seguirá observando solamente la orientación literaria de los escritores del centro y de la derecha cuando se quiere conocer el estado actual y la evolución de la literatura argentina.

El día en que aparezca un libro de Santiago Ganduglia, dirán todos:
—Y éste, ¿de dónde sale?

"Martín Fierro" y Lugones

Colmada está de elogios mi escarcela y a montones los apresa mi mano y los regala graciosamente a los ingeniosos e inteligentes escritores de MARTÍN FIERRO.

Pero en este momento se me ocurre caprichosamente detener el gesto dadivoso, componer el semblante al modo de los pedantes jefes de oficina, y oponer objeciones a los talentosos jóvenes que a Méndez tienen por Capitán.

Quiero decirles, —y me perdonarán la audacia—, que falta calor en el entusiasmo, y falta ímpetu en el combate, y falta rebeldía en la conducta. Seamos justos: sobra gracia, sobra ingenio, sobra inteligencia, y es excesiva la imaginación.

Hay un pecado capital en MARTÍN FIERRO: el escandaloso respeto al maestro Leopoldo Lugones. Se le admira en todo, sin reservas; es decir: se le adora como prosista, como versificador, como filólogo, como fascista. Esto resbaló de respeto comprensivo e inteligente a idolatría de labriego asombrado. El asombro es antiintelectual.

¡Qué gesto el de MARTÍN FIERRO si se encarara con el maestro gritándole groseramente de esta guisa:
—¡Maestro: su adhesión al fascismo es una porquería!

"Martín Fierro" y Martín Fierro

Símbolo de criollismo por el sentimiento, el lenguaje y la filosofía, es Martín Fierro, el poema de Hernández, el personaje de Hernández.

¿Por qué los que hacen MARTÍN FIERRO —revista literaria—, se han puesto bajo la advocación de tal símbolo, si precisamente tienen todos una cultura europea, un lenguaje literario complicado y sutil, y una elegancia francesa?

¿Qué tiene MARTÍN FIERRO, —revista literaria— que pueda ajustarse como anillo al dedo, al patrón criollista Martín Fierro?

Hasta hoy, la revista literaria MARTÍN FIERRO no tuvo para el personaje literario homónimo ni siquiera un recuerdo al pasar, como un incidental "Ah, sí, sí".

Bien es verdad que, como se infiere de las respuestas a la reciente inquisición o encuesta, comienzan los redactores de MARTÍN FIERRO por negar al pueblo argentino características genéricas y solidarias, con lo cual desglosan el inmortal poema de Hernández de su propio pueblo, de su propia tierra, de su época, de su ambiente.

Más cerca de Martín Fierro están aquellos que en literatura hacen labor llamada generalmente "realista" y que yo denominaría "humana".

O extranjeros o argentinos

"Cantar con toda la voz", pedía Martín Fierro.

Ahora recuerdo un proverbio de Antonio Machado. Los proverbios están en la raíz de la raza, y su filiación encontraríamosla en el substancioso y sentencioso Rabí Don Sem Tob de Carrión. De proverbios está lleno Martín Fierro.

Dice Antonio Machado:

> Despertad, cantores:
> Acaben los ecos,
> Empiecen las voces.

¡Eso: acaben los ecos y empiecen las voces!

He aquí una voz, una voz de muchacho porteño, de hoy, de aquí: Nicolás Olivari.

Mientras que los redactores de MARTÍN FIERRO se alejan de nuestra sensibilidad (¡comienzan por negarla!) y adhieren a mediocres brillantes como Paul Morand, francés, y Ramón Gómez de la Serna, español, he aquí un escritor argentino que en su libro se denuncia habitante de su ciudad y conciudadano de sus conciudadanos, entroncando, por consiguiente, con el auténtico y genuino Martín Fierro.

Buenos Aires, 4 julio 1924

Roberto Mariani

En *Martín Fierro*, 7 (Buenos Aires, Año I, 25 julio 1924).

ARTE, REVOLUCIÓN Y DECADENCIA

Conviene apresurar la liquidación de un equívoco que desorienta a algunos artistas jóvenes. Hace falta establecer, rectificando ciertas definiciones presurosas, que no todo el arte nuevo es revolucionario, ni es tampoco verdaderamente nuevo. En el mundo contemporáneo coexisten dos almas, las de la revolución y la decadencia. Sólo la presencia de la primera confiere a un poema o un cuadro valor de arte nuevo.
No podemos aceptar como nuevo un arte que no nos trae sino una nueva técnica. Eso sería recrearse en el más falaz de los espejismos actuales. Ninguna estética puede rebajar el trabajo artístico a una cuestión de técnica. La técnica nueva debe corresponder a un espíritu nuevo también. Si no, lo único que cambia es el paramento, el decorado. Y una revolución artística no se contenta con conquistas formales.
La distinción entre las dos categorías coetáneas de artistas no es fácil. La decadencia y la revolución, así como coexisten en el mismo mundo, coexisten también en los mismos individuos. La conciencia del artista es el circo agonal de una lucha entre los dos espíritus. La comprensión de esta lucha, a veces, casi siempre, escapa al propio artista. Pero finalmente uno de los dos espíritus prevalece. El otro queda estrangulado en la arena.
La decadencia de la civilización capitalista se refleja en la atomización, en la disolución de su arte. El arte, en esta crisis, ha perdido ante todo su unidad esencial. Cada uno de sus principios, cada uno de sus elementos ha reivindicado su autonomía. Secesión es su término más característico. Las escuelas se multiplican hasta lo infinito porque no operan sino fuerzas centrífugas.
Pero esta anarquía, en la cual muere, irreparablemente escindido y disgregado el espíritu del arte burgués, preludia y prepara un orden nuevo. Es la transición del tramonto al alba. En esta crisis se elaboran dispersamente los elementos del arte del porvenir. El cubismo, el dadaísmo, el expresionismo, etc., al mismo tiempo que acusan una crisis, anuncian una reconstrucción. Aisladamente cada movimiento no trae una fórmula; pero todos concurren —aportando un elemento, un valor, un principio—, a su elaboración.
El sentido revolucionario de las escuelas o tendencias contemporáneas no está en la creación de una técnica nueva. No está tampoco en la destrucción de la técnica vieja. Está en el repudio, en el desahucio, en la befa del absoluto burgués. El arte se nutre siempre, conscientemente o no, —esto es lo de menos— del absoluto de su época. El artista contemporáneo, en la mayoría de los casos, lleva vacía el alma. La literatura de la decadencia es una literatura sin absoluto. Pero así, sólo se puede hacer unos cuantos pasos. El hombre no puede marchar sin una fe, porque no tener una fe es no tener una meta. Marchar sin una fe es *patiner sur place*. El artista que más exasperadamente escéptico y nihilista se confiesa es, generalmente, el que tiene más desesperada necesidad de un Mito.
Los futuristas rusos se han adherido al comunismo: los futuristas italianos se han adherido al fascismo. ¿Se quiere mejor demostración histórica de que los artistas no pueden sustraerse a la gravitación política?. Massimo Bontempelli dice que en 1923; se sintió casi comunista y en 1923, el año de la marcha a Roma, se sintió casi fascista. Ahora parece fascista del todo. Muchos se han burlado de Bontempelli por esta confesión. Yo lo defiendo: lo encuentro sincero. El alma vacía del pobre Bontempelli tenía que adoptar y aceptar el Mito que colocó en su ara Mussolini. (Los vanguardistas italianos están convencidos de que el fascismo es la Revolución).

Vicente Huidobro pretende que el arte es independiente de la política. Esta aserción es tan antigua y caduca en sus razones y motivos que yo no la concebiría en un poeta ultraísta, si creyese a los poetas ultraístas en grado de discurrir sobre política, economía y religión. Si política es para Huidobro, exclusivamente, la del *Palais Bourbon*, claro está que podemos reconocerle a su arte toda la autonomía que quiera. Pero el caso es que la política, para los que la sentimos elevada a la categoría de una religión, como dice Unamuno, es la trama misma de la Historia. En las épocas clásicas, o de plenitud de un orden, la política puede ser sólo administración y parlamento; en las épocas románticas o de crisis de un orden, la política ocupa el primer plano de la vida.

Así lo proclaman, con su conducta, Louis de Aragón, André Bretón y sus compañeros de la *Revolución suprarrealista* —los mejores espíritus de la vanguardia francesa— marchando hacia el comunismo. Drieu La Rochelle que cuando escribió *Mesure de la France y Plainte contre inconnu*, estaba tan cerca de ese estado de ánimo, no ha podido seguirlos; pero, como tampoco ha podido escapar a la política, se ha declarado vagamente fascista y claramente reaccionario.

Ortega y Gasset es responsable, en el mundo hispano, de una parte de este equívoco sobre el arte nuevo. Su mirada así como no distinguió escuelas ni tendencias, no distinguió, al menos en el arte moderno, los elementos de revolución de los elementos de decadencia. El autor de *La Deshumanización del Arte* no nos dio una definición del arte nuevo. Pero tomó como rasgos de una revolución los que corresponden típicamente a una decadencia. Esto lo condujo a pretender, entre otras cosas, que "la nueva inspiración es siempre, indefectiblemente, cósmica". Su cuadro sintomatológico, en general, es justo; pero su diagnóstico es incompleto y equivocado.

No basta el procedimiento. No basta la técnica. Paul Morand, a pesar de sus imágenes y de su modernidad, es un producto de decadencia. Se respira en su literatura una atmósfera de disolución. Jean Cocteau, después de haber coqueteado un tiempo con el dadaísmo, nos sale ahora con su *Rappel à l'ordre*.

Conviene esclarecer la cuestión, hasta desvanecer el último equívoco. La empresa es difícil. Cuesta trabajo entenderse sobre muchos puntos. Es frecuente la presencia de reflejos de la decadencia en el arte de vanguardia, hasta cuando, superando el subjetivismo, que a veces lo enferma, se propone metas realmente revolucionarias. Hidalgo, ubicando a Lenin, en un poema de varias dimensiones, dice que los "senos salomé" y la "peluca a la *garçonne*" son los primeros pasos hacia la socialización de la mujer. Y de esto no hay que sorprenderse. Existen poetas que creen que el *jazz-band* es un heraldo de la revolución.

Por fortuna quedan en el mundo artistas como Bernard Shaw, capaces de comprender que el "arte no ha sido nunca grande, cuando no ha facilitado una iconografía para una religión viva; y nunca ha sido completamente despreciable, sino cuando ha imitado la iconografía, después de que la religión se había vuelto una superstición". Este último camino parece ser el que varios artistas nuevos han tomado, en la literatura francesa y en otras. El porvenir se reirá de la bienaventurada estupidez con que algunos críticos de su tiempo los llamaron "nuevos" y hasta "revolucionarios".

JOSÉ CARLOS MARIÁTEGUI

En *Amauta* (Lima, noviembre 1926). Lo reproducimos de J.C.M. *El artista y la época*, 4ª edición (Lima: Amauta, 1970): 18-22, versión con leves variantes con respecto a la de *Amauta*.

DEFENSA DEL DISPARATE PURO

Martín Adán toca en estos versos el disparate puro que es, a nuestro parecer, una de las tres categorías sustantivas de la poesía contemporánea. El disparate puro certifica la defunción del absoluto burgués. Denuncia la quiebra de un espíritu, de una filosofía, más que de una técnica. En una época clásica, espíritu y técnica mantienen su equilibrio. En una época revolucionaria, romántica, artistas de estirpe y contextura clásica como Martín Adán, no aciertan a conservarse dentro de la tradición. Y es que entonces formalmente la tradición no existe sino como un inerte conjunto de módulos secos y muertos. La verdadera tradición está invisible, etéreamente en el trabajo de creación de un orden nuevo. El disparate puro tiene una función revolucionaria porque cierra y extrema un proceso de disolución. No es un orden —ni el nuevo ni el viejo—; pero sí es el desorden, proclamado como única posibilidad artística. Y —hecho de gran relieve psicológico— no puede sustraerse a cierto ascendiente de los términos, símbolos y conceptos del orden nuevo. Así Martín Adán, obedeciendo a su sentido racionalista y clásico, traza en el paisaje un camino marxista y decide sindicar a los chopos. Otras comparaciones o analogías no le parecerían ni lógicas, ni eficaces, ni modernas. Una tendencia espontánea al orden aparece en medio de una estridente expresión de desorden.

JOSÉ CARLOS MARIÁTEGUI

En *Amauta*, 13 (Lima, marzo 1928). En esta nota Mariátegui comenta el poema "Gira" de Martín Adán. Reproducido en: *J.C.M. Peruanicemos al Perú* (Lima: Amauta, 1970): 155.

VANGUARDISMO

Heraldo y secuela, a un tiempo mismo, de las grandes conmociones sociales que periódicamente sacuden las entrañas del mundo, son las grandes revoluciones ideológicas y estéticas que ponen de vez en vez banderillas de fuego a la rutina. No hay un sólo sector en el radio de las actividades físicas o mentales del hombre, que no sufra íntimamente las consecuencias de una reforma social de las que forman época en la historia, singularizándose por radicalismos efectivos y por superhumanas violencias.

De América, de la América NUESTRA, de la que pudiera decirse que se encuentra situada actualmente en un vértice trascendental: punto de contacto que establecen las intensas renovaciones sociales de Rusia, China y México, y las imperiosas posibilidades de ofrecer un frente único de resistencia y aún de ataque a la política de absorción y de conquista de los Estados Unidos. América vive su gran minuto histórico. Habla la voz del ancestro en sus millones de indios puros, hasta hoy sujetos mansamente al yugo de todas las tiranías. El ejemplo de Rusia prende una llamarada de esperanza en la noche de siglos del proletariado de América. —¿Quién dijo que en América no existían problemas sociales? El hombre americano, convencido del fracaso de la forma de gobierno republicano, asqueado de las democracias, seguro de sus derechos efectivos a la libertad y a la vida, crispa los puños y se prepara a la doble batalla: contra el despota nativo, contra el conquistador extranjero.

El concepto de PATRIA sufre radical transformación. PATRIA no es trapito de colores; PATRIA no son ritmos marciales; PATRIA no es disco melodioso en los fonógrafos de la patriotería; PATRIA es única y exclusivamente, el pedazo de tierra que nos ofrece el pan material de su savia y el pan espiritual de su belleza. ¡Qué sarcasmo, hablar de PATRIA cuando se es un extranjero en su propia TIERRA! ...

Prende, en el cerebro y en el espíritu del hombre NUEVO americano, la idea de DESTRUIR hasta los cimientos el edificio de la sociedad actual porque SABE PLENAMENTE que bajos sus aleros sólo impiedad, iniquidad, injusticia, abuso, se cobijan. En torno de esta IDEA giran y se desenvuelven todas las actividades y energías de nuestra NUEVA generación. En la vanguardia de este gran movimiento de preparación revolucionaria, formamos los intelectuales, artistas y obreros conscientes de nuestra RESPONSABILIDAD HISTÓRICA.

Ahora bien: al derivarse de este noble pugilato que hemos establecido en los sectores ideológicos para ocupar los puestos de avance, un concepto intelectual de VANGUARDISMO, sin ton ni son confunde la crítica, aún la más experta y avisada, al soldado de fila con el guerrillero de contrabando. La revisión y la selección se imponen, pues.

Hablemos de los poetas. Es necesario proclamar, antes que nada, que sólo tienen derecho a ser considerados como tales los que no persiguen meras estridencias de forma, sino esenciales y urgentes identificaciones con la inquietud revolucionaria de la época. El individuo, artista, obrero, intelectual, que se sustrae a los imperativos de la ansiedad REAL de la humanidad, perdiéndose en especulaciones puramente líricas o fantasiosas, está AL MARGEN de la ciencia, del arte, de la literatura. Los aeroplanos han hecho innecesarias las torres de marfil.

Poeta, en el concepto intelectual del vanguardismo, no es el malabarista de las palabras: es el RENOVADOR de las ideas. No basta repetir, en forma nueva, las viejas cosas que tienen fatigado el oído del hombre. Hay que ponerse a tono con la época, y la época exige que no la cante sino quien es capaz de conquistarla. Dos caminos: el arte burgués, para los afeminados; el arte HUMANO enraizado en las entrañas del dolor proletario, para los hombres de espíritu fuerte.

Ahora bien: —Definido y fijado este concepto, ¿cabe aceptar como POETA VANGUARDISTA a cuanto títere sin talento calza su firma al pie de descoyuntados mamarrachos? ¿Ni a quienes reducen la importancia y misión del VANGUARDISMO a la mera supresión de puntuaciones y mayúsculas en el lenguaje, con traviesas innovaciones en la arquitectura de los poemas? Si entre los propios poetas de vanguardia que poseen positivo talento y limpia ejecutoria revolucionaria hay mucho que desechar, por tonto y por inexpresivo, ¿cómo ha de ser posible aceptar como bueno todo el bagaje de la literatura vanguardista?

Sobriedad, sintetismo, novedad de pensamiento y de emoción, estridencia cascabelera para asustar un poco a los burgueses, médula pura, limpia de artificios churriguerescos; canción espontánea y sin complicaciones del hombre torturado por ansias de RENOVACIÓN social; ojo avisor que descubre mayor poesía en el vuelo maravilloso de Lindbergh que tras las celosías orientales donde se oculta una amada hipotética; mano que no acepta dádivas porque ha aprendido a abofetear; pecho que no ostenta cruces porque con el sudor del trabajo y el dolor de la injusticia tiene sobrada condecoración: primitivismo, libertad, oxígeno: eso es POESÍA DE VANGUARDIA. Aldabonazo en las conciencias, no piruetas en el espíritu. ¿Consonancia? ¿Armonía? ¿Melodía? ¿Ritmo? No os asustéis, señores académicos: pero una nueva SENSIBILIDAD originada por un concepto NUEVO de cultura y de civilización, —¡qué no en vano soplan en el mundo entero vientos de rebeldía!— nos obliga a encontrar ridículas estas cualidades cuando se vinculan única y exclusivamente en la forma exterior de las cosas. La poesía que lo era por encierro, (tal número de consonantes en tal número de estrofas y sílabas) ha desaparecido. —¡Imposible!— —gritáis— ¡Los siglos la sostienen! No, mis queridos señores, los siglos la destronan. ¿No era secular la tiranía de los Zares? ...

Vivimos la hora plena de la revolución de las costumbres, de las ideas y de los sentimientos. Triunfaremos, pese vuestros pesimismos asustados, y pese, también, al enorme lastre de los que, no sirviendo para nada, se enrolan bajo las banderas de este movimiento cuyo sólo nombre os llena de colera o de risa: VANGUARDISMO.

MARIBLANCA SABAS ALOMÁ

En *Repertorio Americano*, (XVI) 23 (San José de Costa Rica, 16 junio 1928): 359. Reproducido de *Atüei* (La Habana, diciembre 1927).

IZQUIERDA Y VANGUARDIA LITERARIA

No es un secreto para nadie decir que la literatura tiene su política. Precisar el ámbito que ocupa y filiar exactamente su índole, es cosa aparte. Nótese si no con qué frecuencia se habla hoy de "literatos profesionales" en el libro y la crónica diaria. Literato profesional, es decir, hombre de letras que vive de su solo ejercicio, convirtiendo a aquéllas en instrumento práctico o "modus vivendi". Cierto es también que este calificativo no honra mucho a quien se le aplica. La política de referencia tiene su origen en que todos los plumíferos tienden lógicamente a prevalecer, sin discernir rangos; a allegarse las mejores prebendas sin más títulos, a menudo, que su premiosa ambición. Sorprenderá tal vez esta concupiscencia en quienes, según el vulgo, viven en el limbo, siendo los más porfiados platónicos. Lejos de ese candor, la rivalidad entre la numerosa grey literaria sube de punto hasta hacerse visible. Mediante la política, tal antagonismo pierde su violencia o se atenúa al menos. Triunfa el más amable, el más dúctil a las circunstancias, el que dispone de más recursos diplomáticos. Los que ignoran ese arte, hoy consagrado, no oirán sino tardíamente la palabra estímulo, cuyo precio es con harta frecuencia la adulación. Las redacciones de las pocas revistas que pagan, el lujoso despacho del "dilettante" que influye, la inevitable oficina pública donde trabaja un "miembro del jurado", son puestos de feria para efectuar a veces pingües transacciones.

Entre esta turba de literatoides, forma cantón aparte un grupo exiguo de escritores conscientes. Como la estrecha solidaridad que los une no es de mesa de café, cenáculo ni encuentro fortuito, sino que está basada en la firme convicción de cada uno, constituyen una fuerza eficiente. Y a pesar de todo, del inaccesible director de revista, del editor que teme arriesgarse, y del propio miembro del jurado, clásicamente comprometido, ese grupo se coloca en primera línea. La izquierda literaria es, pues, un bloque orgánico con dirección fija, lo cual no es sectarismo como infieren los "otros". Dentro de su tendencia, la personalidad de cada escritor tiene ancho margen para traducirse sin restricción ni traba alguna. El lazo más importante que los une consolida esta independencia espiritual. Síguese de aquí que no es la izquierda literaria un movimiento surgido en torno a uno o varios nombres que gozan hoy de algún prestigio, v.gr., el "caso Ramón". Castelnuovo, Yunque y Mariani, aunque en diversos planos, confluyen en virtud del fondo que anima su obra y no porque se lo hayan propuesto a priori. Entre ellos y los demás que forman ese núcleo, media una común concepción del arte, técnicamente moderna, pero concreta, esto es, humana. La poesía, el cuento y la novela así entendidos, interpretando siempre al hombre en su vida espiritual, múltiple y compleja, no se adaptan al gusto de un pequeño círculo, sino que cumplen la suma finalidad del arte: ser asequibles a todos. No importa que escape a muchos el lado formal, el procedimiento que sigue el narrador, hábil para infundir vivo interés dramático; los recursos del buen novelista o la virtud suprema del poeta que acuña su emoción en sugerente ritmo y bellas imágenes: aspecto al cual se le rinde hoy exagerado culto. El menos sagaz, siquiera en un punto tiene que identificarse, hacerse eco al fin de la simpatía humana que oculta toda obra de arte. Gracias a ella verá más claro en su espíritu, la prolija disección hecha por el genuino psicólogo en un relato novelesco, le revelará el fondo de sus propias sensaciones y notará de súbito desplazarse su conciencia, henchida de inefable goce, merced al sentimiento poético. Por más búsquedas que se lleven a cabo para hallar nuevos temas, el examen introspectivo será siempre el centro de atracción. Remota ya la crisis positivista cuyo ciclo más difícil marca la novela experimental, los esfuerzos más tenaces únense en un rumbo: percibir sútilmente las potencias del alma, sorprender ese maravilloso laboratorio en plena función. La faz social que trae aparejada esta literatura no es sino un corolario lógico. El hombre lucha, sufre, persevera, se abate o logra el triunfo, entre obstáculos sin cuento, propios de la sociedad en que vive. Los dioses que antes descargaban inexorablemente su ira, según versiones que nos quedan de Sófocles y Esquilo, no se inmiscuyen más en cosas terrenas. En nuestros tiempos, los hombres mismos se encargan de reemplazarlos, haciendo a su vez de jueces. Y en elogio de su imitación impecable, justo es decir que si la voluntad divina era sañuda, la que estos despliegan no le va en zaga. Ciertamente, están posesionados del papel. Mejor que el Padre Zeus, cualquier hijo de vecino pone a contribución toda sus luces, para destruir la efímera dicha de su prójimo, mediante un sistema inédito de tortura. Si asume principal importancia apurar cuanto es posible el análisis psicológico, poniendo de relieve el tumultuoso flujo de sensaciones, es inprescindible asimismo hacer alusión al medio, cuya influencia es directa. Ese alcance o proyección social debe aparecer en la obra, sabiamente fundido, si el novelista quiere hacernos convivir con sus personajes. Esto por lo que toca al género novelesco en especial. Por extensión, la izquierda literaria comprende fundamentalmente esa parte social, pues habiendo surgido del pueblo, debe recoger por fuerza sus inquietudes. No se crea que esa aserción restringe en modo alguno la libertad que el arte reclama; por el contrario, aumenta el número de sugestiones fecundas.

En cuanto a la "vanguardia" literaria no hay mucho que decir, no precisamente porque sus teóricos agotarán el tema, sino porque reviste escaso interés. Travesura aparte, no queda más que la intención y algunas imágenes logradas. El resto son puros ademanes sin resolverse aún. Su fórmula podría enunciarse así: comezón por lo pintoresco y un desarrollado sentido de la "fumisterie". Como ocurre con los negocios de barrio, abrieron su tienda para competir valiéndose de recursos cuya ineficacia está a la vista. Porque es preciso advertir que su total desmembramiento no tardará en consumarse. Algunos que llevados por su curiosidad acudieron al primer instante, hoy deploran su empacho intelectualista. Otros, presas de indecisión, temen que sea muy visible el contraste y siguen en "fauves", pero exentos de su antiguo afán iconoclasta, como gallos de riña desprovistos de púas. Finalmente, hay quienes encienden una vela a Jean Cocteau y otra a Rubén Darío, culto dúplice y ambiguo ...

Bien está que las nuevas formas poéticas se cultiven aquí y se perfeccionen, si cabe. La amplitud de criterio es siempre digna de encomio y sería a todas luces injusto rechazar en bloque esa tendencia, tomando a algunos adeptos por índice. Lo que traduce el buen humor que los guía, es la proyección enorme que a su juicio tiene esa corriente. Sin embargo nada más unilateral que el arte de "vanguardia", hermético por excelencia. Faltos de grandes perspectivas, sus cultores cuentan sólo con una reducida serie de combinaciones y al igual de ciertas plantas de invernadero, se amustian al aire libre. Un creacionista no distingue el campo auténtico del paisaje que finge un telón de fondo. Su clima original es la ciudad cuyo horizonte son los grupos de casas más altas.

Izquierda y vanguardia no son conceptos opuestos que equivalgan en importancia. Aquél resume una actitud de espíritu, integral y orgánica. El fermento no conformista típico de la izquierda prueba por su incesante evolución, su vital desarrollo. El artista que lleva adentro esa inquietud, siente zumbar la vida en todas sus formas, —invadir sus sentidos por todo lo que palpita cerca de él. No ve el mundo como un espectáculo que distrae a veces, sino que escruta el vértigo de pasiones que sacude intensamente la conciencia. El sentimiento popular tiene su expresión más honda en la izquierda literaria. Los que forman la llamada "vanguardia", ven mundanamente la vida a través de un monóculo, y es claro que así la versión que luego nos ofrecen peca de convencional y hasta arbitraria. Su único afán consiste en aprehender lo frívolo, la pompa de jabón que dura un instante, lo que flota en la superficie. Su sensibilidad tan decantada, carece de volumen; posee una sola faz. En cambio de una obra, síntesis de su nueva creación estética, el núcleo vanguardista da a luz, unos tras otros, recetarios y abundantes exposiciones teóricas: sin duda es toda su originalidad ...

No hay, pues, paralelo posible entre la izquierda y la vanguardia. Aquélla es una aspiración universal, amplia, más allá de toda retórica; ésta, fuera del nombre, es un entretenimiento. Y el nombre les va holgado. ¿Vanguardia? Verdad que allí milita la legión de poetas "imaginíficos" ...

Luis Emilio Soto

En *Los Pensadores*, 115 (Buenos Aires): 5.

SUPLEMENTO EXPLICATIVO DE NUESTRO "MANIFIESTO"

A propósito de ciertas críticas

Si el artículo del senor Roberto Mariani, publicado en nuestro último número, expresará tan sólo la opinión personal del autor, decididamente adversa al núcleo de redactores de MARTÍN FIERRO, no tendría ningún objeto este suplemento explicativo. Nos hubiéramos contentado con una respuesta de viva voz para ahorrar tiempo y espacio (pues es de saber que nuestras 24 columnas ya nos van quedando chicas).

Pero el caso es que los argumentos enarbolados con gallardía por dicho señor son artículos de fe para cierto grupo de jóvenes que anuncian la aparición de una nueva revista titulada precisamente "La Extrema Izquierda", así, por antonomasia. Se trata, pues de un error colectivo. Por lo cual, aunque sin darle mayor importancia —ya que quienes han leído de buena fe nuestro Manifiesto y el programa de primer número saben a qué atenerse— insistiremos en el desarrollo de algunos puntos que no han sido, al parecer, bien comprendidos por nuestros flamantes detractores.

Habla el señor Mariani, en nombre de su grupo, de un supuesto reaccionarismo o centrismo de MARTÍN FIERRO. Y dice: "Los que estamos en la extrema izquierda revolucionaria y agresiva no tenemos donde volcar nuestra indignación, donde derramar nuestra dulzura, donde gritar nuestro evangélico afán de justicia humana ..." Debemos hacerle una advertencia previa y es ésta: que en MARTÍN FIERRO hemos publicado hasta ahora todo lo que sus compañeros "izquierdistas" han tenido la gentileza de enviarnos. Ganduglia y Olivari son nuestros colaboradores. No creemos que el señor Mariani, por su parte, tenga quejas de nuestra hospitalidad, pues le hemos publicado, y en lugar preferente, un artículo cuyo único mérito consistía en atacarnos. Si ni el señor Mariani, de dulzura desbordante, ni sus jóvenes discípulos, han volcado ni derramado en las aludidas colaboraciones todo eso que quieren volcar y derramar, ¿es nuestra culpa? ... Les aseguramos desde ya que no nos asustan tales efusiones: hay entre nosotros quienes saben agitar el trapo rojo con tanto denuedo como los valientes redactores de la anunciada "Extrema Izquierda". Si no lo hacen en MARTÍN FIERRO es sencillamente por la misma razón que no hablamos de carreras ni de modas: por razón de especialidad. MARTÍN FIERRO es un periódico literario, y en este terreno creemos que no se nos puede acusar de reaccionarismo: bastarían, para desmentir esa acusación, los poemas de Girondo, Caro, Keller, Borges y las curiosas planchas coloreadas de Illari. Acaso esa afirmación provocará una sonrisa en los redactores de "La Extrema Izquierda", quienes realizan la paradoja, tan frecuente en los revolucionarios sociales, de ser conservadores en materia de arte, y se nutren —¡todavía!— de Biblioteca Sempere y naturalismo zoliano. Allá ellos con su sensibilidad ... Volviendo al tema: ya hay en Buenos Aires periódicos interesantísimos y eficaces consagrados a la difusión de las ideas revolucionarias y a ellos recurrirán nuestros redactores cuando tengan algo que decir en ese terreno. Si "Renovación" "le araña los ojos" al señor Mariani, como él asegura con pintoresca expresión, ¿tenemos nosotros la culpa? Funde en buena hora "La Extrema Izquierda"; la leeremos con mucho gusto, si vale la pena.

Pero no justifique su empresa aludiendo a supuestas deficiencias de MARTÍN FIERRO, pues éste cumple perfectamente su programa dentro de los límites trazados de antemano. Y cada vez mejor, por el apoyo creciente que va encontrando entre lo más selecto de nuestra juventud literaria.

Después de hablar de una escarcela imaginaria en la cual su mano "apresa elogios" para distribuir los entre nosotros "graciosamente" —como una Reina de juegos florales—, actitud que agradecemos, el señor Mariani nos reprocha con aspereza nuestra pretendida "admiración sin límites" por Leopoldo Lugones ... En los siguientes términos: "... se le adora como prosista, como versificador, como filólogo, como fascista. Esto (sic) resbaló de respeto comprensivo e inteligente a la idolatría de labriego asombrado". Y más adelante: "¡Qué gesto el de MARTÍN FIERRO si se encarara con el maestro gritándole groseramente de esta guisa: ¡Maestro, su adhesión al fascismo es una porquería!". Desgraciadamente, los redactores de este periódico no podremos ganarnos de ese modo la admiración de nuestro crítico. En primer lugar, porque hemos tenido una educación doméstica lo suficientemente esmerada para impedirnos perder hasta tal extremo nuestra compostura, y luego, porque poseemos medios de expresión un poco más complicados pero igualmente eficaces. Si opinaramos así de la tan zarandeada actitud de Lugones, no perderíamos la oportunidad de decírselo —en otra forma, claro está—; pero lo creemos simplemente equivocado. Como hombres de buena fe sólo admitimos la venalidad demostrada. Por otra parte, Lugones político no nos interesa, como tampoco nos interesan sus demás actividades ajenas a la literatura. Y todo esto lo hemos dicho en un artículo del número anterior, agotando el tema, por lo cual no tenemos necesidad de insistir.

No sucede lo mismo con los párrafos en que el señor Mariani se erige en campeón del criollismo —muy graciosamente— y nos reprocha nuestra cultura europea y el olvido en que mantenemos al personaje epónimo. "¿Por qué los que hacen MARTÍN FIERRO, pregunta, se han puesto bajo la advocación de tal símbolo, si precisamente tienen todos una cultura europea, un lenguaje literario complicado y sutil y una elegancia francesa?" En nuestro primer número explicamos de sobra la razón del título, sin pensar ni por un instante que pudiera dar lugar a suponer —como parece haberlo creído el señor Mariani— que planteábamos un periódico gauchesco. Nos proponíamos tan sólo "cantar con toda la voz" de que fuéramos capaces. Creemos haber cumplido la promesa. Podrá haber opiniones contradictorias sobre el valor de nuestra voz: es lógico. Pero el hecho es que se oye y produce ecos: el propio señor Mariani se nos antoja un eco, un eco indignado con cierta deformidad de pronunciación ... A nada más nos obliga el título, y si nuestro crítico nos exige luego, con otro elegante y novedoso símil, algo que se ajuste "como anillo al dedo al patrón criollista Martín Fierro", nos vemos en la imposibilidad de complacerlo porque ignoramos en que consiste ese patrón. Pero el señor Mariani nos insinúa una solución del problema pocas líneas más adelante. He aquí las palabras reveladoras: "Más cerca de Martín Fierro están aquellos que en literatura hacen labor llamada generalmente realista y que yo denominaría humana ..."

No nos detengamos en la herejía estética que significa atribuir el monopolio de la humanidad a una tendencia literaria, como es el realismo, y tratemos de localizar en nuestro ambiente ese grupo a que se refiere el señor Mariani. ¿Dónde están los escritores realistas, humanos? No los conocemos ... Sabemos, sí, de la existencia de una subliteratura, que aumenta la voracidad inescrupulosa de empresas comerciales creadas con el objeto de satisfacer los bajos gustos de un público semianalfabeto; conocemos glorias de novela semanal, genios al uso de las modistas y publicaciones que por sus títulos —"Novela Realista", "Novela Humana"— parecen contener un alimento adecuado al paladar de nuestro crítico ... (Y a propósito: recordamos haber visto en ellas los nombres de algunos redactores de "La Extrema Izquierda"). Cuando por curiosidad ha caído en nuestras manos una de esas ediciones, nos hemos encontrado con la consabida anécdota de conventillo, ya clásica, relatada en una jerga abominablemente ramplona, plagada de italianismos, cosa que provocaba en nosotros más risa que indignación pues la existencia de tales engendros se justifica de sobra por el público a que están destinados: no hay que echar margaritas a puercos. Nunca imaginamos que pudieran aspirar sus autores a la consagración literaria. La reclaman, sin embargo, por boca del señor Mariani, quien llega a afirmar seriamente que ese grupo de fabricantes de novelas entronca mejor que nosotros con la tradición argentina encarnada en el poema de Hernández ... ¿Será posible? Por nuestra parte, sólo les encontraríamos filiación, por lo que al lenguaje se refiere, en el Martín Fierro de Folco Testena. (Que el señor Mariani nos perdone el chiste fácil ...) En los últimos tiempos hemos visto que han elegido como patrono, regalándolo con burdo incienso, a Manuel Gálvez, novelista de éxito, lo que confirma nuestra opinión sobre los fines exclusivamente comerciales de los famosos "realistas" italo-criollos.[1]

El señor Mariani acierta en un solo punto y nos complacemos en confesarlo. Y es cuando dice que MARTÍN FIERRO no tiene nada que ver con el grupo de su predilección .... Hay, en efecto, diferencias insalvables. Nuestra redacción está compuesta por jóvenes con verdadera y honrada vocación artística, ajenos por completo a cualquier afán de lucro que pueda desviarlos de su camino. Todos tenemos una sensibilidad lo suficientemente refinada como para responder a las sugestiones del momento y comprender y amar a escritores como Paul Morand y Ramón Gómez de la Serna y otros a quienes nuestro crítico moteja de "mediocres brillantes", confundiéndolos en un solo gesto de olímpico desdén. Todos respetamos nuestro arte y no consentiríamos nunca en hacer de él un instrumento de propaganda. Todos somos argentinos sin esfuerzo, porque no tenemos que disimular ninguna "pronunzia" exótica ...

¿Qué "empiecen las voces"? Si ya han empezado y hace tiempo que suenan. Pero se requiere oído para percibirlas y la incomprensión es tapón de cera. No hay que ser como el campesino ignorante que sólo atiende al graznido de sus gansos y al cacareo de sus gallinas ...

La Redacción

En *Martín Fierro*, 8-9 (Buenos Aires, Año I, agosto-setiembre 6, 1924).

---

[1] Ver el libro "Manuel Gálvez, ensayos sobre su obra" por H. Olivari y L. Stanchina.

LOS ARTISTAS ANTE LA POLÍTICA

El artista es, inevitablemente, un sujeto político. Su neutralidad, su carencia de sensibilidad política probaría chatura espiritual, mediocridad humana, inferioridad estética. Pero en qué esfera debera actuar políticamente el artista? Su campo de acción política es múltiple: puede votar, adherirse o protestar, como cualquier ciudadano; capitanear un grupo de voluntades cívicas, como cualquier estadista de barrio; dirigir un movimiento doctrinario nacional, continental, racial o universal, a lo Rolland. De todas estas maneras puede, sin duda, militar en política el artista; pero ninguna de ellas responde a los poderes de creación política, peculiares a su naturaleza y personalidad propia. La sensibilidad política del artista se produce, de preferencia y en su máxima autenticidad, creando inquietudes y nebulosas políticas, más vastas que cualquier catecismo o colección de ideas expresas y, por lo mismo, limitadas, de un momento político cualquiera, y más puras que cualquier cuestionario de preocupaciones o ideales periódicos de política nacionalista o universalista. El artista no ha de reducirse tampoco a orientar un voto electoral de las multitudes o a reforzar una revolución económica, sino que debe, ante todo, suscitar una nueva sensibilidad política en el hombre, una nueva materia prima política en la naturaleza humana. Su acción no es didáctica, transmisora o enseñatriz de emociones o ideas cívicas, ya cuajadas en el aire. Ello consiste, sobre todo, en remover, de modo oscuro, subconsciente y casi animal, la anatomía política del hombre, despertando en el la aptitud de engendrar y aflorar a su piel nuevas inquietudes y emociones cívicas. El artista no se circunscribe a cultivar nuevas vegetaciones en el terreno político, ni a modificar geológicamente ese terreno, sino que debe transformarlo químicamente y naturalmente. Así lo hicieron los artistas anteriores a la Revolución Francesa y creadores de ella; así lo han hecho los artistas anteriores a la Revolución Rusa y creadores de ella. La cosecha de semejante creación política, efectuada por los artistas verdaderos, se ve y se palpa sólo después de siglos, y no al día siguiente, como acontece en la acción superficial del seudo-artista.

Diego Rivera cree que el pintor latino-americano debe tomar como motivos y temas artísticos la naturaleza, los hombres y las vicisitudes sociales latino-americanos, y como medio político de combatir el imperialismo estético y, por ende, económico de Wall Street. Diego Rivera rebaja y prostituye así el rol político del artista, convirtiéndolo en el instrumento de un ideario político, en un barato medio didáctico de propaganda económica. "Es una verdad indiscutible —dice Rivera— el poder del factor estético como determinante en primer lugar económicamente de la orientación de la referencia a los consumos y en segundo lugar, como factor psicológico capaz de encauzar la mente y la voluntad proletaria por el trayecto más corto hacia la consecución de lo que conviene a su interés de clase". Olvida Diego Rivera que el artista es un ser libérrimo y obra muy por encima de los programas políticos, sin estar fuera de la política. Olvida que el arte no es un medio de propaganda política, sino el resorte supremo de creación política. Hablo del Arte verdadero. Cualquier versificador, como Maiakovsky, puede defender en buenos versos futuristas, la excelencia de la fauna soviética del mar; pero solamente un Dostoievsky puede, sin encasillar el espíritu en ningún credo político concreto y, en consecuencia ya anquilosado, suscitar grandes y cósmicas urgencias de justicia humana. Cualquier versificador, como Deroulède, puede erguirse ante la muchedumbre y gritar los gritos democráticos que quiera;

pero solamente un Proust puede sin empadronar el espíritu humano en ninguna consigna política, propia ni extraña, suscitar, no ya nuevos tonos políticos en la vida sino nuevas cuerdas que den esos tonos.

Diego Rivera fabrica un disco y pretende dárselo a los artistas de América, para que se ocupen de darle vueltas. Todo el catecismo político, aún el mejor entre los mejores, es un disco, un cliché, una cosa muerta, ante la sensibilidad creadora del artista. Esta acción política está bien en manos segundonas de artista copiador o repetidor, pero no en manos de un creador. Por lo demás, bueno sería que se lograse descubrir la polvora, aun dentro de la teoría de Rivera; pero la historia del arte no ofrece ningún ejemplo de artista que, partiendo de consignas o cuestionarios políticos, propios o extraños, haya logrado realizar una gran obra. Las teorías, en general, embarazan e incomodan la creación.

El artista debe, antes de gritar en las calles o hacerse encarcelar, crear, dentro de un heroísmo tácito y silencioso, los profundos y grandes acueductos políticos de la humanidad, que sólo con los siglos se hacen visibles y fructifican, precisamente, en esos idearios y fenómenos sociales que más tarde suenan en la boca de los hombres de acción o en la de los apóstoles y conductores de opinión, de que hemos hablado más adelante.

Si el artista renunciase a crear lo que podríamos llamar las nebulosas políticas en la naturaleza humana, reduciéndose al rol, secundario y esporádico, de la propaganda o de la propia barricada, ¿a quién le tocaría aquella gran taumaturgia del espíritu?

París, noviembre de 1927.

César Vallejo

En *Mundial* (Lima, 30 diciembre 1927). Reproducido en *Literatura y arte; textos escogidos*, edición citada: 49-53.

LITERATURA PROLETARIA

Por ordenanza administrativa del primero de julio de mil novecientos veinticinco, el Soviet ha declarado la existencia oficial de la literatura proletaria. "La lucha de clases —dice uno de los considerandos del decreto—, debe continuar en literatura como en todas las demás esferas sociales. En una sociedad de clase, no existe ni puede existir un arte neutro".

La Vapp —Associación Pan-rusa de los escritores proletarios—, secundando el espíritu del estatuto oficial, traza el carácter de la literatura proletaria en los siguientes términos: "La literatura —declara— es una incomparable bomba de combate. Si, como Marx lo ha observado ya, es innegable que las ideas directrices de una época son siempre las ideas de una clase dirigente, la dictadura del proletariado es incompatible con la denominación de una literatura no proletaria. En las actuales condiciones, la literatura es, pues, uno de los campos donde la burguesía libra su ofensiva suprema contra el proletariado".

Semejante definición y carta de naturaleza proletaria de la literatura en Rusia responde, como se ve, a un criterio político del arte y a una necesidad científica y técnica del Estado para realizarse. La historia demuestra que todos los Estados han visto siempre al arte a través de un anteojo político. Tal es su derecho y su obligación. El Estado y los hombres de Estado, deben ver o, por lo menos, están facultados a ver en todos los fenómenos sociales otros tantos instrumentos para realizar sus doctrinas políticas. Así lo han comprendido los gobiernos y los dirigentes políticos —reaccionarios o revolucionarios de hoy y de ayer. Han constreñido a los escritores a orientarse, de grado o por fuerza, dentro de los horizontes espirituales que convienen a sus concepciones políticas y sociales de la vida. El gobierno o el hombre de Estado que no asumiese esta actitud, se traicionaría a sí mismo, substrayendo a su ideal político un importante medio de realizarlo. Lenin habría hecho mal si no extiende a las obras del espíritu los procedimientos de la dictadura proletaria. Idéntico error cometería Mussolini, si no hace lo propio desde su dictadura burguesa. Uno y otro están obligados —dentro de una concepción vital y creadora de la política— a no escatimar ningún medio —inclusive arte—, para consumar sus experiencias políticas, que podrían, de otra manera, abordar total o parcialmente. El arquitecto no debe pararse en respetos por la belleza de los árboles, si quiere obtener de éstos la madera que exigen los croquis del monumento.

Sin embargo, muy diverso es y debe ser el concepto que los artistas tienen del arte. Cuando Haya de la Torre me subraya la necesidad de que los artistas ayuden con sus obras a la propaganda revolucionaria en América, le repito que, en mi calidad genérica de hombre, encuentro su exigencia de gran giro político y simpatizó sinceramente con ella, pero en mi calidad de artista, no acepto ninguna consigna o propósito, propio o extraño, que aún respaldándose de la mejor buena intención, someta mi libertad estética al servicio de tal o cual propaganda política. Una cosa es mi conducta política de artista, aunque, en el fondo, ambas marchan siempre de acuerdo, así no lo parezca a simple vista. Como hombre, puedo simpatizar y trabajar para la Revolución, pero, como artista, no está en manos de nadie ni en las mías propias, el controlar los alcances políticos que pueden ocultarse en mis poemas. Los escritores rusos ¿han rechazado el marco espiritual que les impone el Soviet? Lo ignoramos.

La cuestión de la literatura proletaria ha despertado, aparte de este debate sobre el derecho del Estado para imponer tal o cual estética a los escritores, ardientes discusiones sobre la naturaleza del arte proletario. Al criterio de Lenin, que quiere que aquel sea un instrumento del Estado para realizar una doctrina política, ha sucedido el de Trotsky, quien examinando más ampliamente el problema, extiende el criterio proletario del arte a más vastos y profundos dominios del espíritu y declara que ningún poeta ruso de la Revolución, empezando por Block y Gorki, ha logrado realizar aquellos trazos esenciales del arte proletario. De esta misma opinión —menos política y más humana que la del Soviet— participa Boris Pilniak, uno de los más interesantes escritores jóvenes de Rusia. Con todo, la literatura proletaria, según Trotsky y Pilniak, queda siempre encerrada dentro del catecismo espiritual del Estado comunista. Se trata solamente de una relativa ampliación de vistas de la posición política de la Vapp. Ambos criterios ven el arte, no desde un punto de vista estético y libre, sino desde un punto de vista político y dependiente del Estado.

Hay un tercer modo de caracterizar al arte proletario. Con ocasión de la apoteosis oficial de Gorki en Rusia, algunos críticos, como Plekhanov y Gorter, creían —confirmando la tesis de Trotsky y Pilniak— que Gorki no tiene nada de común con la clase obrera. Otros, como Lunacharsky y Bucarin (sic), afirmaban lo contrario, apoyándose en Lenin, quien decía del autor de "Los vagabundos", que es un gran artista proletario. Por último el círculo literario de Pokrowsky solicitó al mismo Gorki expresamente su opinión sobre lo que es o debe ser la literatura proletaria. Gorki dijo: "El trazo típico del escritor proletario está en el odio activo contra todo lo que de dentro o de fuera oprime al hombre, impidiéndole su libre desenvolvimiento y el pleno desarrollo de sus facultades. El escritor proletario tiende a intensificar la participación de los lectores en la vida y a darles un mayor sentimiento de seguridad en sus propias fuerzas y en los medios de vencer todo enemigo interior, ayudándoles, al propio tiempo, a adquirir el gran sentido de la vida y la alegría inmensa del trabajo. He aquí, en suma, lo que pienso de un escritor del mundo de los trabajadores".

La opinión de Gorki desilusionó a los críticos y técnicos soviéticos y el desacuerdo sobre el tema subsiste y se complica. La posición del autor de "La madre" se confunde, en efecto, con el espíritu de la literatura burguesa, que trata de realizar idénticos propósitos que los que Gorki atribuye, de modo harto genérico y vago a la literatura proletaria. Gorki no bosqueja el carácter estrictamente proletario del arte. Lo que dice de éste, han dicho del arte burgués los estetas y críticos burgueses de todas las épocas. Por otro lado, el concepto de Gorki responde a un criterio moral del arte y no a un criterio estético, en el sentido vital y creador de este vocablo.

Aún no se ha llegado en Rusia a dar con la naturaleza de la literatura proletaria. Mientras quiera dominar en el debate un criterio extraño a las leyes sustantivas del arte, tal como el criterio político o el moral, la cuestión seguirá cada vez más oscura y confusa.

César Vallejo

En *Mundial* (Lima, 21 de setiembre 1928). Reproducido en *Literatura y arte; textos escogidos*, edición citada: 75-80.

www.ingramcontent.com/pod-product-compliance
Lightning Source LLC
Chambersburg PA
CBHW071400300426
44114CB00016B/2133